全国マップ
～山口県・九州～

山口県
福岡県
佐賀県
長崎県
大分県
熊本県
宮崎県
鹿児島県

壱岐空港
大分空港
福岡空港
長崎空港
天草空港
鹿児島空港
宮崎空港

山陽新幹線
九州新幹線
西九州新幹線

下関
小倉
門司
博多
福岡
太宰府
久留米
佐賀
唐津
大村
長崎
佐世保
ハウステンボス
諫早
雲仙
島原
大分
別府温泉
由布院
宇佐
中津
日田
熊本
八代
人吉
水俣
出水
阿久根
川内
串木野
鹿児島
指宿
枕崎
開聞
宮崎
都城
延岡
日向
高鍋
小林
えびの
霧島温泉

山陰本線
美祢線
山口線
宇部線
小野田線
鹿児島本線
筑肥線
唐津線
佐世保線
大村線
長崎本線
島原鉄道
日豊本線
久大本線
豊肥本線
三角線
肥薩線
くま川鉄道
日南線
吉都線
指宿枕崎線
肥薩おれんじ鉄道
松浦鉄道
松浦西九州線
西九州新幹線

中国自動車道
山陽自動車道
九州自動車道
長崎自動車道
大分自動車道
東九州自動車道
宮崎自動車道

平戸島
平戸
五島
天草上島
天草下島
壱岐島
老岐島
姫島
国東半島
佐多岬
大隅半島
薩摩半島
野間岬
野母崎
西彼杵半島

JN064933

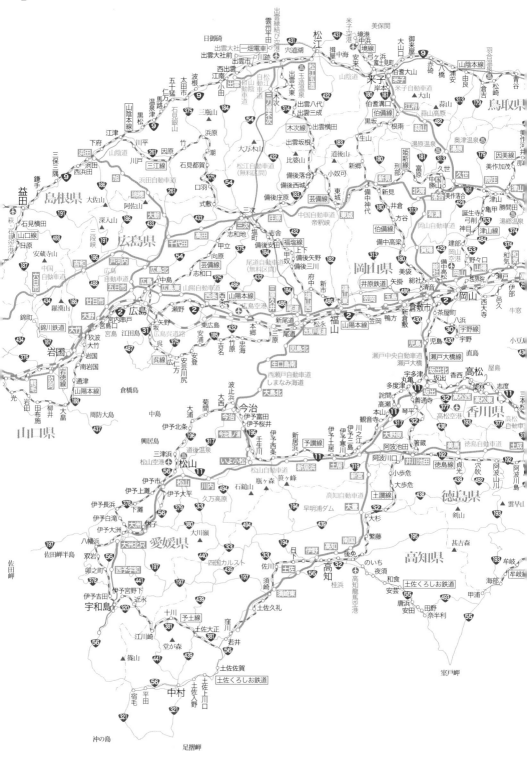

全国マップ
～近畿・中国・四国～

全国マップ
〜関東・中部〜

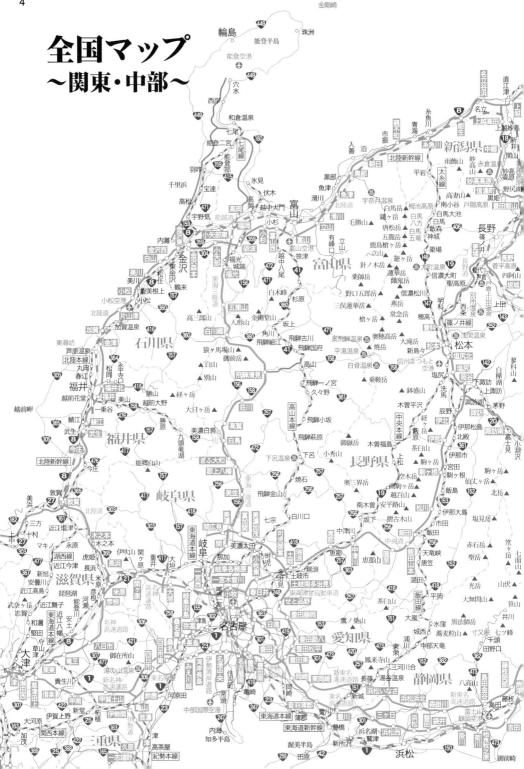

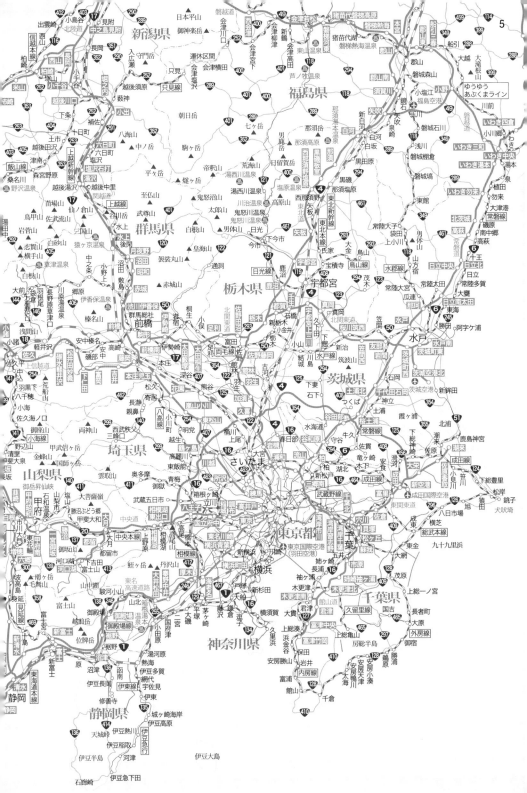

全国マップ
〜東北〜

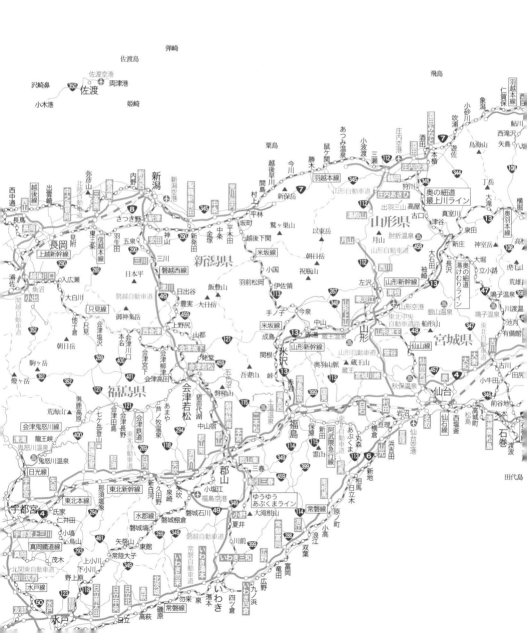

全国マップ
～北海道～

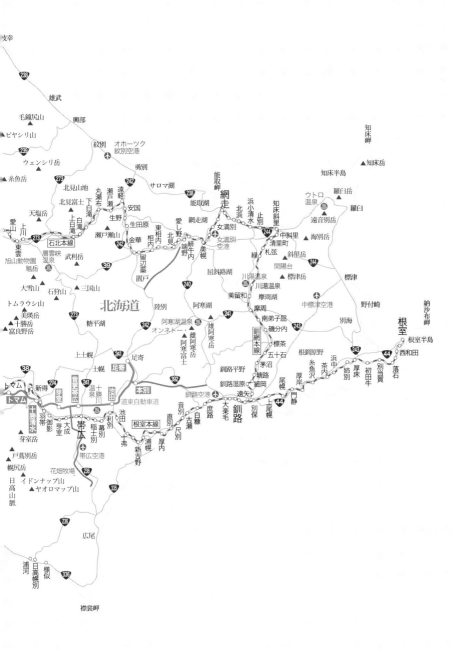

全国**安い**宿情報 2025年版《目次》

CONTENTS

城下に広がる歴史あり　名古屋市

宿泊一覧表 のみかた **24**
（宿泊一覧表をご覧になる前に、必ず読んでほしい!!）

★感染症や急激な物価高騰、その他の社会情勢等により、宿や観光施設の営業状況、イベントの開催状況、宿泊料金等が変更される場合がありますので、必ずご予約時（ご利用時）に宿、並びに各施設へ直接ご確認ください。

QRdeマップ 多数掲載

本誌中に多数掲載しているQR（二次元バーコード）をスマホのQRリーダーから読み取ると、地図や予約サイトなどを閲覧できます。

モバイルフレンドリー!
ネットde安い宿

歴史的景観への誘い

「歴まちカード」収集の旅

〈文・写真／赤澤康宏〉

▲岐阜県恵那市 岩村城下町
と「恵那市カード」

▲静岡県下田市ペリーロード
と「下田市カード」

▲群馬県甘楽町小幡
と「甘楽町カード」

昨今、空前の御朱印ブームである。全国の寺社仏閣の授与所には長蛇の列ができ、そのブームの勢いは例えば旅行会社では「紫式部ゆかりの越前でアートな御朱印めぐり」などの御朱印ツアーを催行したり、また、鉄道40社で始めた「鉄印帳」、500以上の城が参加している「御城印」、はたまた126の船舶関連で企画した「御船印」、果ては100以上のゲストハウスやホステルが各自のプレゼントを含め旅人を呼び込んでいる「御宿印帳」なるものまで出現している。

この江戸時代の霊場巡りから連綿と続くスタンプラリーとともに最近人気を博しているのがカードコレクションだ（人気キャラクターのカードなどはここでは除外する）。

古くから「ダムカード」がよく知られているが、最近この上を行く勢いで配布箇所を増やしている「マンホールカード」の進撃が凄まじい。2016年4月に第1弾の配布が開始されて以降、本年4月の第22弾まで8年で、実に699自治体・3団体で1035種のカードを配布している。その他、「道の駅カード」「離島カード」「棚田カード」「水の恵みカード」など全国を対象としたカードや「北海道かけ橋カード」、三陸沿岸の震災から復旧・復興事業で整備した津波防災施設をカード化した「水門・防潮堤カード」、長野県の「眺望カード」、三重県の登録有形文化財建造物の「ヘリテージカード」など各地域でも様々なカードが賑わいをみせている。

そんな「印」や「カード」全盛の中で、今回史跡めぐりなど歴史的景観が好きな人に紹介したいのが**「歴史まちづくりカード」（通称「歴まちカード」）**を集めながらの旅である。

先ず**「歴まちカード」**とは何か？

それは、地域固有の歴史・伝統を継承する人々の活動や建造物・街などを後世に残すために制定された「歴史まちづくり法（正式名称：地域における歴史的風致の維持及び向上に関する法律）」に基づいて、文科省・農水省・国交省の担当部署に認定された各都市（市町村）の歴史まちづくり情報を載せたカード型パンフレットである。

この中には有名観光地ばかりではなく、余り知られていない地域が多く含まれているのが魅力にもなっている。

過去、国交省の東北・関東・中部・近畿・九州の地方整備局が各自治体とともにカードを発行していたが、昨年（令和5年）に北陸・中国・四国の地方整備局が計16枚を新たに発行するなど活況を呈し始め、現在では約100種類前後のカードが配布されている。

▲長野県東御市海野宿と「東御市カード」…北国街道の宿場町「海野宿」は名将真田家の祖、海野氏のふるさと。私の訪ねた日は重要伝統的建造物群保存地区にも指定されている街道の片側を流れる水路に並木の影がかかり涼みながらの散歩ができた。街道沿いには海野資料館がある（現在、カード配布終了）。

▲熊本県山鹿市八千代座（カード配布所でもある）と「山鹿市カード」…旧豊前街道沿いには古い町並みが残る。復元された山鹿温泉のシンボル「さくら湯」には圧倒されたが、青味がかった漆喰の商家、カードの配布所にもなっている芝居小屋の「八千代座」など、見どころ満載だ。

このカードを集めながら歴史的景観を旅するのをお薦めするのには訳がある。一つはカードオモテ面には象徴的・代表的な風景が掲載され、ウラ面にはその説明やその他のスポットも紹介しているので、ガイドブックにも掲載されていないような地元でないと知らないであろう穴場も見つけられる可能性があるのだ。

　また、配布場所がその歴史的風致の区域にある該当施設であったり、若しくは近くの観光案内所など周辺地域の観光地やグルメといった情報を発信する基地であることが多いので、史跡の散歩がてらカードを手に入れることができる。なので、わざわざカード取得のために時間を割くこともほとんど不要なのである。

　さらに加えるならば持ち帰った後にコレクションしたカードで自分の行った足跡を辿り、思い出に浸ることも出来る記念品となるのである。

　私自身、この数年「歴まちカード」の地に加え、文化財保護法に基いて、文化庁が選定している「重要伝統的建造物群保存地区」や「重要文化的景観」、世界文化遺産の構成資産などをブレンドして歴史探訪の旅を堪能している。ガイドブックに未掲載のオーバーツーリズムに無縁でゆったりとした歴史散策を、このカードに導かれてみては如何だろうか。〈文・写真／赤澤康宏〉

各市町村から発行されている歴まちカードは、配布場所の在庫状況等により配布終了、または絵柄が変更されている場合があります。

【赤澤康宏プロフィール】1956年東京生まれ。14歳より本格的な旅を始め、以来50年に渡る国内外の豊富な旅やアウトドアの経験をもとにフリーライターとして活動。日本紀行文学会元会員。「別府八湯温泉道　表泉家　名人」「九州八十八湯めぐり　泉人」の称号を得、また内閣府より離島マスターに認定されている。

▲神奈川県小田原市「なりわい交流館」（カード配布所でもある）と「小田原市カード」

歴まちカード配布場所一覧

東北地方（東北地方整備局☎022-225-2171）

府県	市町村	配布場所
青森県	弘前市	弘前市役所都市計画課窓口
		弘前市観光館
		一戸時計店
秋田県	大館市	秋田犬の里
		桜櫓館
	横手市	横手市ふれあいセンターかまくら館
岩手県	盛岡市	もりおか歴史文化館(配布再開)
宮城県	多賀城市	史都多賀城観光案内所
		陸奥総社宮
山形県	鶴岡市	旧致道館
		いでは文化記念館
		松ケ岡開墾記念館
	新庄市	新庄ふるさと歴史センター
福島県	白河市	旧脇本陣柳屋旅館蔵座敷
	国見町	あつかし歴史館
	磐梯町	磐梯山慧日寺資料館
	桑折町	旧伊達郡役所
		桑折町役場教育文化課
	棚倉町	棚倉町立図書館
		棚倉町役場地域創生課
	会津若松市 5種郷発行	鶴ヶ城観光案内所
		会津若松市役所都市計画課
		会津若松市役所市民課

中国地方（中国地方整備局☎082-221-9231）

府県	市町村	配布場所
島根県	松江市	松江歴史館
	津和野町	(一社)津和野町観光協会
		津和野町日本遺産センター
岡山県	津山市	津山観光センター
		作州民芸館
		和蘭堂(城東観光案内所)
	高梁市	高梁市役所観光課
		旧吹屋小学校
広島県	尾道市	まちなか文化交流館「Bank」
		尾道商業会議所記念館
	竹原市	旧松阪家住宅
山口県	萩市	渡辺嵩蔵旧宅
		萩まちじゅう博物館推進課

四国地方（四国地方整備局☎087-851-8061）

府県	市町村	配布場所
徳島県	三好市	三好市観光案内所
		道の駅 大歩危
愛媛県	大洲市	大洲城
		大洲まちの駅あさもや
		大洲市立博物館
	内子町	木蝋資料館上芳我邸
		内子町歴史民俗資料館(商いと暮らし博物館)
		内子町ビジターセンター
高知県	佐川町	さかわ観光協会
		旧浜口家住宅

関東地方（関東地方整備局☎048-601-3151）

府県	市町村	配布場所
茨城県	桜川市	真壁伝承館1階受付
	水戸市	弘道館事務所
		水戸市役所歴史文化財課
栃木県	下野市	しもつけ風土記の丘資料館
		下野薬師寺歴史館
		下野市観光協会「オアシスポッポ館」
	栃木市	栃木市観光協会観光総合案内所
群馬県	甘楽町	楽山園番所
		甘楽町役場住民課窓口
	桐生市	伝建まちなか交流館
		桐生市観光情報センター シルクル桐生
	前橋市	臨江閣
		前橋市役所都市計画課
埼玉県	川越市	川越まつり会館1階受付
千葉県	香取市	伊能忠敬記念館
		佐原町並み交流館
神奈川県	小田原市	小田原城天守閣
		松永記念館
		小田原宿なりわい交流館
		旧松本剛吉別邸
		小田原市観光交流センター
		清閑亭
	鎌倉市	鎌倉市観光総合案内所
		鎌倉市役所都市景観課
山梨県	甲州市	甲州市近代産業遺産宮光園
	下諏訪町	しもすわ今昔館おいでや受付
		おんばしら館よいさ受付
長野県	松本市	小田原城広場
	東御市	海野宿滞在型交流施設受付
	長野市	長野市役所まちづくり課
		楽茶レンガ館
		真田宝物館
	千曲市	ふる里漫画館受付
	上田市	上田市観光会館2階観光案内所
		上田市立博物館受付

九州地方（九州地方整備局☎092-471-6331）

府県	市町村	配布場所
福岡県	太宰府市	太宰府市地域活性化複合施設「太宰府館」
	添田町	添田町役場(歴史文化財係)
	宗像市	世界遺産ガイダンス施設 海の道むなかた館
佐賀県	佐賀市	佐賀市歴史民俗館「旧古賀銀行」
	基山町	基山町民会館
	鹿島市	鹿島市肥前浜宿「継場」
		肥前浜宿観光案内所
長崎県	長崎市	東山手地区町並み保存センター
熊本県	山鹿市	八千代座管理資料館夢小蔵
	湯前町	ふれあい交流センター 湯～とぴあ
	熊本市	桜の馬場 城彩苑総合観光案内所
大分県	竹田市	竹田市観光案内所(JR豊後竹田駅内)
	大分市	柞原八幡宮(御礼所)
		大友氏遺跡(南蛮BVNGO交流館)
	杵築市	きつき城下町資料館
宮崎県	日南市	小村寿太郎記念館

北陸地方（北陸地方整備局☎025-880-8880）

府県	市町村	配布場所
新潟県	村上市	おしゃぎり会館(村上市郷土資料館)
	佐渡市	佐渡金銀山ガイダンス施設「きらりうむ佐渡」
富山県	高岡市	高岡市立博物館
		新高岡駅観光交流センター
石川県	金沢市	金沢市役所歴史都市推進課
		金澤町家情報館
	加賀市	加賀市観光情報センター KAGA旅・まちネット

中部地方（中部地方整備局☎052-953-8571）

府県	市町村	配布場所
岐阜県	高山市	飛騨高山まちの博物館
	恵那市	岩村まち並みふれあいの館
	美濃市	美濃市観光案内所「番屋」
	岐阜市	岐阜公園総合案内所
	郡上市	郡上八幡まちなみ交流館
静岡県	三島市	三嶋大社宝物館1階
	掛川市	掛川城券売所
	伊豆の国市	伊豆の国市観光案内所
	下田市	旧澤村邸
	浜松市	舞坂宿脇本陣
愛知県	犬山市	旧磯部家住宅復原施設
	名古屋市	有松・鳴海絞会館
	岡崎市	岡崎城天守1階売店
		岡崎市まちづくり推進課
	津島市	津島市観光交流センター
	西尾市	旧近衛邸(西尾市歴史公園内)
三重県	亀山市	関宿旅籠玉屋歴史資料館
	明和町	さいくう平安の杜
	伊賀市	伊賀上野観光インフォメーションセンター(だんじり会館内)

近畿地方（近畿地方整備局☎06-6942-1141）

府県	市町村	配布場所
滋賀県	彦根市	彦根市開国記念館
	長浜市	長浜市長浜城歴史博物館
		長浜市曳山博物館
	大津市	大津市歴史博物館
		旧竹林院
京都府	京都市	京都市嵯峨鳥居本町並み保存館
		(公財)京都市景観・まちづくりセンター「ひと・まち交流館 京都」地下1階
	宇治市	宇治市観光センター(配布終了)
	向日市	向日市文化資料館(配布終了)
		歴史文化交流センター(配布終了)
		向日市観光交流センターまちとむすMUKO(配布終了)
大阪府	堺市	さかい利晶の杜
		堺市博物館
		百舌鳥古墳群ビジターセンター
奈良県	斑鳩町	法隆寺iセンター
		斑鳩文化財センター
	奈良市	奈良市奈良町南観光案内所
和歌山県	湯浅町	甚風呂
	広川町	稲むらの火の館
		観光・地域交流センターいなむらの杜
	和歌山市	南コミュニティセンター
		紀州東照宮
	高野町	高野山観光情報センター

★令和5年度末時点の情報により作成。
★各市町村から発行されている歴まちカードは、配布場所の在庫状況等により配布終了、または絵柄が変更されている場合があります。

コラム 飛行機で行く快適な名湯の旅

有名温泉地

〈文・写真／エゾリス君の宿カンタベリー　小松高広〉

私にとって温泉は旅の重要な目的のひとつです。数年前までは有名な温泉地よりも、いわゆる秘湯と呼ばれる一軒宿に好んで行っていました。温泉地までの移動手段は鉄道か車が基本です。

数年前のある冬の日、急に3日間の仕事の予定が無くなりました。それなら温泉旅館にでも泊まりに行きたいと、さっそく色々と調べてみたところ、自宅から帯広空港までは車で15分なので、飛行機を使って本州の有名温泉地に行くのはどうだろうか?と思い立ったのです。

JAL572便13:40発で羽田に飛びJAL219便16:25発南紀白浜行きに乗り継ぎます。南紀白浜空港へは午後5時半に到着。空港からは路線バスで白浜温泉(和歌山県)のホテルまでは15分。午後6時前にはホテルにチェックインできました。

まずは温泉に入ってから、ビュッフェスタイルの夕食(写真❶)をいただきました。昼過ぎに北海道の自宅を出発して、遠く離れた本州の名湯に入浴して夕食まで食べてるなんて!空港から近い温泉地なら、無理なく1泊2日で旅ができるという事ですね。

白浜温泉は有馬、道後とともに日本三古湯のひとつです。やはり歴史のある温泉は侮れない。泉質が良く日頃の疲れが取れます。結局同じホテルに連泊して、2日目はアドベンチャーワールドでパンダ(写真❷)を観て癒されてきました。3日目の帰路も南紀白浜空港9:45発の便で羽田乗り継ぎ、帯広空港へは午後3時前に到着。丸二日で白浜温泉を満喫できました。

普段生活している地域から数百キロ離れるとドーパミンが出て、リフレッシュ効果があると聞いたことがあります。飛行機に乗るの

が好きなので、これでテンションが上がり、名湯に癒されて、まさに一石二鳥いや一石三鳥かもしれませんね。そんな事もあり、最近は飛行機を使って本州の有名温泉地を旅することにハマっています。

本州の歴史ある温泉街はその情緒にも惹かれます。道後温泉(愛媛県)は最近リピートしています。松山空港は航空便数が多く、空港から道後温泉までは直通のリムジンバスがあり、かなり便利な温泉地です。改修中(旅行時)の道後温泉本館(写真❸)とその前のアーケード街(写真❹)は温泉地の風情があって大好きです。道後温泉も日本三大古湯のひとつで、1300年以上前の飛鳥時代から温泉が湧いていると考えるだけでも感慨深いです。松山ではあまり観光はしません。温泉に入って愛媛名物タルトとお茶、みかんパフェ(写真❺)で

白浜温泉(和歌山県)

道後温泉(愛媛県)

宿泊した旅行人山荘の露天風呂
霧島温泉の足湯

玉造温泉（島根県）　**霧島温泉（鹿児島県）**

一服、昼食は松山名物鍋焼きうどん（写真⑥）、夕食には鯛めし（写真⑦）…これだけで幸せです。

玉造温泉（島根県）も最近よく訪れる有名温泉地です。出雲空港（写真⑧）からは車で30分と近く、川沿いに旅館が立ち並ぶ山陰有数の温泉街（写真⑨）となります。出雲大社（写真⑩）では歴史のロマンを感じる事ができ、北海道には無い"和"の雰囲気を体感できます。出雲はぜんざい発祥の地で、和菓子の老舗が数多くあります。あと割子そば（写真⑪）は私の中で一番好みの蕎麦かもしれません。住んでいる地域とまったく違った風情というのはそれだけで癒しになりますね。

最後は鹿児島空港から車で30分の霧島温泉（鹿児島県）です。北海道から鹿児島までは2000キロ以上離れていますが、1泊2日で温泉を愉しむ事ができます。こちらの温泉郷は霧島連山の麓にあり、天気の良い時は錦江湾と桜島の眺望が素晴らしいです。霧島は火山地帯なので、温泉は硫黄泉で白濁したお湯はいかにも温泉といった風情ですね。

飛行機を使って温泉地を旅する最大のメリットは移動時間の短縮で、旅先での滞在時間に余裕ができ、さらに長時間の運転や乗車によるストレスも軽減できます。

1000キロ以上離れた温泉地でも1泊2日で訪れることが可能なのです。最近は成田空港からLCCが飛んでいたり、地方空港からは羽田乗り継ぎで割引が適用できたり、飛行機がより利用しやすくなっています。飛行機で行く名湯の旅は一度試してみるとその快適さにハマってしまうかもしれませんね。

〈文・写真／エゾリス君の宿　カンタベリー　小松高広〉

★宿泊情報は32ページ参照

白浜温泉「むさし」☎0739-33-7076
道後温泉「道後館」☎089-941-7777
玉造温泉「玉井別館」☎0120-26-0524
霧島温泉「旅行人山荘」☎0995-78-2831

湯治に良い宿

 ## 温泉民宿赤湯 ☎0172-48-2315

建久年間（1190年代）に僧、円智が発見した歴史ある青森県の「大鰐温泉」は、温泉熱を利用した「温泉もやし」が有名。含塩芒硝泉で、神経痛やリューマチ性疾患などに効果あり。

「温泉民宿赤湯」は、昔の銭湯や公衆浴場を思わせるノスタルジーに溢れた風呂場となっていて、温泉情緒たっぷり。蛇口にこびりついた温泉成分が湯の質の良さを物語る極上の湯を、源泉掛け流しで堪能できます。★宿泊情報は40ページ参照

吉野谷鉱泉 ☎0246-28-3288

江戸時代からの相伝の名湯。創業300年という由緒ある伝統を持つ福島県の「吉野谷鉱泉」は、リウマチ、神経痛、関節痛、打ち身、アトピー、腰痛、椎間板ヘルニア等に効果が期待できると長年愛され続けている。浴槽に溜めた鉱泉を薪で沸かすのが特徴。★宿泊情報は53ページ参照

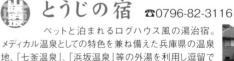 ## とうじの宿 ☎0796-82-3116

ペットと泊まれるログハウス風の湯治宿。メディカル温泉としての特色を兼ね備えた兵庫県の温泉地、「七釜温泉」、「浜坂温泉」等の外湯を利用し逗留できる（自炊設備完備）。★宿泊情報は131ページ参照

ユートピア浜坂
☎0796-82-5080／大浴場、バイブラー・ジェット風呂。温泉たまご作り可。浜坂駅徒歩10分。入館料：町外者大人500円（木曜休館）

ゆ～らく館
☎0796-83-1526／石・桧風呂、露天釜風呂・岩風呂。浜坂駅からバス15分。入浴料：大人700円（第1・3水曜休館）

飛騨路賑やか巡り旅

〈文・写真／永澤康太〉

白川郷の明善寺小路からの合掌造り

長らく続いたコロナ禍もようやくひと区切りついたと見え、日本ではインバウンド需要の高まりもあって各観光地が活気を取り戻している。その人々で賑わう行楽地の様子がテレビに映ると、出掛けたくなるのが旅行好きの常。以前から温めていた飛騨路の旅へ赴くことに決め、2軒の安宿を押さえた。多くの訪日外国人旅行客が訪れる名所を巡り、ついでに飛騨牛を食べ比べした2泊3日、スタートです！

出発前に天気予報をチェックしてみれば、飛騨地方の空模様はズバリ荒天。大丈夫かいなと心配する自分を余所に、乗り込んだバスはすこぶる順調に走り続け、北アルプスの険しい山岳地帯を経て飛騨高山へ無事到着した。

流石はインバウンドで盛り上がっているだけあり、バスターミナルや駅に外国人旅行客が沢山いる。そして今のところ何も降っておらず、これ幸いと高山本線で飛騨古川に向かった。

飛騨地域では濁り湯が幾つか点在するが、本日泊まる一軒宿の古川温泉「たんぼの湯」も立派な赤湯で、駅から徒歩5分程の市街地に位置し、明治時代より暖簾を掲げる。阿弥陀如来が夢で告げたという源泉は、地元の方にも人気のようだ。湯を頂きに行くと、鉄錆色の温泉を湛えた湯船があり、これがめちゃ身体に効きそうな風合いを出している。しかし、インパクトある見た目に反して、浴感は柔らかで素直なもの。総鉄イオンの項

古川温泉「たんぼの湯」

たんぼの湯の内湯

◀下呂温泉「民宿松園」

古川温泉「たんぼの湯」☎0577-73-2014
下呂温泉「民宿松園」☎0576-25-2110
★宿泊情報は101・102ページ参照

◀民宿松園の貸切内湯（源泉掛け流し天然温泉）。入浴すると肌がつるつるする

▼下呂温泉の噴泉池と温泉街

▲民宿松園1階の割烹で提供している
朴葉味噌飛騨牛のせ定食

で温泉に該当し、湯量が意外に多いのか時々オーバーフローも見られる。温度が丁度良いのでのんびり入っていられる。

さて、夕飯は宿の都合により提供していない為、外で食べることに。周辺だけでも結構な数の居酒屋が営業しており、その内の一軒で郷土料理「鶏ちゃん焼き」を頼み、一日目の夜は更けていった。やはり旅に地の物は欠かせない。

翌日、布団から出て外の様子を伺うと雪がちらついている。写真撮影が大変だと思いつつ、身支度を整えていたらもう朝食の時間。運ばれてきた食事はどれも美味し

く、料理スキルの高さが垣間見える。うーん、夕食の方も味わってみたかったなぁ、残念。料金は1泊朝食付きで6000円。霊験あらたかな善き湯だった。

宿を出た後は電車で飛騨高山へと戻り、毎日開かれている「宮川朝市」に足を運んだ。街を流れる宮川沿いにテントや店が立ち並び、地元の特産品等が売られ、眺めて歩くだけでも面白い。また、大勢の外国人旅行客も見物に来ており、朝市は大盛況だ。ひとしきりショッピングを楽しみ、加えて飛騨牛の串焼きも購入。おぉ、流石にジューシーで美味、文句の付け

ようがない。土産の朴葉味噌も買えたし、充実した一時を過ごせた。

続いての行き先は白川郷。駅まで引き返し、昨日と同じく多国籍言語が飛び交うバスターミナルから目的の便に乗車した。最初は日も差していたが、1時間程の行程を進む間に天候が悪化。着く頃には吹雪いてしまい、天気予報は大当たり。バスに乗り合わせたガイドさん曰く「3月の大雪は珍しく、ある意味皆さんはラッキーです」と英語を踏まえ案内していた。気を取り直し散策に出てみるとさっそく急角度の茅葺屋根が出現。これがユネスコの世界文化遺産にも登録された合掌造りだ。雪が積もっている分、より映え情緒もたっぷり。確かに銀世界の白川郷だからこそ触れられる景色があり、ガイドさんの言う通り幸運なのかもしれない。こうして集落をぐるりと廻り、各所でシャッターを切ったり、合掌造りを内部から見学可

▲たんぼの湯の食事はセンスが光る

▲宮川朝市

飛騨高山「古い町並み」の酒蔵

能な「神田家」へお邪魔したりした。なお昼は外国人旅行客で繁盛する飲食店に入り、飛騨牛カルビ丼を注文。脂の旨味が効いた逸品でこれまた美味い。腹も満たされたので軽く土産物屋を覗いておいとましよう。雪のおかげで味のある滞在となった。

飛騨高山に帰ってきて、今度は高山本線を南下。飛騨川の両岸に温泉街が連なる下呂までやって来た。今夜の安宿は駅に程近い民宿「松園」で、素泊まり税込み6750円の宿になり、1階では割烹を営んでいる。温泉も評判だが着いた時間が遅く、先に宿の割烹で食事をとった。オーダーしたのは朴葉味噌飛騨牛のせ定食。味噌の香ばしさと上品な肉の味が口いっぱいに広がり、ご飯や地酒も進んで夕食を思う存分堪能した。一方、風呂は貸切内湯が一か所のみ。源泉の集中管理を行う下呂温泉でも貴重な源泉掛け流しとなっていて、無色透明の少

し熱い湯が静かに溢れている。泉質はアルカリ性単純泉。鮮度も良好で、日本三名泉の一つに相応しい湯を注ぐ宿と言えよう。

飛騨路で迎えた三日目の朝は、下呂大橋のたもとに湧く噴泉池で足湯を満喫。以前は入浴出来たが色々あって足湯専用になってしまった、がっかり。次にこの近くで温泉スイーツを販売している「ゆあみ屋」へ立ち寄り。地元の下呂牛乳と岐阜県産のたまごで作られた「ほんわかプリン」が店先に湯煎して温めてあり、甘くとろーりとした食感はまったりするのに最適だ。

バスの時間が来て、下呂温泉を離れ再び飛騨高山に移動。道中は小雪が舞っていたものの、前日の白川郷と比べれば大したことはない。終点で下車し訪ねたのが飛騨高山の観光スポット、古い町並みとなり、趣きあるレトロな建物が軒を連ね、風流な景観を造り上げている。外国人旅行客の人々に交

じりゆっくり歩いて見学していると、気になる行列が。どうやら飛騨牛の握り寿司を求めて並んでいるらしい。思い切って自分も並び、売り切れ寸前で何とかゲット。口へ頬張ると肉がとろけ、それはもう堪らない旨さで正しく絶品と言う他ない。と、こんな調子で町をぶらーり。この辺は酒蔵も集まるのでちょっと試飲をしていこう。御猪口を手に入れ注いでクイ、横で外人さんもクイ。結論から言えばどれも美酒ばかりで、二軒巡ったところで酔いが回り早々にリタイア。土産用に日本酒を一つ包んでもらった。

ほろ酔い気分で古い町並みを歩き倒したら、後はもう帰るだけ。飛騨独特の伝統や文化が至る所で見てとれ、面白い旅が出来たと感じる。静かな旅も良いものだが、賑やかな旅もたまには良いものだ。

〈文・写真／永澤康太〉

北陸本線各駅停車の旅
読者投稿

&

兵庫デスティネーションキャンペーン兵庫県の旅

日本三名園のひとつ金沢兼六園（石川県）　　　　　〈文・写真／和田来央〉

北陸本線各駅停車の旅

　北陸本線は、平成27年の北陸新幹線金沢開業で金沢―直江津間が第三セクターとなり、令和6年3月16日には、北陸新幹線敦賀開業で、敦賀―金沢間も第三セクターとなる。つまり、北陸本線は米原―直江津間の353kmから米原―敦賀間の45.9kmとなってしまった。

　その為、殆どの区間で筆者も愛用の「18きっぷ」が使えなくなってしまう。第三セクター移行後の「18きっぷ」の特例乗車ルールは、敦賀―越前花堂と津幡―富山間は越美北線、七尾線の枝線の為、「18きっぷ」でも乗車可能。但し途中下車可能駅は、越前花堂、津幡、高岡のみとなる。もしそれ以外の駅で途中下車してしまうと、乗車した全区間の運賃が必要。「18きっぷ」で、福井、金沢へは行けなくな

ってしまったのだ。

　18キッパーから嘆きの声が上がるが、スーパーチケットがある。tabiwa限定「北陸おでかけtabiwaパス」だ。アプリ限定で、土休日敦賀―直江津間のJR線、IRいしかわ、あいの風とやま鉄道、えちごトキメキ鉄道などの普通列車が1日乗り放題で￥2,450。しかもJRの在来線特急は特急券プラスで乗車可能。但し注意点があり、新幹線は利用不可、乗車日3日前までに購入しなければならない点だ。

　3月16日の北陸新幹線敦賀開業後も発売継続となった。価格改定で￥2,900となるが、毎日利用可となり、乗車エリアも一部拡大される。例えば敦賀―上越妙高まで片道￥6,850かかるから片道利用でも半額以下だ。乗車日3日前ま

での購入となる点は以前と同様注意が必要！そんな変貌する北陸に今年はスポットを当ててみる。

1日目

　旅のスタートは敦賀駅。新幹線開業で駅舎は工事中だ。敦賀初電5:49発芦原温泉行きへ乗車。列車は北陸本線へ。長さ約14kmの北陸トンネルを抜け、列車は今庄、武生、鯖江と進み、6:39福井に到着。

　福井から東尋坊へ行ってみる（写真❶）。えちぜん鉄道線へ。北陸おでかけパスは使えないが、えちぜん鉄道にも休日「一日フリーきっぷ」があり、￥1,000なので三国港往復だと￥540も得。6:48発で住宅地から田園地帯を抜け、三国港7:41着。東尋坊まで徒歩約30分で到着。長年の波の侵食でギザギザになった日本海の崖をじっくり見て、三国港発で福井へ戻る。隣のホームに

❶国の天然記念物にも指定されている北陸屈指の景勝地・東尋坊（福井県）

❷えちぜん鉄道恐竜電車

❸えちごトキめき鉄道455系

❹高岡大仏（富山県）。30年の歳月をかけて作られた。総高15.85m。

❺金沢城址（石川県）

は恐竜電車（写真❷）が停まっていた。福井は恐竜で町おこしをしていて、勝山市に恐竜博物館がある。恐竜電車は、筆者の故郷静岡鉄道から売却された電車が使われており、意外な場所での再会だ。

福井10:22発金沢行きへ乗車。列車は芦原温泉を過ぎ、石川県へ入り、加賀温泉、小松、松任と進み、11:44金沢に到着。金沢でランチ。アパホテル金沢駅前のラベランダのランチビュッフェ。料理も多く時間無制限で￥1,540。コスパも高く筆者も満足だった。余談だが北陸にアパホテルが多いのは、社長の元谷芙美子の出身地だから。

金沢13:02発富山行きへ乗車。列車は津幡を過ぎ、倶利伽羅峠を抜けると富山県へ入る。石動を経て13:41高岡に到着。

高岡では高岡大仏（写真❹）を見る。高岡大仏は昭和8年（1933）に建立の大仏。また高岡市はドラえもんの原作者藤子不二雄の故郷だ。筆者は藤子F不二雄のファン

で、よくアニメを観ていたものだ。

高岡14:26発で富山14:43着。富山では富山城址公園へ行ってみる。富山城は天文12年（1543）神保長職が築城。その後前田利長らの居城となり、明治4年（1871）廃城。現在は天守閣は無いが、富山城を模した富山郷土博物館がある。

富山駅へ戻り、15:37発泊行きへ乗車。列車は車窓から立山連峰が見えてくる。列車は滑川、魚津、黒部、入善と進み16:29泊着、16:33発直江津行きへ乗り継ぎ、列車は新潟県へ入り日本海沿いを走行。親不知海岸から糸魚川、能生と進む。この日は曇空で夕陽は見れなかった。17:52直江津に到着。ホームには、筆者も興奮の観光急行455系国鉄型急行車両が停まっていた（写真❸）。筆者と同じ昭和46年（1971）3月生まれの53歳。全国に改造車含め125両製造され、北陸、東北、九州で活躍してきたが、この車両が最後の1両だ。直江津19:08発で金沢方面へ折り

返し、22:44金沢着。

宿泊先は「トリフィート ホテル＆ポッド 金沢百万石通」で宿泊。宿泊代は土曜だがじゃらん価格￥2,980プラス金沢宿泊税￥200の￥3,180だった。ホテルはファーストキャビンに似ていて、大型TVがあり、立てる客室のカプセルホテル。大浴場もある。この日は長かったのですぐ就寝。

2日目

翌日は5:30起床。昨夜遅かったのにこの日早いのには理由が…。ホテルから徒歩約20分の日本三名園の兼六園へ。実は早朝開園15分前までは無料で入場できるのだ。夏場の朝は空気も澄んでいて、良い写真が撮れるのだ。

金沢城址公園も訪れる（写真❺）。金沢城は天正8年（1580）佐久間盛政が築城。前田利家らの居城となり、明治4年（1871）廃城。

ホテルへ一旦戻り、10:00前にチェックアウト。長町武家屋敷を

散策（写真❻）。ひがし茶屋街（写真❼）をまわり、金沢の台所、近江町市場（写真❽）を回って金沢駅へ。平成27年の北陸新幹線開業で建設された鼓門（写真❾）を抜けて、昼食は昨日と同様アパホテルのラベランダのビュッフェ¥1,540を摂ってから駅前バス乗り場から大阪行き高速バスへ。

　14:00発金沢特急線102便高速バスならば¥4,000大阪駅まで乗車して19:31着。大阪環状線で大阪の安宿街新今宮へ。今回の宿泊先は、ビジネスホテル福助。2連泊割引で、楽天トラベル予約で¥3,750。

❻長町武家屋敷　❼ひがし茶屋街　❽近江町市場　❾金沢駅前の鼓門

神戸デスティネーションキャンペーン兵庫県の旅

3日目

　令和5年夏、兵庫の大型観光キャンペーンが行われて、tabiwaデジタルチケットが発売された。令和5年9月で発売は終了したが、好評ならば復活もあるかもしれない（令和6年7〜9月にエリアを拡大して復活）。尼崎―播州赤穂間など兵庫県内のJR線2日間乗り放題と、姫路城入場券、三宮―有馬温泉間の神戸電鉄往復きっぷ、boh boh Kobe乗船券、異人館萌黄の館入場券がセットで¥3,200と超破格。注意点は、IC乗車券ICOCAの登録が必要。（Suica等他社カードは利用不可）。ICOCAをチャージして、利用分はICOCAポイントで還ってくる。大阪から乗車する場合は尼崎で下車しなければならない。大阪―三ノ宮で乗車してしまうとICOCAポイントは付かなくなってしまう。

　宿を7:50出発。新今宮8:04発で大阪経由尼崎へ。尼崎8:30着。8:44発の新快速電車で三ノ宮へ。地下鉄三宮へ向かい、谷上行きへ乗車。新神戸から谷上まで7.5kmもあり、地下鉄の駅間としては日本一長い区間だ。谷上から神戸電鉄へ入り急勾配を登る。有馬口で乗り継ぎ、9:38有馬温泉に到着。筆者初の有馬温泉（写真❶）。山深い急な坂にある有馬温泉。ここも神戸市内なのだ。京阪神の奥座敷とも呼ばれて観光客も多い。共同浴場もあり「金の湯」「銀の湯」が有名。筆者は銀の湯でひと浴びする。平日¥550だった。有馬温泉駅へ戻り、10:54発で三宮へ戻る。

　三宮センター街など、神戸駅まで商店街を歩いてみる。神戸の商

店街は約2.5kmあり、途中には南京中華街（写真❺）もある。神戸港へ向かう。13:00発神戸観光船、boh boh Kobeへ乗船。約1時間で神戸空港付近まで行って戻る形で、

❶有馬温泉
❷赤穂城跡
❸大石神社
❹姫路城
❺神戸南京町
❻風見鶏の館
❼萌黄の館

¥1,800相当が付いているのだ。神戸港を出発。海上から神戸の街並をみる。飛行機の離陸も見られる。遊覧を終えて、昼食は神戸クックワールドビュッフェ。筆者の大好きな食べ放題で平日ランチ時間無制限で¥1,408。何故こんなに安いのか？それはこの食べ放題、業務スーパーを経営する神戸物産の系列店なのだ。

食後は明石へ行ってみる。明石市は日本の標準時間で、今の時刻は明石が基準となっている。明石は魚の棚商店街が賑やかだ。海産物などが売られている。そんなことで時刻も16:30となり、この日は大阪へ戻る。16:55発新快速電車で尼崎で乗り継ぎ、17:53新今宮に戻る。

4日目

朝は早い。宿を7:15出発。新今宮7:31発で尼崎へ。尼崎8:06発新快速電車播州赤穂行きへ乗車。列車は三ノ宮、神戸、明石、姫路、相生と進み、9:42播州赤穂に到着。播州赤穂では赤穂城跡（写真❷）、大石神社（写真❸）へ行ってみる。赤穂城は寛文元年（1661）浅野長

直が築城。明治6年（1873）廃城となった。

隣接する赤穂大石神社へ。大正元年（1912）に大石内蔵助を祀る神社として創建。忠臣蔵は元禄15年12月14日に大石内蔵助ら四十七人の義士が吉良上野介に敵討ちした。そんな大石神社をまわり、播州赤穂へ戻る。11:09発姫路行きへ乗車して、姫路11:41着。これから姫路城へ行ってみる。

国宝世界遺産の姫路城（写真❹）は日本一有名な城とも言われている。元弘3年（1333）赤松則村がこの地に城を。慶長6年（1601）池田輝政が大改築。慶長14年（1609）完成。その後松平忠明らが城主となり、昭和26年（1951）国宝に指定。平成5年に世界遺産に登録された。

筆者は28年ぶりの姫路城へ入城。急いで見ても1時間はかかる。姫路城を見て、昼食は駅前のしゃぶしゃぶ但馬屋のランチ。肉定量プランならば、サイドメニュー、ドリンクバー食べ放題で60分コース¥1,188と格安。

食後姫路駅へ戻り、14:27発新快速電車敦賀行きへ乗車して、三

ノ宮へ。15:06三ノ宮に着き、異人館へ行く。徒歩30分程で異人館へ。筆者は初めて訪れる。一番有名なのが「風見鶏の館（写真❻）」だが、tabiwaデジタルチケットでは「萌黄の館（写真❼）」の入場券が付いている。異国の雰囲気を味わい、最後に駅近くの生田神社をおとずれて、三ノ宮16:37発新快速電車で尼崎へ。尼崎から新今宮へ。17:23新今宮に到着し宿へ。今回tabiwaデジタルチケットで入場料込みで¥10,020相当乗車して¥3,200だった。翌日帰京した。

〈文・写真／和田未央〉

旅費

北陸おでかけtabiwaパス	2,450円
えちぜん鉄道一日フリーきっぷ	1,000円
高速バス　金沢―大阪	4,000円
大阪―新今宮	180円
新今宮―尼崎2往復	1,280円
兵庫デスティネーションキャンペーンtabiwaパス	3,200円
合計	12,110円

宿泊代〈じゃらん、楽天トラベル価格〉

トリフィート ホテル＆ポッド金沢百万石通	3,180円
ビジネスホテル福助（2泊）	3,750円
合計	6,930円
総合計	19,040円

※行きの東京―敦賀間、帰りの大阪―東京間は含まず

宿泊一覧表のみかた

宿泊一覧表をご覧になる前に、必ず読んでほしい!!

宿泊一覧表の料金、客室、定員等の情報は、本誌発刊前に各宿から直接確認した最新のもので、掲載料金は基本的に1名分の消費税10%込み料金です。年間通した中で「安い時期はこの金額から可能ですよ」という料金をご紹介していますので、シーズン、その他の条件により、変わってくることがあります。施設によっては入湯税、地域によっては宿泊税が別途かかる場合もあります。

又、感染症や急激な物価高騰、その他の社会情勢等により、宿や観光施設の営業状況、イベントの開催状況、宿泊料金等が変更される場合がありますので、必ずご予約時（ご利用時）に宿、並びに各施設へ直接ご確認ください。

料金について、特記事項がある場合は、宿泊一覧表の「特徴・備考」欄に「※」印にて説明しています。また、略記号については、このページ下部、又は各ページ一覧表上部にてご説明。

宿によっては料金前払い制や、タオル、寝巻（浴衣）などのアメニティグッズを完備していない場合もありますので、事前に宿にご確認下さい。

今回、188ページ記載の宿を対象に宿泊料金の値引きサービスを実施致します。187ページの内容を良くお読み頂き、ご理解のもとご利用下さい。また、宿側の広報活動の現状把握にもなりますので、是非「全国安い宿情報を見た」と宿へお伝え頂けますと幸いです。

注1）略記号 **⓶⓷⓸** は、"1室を○名で利用した場合の1名分料金を紹介している"のであって、「1名分料金で○名いいですよ」という意味ではありません。

注2）ユースホステル(以下、YH)の場合、宿泊一覧表には基本的にYH会員料金を記載しています。一般（非会員）の場合は、600円～1,000円程度料金がプラスされます。公営YHは会員・非会員共に同料金です。

注3）基本的に、消費税、入湯税、サービス料など込みの総額で宿より確認しておりますが、例外で別料金での掲載や確認後に変更する場合もありますので、ご予約時に必ず直接宿にご確認下さい。地域により発生する宿泊税も別途。

注4）本誌では、宿泊施設の掲載において、旅館業法に基づく許可証の確認までは行なっておりませんので、確認されたい場合は、直接宿にお問い合わせ頂けますようよろしくお願い致します。

※ご宿泊の際は、お客様の責任として直接宿にお問い合わせ頂き、ご予約してください。

●表のみかた（略称説明）●

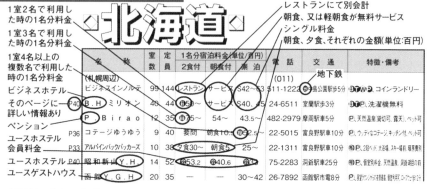

宿泊料金は基本的に「**1名分、消費税10%込み**」表示(単位:百円)※宿泊税別／**⓶**→1室2名利用／**⓷**→1室3名利用／**⓸**→1室4名以上利用／B.H.→ビジネスホテル／P.→ペンション／Y.H.→ユースホステル／Y.G.H.→ユースゲストハウス／**会**→YH会員料金／**相**→相部屋=ドミトリー／S→シングルルーム／**地**→地下鉄／**男**→男性専用／**女**→女性専用／**和**→全室和室／**和**→和室有り／**B**→一部バス付／**B**→全室バス付／**T**→全室トイレ付／**T**→一部トイレ付／**T**(s)→全室シャワートイレ=ウォシュレット付／**W**→全室Wi-Fi可／**W**→一部Wi-Fi可／**P**→有料駐車場／**P**→無料駐車場／**送**→送迎有／**24h**→24時間／**障**→身体障害者への対応可(要問)／特記事項は「※」印、又は（ ）括弧書きにて説明／**C**→一部クレジットカード決済可／**Q**→paypay等の一部QR決済可

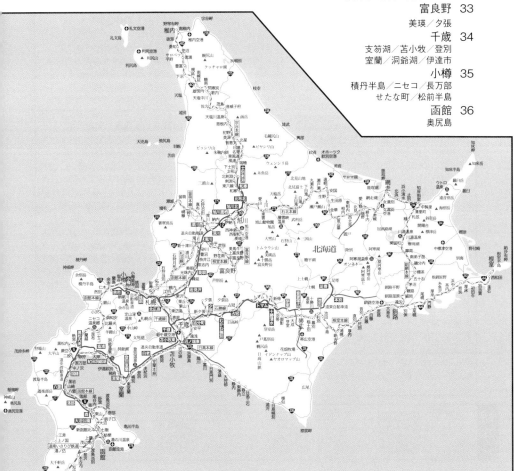

◇北海道◇

北海道

★お申し込み時「全国安い宿情報を見た」と言ってね！お得情報は187ページを見てね！

宿泊料金は基本的に「**1名分、消費税10%込み**」表示(単位：百円)※宿泊税別 ⓢ→1室2名利用 ⓜ→1室3名利用 →1室4名以上利用 B.H.→ビジネスホテル P.→ペンション Y.H.→ユースホステル Y.G.H.→ユースゲストハウス →YH会員割引 相→相部屋→ドミトリー S→シングルルーム 地→地下鉄 男→男性専用 女→女性専用 和→全室和室 和→和室有(全室ではない) (→右へ→)

名称	室数	定員	2食付	朝食付	素泊	電話	交通	特徴・備考
(札幌周辺) map▶26ページ						(011)		
ホテルルートイン札幌駅前北口	426	529	—	サービス	S75~	727-2111	札幌駅歩1分	BT(s)WP先着順・制服有 CQ 大浴場
東横INN札幌駅北口	357	429	—	サービス	S76~	728-1045	札幌駅歩2分	BT(s)WP先着順 CQ
東横INN札幌駅西口北大前	179	207	—	サービス	S71~	717-1045	札幌駅歩5分	BT(s)WCQ
東横INN札幌駅南口	115	134	—	サービス	S76~	222-1045	札幌駅歩5分	BT(s)WCQ
R&Bホテル札幌北3西2	226	226	—	朝食5	S54~	210-1515	札幌駅歩5分	BT(s)W
ホテルリブマックス札幌駅前	53	109	—	—	50~	747-2010	札幌駅歩5分	BT(s)WP電子レンジ、マッサージチェア
北海道クリスチャンセンター	10	45	—	—	S63.8~	736-3388	札幌駅歩5分	BT(s)WP(h)C大部屋有、門限24時
芙蓉館	16	40	65	55	42	711-8762	札幌駅歩8分	和P(3台分駐車場)サッポロファクトリー近く、暖房費別
ビジネスインハルテⅡ北大前	51	74	—	サービス	S41~	707-0066	札幌駅歩8分	BT(s)WP車高制限有 C
ホテルルートイン札幌駅北四条	120	150	—	サービス	S95~	204-7122	札幌駅車5分	BT(s)WP先着順 CQ 大浴場
札幌クラークホテル	53	67	—	朝食9	S50~80	716-7772	地北12条東駅歩3分	BT(s)WC 電子レンジ有
アーバンホテルマルコー札幌	22	38	—	—	※S38~	704-7111	地北18条東駅歩5分	BTWP ※オフ期
ガーデンズキャビン	184	190	食事処	朝食8.8	35~	522-8585	地大通駅歩2分	男女カプセル WCQ 個室有、大浴場・サウナ
東横INN札幌すすきの交差点	385	469	—	サービス	S76~	207-1045	地すすきの駅歩1分	BT(s)WP先着順 CQ
ホテルルートイン札幌中央	389	492	—	サービス	S70~	518-6111	地すすきの駅歩3分	BT(s)WP制服有 大浴場
スマイルホテル札幌すすきの南	123	246	—	72~	60~	351-4646	地すすきの駅歩3分	T(s)WP先着順 全室シャワー
ホテルニューバジェット札幌	161	170	—	サービス	S66~	261-4953	地すすきの駅歩5分	BT(s)WP提供先 C
スワンキーホテルオートモ	108	108	—	サービス	S30~180	513-1166	地すすきの駅歩5分	BTWPC禁煙室有
ウィークリーさっぽろ本館	66	100	—	—	※S36.3~	511-2000	地すすきの駅歩7分	BT(s)WP予約制 CQ ※オフ期
ホテルブーゲンビリア札幌	56	90	—	—	S50~	222-1010	地すすきの駅歩7分	BT(s)WP(高さ制限)C
THE STAY SAPPORO	27	130	キッチン	朝食5	22~	252-7401	地すすきの駅歩8分	相WCQ個室有、シャワー共用、広いラウンジ
サッポロインNADA	9	25	—	—	35、45	551-5882	地すすきの駅歩10分	相WPCQ個室有
ゲストハウスNONAKA	6	14	—	—	45	521-1010	地すすきの駅歩10分	和WPC全室禁煙、コーヒー・お茶無料
ニコーサウナリフレ	236	236	レストラン	朝食14	41~	261-0108	地豊水すすきの駅歩1分	男カプセル WP提供先 CQ 大浴場、サウナ
スーパーホテル札幌すすきの	164	250	—	サービス	S59~	521-9000	地豊水すすきの駅歩1分	BT(s)WP男女別天然温泉
APAホテル札幌豊水すすきの駅前	54	99	—	※朝食10~	S50~270	551-0811	地豊水すすきの駅歩1分	BT(s)WCQ ※予約制
APAホテル札幌大通駅前西	60	76	—	※朝食13	S35~150	261-8111	地西11丁目駅歩5分	BT(s)WPCQ ※予約時
ホテルテトラスピリット札幌	47	85	—	—	S60~280	272-0005	地西11丁目駅歩5分	BTWP 中国茶専門店
ウィークリーホテルさんでん	9	22	—	—	49.8~	613-7550	地西18丁目3番出口歩1分	和BT(s)WPC冷蔵庫・電子レンジ付
ホテル翔SAPPORO	78	99	—	—	S38~	511-2221	地中島公園駅歩1分	BT(s)WP1泊~長期可、禁煙室有
ホテルリブマックスBUDGET札幌	61	122	—	あり	55~	532-0500	地中島公園駅歩2分	BT(s)(セパレート)WPVOD、電子レンジ
ティアラホテル札幌すすきの	109	146	—	朝食11	S50~	513-8181	地中島公園駅歩4分	BT(s)WP(提供先)CQ大浴場(男女入替)
ビジネスインハルテ中島公園	99	144	レストラン	サービス	S35~200	511-1222	地中島公園駅歩5分	BT(s)WP予約制 CQ コインランドリー、ロビーPC有
ホテルライン	59	73	—	—	S53~65	521-3371	地中島公園駅歩8分	和BT(s)WPC冷蔵庫付
札幌国際Y.H.	35	110	—	—	33、38	825-3120	地学園前駅歩2分	相WP(h)C大浴場、ツイン多数
ホテル牧	15	50	96.8~	79.2~	69.3~	521-1930	地幌平橋駅歩8分	和BT(s)WP団体合宿可、首都可
バックパッカーズホステル・イーズプレイス	5	30	—	—	30~	832-1828	地白石駅歩5分	相WCQ1人旅歓迎、外国人多い
ホテルルートイン札幌白石	144	216	※レストラン	サービス	S85~	873-2727	白石駅歩20分	BT(s)WP先着順 大浴場、※日祝休
ちょい寝ホテル札幌手稲	36	36	共用キッチン	トースト・スープ	29.9	688-8707	手稲駅歩13分	男女カプセル WPCQ ラウンジ

Map

札幌周辺 　旭川周辺 　名寄周辺 　稚内周辺

【ひとくちメモ】　『得だねチケット・札幌セレクト』は、札幌市内から約30分圏内の観光施設がお得になるチケット。「さっぽろテレビ塔展望台」「大倉山展望台リフト」「北海道博物館」「さっぽろ羊ヶ丘展望台」「北海道開拓の村」「北海道オリンピックミュージアム」の6施設の内お好きな4ヶ所を選ぶBコースが大人2,500円。Bコース6施設の内3ヶ所＋もいわ山ロープウェイが利用できるAコースが大人3,500円。関連7施設かJR札幌駅構内の「北海道さっぽろ観光案内所」にて販売。http://www.sapporoselect.jp/

（←つづき）　Ｂ→全室バス付／Ⓑ→一部バス付／Ｔ→全室トイレ付／Ｔⓢ→全室シャワートイレ＝ウォシュレット付／Ⓣ→一部トイレ付／
Ｗ→全室Wi-Fi可／Ⓦ→一部Wi-Fi可／Ｐ→有料駐車場／Ⓟ→無料駐車場／送→送迎有／障→身体障害者への対応(要問)／
Ｃ→一部クレジットカード決済可／Ｑ→paypay等の一部QR決済可／24h→24時間　特記事項は※印、又は（　）括弧書きにて説明

名称	室数	定員	2食付	朝食付	素泊	電話	交通	特徴・備考
（長沼町周辺）						(0123)		
ながぬま温泉(本館)	13	53	Ⓑ121〜	Ⓑ81〜	Ⓑ69〜	88-2408	北広島駅バス30分	和ＴⓌＰ 天然温泉,大浴場,露天,サウナ
（岩見沢周辺）						(0126)		
岩見沢ホテル四条	55	70	S93.1〜	S76.6〜	S61.4〜	25-2333	岩見沢駅歩5分	ＢＴⓢⓌＰＣＱ
（美唄周辺）						(0126)		
だるま屋旅館	12	30	71.7〜77	60.5〜66	55〜60.5	63-2245	美唄駅歩4分	和ⓌＰＱ 24h風呂,食堂
的場旅館	11	38	68.2〜	57.2〜	48.4〜	62-3535	美唄駅歩5分	和ⓌＰ アットホーム,ビジネス向き
（滝川周辺）						(0125)		
ホテルおい川	32	55	—	—	S47	23-2220	滝川駅歩2分	ＢⓉⓌＰＣ 大浴場,ビジネス向き
安田旅館	8	15	60〜	50	45	78-3311	滝川駅歩15分	和Ⓟ 雨竜沼湿原入口
ゆき・ふる・さと	3	12	67	52	47	77-2479	滝川駅車30分	相Ｐ 雨竜沼湿原観光に良い
金松ホテル	20	30	S77〜	S66〜	S55〜	52-2645	砂川駅歩3分	和ＢＰ 国道12号沿い
えべおつ温泉	11	35			60	75-2555	江部乙駅歩1分	和ⓌＰＣＱ 天然温泉大浴場
（深川周辺）						(0164)		
イルムの丘Y.H.	4	14	—	—	会35〜	25-1000	深川駅車10分	相ⓌＰ 個室有,一般¥1000増
（留萌周辺）						(0164)		
旅館広見屋	14	30	68.2	57.2	46.2	42-0551	深川駅バス60分	和ＴⓌＰ 1人旅・ビジネス歓迎
川村旅館	10	20	夕付58〜	—	48〜	42-3910	深川駅バス60分	和ＴⓌＰ 1人旅家族・工事関係歓迎,洗濯機有料
福広館	7	15	65〜	55〜	45〜	43-5339	深川駅バス60分	和ＴⓌＰ 地元の海の幸の食事
音尾旅館	10	20	66〜	51.7〜	44〜	57-1718	旭川駅バス120分	和ⓌＰ 海の幸好評,長期可
ぽちぽちいこか増毛舘	5	20	55	37	30	53-1176	札幌駅バス180分	相ⓌＰＣＱ 個室別料金,昭和7年築の建物指定
（旭川周辺） map▶26ページ						(0166)		
ワイズホテル旭川駅前	160	379		70〜	55〜	29-3255	旭川駅歩1分	ＢＴⓌＰＣＱ 大浴場,サウナ,レストラン
東横INN旭川駅東口	186	209	※カレーサービス	サービス	S72〜	25-2045	旭川駅歩3分	ＢＴⓢⓌＰ 先着順ＣＱ 女性大浴場のみ
東横INN旭川駅前一条通	143	180	※カレーサービス	サービス	S72〜	27-1045	旭川駅歩3分	ＢＴⓢⓌＰ 先着順ＣＱ ※10〜5月の火水女性のみ
ホテルメイツ旭川	81	91		朝食8、12	S50〜65	22-0011	旭川駅歩5分	ＢＴⓌＰＣ
ホテルルートイン旭川駅前一条通	187	275	—	サービス	S62〜	21-5011	旭川駅歩5分	ＢＴⓢⓌＰ 制限有ＣＱ 大浴場
スマイルホテル旭川	173	313	レストラン	S57〜	S45〜	25-3311	旭川駅歩5分	ＢＴⓢⓌＰ (提携)コインランドリー
旭川サンホテル	52	67	レストラン	朝食8.5	S65〜	23-3233	旭川駅歩8分	ＢＴⓢⓌＰＣ ビジネス向き
秋田屋旅館	5	10	65	55	47	22-2557	旭川駅歩8分	和ⓌＰ ボリュームある食事,暖房費別
オスパーコート宮前	27	92	S53.9〜	S45.4〜	S38.9〜	25-3200	旭川駅歩3分	ＢＴⓌＰＣＱ ミニキッチン,大浴場+サウナ
ザ・グリーン旭川	45	70	—	朝食7	S38〜	22-7511	旭川駅車4分	ＢⓉⓌＰＣ
旭川キャピタルホテル	72	100	—	要問	S39.8〜	24-1515	旭川駅車5分	ＢＴⓢⓌＰ (普通車無料)Ｃ
プラトンホテル	23	46	S61.3	S52.8	S46.3	27-2010	旭川駅車5分	ＢＴⓌＰＱ
東花苑	28	100	75〜	60	50	31-2234	旭川駅車8分	和ＴⓌＰ ジンギスカン(要予約),旭山動物園15分
飛鳥ホテル	24	35	S75〜	S45〜	S40〜	22-3333	旭川駅車10分	ＢＴⓌＰ (大型車有料)
扇松園	17	100	Ⓑ154〜	Ⓑ110〜	Ⓑ88〜	61-5154	旭川駅車15分	和ⓌＰ送障 サウナ,打ちたてそば人気
旅人宿ゆう	3	12	60	48	41	82-3910	旭川バス35分	相ⓌＰ 旭川空港・旭山動物園バイク15分
旭岳温泉ホステルケイズハウス北海道	44	150	自炊可	自炊可	45〜	97-2555	旭川駅バス90分	和ⓌＰＣ 個室有,旭岳ロープウェイ1km
ホテルトレンド旭川	43	68	要相談	S55〜	S50〜	46-1022	永山駅歩8分	ＢＴⓌＰ ※朝食有,旭山動物園15分,旭川北.IC.10分
パッチワーク	2	8	—	—	39	64-6145	千代ケ岡駅歩5分	相ⓌＰ 個室有+¥1000,暖房費別

北海道

★お申し込み時「全国安い宿情報を見た」と言ってね！お得情報は187ページを見てね！

【ひとくちメモ】　動物本来の優れた能力を引き出す行動展示により、一躍北海道の代表的な観光スポットとなった「旭川市旭山動物園」。動物が餌さを食べる自然な姿を見る"もぐもぐタイム"に合わせて見学をするのがオススメ。夏のオランウータンの空中散歩やスカイブリッジからのチンパンジー観察、レッサーパンダの吊り橋、夜の動物園、冬のペンギンの散歩、ほっきょくぐまの散歩など、年を通して見どころ満載。旭川駅から車30分／入園料：大人(高校生以上)1,000円／☎0166-36-1104　https://www.city.asahikawa.hokkaido.jp/asahiyamazoo/

《北海道》…

北海道

★お申し込み時「全国安い宿情報を見た」と言ってね！お得情報は187ページを見てね！

宿泊料金は基本的に「**1名分**、消費税10％込み」表示(単位：百円) ※宿泊税別／⬆→1室2名利用／⬆→1室3名利用／⬆→1室4名以上利用／B.H.→ビジネスホテル／P.→ペンション／Y.H.→ユースホステル／Y.G.H.→ユースゲストハウス／🅐→YH会員料金／⬆→相部屋＝ドミトリー／S→シングルルーム／Ⓢ→地下鉄／Ⓜ→男性専用／Ⓦ→女性専用／Ⓚ→全室和室／Ⓦ→和室有(全室ではない) 《右へ》

名　称	室数	定員	1名分宿泊料金(単位:百円) 2食付	朝食付	素泊	電話	交通	特徴・備考
(層雲峡周辺)						(01658)		
温泉 P. 銀河	17	50	⬆88〜	⬆71.5〜	⬆60.5〜	5-3775	上川駅バス30分	ⒷⓉP100％源泉かけ流し天然温泉(入湯税別)
(士別周辺)						(0165)		
旅館 まるいし	16	30	77	55	44	23-3571	士別駅歩3分	和Ⓑ TⓌP 大浴場
士別グランドホテル	51	90	夕食19.8朝食13.2		S66〜	23-1234	士別駅歩10分	ⒷT(s)ⓌPⒸ ツイン有、レストラン
士別 inn 翠月	60	90	S97〜	S74〜	S62〜	29-2233	士別駅車5分	ⒷT(s)ⓌPⒸ 大浴場、トレーニング室
(名寄周辺) map▶26ページ						(01654)		
ニュー富士屋ホテル	39	60		サービス	S64	2-2167	名寄駅目の前	ⒷT(s)ⓌPⒸ
B.H. サンフラワー	18	34	夕食S73〜		S60〜	3-2929	名寄駅歩3分	和ⒷTⓌPⒸQ 男大浴場
二 条 旅 館	27	54	S78	S63	S55	3-1117	名寄駅歩5分	和ⓌPⒸ 大浴場、サウナ、洗濯乾燥機
グランドホテル藤花	165	220	レストラン	※S68.5〜	S55〜	3-2323	名寄駅歩15分	ⒷT(s)ⓌPⒸ ※本館喫煙室
天塩弥生駅	2	6	55	43	35	3-8413	名寄駅バス15分	相ⓌP 2015年新築木造駅舎再現、暖房費別
なよろサンピラーY.H.	4	15	64.8〜	51.8〜	44.8〜	2-2921	日進駅歩5分	相ⓌPⒸQ 個室応相談、暖房費別
(羽幌周辺)						(0164)		
羽幌遊歩 Y.H.	6	23	🅐60	🅐46	🅐38	62-2146	札幌駅バス180分	相ⓌPⒸQ 天売島・焼尻島へ便利
吉 里 吉 里	7	12	80	62	52.6	62-3480	札幌駅バス190分	ⓌPⒸ
(美深〜天塩周辺)						(01656)		
ゲストハウスびふか	26	54	⬆71.5〜	⬆67.1〜	⬆52.8〜	2-3334	美深駅歩7分	ⒷT(s)ⓌP 国道40号沿
び ふ か 温 泉	33	111	S118.5〜	S88.5〜	S76.5〜	2-2900	美深駅車10分	ⓌP 天然温泉、チョウザメ料理(別料金要予約)
天 塩 川 温 泉	27	100	⬆100.5〜	⬆74.5〜	⬆61.5〜	5-3330	天塩温泉駅歩15分	和ⓌPⒸQ 天然温泉(露天)、暖房費別
栄 屋 旅 館	23	30	S73.5	S65	S59.8	7-2006	天塩中川駅歩1分	和ⒷTⓌP ペット可、暖房費別
						(01632)		
サ ン ホ テ ル	17	22	応相談	S65	S55	2-1574	幌延駅車15分	ⒷTⓌPⒸ 道の駅へ車2分
西 沢 旅 館	16	30	70	53	45	2-1247	幌延駅車20分	和ⓌP 天塩町中心街
(稚内周辺) map▶26ページ						(0162)		
民営国民宿舎 氷雪荘	22	65	⬆125	⬆95	⬆80	23-7116	稚内駅歩5分	ⒷTⓌP 繁華街
ホテル滝川	56	118	—	—	⬆60〜	23-2333	稚内駅歩15分	ⒷT(s)ⓌPⒸ 天然温泉(入湯税別)
旅 館 東 方 館	30	95	S71.5〜	S55	S49.5	32-3912	南稚内駅歩5分	ⒷTⓌP
P. 斗夢ソーヤ	14	35	⬆105〜	⬆75〜	⬆60〜	76-2551	稚内駅車35分	ⒷTP 囲炉裏で食事(要予約)、宗谷岬へ歩3分
あ し た の 城	5	26	60	51	45	85-2155	豊富駅バス要予約	相ⓌPⒸQ 個室料金＋牛乳(要予約)
ば っ か す	4	8	65	49	43	72-9625	抜海駅歩30分	相ⓌP 個室1000円増
松 屋 旅 館	20	35	58	47	38	82-2526	豊富駅歩1分	和ⓌP 洗濯機(有料)、長期歓迎、暖房費別
						(01635)		
笠 井 旅 館	13	50	71.5〜	51.7〜	44〜	2-3628	稚内駅車60分	和ⓌP 暖房費別、宗谷岬へ車30分、猿払村
						(01634)		
ト シ カ の 宿	8	26	58	43	38	2-2836	音威子府駅バス90分	相ⓌP 個室別料金、暖房費別、ラム肉料理
(礼文島・利尻島)						(0163)		
桃 岩 荘 Y.H.	2棟	40			🅐38.5	86-1421	香深港車15分	相P 鰊番屋を改築、6〜9月営業、礼文島
FIELD INN 星観荘	4	7	75〜	65〜	55〜	87-2818	香深港車30分	和ⓌP 個室別料金、4/29〜10/15営業、礼文島
利尻グリーンヒルinn	5	28		サービス	39〜	82-2507	フェリーターミナル歩30分	相ⓌPⒸQ 市街地近く、4〜9月営業、利尻島
利尻うみねこゲストハウス	10	10			48〜	85-7717	鴛泊港歩5分	相Ⓦ 個室＋¥1000、利尻島

【ひとくちメモ】 宗谷丘陵の中にある「白い道」は、稚内フットパス「宗谷丘陵フットパスコース(全長約11km)」のゴール側(宗谷地区側)約3kmにわたり稚内の名産であるホタテの貝殻を砕いて敷き詰めた道で、青い空と海、緑の草花と白い道のコントラストが素晴らしく、まるで日本ではないかのような景観が話題となり、近年SNSをはじめ人気を増している稚内の観光スポットの一つとなっている。JR稚内駅からスタート地点まで車で1時間。稚内市役所観光交流課観光戦略グループ ☎0162-23-6468 https://www.city.wakkanai.hokkaido.jp/kanko/midokoro/spot/white-road.html

〈→つづき〉　Ⓑ→全室バス付／Ⓑ→一部バス付／Ⓣ→全室トイレ付／Ⓣⓢ→全室シャワートイレ＝ウォシュレット付／Ⓣ→一部トイレ付／
Ⓦ→全室Wi-Fi可／Ⓦ→一部Wi-Fi可／Ⓟ→有料駐車場／Ⓟ→無料駐車場／送→送迎有／身→身体障害者への対応可（要問）／
Ⓒ→一部クレジットカード決済可／Ⓠ→paypay等の一部QR決済可／24h→24時間／特記事項は「※」印、又は（）括弧書きにて説明

北
海
道

★
お
申
し
込
み
時
「
全
国
安
い
宿
情
報
を
見
た
」
と
言
っ
て
ね
！
お
得
情
報
は
１
８
７
ペ
ー
ジ
を
見
て
ね
！

名　称	室数	定員	2食付	朝食付	素泊	電話	交　通	特徴・備考
			1名分宿泊料金（単位/百円）					
（紋別周辺）						(0158)		
紋別プリンスホテル	147	250	S137.5～	朝食18.7	S74.8～	23-5411	オホーツク紋別空港車10分	ⒷⓉⓢⓌⓅⒸⓆ 天然温泉大浴場(入場税別)
ホテルオホーツクパレス	100	170	S79.2～	朝食12.1	S60.5～	26-3600	オホーツク紋別空港車10分	ⒷⓉⓢⓌⓅ身ⒸⓆ バスターミナル裏
Ｂ．Ｈ．ステージ	28	30			S40	27-5000	オホーツク紋別空港車10分	ⒷⓉⓌⓅ 暖房費別
紋別セントラルホテル	165	300	レストラン	S68～	S55～	23-3111	オホーツク紋別空港車15分	ⒷⓉⓢⓌⓅⒸⓆ
Ｂ．Ｈ．オホーツク	14	38	―	―	S35～42	24-8511	オホーツク紋別空港車15分	ⒷⓉⓅ 流氷の観光に最適
（遠軽周辺）						(0158)		
ホテルタカハシイン	22	40	S89.1	S69.3	S58.3	42-5251	遠軽駅歩3分	ⒷⓉⓢⓌⓅⒸⓆ コインランドリー
ホテルタカハシ	15	19	S89.1	S69.3	S58.3	42-2188	遠軽駅歩3分	ⒷⓉⓢⓌⓅⒸⓆ
ノースキング	28	72	103.7～	76.2～	63.5～	45-2336	生田原駅歩1分	和ⒷⓉⓌⓅⒸ 天然温泉、サウナ
松屋旅館	15	55	66～	51.7	44	(01586) 2-2031	遠軽駅車20分	和ⓉⓌⓅ オホーツクの魚料理人気、暖房費別
（北見周辺） map▶30ページ						(0157)		
Ｂ．Ｈ．カインドホープAI愛	32	48	―	S48～	S40～	61-5000	北見駅歩10分	ⒷⓉⓌⓅⒸⓆ 五右衛門風呂,暖房費別
東横INN北見駅前	143	162	―	サービス	S75～	62-1045	北見駅歩1分	ⒷⓉⓢⓌⓅ(先着順)ⒸⓆ
ホテルルートイン北見大通西	201	261	※レストラン	サービス	S72～	32-7432	北見駅歩4分	ⒷⓉⓢⓌⓅ(先着順)ⒸⓆ 天然温泉大浴場※日祝休
スーパーホテル北見	83	200	―	サービス	S48～	22-9000	北見駅歩5分	ⒷⓉⓢⓌⓅ(予約制)Ⓒ
旅館塩別つるつる温泉	43	182	❶80～	❶70～	❶70～	45-2225	留辺蘂駅車20分	和ⓌⓅⒸⓆ 温泉大浴場,露天,入湯税込
（美幌周辺）						(0152)		
畑の中の小さな宿夢畑	2	6	49	39	34	74-3704	女満別駅車10分	相Ⓟ送 女満別空港車15分,野菜中心の料理
（サロマ湖周辺）						(01587)		
サロマ湖ゲストハウスさろまにあん	5	20	60	45	38	6-2718	網走駅バス90分	相ⓌⓅ 個室1000円増
（網走周辺） map▶30ページ						(0152)		
網走流氷の丘ゲストハウス	7	18	54～	42～	35～	43-8558	網走駅車5分	相ⓌⓅⒸⓆ 冬は流氷見える
東横INNオホーツク網走駅前	159	200	※カレーサービス	サービス	S70～	45-1043	網走駅歩1分	ⒷⓉⓢⓌⓅ(先着順)ⒸⓆ※火大限定数
ホテルルートイン網走駅前	105	154	※レストラン	サービス	S75～	44-5511	網走駅歩1分	ⒷⓉⓢⓌⓅ(先着順)ⒸⓆ 大浴場※土日祝休
網走グリーンホテル	42	70	S74.8～	S58.3	S49.5	43-8080	網走駅歩1分	ⒷⓉⓌⓅⒸⓆ 外国人の方もどうぞ
ホテルサンアバシリ	35	50	―	―	S47～	43-3155	網走駅歩2分	ⒷⓉⓢⓌⓅⒸ 女満別空港へバス30分
網走北海ホテル	62	120	S81.4～	S63.8～	S55～	43-2725	網走駅歩5分	和ⒷⓉⓌⓅⒸⓆ 大浴場
ファームインアニマの里	7	20	89	63	53	43-6806	網走駅バス5分	ⓌⓅⒸ 農家経営

北海道

★お申し込み時「全国安い宿情報を見た」と言ってね！お得情報は187ページを見てね！

宿泊料金は基本的に「**1名分**、消費税10％込み」表示(単位:百円) ※宿泊税別 ⑫→1室2名利用 ⑬→1室3名利用 ⑭→1室4名以上利用／B.H.→ビジネスホテル／P→ペンション／Y.H.→ユースホステル／Y.G.H.→ユースゲストハウス／会→YH会員料金／Ⓢ→シングルルーム／Ⓜ→地下鉄／男→男性専用／女→女性専用／全→全室和室／和→和室有(全室ではない) 《→右へ》

名称	室数	定員	1名分宿泊料金(単位/百円) 2食付	朝食付	素泊	電話	交通	特徴・備考
(網走周辺) map▶30ページ						(0152)		
P.わにの家	4	9	132〜	—	—	48-2838	網走駅バス8分	ⓌⓅⒸ イタリアンフルコース
ホテルオホーツク・イン	48	80	—	—	S47	43-4554	網走駅車5分	ⒷⓉ(s)ⓌⓅⒸ和中央浴場、コインランドリー
B.H.幸楽	25	50	S57.2〜	S47.3〜	S39.6〜	48-2226	呼人駅歩10分	ⒷⓉⓌⓅトレーニングフィールド歩15分
(知床周辺) map▶30ページ						(0152)		
ルートイングランティア知床斜里駅前	105	210	サービス	S75〜		22-1700	知床斜里駅歩1分	ⒷⓉ(s)ⓌⓅ先着順ⒸⓆ天然温泉大浴場、露天
斜里セントラルホテル	17	55		S68.2〜	S60.5〜	23-2355	知床斜里駅歩1分	和ⒷⓉⓌⓅⒸ6〜10月¥500増
ビジネス斜里第一ホテル	30	48	夕食15	朝食10	55、68	23-1188	知床斜里駅歩2分	ⒷⓉⓌⓅⒸ大浴場、コンビニ隣、グリーン証明歩3分
民宿風の子	4	16	43	27	20	23-1121	知床斜里駅バス10分	相Ⓟ7〜9月営業、パラグライダー体験
清里イーハトーヴY.H.	6	24	—	—	会36.8〜	25-3995	清里駅バス5分	相ⓌⓅ会熱気球(冬のみ)
ロッジ風景画	6	12	76	66	61	25-3330	清里町4km	相ⓌⓅ会個室別料金、アウトドアガイド
ボンズホーム	3	13	78	60.5	52	24-2271	知床斜里駅バス50分	相ⓌⓅウトロバスターミナル近く
知床の宿kokunkekun	15	46	⑫135〜	⑫81〜	⑫65〜	24-2752	知床斜里駅バス60分	ⓌⓅ天然温泉入湯税別、露天、GW〜10月2月間営業、事前予約
						(0153)		
民営国民宿舎 羅臼の宿まるみ	47	140	⑫140〜	⑫105〜	⑫90〜	88-1313	釧路駅バス200分	ⓅⓂⓌⒸⓆ天然温泉大浴場、薬湯、海の幸、羅臼岳
(摩周湖周辺) map▶30ページ						(015)		
P.ニューマリモ	7	15	—	—	⑫45〜	482-2414	摩周駅歩1分	ⓌⓅ天然温泉(入湯税込)
P.Birao	12	35	—	60.5〜	49.5〜	482-2979	摩周駅車5分	ⓌⓅⒸⓆ天然温泉貸切可、露天、入湯税別、ペット可
摩周湖Y.H.	17	51	—	—	会33〜	482-3098	摩周駅車8分	相ⓌⓅⒸ個室別料金、全館禁煙
弟子屈ベース	3	13	58	46	40	486-9705	摩周駅4km	相ⓌⓅ会個室別料金、暖房費別
The TROUT Inn鱒や	6	16	100〜	—	—	482-5489	摩周駅7km	ⓌⓅ女 要予約 吹き抜けリビング
屈斜路原野Y.G.H.	7	28	会49.5〜	会36〜	会28〜	484-2609	摩周駅車20分	相ⓌⓅ会Ⓒ個室別料金、天然温泉入湯税別
旅人宿のんき舎	6	12	休業中			484-2624	摩周駅バス	相Ⓟかけ流し天然温泉
屈斜路湖荘	15	45	80〜	68	53	483-2545	川湯温泉駅車10分	和ⓌⓅⒸⓆかけ流し温泉24h可、露天、入湯税別、禁煙
谷川旅館	10	20	75	60	50	485-2025	標茶駅歩2分	和Ⓟ長期歓迎、洗濯機無料
藤花温泉ホテル	21	38	—	S75.9〜	S66〜	485-1650	標茶駅歩3分	和ⓉⓌⓅⒸ天然温泉大浴場
三楽荘	10	20	77〜	61〜	56〜	485-2006	標茶駅歩5分	和ⓉⓌⓅ暖房費別、車同乗車40分1人可
民宿木理(もくり)	5	5	62	52	47	485-1785	標茶駅車10分	相ⓌⓅ個室別料金、盲導犬可
(中標津・標津周辺)						(0153)		
ホテルBiz INN	64	72	—	朝食10	S73〜	72-2107	釧路駅バス120分	ⒷⓉ(s)ⓌⓅⒸⓆ中標津空港車10分
山洋旅館	7	25	41	33	28	72-4101	釧路駅バス120分	和Ⓟ中標津文化会館近く、中標津空港車10分
ミルクロード	2	8	63	49	43	74-2109	中標津空港車5分	相ⓌⓅ4〜9月営業、温泉施設へ女
民営国民宿舎 ホテル楠	17	63	⑫110〜	⑫77〜	⑫66〜	82-3411	中標津空港車20分	和ⓌⓅ天然温泉大浴場、サウナ
ホテルマグハウス	14	18	S80〜	S68〜	S60〜	75-3207	中標津空港車30分	和ⒷⓉⓌⓅⒸⓆバスターミナルへ歩1分、別海町
(根室周辺)						(0153)		
ホテルニューねむろ	39	40	—	朝食7.6	S60	24-4141	根室駅歩3分	ⒷⓉⓌⓅⒸ
ねむろグリーンホテル	30	50	—	S72.6〜	S61.6〜	24-7711	根室駅歩10分	ⒷⓉ(s)ⓌⓅⒸⓆ
カントリーハウスえとぴりか村	5	12	—	サービス	S45	62-2202	茶内駅バス30分	ⓌⓅ根室へ60分
厚岸愛冠Y.H.	13	50	夕食21	朝食11	会50〜	52-2054	厚岸駅車10分	相ⓌⓅ一般素泊¥6600〜

Map

北見周辺	網走周辺	摩周湖周辺	知床周辺

【ひとくちメモ】　アイヌ語で「カムイトー（神の湖）」と呼ばれ、霧で有名な摩周湖は、湖面の海抜351ｍ、周囲約20km、最深212ｍで世界一級の透明度を誇るカルデラ湖。周囲は300〜400ｍの絶壁に囲まれ、その斜度は平均45度もある。注ぎ込む川も流れ出る川もなく水位はいつも変わらない不思議で神秘的な湖。摩周温泉から近い第一展望台(駐車場有料)、川湯温泉から便利な第三展望台、清里町側の裏摩周展望台の三つの展望台がある。摩周湖観光協会☎015-482-2200 https://www.masyuko.or.jp

北海道

★お申し込み時「全国安い宿情報を見た」と言ってね！お得情報は187ページを見てね！

【凡例】〈→つづき〉　🅑→全室バス付／Ⓑ→一部バス付／🆃→全室トイレ付／🆃(s)→全室シャワートイレ＝ウォシュレット付／Ⓣ→一部トイレ付／
🆆→全室Wi-Fi可／Ⓦ→一部Wi-Fi可／🅟→有料駐車場／Ⓟ→無料駐車場／送→送迎有／体→身体障害者への対応可(要問)／
Ⓒ→一部クレジットカード決済可／Ｑ→paypay等の一部QR決済可／24h→24時間　特記事項は※印、又は( )括弧書きにて説明

名称	室数	定員	1名分宿泊料金(単位/百円) 2食付	朝食付	素泊	電話	交通	特徴・備考
(釧路周辺) map▶31ページ						(0154)		
スーパーホテル釧路駅前	84	169	―	サービス	S57〜	25-9000	釧路駅歩1分	🅑🆃(s)🆆🅟Ⓒ 天然温泉(男女入替制)
釧路ロイヤルイン	153	205	―	サービス	S69〜	31-2121	釧路駅歩1分	🅑🆃(s)🆆🅟Ⓒ
ホテルルートイン釧路駅前	220	291	※レストラン	サービス	S95〜	32-1112	釧路駅歩2分	🅑🆃(s)🆆🅟先着順ⒸＱ 大浴場、※日祝休
駅前ホテルパルーデ釧路	100	120		朝食7	S39〜78	22-3111	釧路駅歩2分	🅑🆃(s)🆆🅟Ⓒ 居酒屋
東横INN釧路十字街	208	242		サービス	S73〜	23-1045	釧路駅歩5分	🅑🆃(s)🆆Ⓟ 先着順 冬期割引有
スーパーホテル釧路天然温泉	101	127		サービス	S60〜	24-9000	釧路駅歩5分	🅑🆃(s)🆆🅟Ⓒ 天然温泉(男女入替制)
ラスティングホテル	84	180	S90〜	サービス	S78〜	21-9111	釧路駅歩5分	🅑🆃(s)🆆🅟Ⓒ 大浴場、露天風呂
ホテルエリアワン釧路	41	64		朝食8	S44〜91	31-0946	釧路駅歩5分	🅑🆃(s)🆆🅟
ホテルアクシアイン釧路	74	160		サービス	S40〜70	24-5000	釧路駅歩7分	🅑🆃(s)🆆🅟先着順ⒸＱ
スマイルホテル釧路	108	216	S72〜		S60〜	23-3311	釧路駅歩13分	🅑🆃(s)🆆🅟
つ た や 旅 館	14	30	66	57	52	41-8730	釧路駅歩20分	和🅟(大型可) 大浴場(いつでも入浴可)
B.H.フロンティア	24	32	―	S74〜	S66〜	24-3557	釧路駅北口車5分	🅑🆃(s)🆆🅟Ⓒ 日赤病院前
ホ テ ル 桶 谷	39	60	S76	S61	S53	52-1101	釧路駅車10分	🅑🆃🆆🅟Ｑ 空港へ車25分、合宿歓迎
新 富 士 旅 館	32	43	44	36.3	33	51-9926	釧路駅車10分	和Ⓦ🅟 TV・洗濯機無料、小型ペット要相談
ホテルマーシュランド	66	160	S90〜	サービス	S78〜	51-5557	釧路駅車15分	和Ⓑ🆃🆆🅟Ⓒ 展望大浴場、料理自慢
(陸別〜本別周辺)						(0156)		
浜 田 旅 館	21	48	72〜	62〜	55〜	27-3175	陸別駅歩2分	和Ⓦ🅟 大浴場、サウナ、コインランドリー
さ が み や 旅 館	10	20	66	55	44	22-2255	帯広駅バス60分	Ⓦ🅟Ⓒ暖房費￥660、弁当プラン有(昼以外)
民営国民宿舎 山の宿野中温泉	10	40	89.5〜	73〜	62〜	29-7321	足寄I.C.50分	和Ⓦ🅟 天然温泉、露天
(士幌・上士幌周辺)						(01564)		
さ か た 旅 館	15	44	61.6〜	50.6〜	39.6〜	2-2570	帯広駅バス80分	Ⓦ🅟 冷暖房完備、洗濯機無料、上士幌町中心街
き く や 旅 館	20	20	71.5〜	55	50	5-2441	帯広駅バス40分	和Ⓦ🅟 1人旅歓迎、士幌町中心街
幌加温泉湯元鹿の谷	10	20	自炊可	自炊可	50	4-2163	帯広駅バス90分	🅟 寝袋持参の方1泊¥4000、天然温泉
東大雪ぬかびらY.H.	8	23	🅗63.5	🅗48.5	🅗43	4-2004	帯広駅バス100分	🆆🅟Ⓒ 天然温泉、一般¥850増、相célibあ相談
(サホロ周辺)						(0156)		
旅 人 宿 ドラム館	4	12	60	46	40	65-3664	新得駅8km	相Ⓜ🅟体 個室有、楽器演奏、暖房費別
大草原の小さな宿こもれび	5	16	64	48	42	62-7017	新得駅車15分	相🅟Ｑ 個室別料金
国民宿舎東大雪荘	29	100	🅗121〜	―	―	65-3021	新得駅車70分	🆃送体ⒸＱ 天然温泉(入浴税別)、露天
B.H.まるふく	6	7		S54	S47	62-2375	十勝清水駅歩1分	🅑🆃Ⓦ🅟 冷暖房完備、暖房費別
(帯広周辺) map▶31ページ						(0155)		
ホテルルートイン帯広駅前	180	237	レストラン	サービス	S68〜	28-7200	帯広駅歩1分	🅑🆃(s)🆆🅟先着順Ⓒ 天然温泉大浴場
帯広天然温泉ふく井ホテル	101	135	レストラン	朝食13	45〜	25-1717	帯広駅歩1分	🅑🆃(s)🆆🅟ⒸＱ 天然モール温泉大浴場
ホ テ ル ム サ シ	80	92	―	サービス	※S50〜	25-1181	帯広駅歩2分	🅑🆃(s)🆆🅟 ※日曜¥4000〜
十 勝 イ ン	67	95	S57.5〜	S49.5〜		22-5151	帯広駅歩3分	和Ⓑ🆃(s)🆆🅟Ⓒ ツイン有
ホテルニューオビヒロ	53	83	S64〜	S53〜	S45〜	23-6311	帯広駅歩3分	🅑🆃(s)🆆🅟ⒸＱ
東横INNとかち帯広駅前	129	153		サービス	S76〜	27-1045	帯広駅歩4分	🅑🆃(s)🆆🅟
ホ テ ル や ま こ	26	48	S65〜		S58〜	24-8383	帯広駅歩4分	🅑🆃(s)🆆🅟ⒸＱ 24h大浴場
ホテルパコ帯広中央	69	78		※朝食11	S50〜	22-8585	帯広駅歩10分	和🅑🆃(s)🆆🅟ⒸＱ ※バイキング

Map

釧路周辺 　帯広周辺 　富良野周辺 　美瑛周辺

【ひとくちメモ】　サラブレットの約2倍。体重1トンを超える馬が重りをのせた鉄ソリを引いて直線コースで力とスピードを競う、世界でたったひとつの引き馬競馬の「ばんえい競馬」。北海道開拓時代の農耕馬が現代のレースへ受け継がれ35年以上の歴史を持つ。ふれあい動物園やイベント広場、隣接して十勝のグルメが味わえる「とかちむら」もある。帯広競馬場にて主に毎週土日月曜開催。2/22〜12/30はナイター・準ナイター開催(14:20前後〜主に最終20:30発走)。帯広駅南口から車7分。開催日入場料100円(一時無料)。☎0155-34-0825　https://www.banei-keiba.or.jp

宿泊料金は基本的に「**1名分**、消費税10%込み」表示(単位：百円) ※宿泊税別／[ⅱ]→1室2名利用／[ⅲ]→1室3名利用／[4]→1室4名以上利用／B.H.→ビジネスホテル／P.→ペンション／Y.H.→ユースホステル／Y.G.H.→ユースゲストハウス／[会]→YH会員料金／[相]→相部屋＝ドミトリー／S→シングルルーム／[地]→地下鉄／[男]→男性専用／[女]→女性専用／[和]→全室和室／[和]→和室有(全室ではない) 《→右へ》

名称	室数	定員	1名分宿泊料金(単位/百円) 2食付	朝食付	素泊	電話	交通	特徴・備考
(帯広周辺) map▶31ページ						(0155)		
ホテルサンパーク	48	55	—	—	S43～	23-3535	帯広駅歩15分	[B][T][W][P][C] コンビニ向い
温泉ホテルボストン	43	116	夕食12	朝食8	S42～60	23-7015	帯広駅歩15分	[和][B][T][W][P] 天然温泉大浴場
ホテル光南	36	100	74.8～	サービス	63.8	23-7353	帯広駅車5分	[和][T][W][P][C] モール温泉大浴場
みどりヶ丘温泉サウナB.H.	34	80	夕食11	朝食7.7	S55～77	22-6787	帯広駅車5分	[B][T](s)[W][P][C][Q] 天然温泉大浴場、サウナ
B.H.グランディ	19	21	—	—	S39～	49-7811	帯広駅車10分	[B][T][W][P][C][Q] ペット可
B.H.グランディⅡ	21	42	—	—	S39～	61-1133	帯広駅車15分	[B][T][W][P][C][Q] ペット可
トイピルカ北帯広Y.H.	8	18	[会]60	[会]46	[会]38	30-4165	帯広駅バス20分	[相][W][P][C][Q] 家族部屋・個室有、一般¥600増
帯広八千代Y.H.	6	16	夕食17	朝食8.5	[会]45～	60-2353	帯広駅バス50分	[W][P][C][Q] 一般¥600増、帯広空港へ車20分
ホテルアルム・メムロ	85	140	S55.5	S47.5	S42	61-4711	芽室駅車5分	[B][T][W][P][C][Q] 国道38号沿い
丸福福井旅館	26	80	60	50	45	62-2024	芽室駅車5分	[和][W][P](大型可) コンビニ隣
モクモク十勝	5	15	—	75～	—	62-7779	芽室駅車5分	[W][P][送][C][Q] 手作りログハウス
国民宿舎新嵐山荘	17	60	[ⅱ]114～	[ⅱ]70～	[ⅱ]55～	65-2121	芽室駅車20分	[B][T][W][P][障][C] 大浴場
(池田町周辺)						(015)		
旅の宿ワインの国	3	9	夕食付62	要問	—	572-5929	池田駅車5分	[相][P][送] 夕食に十勝ワイン・牛ステーキ、風呂無し(近くの温泉へ[送])
池田北のコタンY.H.	3	14	[会]62	[会]48	[会]40	572-3666	利別駅歩5分	[相][W][P] 全館禁煙、1人旅歓迎
Do Luck道楽	4	9	夕食付50	—	40	572-4949	利別駅歩10分	[相][P] 屋根付ガレージ、コンビニ至近
高沢旅館	8	15	要問	59	48	576-2424	浦幌駅歩1分	[和][W][P] 1人旅・ビジネス歓迎
旅人宿待ちぼうけ	4	8	50	40	35	578-2545	厚内駅200m	[相][W][P] 漁港近く
(中札内村周辺)						(0155)		
P32 エゾリス君の宿カンタベリー	5	12	57	44.5	38	68-3899	帯広駅バス60分	[相][P][C][Q] 個室割増、暖房費別、帯広空港・幸福I.C.15分
(大樹町・広尾町周辺)						(01558)		
セキレイ館	4	14	57	42	35	7-8065	帯広駅車70分	[相][W][P] 個室別料金、4月末～10月上旬営業
旅うたり	4	10	57	46	38	6-2550	帯広駅バス120分	[相][W][P] 個室+¥1000、暖房費別、大樹町
丸福清信旅館	9	18	66	52.8	38.5	5-2010	帯広駅バス80分	[和][P] 国道236号沿い、襟裳岬へ60分
(襟裳岬周辺)						(01466)		
田中旅館	22	50	78～	70～	62～	2-2225	様似駅バス30分	[和][W][P][C] えりも岬へ車15分
						(0146)		
プラザ味寿々(みすず)	6	10	86～88	63～65	53～55	36-2159	様似駅歩3分	[B][T][W][P][Q] 居酒屋と寿司屋、様似町
浦河パークホテル	16	30	59.6	48	39.8	22-3381	浦河駅歩15分	[B][T][W][P] 長期歓迎、コインランドリー

【ひとくちメモ】「生キャラメル」で一躍全国的に有名となった"花畑牧場"は、タレントの田中義剛さんが牧場長を務める敷地面積23ヘクタール(東京ドーム5個分)の牧場で、あのとろける食感が忘れられない生キャラメルや各チーズ製品、しみ込み系スイーツ等の製造工程を見学できる。週末にはファームランドで動物たちとふれあったり、体験型ファームショーなども開催。その他、ラベンダー畑を散策したり、ショップやカフェ、ホエー豚亭では買い物や食事ができる。帯広駅から車で50分。☎0120-929-187 http://www.hanabatakebokujo.com

★お申し込み時「全国安い宿情報を見た」と言ってね！お得情報は187ページを見てね！

（→つづき）　Ⓑ→全室バス付／Ⓑ→一部バス付／Ⓣ→全室トイレ付／Ⓣs→全室シャワートイレ＝ウォシュレット付／Ⓣ→一部トイレ付／
Ⓦ→全室Wi-Fi可／Ⓦ→一部Wi-Fi可／Ⓟ→有料駐車場／Ⓟ→無料駐車場／送→送迎有／障→身体障害者への対応＝要問／
Ⓒ→一部クレジットカード決済可／Ⓠ→paypay等の一部QR決済可／24h→24時間　特記事項は"※"印、又は"（）"括弧書きにて説明

名　称	室数	定員	1名分宿泊料金（単位/百円）2食付	朝食付	素泊	電　話	交　通	特徴・備考
（静内〜日高周辺）						（0146）		
ホテルサトウ	42	60	※S96〜	S72〜	S60〜	42-0425	静内駅歩1分	ⒷⓉsⓌⓅⒸⓆ ※ボリュームのある食事（全日休）
とみおか旅館	39	80	71.5〜	60.5〜	55〜	42-1448	静内駅歩1分	和ⒷⓉⓌⓅⒸ
ホテルアネックスイン	43	65	—	S80	S68	45-2000	静内駅歩5分	ⒷⓉsⓌⓅⒸⓆ 清潔な館内、全館禁煙
B.H.サンスポット	48	87	S57.5〜	S49〜	S43.5〜	42-8484	静内駅歩10分	ⒷⓉⓌⓅⒸ セミダブルベッド
おやどサンスポット	18	40	62〜	53.5〜	48〜	42-8484	静内駅歩10分	ⒷⓉⓌⓅⒸ キッチン付きマンションタイプ/出/小部屋
豊郷夢民村ホステル	5	24	53.9	42.9	36.3	（01456）2-6388	豊郷駅車8分	Ⓟ ツイン・家族部屋、暖房費別、乗馬施設近く
（トマム周辺）						（0167）		
イングトマム	12	46	Ⓑ113	Ⓑ93		57-2341	トマム駅車5分	ⓌⓅ送冬Ⓒ アンティーク調、光明石温泉
グレイシートマム	23	74	Ⓑ85〜	Ⓑ66〜	Ⓑ55〜	57-3535	トマム駅車4分	ⓌⓅⒸ 北欧風プチホテル、アウトドアスポーツ
（富良野周辺） map▶31ページ						（0167）		
すみれ旅館	12	30	77	66	55〜	23-4767	富良野駅歩3分	和ⓌⓅ 猫が2匹いる
北の宿望峰	24	90	71.5〜	60.5〜	49.5〜	22-4247	富良野駅車10分	和Ⓦ送ⓅⒸ スキー場目の前
P.シェールママン	10	30	要問	要問	50〜	22-5550	富良野駅車10分	ⓌⓅ バラエティーに富んだ客室
プチホテルベルヒルズ	96	365	Ⓑ126.5〜	Ⓑ110〜	Ⓑ88〜	22-5200	富良野駅車10分	ⓌⓅⒸ 十勝岳を一望、光明石温泉（露天有）
ノースカントリー	37	110	Ⓑ80〜	Ⓑ60〜	Ⓑ50〜	23-6565	富良野駅車10分	ⒷⓉⓌⓅⒸ ワイナリー併設
たびのやどふらりん	9	25	53〜	43〜	37〜	29-2172	富良野駅バス40分	ⓌⓅⒸⓆ
ダラムサラー	1	3	54	42	35	56-9224	富良野駅バス45分	相ⓌⓅ 個室別料金（+1000円）
ふらのホステル	4	15	37〜	37〜	37〜	44-4441	中富良野駅歩6分	相ⓌⓅ障Ⓒ 個室別料金、車椅子の方可
ファームイン富夢（トム）	3	20	—	—	55	44-3770	中富良野駅歩5分	Ⓟ コテージ別料金、体験牧場
ファームインどこか農場	1棟	15	キッチン	キッチン	1棟240（6名）	44-4277	中富良野駅歩6分	Ⓟ 農作業体験、観光ベリー摘み、4〜10月営業
ゲストハウス茜舎（あかねやど）	6	15	Ⓑ77〜	Ⓑ63〜	Ⓑ55〜	44-4177	中富良野駅歩15分	ⓌⓅⒸ 十勝岳を一望
プチホテルブランネージュ	8	26	Ⓑ90〜	Ⓑ68〜	Ⓑ63〜	44-4433	西中駅歩10分	ⒷⓉⓌⓅⒸ
吹上温泉保養センター白銀荘	8	70	自炊可	自炊可	31〜	45-3251	上富良野駅車25分	相ⓌⓅ 温泉施設源泉かけ流し、露天有、暖房費別
ゲストハウス旅の途中	3	14	59	47	40	070-8335-9026	美馬牛駅歩5分	相ⓌⓅ 個室別料金（+1000円）
（美瑛周辺） map▶31ページ						（0166）		
旅の宿星の庵	8	12	88〜	73〜	70〜	92-4993	美瑛3.8km	ⓌⓅ送（要相談）
遊岳荘	4	15	—	66〜	63〜	92-4941	美瑛駅車4分	ⓌⓅ 新栄の丘展望公園近く
小ちゃなお宿こんぺい草	5	13	78	68	58	92-5971	美瑛駅車12分	ⓌⓅ送ⒸⓆ 360°広がる、岩尾瓜風景店、古民家風
美馬牛リバティY.H.	6	20	—	—	会49〜	95-2141	美馬牛駅歩1分	ⓌⓅⒸ 全館禁煙、美瑛の丘散策に便利
おかせん里	7	13	60.5	49.5	44	95-2161	美馬牛駅400m	相ⓌⓅ 個室￥550増
大雪山白樺荘Y.H.	18	68	会67.8〜	会56.8〜	会48.45〜	97-2246	旭川駅バス120分	相ⓌⓅ 天然温泉、露天風呂、旭岳ロープウェイ出入口駅歩10分

十勝・大樹町あれこれ

大樹町旭浜の海岸沿いには、太平洋戦争末期に作られた「トーチカ」と呼ばれる小型の防御用陣地が残っている。形状は四角を切り落とした形の八角形で、高さ3.5m、全周26m、コンクリートの厚さは最大で1.8m。銃眼穴は北向きと東向きに2つあり、射線は水平に向き、入口は南側にあり通路が入ってすぐに右側に折れていることから、付近に着弾した爆風を食い止める構造をしていると考えられる。コンク

リートなどを固めて頑丈に作ってあるため多くが現存し、波や雨風の浸食を受けながらも、歴史的に価値のある戦争遺跡として今も残っている。大樹町役場から車25分。
☎01558-6-2133（大樹町生涯学習センター）

40年程前から「宇宙のまちづくり」として航空宇宙に関する様々な実験や取組みを進めてきた大樹町。「宇宙交流センター SORA」では、小型ロケット

の実機をはじめ、実験の概要をまとめたパネルのほか、実験の様子を視聴できる映像コーナー、ロケットの発射時の爆音を大音量・大画面で体験できます（要予約）、無重力実験装置「Ez-Space TAIKI」を使用した実験もできる。入館無料。大樹町役場から車で30分。営業日時：4月下旬〜10月下旬10:00〜16:00 ☎01558-8-7490
https://www.town.taiki.hokkaido.jp/soshiki/kikaku/uchu/sora.html

【ひとくちメモ】　富良野の名を一躍世に広めた「北の国から」をはじめ、「優しい時間」「風のガーデン」と続く脚本家・倉本聰の「ふらの三部作」など、富良野の町のいたる所でドラマのロケ地を見つけることができる。麓郷地区には「北の国から」から五郎の家族家「拾って来た家」『麓郷の森』の3か所があり、五郎が建てた家が残されている。『五郎の石の家』『拾って来た家』入場料それぞれ大人500円、小学生300円。ふらの観光協会☎0167-23-3388　https://www.furanotourism.com/

宿泊料金は基本的に「**1名分**、**消費税10%込み**」表示(単位:百円) ※宿泊税別／[ii]→1室2名利用／[iii]→1室3名利用／[複]→1室4名以上利用／B.H.→ビジネスホテル／P.→ペンション／Y.H.→ユースホステル／Y.G.H.→ユースゲストハウス／[会]→YH会員料金／[相]→相部屋=ドミトリー／S→シングルルーム／[地]→地下鉄／[男]→男性専用／[女]→女性専用／[和]→全室和室／[和]→和室有(全室ではない) 《→右へ》

名称	室数	定員	1名分宿泊料金(単位/百円)			電話	交通	特徴・備考
			2食付	朝食付	素泊			
(夕張周辺)						(0123)		
夕張フォレストファームB&B	7	15	夕食14	朝食8.5	47〜	57-2535	新夕張駅車7分	[W][P][送][C][Q]暖房費別、7・8月夕食にメロン
(千歳周辺) map▶35ページ						(0123)		
千歳ステーションホテル	138	201	—	サービス	※S60〜	49-3000	千歳駅直結	[B][T](s)[W][P] ※冬期料金
ホテルルートイン千歳駅前	330	334	—	サービス	S85〜	050-5847-7579	千歳駅歩3分	[B][T](s)[W][P](先着順)[C][Q]大浴場
B.H.ホーリン	34	54	—	S52〜	S47〜	23-1166	千歳駅歩10分	[B][T][W][P]冷蔵庫付
ホテルリブマックスBUDGET千歳	49	95	—	—	60〜	23-8100	千歳駅歩10分	[B][T](s)[W][P]サウナ付展望風呂、新千歳空港へ車10分
ホテルかめや	52	103	夕食23.65	朝食12.65	※S63.1〜	23-2002	千歳駅車5分	[B][T](s)[W][P][C] ※冬期割引有
恵庭RBパーク	20	50	—	—	S58	36-3113	恵み野駅歩15分	[B][T](s)[W][P] [ii]¥5000
						(0145)		
旅の轍	3	7	—	42	38	25-3333	追分駅歩20分	[相][W][P]個室有、暖房費別、鉄道好きの宿
(支笏湖周辺)						(0123)		
休暇村支笏湖	38	88	[複]135〜	要問	要問	25-2201	千歳駅バス50分	[B][T][W][P][C]温泉(入湯税別)
ラップランド	2	8	54	42	35	25-2239	千歳駅バス40分	[相][P]個室有、禁煙、風呂は外湯(温泉)、支笏湖モーラップ地区
(苫小牧周辺) map▶35ページ						(0144)		
ホテルルートイン苫小牧駅前	187	248	—	サービス	S75〜	38-1110	苫小牧駅歩1分	[B][T](s)[W][P](先着順)[C][Q]大浴場
東横INN苫小牧駅前	143	169	期間限定サービス	サービス	S73〜	32-1045	苫小牧駅南口歩1分	[B][T](s)[W][P](先着順)[C][Q]
くつろぎの湯苫小牧ホテル杉田	34	100	S78〜	S58〜	S49〜	33-7988	苫小牧駅南口歩7分	[B][T][W][P][C]ラジウム鉱泉大浴場、サウナ
スマイルホテル苫小牧	97	111	—	S57.8〜	S49〜	36-5111	苫小牧駅歩8分	[B][T](s)[W][P]国道36号沿い
ホテル於久仁	130	152	S82.5〜	サービス	S68.2〜	34-6441	苫小牧駅車5分	[B][T][W][P][C]大浴場、サウナ
B.H.モトナカノ	27	42	S82.4〜	S65.9〜	S56〜65	32-6066	苫小牧駅車5分	[B][T][W][P](2t以上有料)[C]
びじねす旅館新川	19	35	51.7	45.1	38.5	35-1212	苫小牧駅車5分	[W][P]長期割引
ゲストハウストナカ	1	12	要問	要問	〜25	35-1212	苫小牧駅車5分	[相][W][P]「びじねす旅館新川」内
B.H.はまなす荘	33	60	63.8	52.8	47.3	56-0426	勇払駅歩5分	[和][W][P]アウトバス、24h大浴場
(登別周辺)						(0144)		
温泉ホテルオーシャン	42	120	[ii]86.2〜	[ii]71.5〜	[ii]71.5〜	87-3688	登別駅車10分	[和][W][P]天然温泉(露天有)
(室蘭周辺) map▶35ページ						(0143)		
P34 B.H.ミリオン	40	44	[ii]55〜	サービス	S44〜	24-6511	室蘭駅歩3分	[B][T][W][P]洗濯機無料
ホテルルートイン東室蘭駅前	211	320	※レストラン	サービス	S73〜	42-3100	東室蘭駅歩2分	[B][T](s)[W][P](先着順)[C][Q]天然温泉大浴場※土日祝休
室蘭プラザホテル	60	100	夕食10	朝食8	S60	43-5115	東室蘭駅歩3分	[和][B][T][W][P][C][Q]天然温泉(夜中OK・循環加温)
B.H.ニューまるしん	40	45	S65	S55	S45	44-3939	東室蘭駅東口歩3分	[B][T][W][P]暖房費別
ホテルニューバジェット室蘭	72	81	—	サービス	S58〜70	41-4953	東室蘭駅歩5分	[B][T](s)[W][P][C]セミダブルベッド
室蘭Y.H.	12	74	団体のみ	[会]40	[会]33	44-3357	輪西駅歩20分	[相][W][P]個室別料金、朝日・夜景美しい
(洞爺湖周辺)						(0142)		
洞爺グリーンホテル	22	72	S70	S65	S55	75-3030	洞爺駅バス15分	[B][T][P]100%かけ流し天然温泉
ホテルニュー洞爺湖	15	30	S88〜	S77	S66	75-2818	洞爺駅バス20分	[B][T][W][P]天然温泉(入湯税別)、季節料理人気

★お申し込み時「全国安い宿情報を見た」と言ってね！お得情報は187ページを見てね！

【ひとくちメモ】「サケのふるさと千歳水族館」は、淡水では日本最大級の水槽を有する水族館で、サケや北方圏の様々な淡水魚の生態を観察することができる。サケの一生を紹介するサーモンムービーの上映や千歳川の水中を直接見ることのできる日本初の施設「水中観察ゾーン」があり、産卵のため川をさかのぼるサケの群れを見ることができる。サケの稚魚放流などのイベントもあり。道の駅サーモンパーク千歳内。9:00〜17:00(入場16:30迄／年末年始休／冬季10:00〜16:00)／料金:大人800円、高校生500円、小・中学生300円 ☎0123-42-3001 https://chitose-aq.jp/

《←つづき》 Ｂ→全室バス付／Ｂ→一部バス付／Ｔ→全室トイレ付／Ｔ(s)→全室シャワートイレ＝ウォシュレット付／Ｔ→一部トイレ付／Ｗ→全室Wi-Fi可／Ｗ→一部Wi-Fi可／Ｐ→有料駐車場／Ｐ→無料駐車場／送迎可／身体障害者への対応可(要要)／Ｃ→一部クレジットカード決済可／Ｑ→paypay等の一部QR決済可／24h→24時間／特記事項は※印、又は( )括弧書きにて説明

名称	室数	定員	2食付	朝食付	素泊	電話	交通	特徴・備考
(伊達市周辺)						(0142)		
B.H.キャッスル	24	36	S71.2〜	S56.2〜	S48.2〜	23-0286	伊達紋別駅5分	和BTWPCQ ボリュームの食事
ダテプリンスホテル	42	65	長期のみ	S49〜67	S41〜59	23-6211	伊達紋別駅車5分	BTWPC 男24h大浴場
(小樽周辺) map▶35ページ						(0134)		
民宿さつき荘	8	30	—	—	25	32-4984	小樽駅歩5分	和Pペット可(小型のみ)、小樽運河へ歩5分
B.H.大幸	15	30	—	—	S44	23-0687	小樽駅歩5分	和BTWP 小樽運河へ歩3分
旅館若葉荘	6	15	—	サービス	35	27-3111	小樽駅歩7分	和PTV(無料)、小樽運河へ歩7分
emina backpackers	3	8	—	—	25	080-4502-4500	小樽駅バス7分	和WP(1台可)シャワーのみ、アットホーム
旅人の家 舎(ヤマキチ)とまや	2	12	—	38.5	33	31-1454	小樽駅バス10分	和WP小樽博物館へ10分、バス停へ10分
ログP.パインハウス	5	20	86〜	58〜	50〜	54-0661	小樽駅バス25分	WPCQ カナディアンログハウス
旅人宿B&Bいちえ	3	5	—	42	35	33-6481	小樽駅歩10分	WP 個室有、アットホーム、1人旅・ライダー歓迎
魚松旅館	9	15	—	65	—	32-1994	南小樽歩1分	和WP オルゴール近い、小樽病院隣、暖房費別
旅の家小樽もりのき	2	12	自炊可	自炊可	35	23-2175	小樽駅15分	和WCQ小樽運河へ歩10分
貸別荘ウィンケル	16棟	122	自炊可	自炊可	61.6〜	52-1185	小樽築港駅バス20分	BTWPC 温泉露天風呂付棟有
民宿まつよ	8	20	59.4	49.5	45.1	62-3729	銭函駅5分	和P
小さな旅の博物館	4	12	54	44	39	62-5914	銭函駅20分	和WP 暖房費別
(積丹半島周辺)						(0135)		
プチホテルノースショア	18	48	—	—	47.3	22-7831	小樽駅バス30分	WP温泉施設へ歩1分、余市町(国道5号沿い)
リフォレ積丹ホステル	4	12	70〜	55〜	48〜	44-3277	余市駅バス55分	WP積丹岬へ歩10分、バス停「婦美」下車
積丹Y.H.	8	24	会56	会42	会34	46-5051	余市駅バス90分	相WP新鮮な魚料理、神威岬バス停5分、積丹岬
岩内マリンホテル	19	43	夕食付85.9	要問	60.9	62-1231	小樽駅バス90分	BTWP岩内バスターミナル歩2分、岩内町
ホテル松や	13	13	—	—	S45、55	67-7440	札幌駅バス160分	和WP大浴場、岩内バスターミナル歩8分、岩内町
(倶知安町内は宿泊税別途、宿泊費の2%)								
(ニセコ周辺) map▶37ページ						(0136)		
ビジネス駅前ホテル	42	60	—	—	53	22-0001	倶知安駅目の前	BTPCタクシー運営
ホテル第一会館	15	45	※夕食22	朝食11	61.6〜	22-1158	倶知安駅歩7分	和BTWPCQ大宴会場、蕎麦うどん好評また要予約
トリフィートホテル&ポッドニセコ	169	353	92〜	74.4〜	59〜	55-5007	倶知安駅歩25分	男女カプセル(キャビン)WPCQ バストリー・個室有、大浴場
P.きらく	8	28	自炊可	自炊可	※48〜	22-5534	倶知安駅車10分	相WP個室同料金、共同キッチン、※宿泊税別
P.香暖(かのん)	15	50	要問	—	44〜	23-2506	倶知安駅車10分	WP自炊可、長期向き
ニセコの宿坂の交差点	6	22	※団92〜	※団72〜	※団63〜	23-4614	倶知安駅車10分	WP会1人旅歓迎、※宿泊税込
P.グランパパ	19	65	要予約	団66〜	団45〜	23-2244	倶知安駅車10分	和WP初の食材にこだわり欧風の家庭料理、※北海道産
P.風(ふう)	8	15	※団76.7〜	※団56.9〜	※団44.8〜	22-0620	倶知安駅車10分	和BTWP全館禁煙、2段ベッド室有※宿泊税込
まっかりY.H.	5	18	会53	会41	会35	45-2432	倶知安駅バス40分	相WP個室可、農業体験、羊蹄山登山口へ歩5分
アンビシャス	4	10	62	54	50	44-3011	ニセコ駅車5分	相WP個室料金、暖房費別、ログハウス
コンフォートインニセコ	6	10	—	—	S43	43-2100	ニセコ駅車8分	BTWPツイン有、広めの客室
ニセコアンヌプリゲストハウス	7	24	—	—	55〜60	58-2084	ニセコ駅10分	相WP宿泊相談、全館禁煙、手作りの建物
ニセコ旅物語	6	14	56〜	40〜	36〜	58-3149	ニセコ駅車10分	和WPCQ個室別料金
及川旅館	11	40	80	65	50	72-3012	黒松内駅歩1分	和WPC長期可、洗濯機無料、ビジネス向き
島牧Y.H.	8	24	会60	会42	会34	74-5264	黒松内駅バス90分	相WP個室別料金、海まで歩1分

Map

千歳周辺	苫小牧周辺	室蘭周辺	小樽周辺

【ひとくちメモ】 明治45年に建てられた石の重厚且つノスタルジックな外観の「小樽オルゴール堂本館」(☎0134-22-1108)、歴史的価値のあるアンティークオルゴールやからくり人形(オートマタ)の展示とミニコンサート(無料)を毎日開催している「小樽オルゴール堂2号館」(☎0134-34-3915)、オルゴールやトンボ玉の手作り体験ができる「小樽オルゴール堂手作り体験遊工房」(☎0134-21-3101)の他、「小樽オルゴール堂堺町店」(☎0134-31-1110)など、オルゴール尽くしの小樽も面白いかも。http://www.otaru-orgel.co.jp/

北海道

★お申し込み時「全国安い宿情報を見た」と言ってね！お得情報は187ページを見てね！

P36
P37

宿泊料金は基本的に「**1名分**、消費税10％込み」表示(単位:百円) ※宿泊税別■→1室2名利用■→1室3名利用■→1室4名以上利用 B.H.→ビジネスホテル P.→ペンション Y.H.→ユースホステル Y.G.H.→ユースゲストハウス 会→YH会員料金 ド→相部屋＝ドミトリー S→シングルルーム ⊖→地下鉄 ⊕→男性専用 ⊖→女性専用 和→全室和室 和→和室有(全室ではない) 〈右へ〉

名 称	室数	定員	1名分宿泊料金(単位/百円)			電 話	交 通	特徴・備考
			2食付	朝食付	素泊			
（長万部周辺）map▶37ページ						(01377)		
ホテルあづま	16	50	77～	66	55	2-2018	長万部駅歩20分	和WP 天然温泉大浴場(入湯税別)
長万部温泉ホテル	13	30	88～	66	55	2-2079	長万部駅歩20分	和WPCQ 天然温泉(24h可,入湯税別)
大 成 館	12	40	71.5～	66～	55～	2-2225	長万部駅歩20分	和WPⓈQ 天然温泉(24h可,入湯税別),ペット可,暖房費別
昇 月 旅 館	12	32	88～	66	55	2-2222	長万部駅歩20分	和WP 天然温泉大浴場(24h可,入湯税別)
丸 金 旅 館	12	40	96.8～	74.8	63.8	2-2617	長万部駅歩20分	和WPC 天然温泉(露天有,入湯税別)
ホテル四国屋	10	30	88～	77	66～	2-2311	長万部駅歩20分	和BTWP 要予約 天然温泉(入湯税別)
ホテルエクセルイン	10	15	82.5～	66～	55	2-5806	長万部駅歩25分	BTWP ビジネス向き
（せたな町周辺）						(0137)		
旅館茂津多	14	45	65	45	35	87-2354	長万部駅バス120分	和P 茂津多灯台近く、新鮮な海の幸
						(01398)		
あわび山荘	32	120	98	69	57	4-5522	八雲駅車60分	和WP 天然温泉、露天
（松前半島周辺）						(0139)		
丹波屋旅館	13	35	77～	66	50	42-2358	木古内駅バス90分	和WP いけす(活魚料理人気)別注文,松前城へ歩6分
						(01398)		
桝 井 旅 館	7	25	66～	49.5	38.5	2-3038	八雲駅車40分	和WP 山海の新鮮な食事、熊石漁港近く
（函館周辺）map▶37ページ						(0138)		
駅前P.パピィーテール	19	46	要問	要問	ⓘ29.8～	23-5858	函館駅歩5分	BTⓈWPC 朝市近く
P.パリ・サラブレット	5	12	—	—	S33～	41-6003	函館駅歩15分	P送 個性的な客室、グループ部屋有
谷地頭ゲストハウス	7	20	—	—	24～	090-4469-4407	市電谷地頭駅歩5分	WP シャワー・トイレ共用、門限無し
ルートイングランティア函館駅前	286	464	—	朝食12.5	S79～	21-4100	函館駅歩1分	BTⓈWPCQ 天然温泉大浴場,函館空港へ無料バス
ホテル駅前	38	55	—	朝食13	S58～	23-3589	函館駅歩1分	BTⓈWPC 大浴場、サウナ,朝市8分
東横INN函館駅前朝市	260	350	—	サービス	S63～	23-1045	函館駅歩2分	BTⓈWP 先着順 CQ
ホテルニューオーテ	40	65	—	S62.5～	S49.5～	23-4561	函館駅歩2分	BTⓈWPCQ 朝市目の前
ホテルテトラ函館駅前	71	80	S106～	S91	S76	22-0121	函館駅歩3分	BTWPCQ 朝市近く
東横INN函館駅前大門	143	193	—	サービス	S68～	24-1045	函館駅歩4分	BTⓈWP 先着順 CQ
スーパーホテル函館	108	170	—	サービス	S52～	22-9000	函館駅歩8分	BTⓈWP 天然温泉(男女入替制)
ホテルハートイン函館	30	60	—	—	S50～	23-4181	函館駅歩8分	BTⓈWPC
ゲストハウス函館ベイ	30	60	—	—	30～	76-7667	函館駅歩10分	相W 個室有(BT)
函館ミートライダーハウス	3棟	30	—	—	13	23-3327	函館駅歩20分	相 2泊目¥800,風呂別,4/末～9/末営業,素泊¥300
ファミリーロッジ旅籠屋函館店	14	56	—	軽朝食	ⓘ49.5～	33-2858	函館駅バス7分	BTⓈWPEV 車充電可
B.H.よしずみ	43	100	S70～	S59～	S50～	43-2234	函館駅車5分	BTⓈWPC 五稜郭へ車4分

【ひとくちメモ】 世界一ともいわれる標高334mの"函館山展望台"からの夜景。山頂へは125人乗りのロープウェイにて3分。山麓駅隣にはFM放送局やギャラリーなど、山頂駅には夜景を見ながら食事が楽しめるレストランやカフェ、みやげ物店などがある。バリアフリー対応なので車椅子の方も乗降可能。十字街電停から徒歩10分。ロープウェイ搭乗運賃(往復)大人1,800円、小人900円。上り始発10:00～下り最終22:00(10/1～4/19は21:00)／15分毎に運転。☎0138-23-3105 https://334.co.jp/

（←つづき）　Ⓑ→全室バス付／Ⓑ→一部バス付／Ⓣ→全室トイレ付／Ⓣs→全室シャワートイレ＝ウォシュレット付／Ⓣ→一部トイレ付／
Ⓦ→全室Wi-Fi可／Ⓦ→一部Wi-Fi可／Ⓟ→有料駐車場／Ⓟ→無料駐車場／⊗→送迎有／⊕→身体障害者への対応要（要問）／
Ⓒ→一部クレジットカード決済可／Ⓠ→paypay等の一部QR決済可／24h→24時間／特記事項は※印、又は（）括弧書きにて説明

北海道

名　称	室数	定員	1名分宿泊料金（単位/百円）2食付	朝食付	素泊	電話	交通	特徴・備考
（函館周辺）map▶37ページ						（0138）		
函館パークホテル	40	100	S84〜	S72〜	S60〜	23-0128	函館駅車5分	ⒷⓉⓌⓅⒸⓆ居酒屋、岩盤浴、コンビニ隣
P．じょう蔵	6	13	—	朝食10	50〜	27-6453	函館駅車5分	和ⓌⓅⒸⓆ金森倉庫群近く
シーサイドホテルかもめ	58	120	—	朝食10	S50〜100	32-2222	函館駅車7分	ⒷⓉsⓌⓅⒸ
民宿夕陽の家	5	12	—	50	40	22-6668	函館駅車8分	和Ⓦ漁港の前、夕陽がきれい
ルートイングランティア函館五稜郭	250	393	—	朝食11	S83〜	33-1550	函館駅車10分	ⒷⓉsⓌⓅⒸⓆ⊗天然温泉大浴場
B．H．エスパル	98	116	—	—	S65〜	55-5777	函館駅車10分	ⒷⓉsⓌⓅⒸⓆ五稜郭公園近10分、冬期割引
ホテルテトラ函館	84	150	S90〜	S75〜	S60〜	55-1818	函館駅車10分	ⒷⓉsⓌⓅⒸⓆ五稜郭公園歩8分
アネックスホテルテトラ	83	107	S82〜	S71〜	S60〜	55-4848	函館駅車10分	ⒷⓉsⓌⓅⒸⓆ五稜郭公園歩8分
P．夢空館	12	30	88〜	58〜	49〜	27-5029	函館駅車10分	ⒷⓉⓌⓅⒸ金森倉庫群・ハリストス正教会近く
旅館ららぽーと函館	45	100	夕食14.3	朝食7.7	S44〜	42-1777	函館駅車15分	ⒷⓉⓌⓅⒸ展望サウナ、北大水産学部前
B．H．シャロームイン本店	24	26	—	朝食8.8	S45〜	45-1122	五稜郭歩7分	ⒷⓉsⓌⓅⒸⓆ冷暖房付、コインランドリー
B．H．きたぐに	37	80	S58.3〜	S44〜	S36.3〜	42-1732	五稜郭車10分	ⒷⓉⓌⓅ風呂（夜中OK）、お弁当可
ホテルかもめ館	56	130	S85.3〜	S71〜	S60〜	59-2020	市電湯川温泉駅歩7分Ⓟ40台 ⓉⓌ天然温泉入浴料金、函館空港までシャトルバス6分
ゲストハウス函館クロスロード	5	13	—	—	28	49-7819	七重浜駅歩10分	相ⓌⓅⒸⓆ個室別料金、フェリー乗場近く
東横INN新函館北斗駅南口			—	サービス	S71〜	770045	新函館北斗駅歩2分	ⒷⓉsⓌⓅ先着順ⒸⓆ
						（01374）		
菊水旅館	16	47	55	40	35	2-2445	森駅歩10分	和ⓌⓅ長期可、洗濯機無料
（奥尻島）						（01397）		
トラベルハウス想い出	15	35	88〜	66〜	55〜	2-2202	奥尻港歩2分	和ⒷⓉⓌⓅ海の幸の食事
川尻旅館	12	25	77〜	69.3	55	2-2035	奥尻港歩5分	和ⓌⓅ海の幸の食事、暖房費別

宿コラム　函館観光の現状について

　見て歩いて楽しい街作りをテーマに、函館観光は益々充実。地元の店「ラッキーピエロ」が『全国ご当地バーガー日本一』に輝いたり、「ハセガワストア」の『焼き鳥弁当』も人気。もちろん、定番の海鮮丼（イクラ・ウニ・大間のマグロ）も最高です。『もう一度行きたい旅行先No.1』にもなり、おもてなし、満足度向上、観光客が安心して快適に楽しめる街となっています。
【文／ペンションパリ・サラブレッド　照井勉（建築家）】

Map
積丹半島周辺　　　ニセコ周辺　　　長万部周辺　　　函館周辺　

【ひとくちメモ】　戊辰戦争最後の戦いである箱館戦争の舞台となった星型要塞で国の特別史跡に指定されている「五稜郭公園」。傍らには高さ107mの函館のランドマーク「五稜郭タワー」がそびえ立ち、高さ90mの五角形の展望台からは五稜郭の星形はもちろん、函館山や津軽海峡なども見渡せる。展望台には五稜郭の歴史が学べる「五稜郭歴史回廊」や強化ガラスの床で下が見える「シースルーフロア」などがある。タワー展望料金：大人1,000円、中高生750円、小学生500円。函館駅からシャトルバス15分。☎0138-51-4785　https://www.goryokaku-tower.co.jp/

東
北

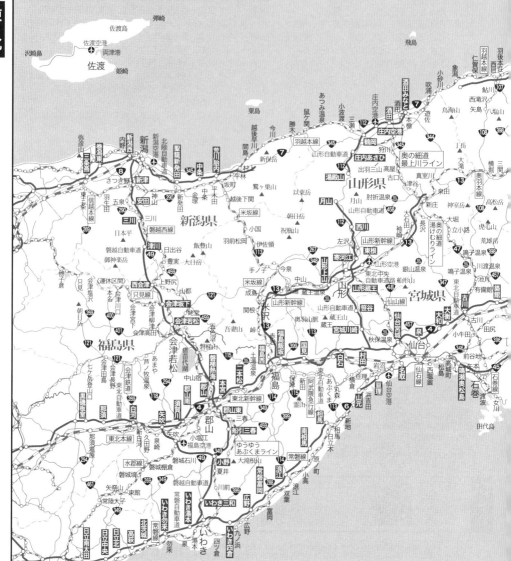

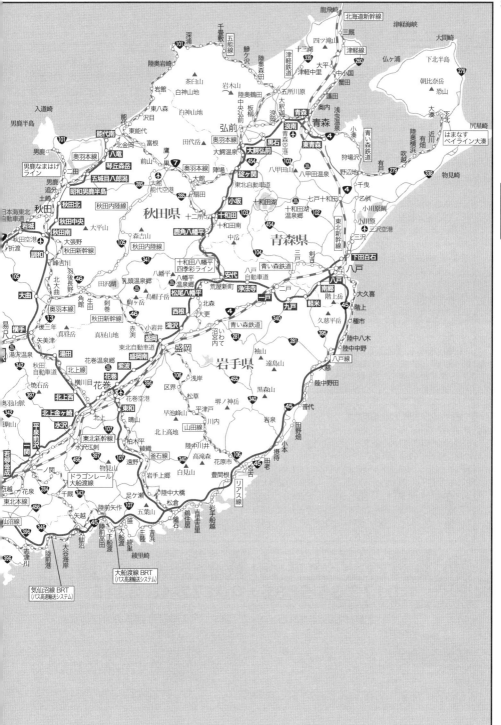

東北

◇青森◇

宿泊料金は基本的に「**1名分**、消費税10%込み」表示（単位：百円）※宿泊税別／①→1室2名利用／①→1室3名利用／②→1室4名以上利用／B.H.→ビジネスホテル／ペンション／Y.H.→ユースホステル／Y.G.H.→ユースゲストハウス／⑤→YH会員料金／佩→相部屋→ドミトリー／S→シングルルーム／⑤→地下鉄／働→男性専用／働→女性専用／⑭→全室和室／㊥→和室有（全室ではない）　〈→右へ〉

東北

★お申し込み時「全国安い宿情報を見た」と言ってね！お得情報は187ページを見てね！

名　称	室数	定員	2食付	朝食付	素泊	電話	交通	特徴・備考
（青森市周辺）map▶41ページ						(017)		
東横INN青森駅前	194	234	—	サービス	S70〜	735-1045	青森駅歩1分	BTⓈWP 予約制 CQ
ホテルルートイン青森駅前	182	240	—	サービス	S79〜	731-3611	青森駅歩1分	BTⓈWP 先着順到 CQ 大浴場
いろは旅館	8	18	—	—	S45	722-8689	青森駅歩1分	和WPCQ ⓭素泊¥3500
ウィークリーホテルチトセ	80	88	—	—	S23〜	723-1000	青森駅歩5分	和ⒷTP 予約制 CQ 1泊〜長期可
ホテルアベスト青森	78	98	—	朝食11	S55〜	723-2001	青森駅歩5分	BTⓈWPC ウェディングプラザ有
ホテル山上	5	15	—	—	S55	723-1661	青森駅歩10分	BT 和式WP 県庁近く
スマイルホテル青森	114	135	S64〜	—	S54〜	776-7711	青森駅歩13分	BTⓈWP ビジネス・観光に
アルファホテル青森	116	168	—	サービス	※S65〜	773-3000	青森駅車4分	BTⓈWPCQ ※電話予約の場合
いわき旅館	9	30	66	55	49.5	776-4877	青森駅歩5分	和P 1人旅歓迎、洗濯機（有料）
スーパーホテル青森	87	111	—	サービス	S64〜	723-9000	青森駅歩8分	BTⓈWP 天然温泉 空気清浄機付
ホテルルートイン青森中央インター	198	251	※レストラン	サービス	S79.5〜	762-5551	青森駅車15分	BTⓈWP 先着順到 CQ 大浴場 ※土日祝休
東横INN新青森駅東口			—	サービス	S69〜	761-1045	新青森駅歩2分	BTⓈWP 先着順 CQ
（津軽半島周辺）						(0174)		
中村旅館	12	25	71.5〜	55	41.8	22-2046	蟹田駅歩7分	和WPC 太宰治記念碑歩2分
佐々木旅館	7	20	77〜	55	44	22-2104	蟹田駅歩15分	和WP フェリー乗り場近く
（五所川原周辺）map▶41ページ						(0173)		
音次郎温泉	4	20	—	—	46	35-9885	五所川原駅車5分	P かけ流し天然温泉大浴場、暖房費別
芝楽旅館	7	16	—	—	37	35-1201	五所川原駅車5分	和P
五所川原温泉ホテル	18	70	S88〜	S66	S60.5	34-2121	五所川原駅車5分	和ⒷTP かけ流し天然温泉大浴場（入湯税別）
（弘前周辺）map▶41ページ						(0172)		
温泉民宿赤湯	9	30	80	52	42	48-2315	大鰐温泉駅歩8分	和P 天然温泉、1人旅歓迎
東横INN弘前駅前	232	300	—	サービス	S71〜	31-2045	弘前駅歩1分	BTⓈWP 先着順 CQ
ホテルルートイン弘前駅前	212	275	—	サービス	S83〜	31-0010	弘前駅歩3分	BTⓈWP 先着順到 CQ 大浴場
ホテルハイパーヒルズ弘前	90	87	—	サービス	S48〜	39-6653	弘前駅歩10分	BTⓈWC ロビーでPC
B.H.庄苑	35	50	S51〜56	S46〜51	35-0330		弘前駅歩15分	和ⒷTWP 大浴場、コインランドリー
スマイルホテル弘前	121	145	—	朝食11〜	S48〜	37-5550	弘前駅歩15分	BTⓈWP ランドリー、弘前公園歩10分
ホテルルートイン弘前城東	198	246	※レストラン	サービス	S73〜	29-1011	弘前駅車5分	BTⓈWPCQ 大浴場 ※土日祝休
カプセルイン弘前	68	68	レストラン	レストラン	35〜50	35-0364	弘前駅車5分	働カプセルWP 天然温泉、サウナ、3タイプのカプセル、繁忙期割増

【ひとくちメモ】　青森県の中南地域に位置する大鰐町には、古くから伝わる幻の冬野菜「大鰐温泉もやし」がある。温泉熱と温泉水のみを用いる温泉の町ならではの独特の栽培方法により長さ約30cmにもなり、ワラで束ねるのが特徴。およそ350年以上前から栽培されている津軽伝統野菜の一つで、津軽三代藩主・信義公が大鰐で湯治する際は必ず献上したとされる。秘伝の大鰐温泉もやしは、独特の芳香とシャキシャキとした歯触り、味の良さ、品質の高さで人気が高い大鰐町自慢の味だ。☎0172-48-2111　http://www.town.owani.lg.jp/

〈→つづき〉 Ⓑ=全室バス付／Ⓑ=一部バス付／Ⓣ=全室トイレ付／Ⓣs=全室シャワートイレ＝ウォシュレット付／Ⓣ=一部トイレ付／Ⓦ=全室Wi-Fi可／Ⓦ=一部Wi-Fi可／Ⓟ=有料駐車場／Ⓟ=無料駐車場／📧=送迎有／♿=身体障害者への対応要〔要問〕／Ⓒ=一部クレジットカード決済可／Ⓠ=paypay等の一部QR決済可／24h=24時間／特記事項は"※"印、又は（ ）括弧書きにて説明

名　称	室数	定員	1名分宿泊料金(単位/百円) 2食付	朝食付	素泊	電話	交通	特徴・備考
(弘前周辺) map▶41ページ						(0172)		
国民宿舎アソベの森いわき荘	37	120	⑪139〜	⑪84〜	⑪56.5〜	83-2215	弘前駅車40分	ⒷⓉⓌⓅ📧Ⓒ 天然温泉、露天,岩木山神社歩15分
グリーンパークもりのいずみ	27	57	110〜	―	55〜	85-3113	弘前駅バス乗継75分	ⒷⓉsⓌⓅⒸⓆ 天然温泉,入浴民宿,白神山地車15分
大坊保養センター	18	60	75〜	61.5〜	54.5〜	44-2245	平賀駅車5分	和ⓌⓅ 温泉(公共大浴場有)
民宿河鹿荘	4	10	―	―	⑪40	48-2339	大鰐温泉駅歩5分	和ⓌⓅ かけ流し天然温泉、暖房費別
旅館きしもと	10	40	88〜	66〜	50〜	48-3267	大鰐温泉駅歩6分	和ⓌⓅ 温泉(入湯税別)、暖房費別、1人旅歓迎
(十和田周辺)						(0176)		
スマイルホテル十和田	126	129	S52〜	S44〜		25-7777	七戸十和田駅車25分	ⒷⓉsⓌⓅ
スーパーホテル十和田天然温泉	73	150	サービス	S56〜		23-9300	七戸十和田駅車25分	ⒷⓉsⓌⓅ普通食Ⓒ天然温泉大浴場(男女入替制)
ホテルルートイン十和田	134	174	※レストラン	サービス	S79〜	21-2020	七戸十和田駅車30分	ⓌⓅⒸⓆ 天然温泉,露天,電気風呂、サウナ
十和田ポニー温泉	24	100	81.5〜	65〜	―	23-4836	七戸十和田駅車40分	ⓌⓅⒸⓆ 日祝休
十和田湖山荘	12	30	85〜	55〜	45.5〜	75-2710	八戸駅バス110分	和ⓌⓅ ヒバ香る宿
(八戸周辺) map▶41ページ						(0178)		
民宿石橋	8	28	80〜	55〜	45〜	38-2221	種差海岸駅歩1分	和ⓌⓅ種差海岸へ歩3分、新鮮な魚料理
高山旅館	7	10	休業中			22-1971	陸奥湊駅歩8分	和ⓌⓅ日替り料理
ホテルユートリー	27	38	―	サービス	S54〜	27-2227	八戸駅歩1分	ⒷⓉsⓌⓅⒸⓆ研修室・会議室
東横INN八戸駅前	189	230	―	サービス	S71〜	27-1045	八戸駅東口歩3分	ⒷⓉsⓌⓅ先着順ⒸⓆ
ホテルテトラ八戸	106	118	S93〜	S83〜	S75〜	27-0088	八戸駅歩5分	ⒷⓉⓌⓅⒸ八戸I.C.5分
八戸ニューシティホテル	47	64	S84.7	朝食9.9	S55	46-0311	八戸駅車10分	ⒷⓉⓌⓅⒸレストラン、八戸I.C.近く
ホテルルートイン本八戸駅前	162	198	※レストラン	サービス	S77〜	71-2511	本八戸駅歩1分	ⒷⓉsⓌⓅ先着順ⒸⓆ大浴場〜土日祝休
スマイルホテル八戸	116	128	―	S52〜	S44〜	43-7711	本八戸駅歩7分	ⒷⓉsⓌⓅ時間制限有男大浴場
APAホテル本八戸	112	125	夕食5	※朝食8	S50〜192	73-3000	本八戸駅歩10分	ⒷⓉs分離型ⓌⓅⒸⓆ※前日予約
ホテルイルヴィアーレ八戸	68	80	―	S50〜	S43〜	46-0001	本八戸駅歩15分	ⒷⓉsⓌⓅⒸ八戸中心部へ好立地
ホテルイルヴィアーレ八戸アネックス	64	75	―	―	S50〜	46-0002	本八戸駅歩15分	ⒷⓉsⓌⓅⒸ
アットホームイン八戸	96	96	S46.2	S38.5	S33	73-1660	本八戸駅車10分	ⓌⓅⓆアウトバス,大浴場,八戸I.C.15分
スーパーホテル八戸天然温泉	95	127	サービス	S75〜		47-9000	本八戸駅南口歩5分	ⒷⓉsⓌⓅⒸ天然温泉(男女別)
スーパーホテル八戸長横町	92	120	サービス	S60〜		24-9000	本八戸駅歩5分	ⒷⓉsⓌⓅⒸ

八戸 予約 民宿石橋 ☎0178-38-2221
〒031-0841 青森県八戸市鮫町赤久保14-12(Fax.38-2567)

三陸復興国立公園の北の玄関口
地場産・旬の食材にこだわり、手造り料理に努めています。自然豊かな種差海岸で、静かな時を過ごし心も身体もリフレッシュ！
【料金】1泊2食付¥8,000、夕食付¥7,000、朝食付¥5,500
素泊¥4,500 【特徴】無線LAN、ウォシュレットトイレ
【交通】東北新幹線八戸駅より八戸線で30分、種差海岸駅下車、東北道・八戸I.C.から30分

八戸市埋蔵文化財センター是川縄文館

旧石器時代〜縄文時代〜江戸時代まで各時代の遺跡が多く見つかっている八戸。「八戸市埋蔵文化財センター是川縄文館」では、隣接する是川遺跡や風張1遺跡など縄文時代の出土品を中心に展示し、縄文時代について学んだり、直感的に縄文人の芸術性に触れられる施設となっている。座った状態で手を合わせ指を組んだポーズで、完全な状態で発掘された国宝の「合掌土偶」も展示されている。八戸駅東口から車15分。開館時：9〜17時(月曜・年末年始休館)。入館料：一般250円、高校・大学生150円、中学生以下無料。
☎0178-38-9511 https://www.korekawa-jomon.jp/

東北

★お申し込み時「全国安い宿情報を見た」と言ってね！お得情報は187ページを見てね！

Map 青森市周辺 五所川原周辺 弘前周辺 八戸周辺

【ひとくちメモ】 毎年8月2日〜7日に開催される"青森ねぶた祭り"は、日本を代表する火祭りとして多くの観光客が集まる。人形の灯籠の「ねぶた」と勇壮な太鼓や笛が奏でる「ねぶたばやし」、華やかな浴衣や花笠に身を包み「ラッセラー」の掛け声とともに踊り跳ねる「跳ね人」が三位一体となって躍動感あふれる祭りを盛り上げる。1日は前夜祭。2〜6日は19:00頃(7日は13:00頃)、青森駅前の新町通りから県庁や市役所前、平和公園通りを左回りにぐるりと廻る。☎017-723-7211 https://www.nebuta.jp/

宿泊料金は基本的に「**1名分**、**消費税10％込み**」表示（単位：百円）　※宿泊税別／ⓣ→1室2名利用／㊂→1室3名利用／㊃→1室4名以上利用／B.H.→ビジネスホテル／P.→ペンション／Y.H.→ユースホステル／Y.G.H.→ユースゲストハウス／(会)→YH会員料金／(相)→相部屋＝ドミトリー／S→シングルルーム／(地)→地下鉄／(男)→男性専用／(女)→女性専用／(和)→全室和室／(和)→和室有（全室ではない）　《→右へ》

名称	室数	定員	1名分宿泊料金（単位/百円） 2食付	朝食付	素泊	電話	交通	特徴・備考
（三沢周辺） map▶42ページ						(0176)		
ホテル天水	52	100	夕食11	44～	—	53-3053	三沢駅歩3分	(和)ⒷⓉⓌⓅ[C][Q]浴室有
B.H.ビッグウエスト	33	45	—	S48～56	S42～50	51-1500	三沢駅車5分	ⒷⓉⓌⓅ[C]洗濯機無料
ホテルルートイン三沢	153	202	—	サービス	S75.5～	50-1011	三沢駅車10分	ⒷⓉ(s)ⓌⓅ(先着順) 大浴場
六戸温泉	8	25	77	61.6	49.5	55-2126	三沢駅車15分	(和)Ⓟ天然温泉大浴場、工事の方多い、暖房費別
やすらぎ荘	9	42	59.5	44.5	34.5	59-3388	三沢駅車20分	(和)ⓌⓅ天然温泉、小川原湖畔、暖房費別
八甲温泉旅館	10	30	45	38	30	56-2364	上北町駅車3分	(和)Ⓟ天然温泉
（下北半島周辺）						(0175)		
はねやホテル	65	75	夕食13.2～	朝食11	S55、60	22-8445	下北駅車8分	(和)ⒷⓉ(s)ⓌⓅ[C]宴会可、会議室
むら井旅館	14	40	101	73	60	22-5581	下北駅バス15分	(和)ⓌⓅ[C]むつ市中心街、恐山へ車20分
大間温泉海峡保養センター	16	56	82.5～	55～	44～	37-4334	下北駅車60分	(和)ⓌⓅ[C]温泉大浴場（入湯税別）、自然の中
畑中旅館	10	30	65	50	40	24-1201	大湊駅目の前	(和)Ⓟヒバの風呂、新鮮な海の幸、暖房費別
岡村旅館	7	30	70～100	47	42	42-5138	大湊駅車40分	(和)ⓌⓅ温泉、仏ヶ浦へ車20分

◇秋田◇

名称	室数	定員	2食付	朝食付	素泊	電話	交通	特徴・備考
（秋田市周辺） map▶42ページ						(018)		
亀屋旅館	14	35	66～	55	50	862-2267	秋田駅歩15分	(和)Ⓟ団体可
白鳥荘	10	30	62	47	35	832-3993	秋田駅歩20分	(和)ⓌⓅ観光・ビジネス・長期歓迎
アキタパークホテル	131	167	S88～	S71～	S60～	862-1515	秋田駅車8分	ⒷⓉⓌⓅ(2t以上有料)[C]
ホテル秋月館	22	90	77～	66～	60～	862-1002	秋田駅車10分	(和)Ⓣ(s)ⓌⓅ[C]大浴場、スポーツ団体歓迎
秋田県青少年交流センター	58	200	S74.8～	S61.6	S50.6	880-2303	秋田駅車15分	(和)ⒷⓉⓌⓅ(障)フェリーターミナル車8分
ユーランドホテル八橋（やばせ）	20	90	レストラン	朝食8	S58～	863-7811	秋田駅車15分	ⒷⓉⓌⓅ[C][Q]健康センター併設（大浴場・サウナ・カプセル）
ホテルルートイン秋田土崎	154	210	※レストラン	サービス	S79～	880-2320	土崎駅車3分	ⒷⓉ(s)ⓌⓅ(先着順)[C][Q]大浴場 ※日祝休
藤和旅館	25	40	64.9	51.7	45.1	845-0816	土崎駅歩15分	(和)ⓌⓅ[C]24h風呂、ビジネス向き
（羽後本荘周辺） map▶42ページ						(0184)		
本荘ステーションホテル本館	36	36	夕食13.2～	朝食9	S57～	23-3611	羽後本荘駅歩1分	ⒷⓉ(s)ⓌⓅ(予約制)[C][Q]
本荘ステーションホテル別館	27	33	夕食13.2～	朝食9	S58、59	27-2530	羽後本荘駅歩1分	ⒷⓉ(s)ⓌⓅ(予約制)[C][Q]ツイン・ダブル有
ホテルルートイン由利本荘	152	199	※レストラン	サービス	S77.5～	28-0001	羽後本荘駅車10分	ⒷⓉ(s)ⓌⓅ(先着順)[C][Q]大浴場 ※日祝休
かすみ温泉	4	16	70～	45	38	66-2418	羽後岩谷駅車18分	(和)Ⓟ鉱泉（入湯税別）、風呂から霞桜が見れる（5月）
休養宿泊施設鳥海荘	24	99	ⓣ85.5～	ⓣ51.5～	ⓣ49.5～	58-2065	矢島駅車15分	ⓌⓅ(送)(応相談)[C]温泉（露天有）、鳥海山登山口車20分
しらかば荘	8	45	71.5	57.75	44	58-2219	矢島駅車20分	(和)Ⓟ鳥海山登山口車30分

Map　三沢周辺　秋田周辺　羽後本荘周辺　にかほ市周辺

【ひとくちメモ】　毎年8月3～6日に行われる東北四大祭の一つ秋田「竿燈まつり」は、宝暦年間より続く、厄よけ、みそぎ、五穀豊穣などを願う祭り。勇壮なお囃子の音と「どっこいしょ」の掛け声とともに1本約50kg、最長12m、重さ50kg、提灯の数46個の竿燈を額、肩、腰へと軽々と移し変えていく妙技は、観衆の心を幻想と感動の世界へと引き込んでいく。2024年夜本番は竿燈大通りにて18:50から竿燈入場。昼竿燈はエリアなかいちにぎわい広場にて9:00～行われる。☎018-888-5602　https://www.kantou.gr.jp/

★お申し込み時「全国安い宿情報を見た」と言ってね！お得情報は187ページを見てね！

《→つづき》 Ⓑ→全室バス付／Ⓑ→一部バス付／Ⓣ→全室トイレ付／Ⓣs→全室シャワートイレ＝ウォシュレット付／Ⓣ→一部トイレ付／
Ⓦ→全室Wi-Fi可／Ⓦ→一部Wi-Fi可／Ⓟ→有料駐車場／Ⓟ→無料駐車場／㊸→送迎有／㊟→身体障害者への対応可（要問）／
Ⓒ→一部クレジットカード決済可／Ⓠ→paypay等の一部QR決済可／24h→24時間　特記事項は"※"印、又は"（ ）"括弧書きにて説明

名　称	室数	定員	1名分宿泊料金（単位/百円） 2食付	朝食付	素泊	電話	交通	特徴・備考
（にかほ市周辺） map▶42ページ						(0184)		
山形屋旅館	6	17	79〜	65	55	43-3066	象潟駅歩1分	和ⓌⓅ
シティパレスホテル	13	30	S73〜	S63〜	S58〜	43-5111	象潟駅歩3分	和ⒷⓉⓌⓅ ゲストハウスオープン
ホテルエム	4	4	S73〜	S63〜	S58〜	43-5111	象潟駅歩3分	ⒷⓉⓌⓅ
しなの旅館	6	13	65	53	45	43-5815	象潟駅歩7分	Ⓟ長期歓迎
ホテル＆コテージ潮さい	8	24	S71.5〜	S58.3	S49.5	43-3135	象潟駅歩8分	ⒷⓉⓢⓌⓅⒸⓆ全館禁煙、コテージ6棟
白滝旅館	8	24	95〜	66	55	44-2513	象潟駅車10分	和Ⓟヘルストン温泉
松本旅館	6	20	82.5〜	58	44	46-2005	小砂川駅歩1分	㊸ⓌⓅ全館禁煙
清水屋旅館	7	20	82	57	47	46-2002	小砂川駅歩7分	和ⓌⓅⒸⓆ エアコン完備
（能代・男鹿周辺） map▶43ページ						(0185)		
ホテルルートイン能代	162	208	※レストラン	サービス	S70〜	89-1003	能代駅車4分	ⒷⓉⓢⓌⓅⒸⓆ大浴場 ※日祝休
ホテルニューグリーン	50	64	レストラン	S70〜	S60〜	54-3511	能代駅車4分	ⒷⓉⓢⓌⓅⒸ洗濯機・乾燥機無料
穂波荘	8	30		休館中		87-2527	鹿渡駅歩8分	㊸Ⓟ1人旅・ビジネス歓迎
（北秋田周辺） map▶43ページ						(0186)		
松橋旅館	6	20	88	71.5	55	84-2007	比立内駅歩10分	和Ⓟ熊鍋（別料金）
（大館周辺） map▶43ページ						(0186)		
五の宮の湯	30	70	75〜	65〜	55〜	32-3300	陸中大里駅歩5分	ⓌⓅ天然温泉(大浴場、露天風呂)、温泉施設
ホテルルートイン大館駅南	146	175	※レストラン	サービス	S77〜	44-6055	大館駅歩8分	ⒷⓉⓢⓌⓅ先着順ⒸⓆ大浴場 ※日祝休
ハチの宿ぬまだてハイツ	24	55	S85〜	S70〜	S62〜	59-7888	大館駅車3分	ⒷⓉⓦⓅⒸⓆ温泉施設、岩盤浴別料金
ホテルルートイン大館大町	126	163	—	サービス	S73〜	43-6601	大館駅歩7分	ⒷⓉⓢⓌⓅ先着順ⒸⓆ大浴場
Ｂ.Ｈ.秀山荘	45	50	—	S55	S46	49-4011	東大館駅歩10分	ⒷⓉⓦⓅ冷蔵庫・ドライヤー有、市役所近く
（田沢湖周辺）						(0187)		
露天風呂水沢温泉	14	47	—	—	ⓣ43.3〜	46-2111	田沢湖駅車20分	ⓌⓅ温泉源天有、深さ1m)、秋田駒ヶ岳登山口
水沢山荘	10	40	ⓣ128〜	ⓣ106〜	—	46-2341	田沢湖駅車20分	ⓌⓅ温泉源泉有、深さ1m)、秋田駒ヶ岳登山口、金土のみ営業
休暇村乳頭温泉郷	38	112	※ⓣ155〜			46-2244	田沢湖駅バス45分	ⓌⓅⒸ天然温泉(入湯税別)、※平日
（角館周辺）						(0187)		
高橋旅館	6	12	—	60〜	50〜	53-2659	角館駅歩12分	和Ⓟ武家屋敷近く、ビジネス向き
あきた芸術村温泉ゆぽぽ	62	250	ⓣ122.5〜	ⓣ84〜	ⓣ73〜	44-3333	角館駅車7分	和ⒷⓉⓢⓌⓅⒸⓆ天然温泉大浴場
宿屋ヒロシです	2	4	88	55	44	090-7323-9308	角館駅車10分	和ⓌⓅ
（大曲周辺） map▶43ページ						(0187)		
ホテルルートイン大曲駅前	162	199	—	サービス	S75〜	86-3511	大曲駅歩1分	ⒷⓉⓢⓌⓅ先着順ⒸⓆ大浴場
ホテル富士	18	40	—	朝食9.9	S43〜	62-0243	大曲駅歩3分	ⒷⓉⓢⓌⓅⒸⓆ
神湯館	10	15	66〜	44〜	33〜	74-2722	大曲駅車20分	和Ⓟ天然温泉(加温)、ビジネス向き
千畑温泉サン・アール	14	56	113〜	80〜	68〜	84-3983	大曲駅車30分	㊸ⓌⓅⒸ温泉(露天有)
なんがいふるさと館	5	25	55〜100	40〜50	30〜40	74-2310	大曲駅バス40分	和Ⓟ温泉かけ流し、会議・研修、大曲IC20分
大曲Ｙ.Ｈ.	5	15	会49.5〜	会38.5〜	会33〜	65-3451	飯詰駅歩20分	相ⓌⓅ ランドリー、レンタサイクル

Ｍａｐ

能代周辺 　　北秋田周辺 　　大館周辺 　　大曲周辺

東北

★お申し込み時「全国安い宿情報を見た」と言ってね！お得情報は187ページを見てね！

【ひとくちメモ】 2024年8/31、大曲駅から徒歩25分の雄物川河川敷にて開催される「全国花火競技大会（大曲の花火）」。100年以上の歴史を誇り、全国の一流花火師達が日本一の座を目指して技を競う国内で最も権威のある花火大会だ。昼花火(17:10〜)、夜花火(18:50〜)が開催され、10号玉の他、多種多様な国内最高レベルの花火を堪能できる。大会当日は70万人以上の観覧者が訪れ、安全確保のため広範囲に交通規制が敷かれる。会場周辺は大混雑のため浴衣や下駄はお勧めしないとのこと。☎0187-88-8073　https://www.oomagari-hanabi.com

宿泊料金は基本的に「**1名分**、消費税10％込み」表示(単位：百円) ※宿泊税別／[ii]→1室2名利用／[iii]→1室3名利用／[複]→1室4名以上利用／B.H.→ビジネスホテル／P.→ペンション／Y.H.→ユースホステル／Y.G.H.→ユースゲストハウス／[会]→YH会員料金／[相]→相部屋＝ドミトリー／S→シングルルーム／[地]→地下鉄／[男]→男性専用／[女]→女性専用／[和]→全室和室／[和]→和室有(全室ではない) 《→右へ》

名称	室数	定員	1名分宿泊料金(単位/百円)			電話	交通	特徴・備考
			2食付	朝食付	素泊			
(横手周辺)						(0182)		
ホテルウォードインyokote	100	120	—	朝食12	55～	36-5211	横手駅西口歩5分	[B][T](s)[W][P]大浴場、コインランドリー
阿部旅館	14	35	60	45	38	32-2425	横手駅歩6分	[和][W][P]ビジネス向き
ホテルルートイン横手インター	126	153	※レストラン	サービス	S76～	35-8311	横手駅車8分	[B][T](s)[W][P](先着順)[C][Q]大浴場 ※日祝休
休養センターさくら荘	12	48	79～	57～	46～	26-2301	横手駅車20分	[W][P][C]天然温泉(露天・サウナ)

◇岩手◇

名称	室数	定員	2食付	朝食付	素泊	電話	交通	特徴・備考
(盛岡周辺) map▶44ページ						(019)		
東横INN盛岡駅前	227	260	—	サービス	S70～	625-1045	盛岡駅歩1分	[B][T](s)[W][P](先着順)[C][Q]
盛岡シティホテル	109	146	—	—	S52.8～	651-3030	盛岡駅歩2分	[B][T](s)[W][P][C][Q]
R&Bホテル盛岡駅前	214	214	—	朝食5	S52～	653-3838	盛岡駅歩2分	[B][T](s)[W]
東横INN盛岡駅南口駅前	172	208		サービス	S72～	604-1045	盛岡駅歩3分	[B][T](s)[W][P](先着順)[C][Q]
盛岡ニューシティホテル	119	144		—	S61.6～	654-5161	盛岡駅歩3分	[B][T](s)[W][P](提携)[C][Q]
ホテルルートイン盛岡駅前	281	331	※レストラン	サービス	S75～	604-3100	盛岡駅歩5分	[B][T](s)[W][P](先着順)[C][Q]大浴場 ※土日祝休
ホテルJIN盛岡駅前	101	202	—	朝食10	S50～	622-1115	盛岡駅歩5分	[B][T](s)[W][P][C][Q]朝食バイキング好評
スーパーホテル盛岡	96	135	—	サービス	S60～	621-9000	盛岡駅歩10分	[B][T](s)[W][P][C]天然温泉(男女入替制)、健康朝食
ホテル小田島	99	128	—	S78.1～	S66～	622-3151	盛岡駅歩17分	[B][T](s)[W][P][C]
岩手県青少年会館	19	150	73～	61	52	641-4550	盛岡駅車15分	[和][W][P]県営運動公園・スケート場・武道館近く
癒しの宿ロデム	11	40	—	—	38.5～	689-2266	盛岡駅バス30分	[和][T][W][P]つなぎ温泉源泉100％掛け流し(入湯税別)
ホテルルートイン盛岡南インター	153	193	※レストラン	サービス	S78～	637-8111	岩手飯岡駅歩15分	[B][T](s)[W][P][C][Q]大浴場 ※土日祝休
紫波グリーンホテル	66	80	S66	サービス	S60.5	676-6333	紫波中央駅車3分	[B][T](s)[W][P][送]宴会・会議可
紫波B.H.	39	60	S55、66	サービス	S49.5、60.5	676-5850	紫波中央駅車5分	[B][T][W][P][送][男]大浴場・サウナ
(雫石・小岩井周辺)						(019)		
あみはりロッヂ	6	10	[ii]74～	[ii]55～	—	693-2313	雫石駅バス30分	[P][送](岩手山登山口) バス要予約、登山オンリー
P.さんりんしゃ	9	25	2泊以上	60～	50～	693-2311	小岩井駅車20分	[W][P][送](要問)[C][Q]小岩井農場車15分
ペットと泊まれる宿P.ベルクレール	4	8	[ii]110	—	—	693-3039	小岩井駅車20分	[W][P]ペット可(要予約)、ネット予約のみ
民宿高見荘	23	72	[ii]66	[ii]58	[ii]51	693-2736	雫石駅車15分	[和][W][P]24h風呂
雫石荘	11	55	55	45	40	693-2739	雫石駅車15分	[和][P]24h風呂、洗濯機無料
(八幡平周辺) map▶44ページ						(0195)		
温泉&グルメ・パレット	5	12	101.2～	66～	55～	78-2866	盛岡駅バス80分	[W][P][C][Q]天然温泉(入湯税別)、焼たてパンと黒毛和牛ステーキ
P.アルファ	9	24	88～	66～	55～	78-3443	盛岡駅バス80分	[W][P]温泉(入湯税別)、ペット(小・中型犬)可
P.ムース	8	20	88～	69.3	63.8	78-3356	盛岡駅バス80分	[W][P][C][Q]天然温泉(入湯税別)、アナログサウンドの宿
P.ラム	9	27	89～	70～	60～	78-3377	盛岡駅バス80分	[W][P]天然温泉(入湯税別)、暖房費別、八幡平と岩手山一望
P.アドバンテージ	7	25	93.5～	62.7	55	78-2949	盛岡駅バス80分	[W][P]天然温泉(入湯税別)、肉料理苦手な方には海鮮料理

Map
盛岡周辺　八幡平周辺　安比高原周辺　久慈周辺

★お申し込み時「全国安い宿情報を見た」と言ってね！お得情報は187ページを見てね！

【ひとくちメモ】 120年以上の歴史を誇る「小岩井農場まきば園」。園内では、牛の乳しぼり体験、バター作り体験、羊とのふれあいや乗馬、トロ馬車、アスレチック遊具、羊飼いのゴルフ、アルマジロボール、星空観察、施設見学などが楽しめる。「小岩井」とは共同創始者3名(小野／岩崎／井上)の姓の頭文字から。2024年期間：5/6～10/中(グリーンシーズン)、ウィンターシーズン営業あり。入園料：中学生以上800円、5歳～小学6年生300円。※各施設ごと料金がかかる。☎019-692-4321 http://www.koiwai.co.jp/makiba/

《つづき》　B→全室バス付／B→一部バス付／T→全室トイレ付／Ts→全室シャワートイレ＝ウォシュレット付／T→一部トイレ付／
W→全室Wi-Fi可／W→一部Wi-Fi可／P→有料駐車場／P→無料駐車場／送→送迎有／身→身体障害者への対応可「要問」／
C→一部クレジットカード決済可／Q→paypay等の一部QR決済可／24h→24時間　特記事項は"※"印、又は"( )"括弧書きにて説明

名称	室数	定員	1名分宿泊料金(単位/百円) 2食付	朝食付	素泊	電話	交通	特徴・備考
(八幡平周辺) map▶44ページ						**(0195)**		
P.フレンズ	10	30	83〜	63〜	53〜	78-2611	盛岡駅バス80分	W P 天然温泉(入湯税別)
(安比高原周辺) map▶44ページ						**(0195)**		
P.アーベント倶楽部	7	15	99〜	77〜	—	73-5166	安比高原駅車5分	W P 送 ウッディ造り、自家焙煎コーヒー
P.STEP	11	38	85〜	57〜	50〜	73-5225	安比高原駅車5分	W P C Q 全室洋室(貸切可)
P.森のなかまたち	6	20	88〜	70〜	—	73-5569	安比高原駅車5分	W P Q 小さなログハウス、ペット可(有料)
P.スターダスト	10	26	118.8〜	93.5〜	78.1〜	73-5132	安比高原駅車5分	W P 送 要予約 こだわりの食事、パブリックスペース広い
(二戸周辺)						**(0195)**		
村田旅館	15	45	70	56	50	25-4321	二戸駅5分	和 W P C 工事の方多い
ホテル村井	34	50	62〜	47〜	42〜	23-7151	二戸駅5分	和 B T W P C 大浴場、ビジネス向き
旅館瀧村屋	10	40	71.5〜	62.7	55	46-2505	二戸バス50分	和 T W P TV・DVD付、人数割引有、軽米I.C.1分
(久慈周辺) map▶44ページ						**(0194)**		
国民宿舎えぼし荘	28	100	95〜	60〜	50〜	78-2225	野田玉川駅車10分	和 B T W P 送 要予約 C Q 露天有
ホテルみちのく	12	30	69〜	54〜	49〜	52-0574	久慈駅車3分	和 W P 24h風呂、磯料理・うにご飯自慢
国民宿舎くろさき荘	40	102	77〜	55〜	49.5〜	35-2611	普代駅車10分	B T W P C Q 展望大浴場、サウナ
(宮古〜釜石周辺) map▶45ページ						**(0193)**		
休暇村陸中宮古	67	258	125〜	—	—	62-9911	宮古駅バス25分	W P C 大浴場
高金旅館	8	12	—	75	63	22-4559	釜石駅車3分	和 W P
ホテルマルエ	67	91	—	サービス	S52.8〜	24-3911	釜石駅歩5分	B T W P C Q 大浴場、サウナ、ネット予約のみ
大渡パンション	27	27	夕食9.5	朝食8	50〜	22-5525	釜石駅歩10分	W P C Q 男大浴場
平田パンション	26	26	夕食9.5	朝食8	45〜	22-5525	平田駅歩5分	W P C Q 男大浴場 ※臨時休業有
(大船渡周辺)						**(0192)**		
大船渡インターホテル椿	33	60	80.3〜	66〜	58.3〜	26-4141	盛駅車15分	和 B T W P C Q 酸素ルーム、美と健康を意識した手作り料理
(陸前高田周辺)						**(0192)**		
沼田屋	7	16	82.5〜	60.5〜	49.5〜	55-2542	脇ノ沢駅歩15分	和 W P

P45

Map　宮古周辺　花巻周辺　北上周辺　水沢周辺

【ひとくちメモ】〜宿コラム〜岩手県野田村にある当宿は、古風な造りではありますが、客室からは三陸の海を眺めながらお寛ぎいただけます。また、お食事は北三陸の地元食材を使い、季節により様々なお料理をお楽しみいただけます。お風呂にはサウナ・露天風呂が完備されており、露天風呂から眺める夕焼けや朝日もとても素敵です。国道45号線に面しているので、マリンスポーツやトレッキング、サイクリングなどのご利用にも便利です。【文／国民宿舎えぼし荘　中村歩実】

東北

★お申し込み時「全国安い宿情報を見た」と言ってね！お得情報は187ページを見てね！

宿泊料金は基本的に「**1名分**，消費税10%込み」表示(単位：百円) ※宿泊税別／⓵→1室2名利用／⓶→1室3名利用／⓷→1室4名以上利用／B.H.→ビジネスホテル／P.→ペンション／Y.H.→ユースホステル／Y.G.H.→ユースゲストハウス／会→YH会員料金／相→相部屋＝ドミトリー／S→シングルルーム／地→地下鉄／男→男性専用／女→女性専用／全→全室和室／和→和室有(全室ではない)　〈→右へ〉

名　称	室数	定員	2食付	朝食付	素泊	電話	交通	特徴・備考
(遠野周辺)						(0198)		
遠　野　Y.H.	6	28	会53～	会41～	会35～	62-8736	遠野駅バス13分	相WPCQ個室有、露天風呂、ジェットバス、一般＋￥600
民宿みちのく荘	7	30	66～	40	30	62-6899	遠野駅歩3分	和Pジンギスカン・和牛ステーキ・しゃぶしゃぶ等
増　田　旅　館	10	30	68～	57	43	62-3244	遠野駅歩8分	和WP
(花巻周辺) map▶45ページ						(0198)		
いしどりや旅館	15	27	58	46	40	45-5373	石鳥谷駅歩2分	和WPビジネスタイプの和風旅館
か　ほ　る　旅　館	8	26	88～	66～	55～	23-4523	花巻駅歩2分	和WP24h人工温泉、アットホーム
ホテルルートイン花巻	147	178	※レストラン	サービス	S78～	26-0700	花巻駅車10分	BT(S)WP先着順CQ大浴場 ※日祝休
そ　め　や　旅　館	7	23	75	55	45	27-2809	花巻駅バス25分	和WP天然温泉(入場税別)、空港車10分
民　宿　久　保　屋	6	15	—	—	30	42-4338	土沢駅歩1分	和P観光ポイント近い
(北上周辺) map▶45ページ						(0197)		
東横INN北上駅新幹線口	194	230	※サービス	サービス	S81～	62-1045	北上駅歩1分	BT(S)WPCQ ※平日・カレー
グリーンホテル北上	152	164	夕食12.8～	朝食6.8	S62.8～	65-5500	北上駅歩2分	BT(S)WPCQ大浴場
ホテルルートイン北上駅前	207	251	※レストラン	サービス	S83～	61-0711	北上駅歩3分	BT(S)WP先着順CQ大浴場 ※日祝休
北上カプセルホテル			2024年 秋オープン予定			64-1177	北上駅歩5分	
北上パークホテル	26	33	S73.5,83.5	朝食5.5	S55、65	65-2323	北上駅歩5分	和BTWPCビジネス向き
くさのイン北上	50	70	系列店案内	S65～	S60～	65-1711	北上駅歩5分	和BTWPCQ大浴場
ホテル白百合	38	50	夕食8.8	朝食6.6	55～	61-0555	北上駅歩5分	BTWPCQ大浴場
北上パンション	50	80	夕食8.8	朝食6.6	55～	65-2225	北上駅歩10分	WPCQ大浴場
フラワーホテル	67	130	夕食8.8	朝食5.5	55～	71-2600	北上駅車10分	BTWPCQヘルストン温泉
ファミリーロッジ旅籠屋北上江釣子店	12	48	—	軽朝食	⓵49.5～	71-5333	北上江釣子I.C.5分	BTWPジャスコ目の前
(水沢周辺) map▶45ページ						(0197)		
水沢グリーンホテル	45	50	—	S62、72	S55、65	24-5212	水沢駅目の前	BTWPCQ中心街に位置
水沢グランドホテル	78	100		S65～	S60～	25-8311	水沢駅歩3分	BT(S)WPCQ結婚式場有
青　木　旅　館	10	26	—	60～	50～	23-7115	水沢駅歩3分	和WPCQマンガ3000冊
翠　　明　　荘	90	280	68.2～	52.8～	47.3～	25-3311	水沢駅歩10分	和WP大型宴会予約C大浴場
薬師堂温泉	21	120	⓵110～	⓵66～	⓵55～	23-4126	水沢駅車7分	BT(S)WP天然温泉(露天有)、入場税別、コテージ有
永岡温泉夢の湯	40	110	87～	57～	47～	44-3420	水沢駅歩20分	和WPCQ温泉(打たせ湯、24h大浴場)、サウナ
(平泉周辺)						(0197)		
民宿おっきり	13	40	80～	50.6～	44～	52-3125	平泉駅車10分	和WPCQ前沢牛(別料金)、中尊寺へ車5分
佐　藤　屋　旅　館	9	25	—	57.5	47.5	56-5503	前沢駅歩5分	和WP中尊寺へ車5分
						(0191)		
舞　　鶴　　荘	8	25	休館中			46-3375	平泉駅歩10分	和WPアウトバス、中尊寺へ歩15分
(一関周辺)						(0191)		
東横INN一ノ関駅前	150	180	—	サービス	S73～	31-1045	一ノ関駅歩2分	BT(S)WPCQ
＠B.H.一関	47	50	—	サービス	S55	26-6411	一ノ関駅車5分	BT(S)WPCQ冷暖房完備
ホテルルートイン一関インター	153	175	※レストラン	サービス	S75～	33-2011	一関I.C.隣	BT(S)WP先着順CQ大浴場 ※日祝休
こんけい旅館	13	30	70	53	46	52-2212	千厩駅歩15分	和WPCQビジネス旅館、長期滞在向き別館有

【ひとくちメモ】　国立競技場を手掛けた隈研吾氏が建築設計した特徴的な建物で南三陸杉をふんだんに使ったデザインの「東日本大震災伝承施設　南三陸311メモリアル」。未曾有の大災害を引き起こした東日本大震災の記憶と記録を、パネルや映像などから自然災害について学び、これから私たちがどのように対策して行くかを問いかける内容となっている。有料エリア入場料金：一般・大学生200円、小・中・高生100円。開館：9～17時(火曜・年末年始休)。志津川駅隣接(道の駅さんさん南三陸内)。☎0226-28-9215　https://m311m.jp/

◇宮　城◇

《→つづき》[T]→全室トイレ付／[T](s)→全室シャワートイレ＝ウォシュレット付／[T]→一部トイレ付／[i]→全室インターネット可／[i](w)→全室WiFi可／[i]→一部客室インターネット可／[i](館内)→ロビー等館内にてインターネット利用可／[P]→有料駐車場／[P]→無料駐車場／[送]→送迎有／24h→24時間／[地]→地下鉄／[障]→身体障害者への対応可(要問)／[男]→男性専用／[女]→女性専用／特記事項は"※"印、又は"( )"括弧書きにて説明

名称	室数	定員	1名分宿泊料金(単位/百円) 2食付	朝食付	素泊	電話	交通	特徴・備考
(仙台周辺) map▶47ページ						(022)		
P47 ホテルメイフラワー仙台	183	208	—	—	S55～	262-5411	仙台駅歩10分	[B][T][W][P][C]浴場・サウナ、フリードリンク
駅前人工温泉とぽす仙台駅西口	146	146	—	—	45～	265-2671	仙台駅歩5分	[男]カプセル[W][C][Q]大浴場、露天、サウナ
東横INN仙台東口1号館	211	342	—	サービス	S83～	256-1045	仙台駅歩5分	[B][T](s)[W][P](先着順)[C][Q]
東横INN仙台東口2号館	120	175	—	サービス	S79～	298-1045	仙台駅歩5分	[B][T](s)[W][P](先着順)[C][Q]
東横INN仙台西口広瀬通	210	260	—	サービス	S81～	721-1045	仙台駅歩6分	[B][T](s)[W][P](先着順)[C][Q]
東横INN仙台駅西口中央	286	352	—	サービス	S81～	726-1045	仙台駅歩7分	[B][T](s)[W][P](先着順)[C][Q]
R&Bホテル仙台広瀬通駅前	201	201	—	朝食5	S46～	726-1919	仙台駅歩8分	[B][T](s)[W] [地]広瀬通駅歩1分
ウィークリーマンションシンシアシティー番町	20	20	自炊可	自炊可	※1泊36～	221-5891	仙台駅歩13分	[B][T](s)[W] キッチン付、※7泊以上
ホテル白萩	28	70	S119～	S102～	S89～	265-3411	仙台駅歩15分	[B][T](s)[W][P][C]Sはツインのシングルユース
相崎旅館	15	33	S72.6～	S57.2～	S50.6～	264-0700	仙台駅歩15分	[和][B][T][W][P][C]24h風呂、閑静
スマイルホテル仙台国分町	192	240	—	※S79～	S67～	261-7711	仙台駅車5分	[B][T](s)[W][P](提携) ※前日迄に予約
エスポールみやぎY.H.	15	57	[会]49.5	[会]37.5	[会]30	293-4631	仙台駅東口車15分	[相][W][P][C]個室¥600増、一般¥800増、Kスタ宮城へ車10分
メープル仙台Y.H.	6	20	—	49.5～	44～	234-3922	仙台駅バス20分	[会]料金・[相]料金有、外国人歓迎
スーパーホテル仙台・広瀬通り	173	269	—	サービス	S80～	224-9000	[地]広瀬通駅歩1分	[B][T](s)[W] 男女別天然温泉、仙台駅歩15分
ナインアワーズ仙台	122	122	—	—	28～	050-1807-3449	[地]広瀬通駅歩5分	男女利用カプセル[W]
B．H．太陽	78	91	夕食13.75～	朝食8.25～	S55～	221-1955	[地]勾当台公園駅歩2分	[B][T](s)[W][P](先着順)[C][Q]VOD無料
カプセルホテルリーブス	120	120	—	—	38～50	261-8020	[地]勾当台公園駅歩5分	女性OKカプセル[W][P](提携)[C][男]24h大浴場
サウナ&カプセルキュア国分町	186	300	居酒屋	居酒屋	40～60	713-8526	[地]勾当台公園駅歩7分	[男]カプセル[W][C]大浴場、展望露天風呂
ウィークリーマンションシンシアシティ榴岡	5	5	自炊可	自炊可	※1泊36～	221-5891	榴ヶ岡駅歩1分	[B][T](s)[W] キッチン付、※7泊以上
若林パンション	88	88	S44	S44	S38.5	286-5522	[地]長町一丁目駅歩8分	[W][P]24h大浴場
ホテルルートイン仙台長町インター	209	275	※レストラン	サービス	S75～	304-1131	長町駅車8分	[B][T](s)[W][P](先着順)[C][Q]大浴場 ※日曜休
スマイルホテル仙台泉インター	92	225	—	—	S58～	773-8411	泉I.C.車2分	[B][T](s)[W][P]
ホテルルートイン仙台泉インター	203	256	居酒屋	サービス	S80～	371-0550	[地]泉中央駅車10分	[B][T](s)[W][P](先着順)[C][Q]大浴場、泉I.C.2分
ホテルルートイン仙台大和インター	152	205	※レストラン	サービス	S80～	344-5711	[地]泉中央駅車30分	[B][T](s)[W][P](先着順)[C][Q]大浴場 ※日祝休
かんかね温泉	11	25	62～	要問	49	398-2520	仙台駅バス60分	[和][P]天然温泉(入湯税別)、秋保温泉車5分

仙台七夕まつり

毎年8月5日の前夜祭としての花火祭を皮切りに、6～8日に開催される東北四大祭りのひとつ「仙台七夕まつり」。伊達政宗公の時代から続く伝統行事で、毎年200万人以上が訪れる。仙台駅前から中央通り、一番町通りのアーケード街にかけて、豪華絢爛な笹飾りを観ることができる。2024年の花火祭は、19:15～20:30、西公園周辺にて開催予定。

☎022-265-8185　https://www.sendaitanabata.com/

Map　仙台周辺　塩釜・多賀城周辺　松島周辺　石巻周辺

【ひとくちメモ】　仙台駅～瑞鳳殿～仙台城跡～国宝大崎八幡宮など、杜の都・仙台市内の各観光スポットを約70分で廻る循環バス「るーぷる仙台」。レトロなフォルムが人気で、1日に何度も自由に乗り降りできる1日乗車券がお得。仙台駅西口バスターミナル16番乗り場より、第1便9:00から最終便16:00発まで、全日20分間隔で運行。／1回乗車大人260円、小児130円／1日乗車券大人630円、小児320円／るーぷる仙台・地下鉄共通1日乗車券大人920円、小児460円。☎022-222-2256　https://loople-sendai.jp/

東北

★お申し込み時「全国安い宿情報を見た」と言ってね！お得情報は187ページを見てね！

宿泊料金は基本的に「1名分,消費税10%込み」表示(単位:百円) ※宿泊税別／⊕→1室2名利用／⊞→1室3名利用／⊞→1室4名以上利用／B.H.→ビジネスホテル／P.→ペンション／Y.H.→ユースホステル／Y.G.H.→ユースゲストハウス／☎→YH会員料金／⊕→相部屋=ドミトリー／S→シングルルーム／Ⓜ→地下鉄／Ⓜ→男性専用／Ⓦ→女性専用／Ⓦ→全室和室／Ⓦ→和室有(全室ではない) 〈右へ〉

名 称	室数	定員	1名分宿泊料金(単位/百円)			電 話	交 通	特徴・備考
			2食付	朝食付	素泊			
(名取周辺)						(022)		
ホテルルートイン名取	207	259	※レストラン	サービス	S80～	784-4450	杜せきのした駅歩7分	ⒷⓉⓈ⛎ⓅⒸⓆ🅗 大浴場、※日祝休
(岩沼周辺)						(0223)		
ファミリーロッジ旅籠屋仙台亘理店	12	48	―	軽朝食	⊕49.5～	32-1885	亘理I.C.3分	ⒷⓉⓈⓌⓅ 冷蔵庫付
(角田市周辺)						(0224)		
GUEST HOUSE66	3	8	食事処	サービス	29.8～	61-0234	角田駅歩1分	相ⓌⓅⒸ 個室有、屋内駐輪場
(丸森町周辺)						(0224)		
国民宿舎あぶくま荘	19	79	S93.5～	S69.3～	S60.5～	72-2105	丸森駅車12分	ⒷⓉⓅⒸ 大浴場
(松島～多賀城周辺) map▶47ページ						(022)		
も と 美 荘	8	30			⊕35～	354-3511	松島駅歩10分	和ⓌⓅⓆ 食事持込可、コンビニ近く
スマイルホテル塩釜	107	141	―	S70～	S62～	363-7711	本塩釜駅歩10分	ⒷⓉⓈⓌⓅ 国道45号沿い
ホテルルートイン多賀城駅東	204	264	レストラン	サービス	S73～	050-5847-7301	多賀城駅歩7分	ⒷⓉⓈⓌⓅ⛎ⒸⓆ 大浴場
マイルーム多賀城	51	65	※夕食12～	※朝食6～	S45～	363-5777	多賀城駅車8分	ⒷⓉⓌⓅⒸ ミニキッチン付、※平日のみ
スマイルホテル仙台多賀城	120	150		52～	44～	367-6001	中野栄駅歩12分	ⒷⓉⓈⓌⓅ 大浴場、仙台港I.C.1分
ホテルルートイン仙台港北インター	152	196	※レストラン	サービス	S79～	361-8501	中野栄駅歩15分	ⒷⓉⓈⓌⓅ⛎ⒸⓆ 大浴場 ※日祝休
B．H．山 並	24	47	53～S63	45～S55	38～S48	345-3220	仙台駅車50分	和ⒷⓉⓌⓅ ツイン有、大和I.C.5分
(石巻周辺) map▶47ページ						(0225)		
B.H.フォーシーズン矢本	60	120	S75	S66	S60	84-2377	矢本駅歩3分	ⒷⓉⓈ(独立型)ⓌⓅⒸ 長期割引
やすらぎの宿メープルテラス	102	102	夕食8.25	朝食3.85	S60.9	25-4391	河北I.C.1分	ⒷⓉⓌⓅ(予約制)Ⓒ コインランドリー
B.H.&パンション カーサ・デ・コスタ	150	150	S58	S52	S48	23-1331	石巻駅歩8分	ⒷⓉⓈ(分離型)ⓌⓅ 長期有割
F U T A B A I N N	16	24		S64～	S60～	94-2922	石巻駅歩10分	ⒷⓉⓌⓅⒸ ビジネス向き
ホテルルートイン石巻河南インター	169	222	※レストラン	サービス	S80～	92-0075	蛇田駅車5分	ⒷⓉⓈⓌⓅ⛎ⒸⓆ 大浴場 ※日祝休
(気仙沼周辺) map▶47ページ						(0226)		
リアス唐桑Y.H.	7	28	☎54.6	☎41.6	☎34	32-2490	気仙沼駅バス40分	ⓌⓅ 一般¥600増、巨釜・半造へ歩30分

宮城蔵王

かじか鳴く、里山の一軒宿
鎌倉温泉

☎**0224-33-2533**

【HP】https://www.kamakuraonsen.com
〒989-0831 宮城県刈田郡蔵王町平沢字鎌倉沢102
【交通】JR白石駅から車30分、東北道・村田I.C.から10分

▲HP

▲map

かじか鳴く、里山の一軒宿

蔵王連山の山ふところにあり湯治場の面影を残す木造2階建ての一軒宿。長火鉢や鉄瓶などの温かな空間で、小川のせせらぎ、四季折々の草花など、情緒あふれる安らぎを感じる事ができます。温泉はアトピーや肌荒れなど、肌の病気を治すと評判の湯。お食事は自家栽培のお米や野菜、山菜を使用した里山ならではのおもてなし。

【料金】1泊2食付¥6,500～、朝食付¥5,900、素泊¥5,000 ※暖房費別
※日帰り入浴(個室)¥1,200(平日¥1,100)、入浴のみ大人¥400・子供¥300 【特徴】弱アルカリ泉

Map

登米市～栗原市周辺

古川周辺

鳴子温泉周辺

宮城蔵王周辺

【ひとくちメモ】 日本三景の一つ『松島』。ビュースポットは多数あるが、松島湾に浮かぶ260余島の島々を一望できる名所を「四大観(しだいかん)」と呼び、「壮観 大高森(そうかん おおたかもり)／JR野蒜駅から車15分、山頂まで徒歩20分」「麗観 富山(れいかん とみやま／JR陸前富山駅から徒歩45分」「偉観 多聞山(いかん たもんさん／JR多賀城駅から車15分、山頂まで徒歩10分」「幽観 扇谷(ゆうかん おうぎだに／JR松島海岸駅から車5分、山頂まで階段を3分)」と、それぞれの眺めの印象を表す名称で呼ばれている。☎022-354-2618 https://www.matsushima-kanko.com

《→つづき》 Ⓑ→全室バス付／Ⓑ→一部バス付／Ⓣ→全室トイレ付／Ⓣs→全室シャワートイレ＝ウォシュレット付／Ⓣ→一部トイレ付／
Ⓦ→全室Wi-Fi可／Ⓦ→一部Wi-Fi可／Ⓟ→有料駐車場／Ⓟ→無料駐車場／送→送迎可／障→身体障害者への対応可(要問)／
Ⓒ→一部クレジットカード決済可／Ⓠ→paypay等の一部QR決済可／24h→24時間　特記事項は"※"印、又は"( )"括弧書きにて説明

名称	室数	定員	1名分宿泊料金(単位/百円) 2食付	朝食付	素泊	電話	交通	特徴・備考
（登米市周辺） map▶48ページ						(0220)		
ホテルルートイン登米	212	264	レストラン	サービス	S67〜	050-5847-7600	新田駅車15分	ⒷⓉⓈⓌⓅ先着順 ⒸⓆ 大浴場
蛯武旅館	11	30	77	66	44	52-2013	柳津駅車10分	和Ⓟ 昔ながらの宿、長沼へ車30分
海老紋	8	30	71.5	63.8	38.5	52-3161	柳津駅車10分	和ⓉⓌⓅ みやぎの明治村近く(一関と松島の中間点)
（栗原市周辺） map▶48ページ						(0228)		
伊豆沼交流センター	9	47	夕食19.8	朝食11	36.6	33-2831	くりこま高原駅車5分	和ⓌⓅ 大浴場、伊豆沼を一望
（古川周辺） map▶48ページ						(0229)		
ホテルセレクトイン古川	63	90	※S82.5	※S75.5	※S70	22-4104	古川駅車10分	ⒷⓉⓌⓅⒸ大浴場、古川I.C.へ8分、※料金変動制
ファミリーロッジ旅籠屋長者原SA店	12	48	―	軽朝食	ⓘ49.5〜	28-5854	長者原SA内	ⒷⓉⓌⓅ コインランドリー、EV車充電可
（鳴子温泉周辺） map▶48ページ						(0229)		
旅館大沼	25	50	156〜	110〜	88〜	83-3052	鳴子御殿湯駅歩5分	ⓌⓅⒸⓆ 天然温泉8つの風呂、貸切露天風呂別料金、入浴税別
民営国民宿舎 ホテル瀧嶋	27	50	74.1	60	52	83-3054	鳴子温泉駅歩7分	和Ⓟ 天然温泉
Ｐ．森りんこ	7	18	88〜	66〜	55〜	86-2124	鳴子温泉駅バス40分	ⓌⓅⒸⓆ リゾートパークウニココウヘ内、温泉(入湯税別)
（宮城蔵王周辺） map▶48ページ						(0224)		
鎌倉温泉	10	20	65〜	59	50	33-2533	白石駅車30分	和Ⓟ 鉱泉(早朝可)、湯治向き、暖房費別
岩盤浴すみかわ	7	23	ⓘ69〜	ⓘ53〜	ⓘ42〜	35-3190	白石駅車25分	ⒷⓉⓈⓌⓅ 岩盤浴、ラジウム人工温泉
Ｐ．レインボーヒルズ	13	48	85〜	65〜	53〜	34-2901	白石駅車30分	和ⓌⓅⒸ えぼしスキー場車7分
Ｐ．どんぐり	7	20	78	サービス	55	34-3845	白石駅車30分	ⓌⓅⓆ 天然温泉(24h可、入湯税別)
貸別荘峠	1棟	15	稅110〜	稅77〜	稅66〜	34-3760	白石駅車40分	Ⓟ 天然温泉(岩風呂大浴場、入湯税別)
山の家ラピス	9	20	―	65〜	50〜	34-3747	白石駅車50分	Ⓟ 天然温泉(貸切可・入湯税別)、天然海苔バイ
Ｐ．＆コテージ悠遊	7	22	―	65〜	45〜	34-2006	白石駅バス30分	Ⓟ コテージ(2名)¥13,000、ペット可
ウッドチャック	10	30	96.8〜	74.8〜	―	34-3627	白石駅バス40分	ⒷⓉⓌⓅⒸⓆ 車イスOK、ゆったりとした造り
岡崎旅館	4	10	60〜	50〜	40〜	26-2015	白石駅歩10分	和Ⓟ 繁華街近く、ビジネス便利

◇山形◇

名称	室数	定員	1名分宿泊料金 2食付	朝食付	素泊	電話	交通	特徴・備考
（山形市周辺） map▶49ページ						(023)		
ホテルルートイン山形駅前	214	280	※レストラン	サービス	S75〜	647-1050	山形駅歩1分	ⒷⓉⓈⓌⓅ先着順 ⒸⓆ 大浴場 ※日祝休
Ｂ．Ｈ．おかざわ	28	30	―	―	S39.8〜	633-1616	山形駅歩2分	ⓉⓌⓅ 予約制 全館禁煙、シャワーのみ
ホテルニュー最上屋	25	40	―	朝食8.8	S49〜	632-8000	山形駅歩2分	ⒷⓉⓌⓅⒸⓆ
Ｂ．Ｈ．ヨシダ	19	26	―	―	S40	632-5420	山形駅歩3分	ⒷⓉⓈⓌⓅⒸ
東横INN山形駅西口	139	210	―	サービス	S73〜	644-1045	山形駅歩4分	ⒷⓉⓈⓌⓅ先着順 ⒸⓆ

★お申し込み時「全国安い宿情報を見た」と言ってね！お得情報は187ページを見てね！

Map

山形市周辺

蔵王周辺

山形空港周辺

新庄周辺

【ひとくちメモ】　宮城蔵王の名所"お釜"。エメラルドグリーンの湖面は、太陽光により様々に色を変えるため五色湖と呼ばれ、神秘的な雰囲気。湖水は強酸性のため生物は生息できず、水面から10数ｍの深度で摂氏2度まで下がり、それより深度を増すと温度が高くなる特殊双温水層で、世界でも例がない火口湖。今まで26回噴火し、最近では明治28年に噴火している。蔵王連坊を東西に横断している蔵王エコーラインを通って行く(11月初旬〜4月下旬は冬期通行止め)。蔵王町観光案内所☎0224-34-2725　http://www.zao-machi.com/

宿泊料金は基本的に「**1名分、消費税10％込み**」表示(単位:百円) ※宿泊税別／❶→1室2名利用／❷→1室3名利用／❸→1室4名以上利用／B.H.→ビジネスホテル／P.→ペンション／Y.H.→ユースホステル／Y.G.H.→ユースゲストハウス／会→YH会員金／相→相部屋=ドミトリー／S→シングルルーム／Ⓢ→地下鉄／男→男性専用／女→女性専用／全→全室和室／和→和室有(全室ではない)〈→右へ〉

名称	室数	定員	2食付	朝食付	素泊	電話	交通	特徴・備考
(山形市周辺) map▶49ページ						(023)		
ホテルリモージュ	36	44	—	朝食9	S50〜70	631-8739	山形駅歩5分	BT(s)WPC
ホテルさくらんぼ	51	100	S84.4〜	S74.8〜	S65〜	632-7000	山形駅歩7分	BT(s)WPC 和室有、朝食バイキング
ホテルキャピタルイン山形	83	91	S84.4〜	S74.8〜	S65〜	634-7400	山形駅歩10分	BT(s)WPC 露天風呂・サウナ、朝食バイキング
ホテルα-1山形	215	233	—	—	S39.9〜55	622-8666	山形駅歩12分	BT(s)WPC 冷蔵庫付、花笠祭に良い
飯田温泉	17	60	75〜	60〜	50〜	623-4758	山形駅車10分	和WP 天然温泉(24h可)
ホテルステイン七日町	166	300	—	サービス	S62〜	641-1111	山形駅バス10分	BT(s)WPCQ
ホテルステインNANAアネックス	24	24	—	朝食5	S45〜49	641-1111	山形駅歩10分	BTWPCQ
(蔵王・蔵王坊平高原周辺) map▶49ページ						(023)		
国民宿舎 竜山荘	19	150	※90〜	※78	※68	694-9457	山形駅バス40分	(P)C 源泉かけ流し天然温泉(入浴税別) ※冬期以外
ロッジScole	12	42	105.5〜	70.5〜	55.5〜	694-9320	山形駅バス45分	WPCQ 無線無料、ゲレンデ歩5分、犬OK、英会話対応
P.ラビーハウス	8	26	85	65	60	679-2600	かみのやま温泉駅バス30分	WPCQ ピザ作り・石鹸作り体験
P.ノエル	8	24	120〜	85〜	70〜	679-2230	かみのやま温泉駅バス30分	WPCQ ファミリーご年配の方歓迎、商用可、お宝20分
P.TOOコットン	8	28	110〜	80〜	—	673-2189	かみのやま温泉駅バス30分	WPCQ スキー場内、スノーシュー各種体験、雪道ヒタ導ナビあり
(天童周辺)						(023)		
ホテルいずくら	57	80	—	S69〜	S60〜	653-6211	天童駅歩10分	BT(s)WPCQ
ホテルルートイン天童	126	161	※レストラン	サービス	S74〜	656-9511	天童駅歩20分	BT(s)WP 先着順C Q大浴場 ※日祝休
B.H.グラン・エコール	52	96	S65	S56	S50	655-3361	天童駅車10分	BT(s)WPC 山形I.C.10分、山形空港車10分
(山形空港周辺) map▶49ページ						(0237)		
ひがしねベアフットY.H.	3	10	会51	会40.5	会34	47-1057	神町駅歩15分	相WP 毎日温泉ツアー(¥350〜)
ホテルBBファストさくらんぼ東根	96	212	—	サービス	S70〜	43-0026	さくらんぼ東根駅歩2分	BT(s)WPCQ
ファミリーロッジ旅籠屋東河江店	14	56	—	軽朝食	◐49.5〜	85-6858	寒河江S.A.隣接	BT(s)WP 2009年7月オープン
Jプラザ	35	35	S55	1食付S49.5	S44	48-7718	村山駅歩5分	BT(s)WP 全館禁煙、山形空港車15分
B.H.おもたか	13	20	S63〜	S53〜	S48〜	23-3050	大石田駅車10分	和WP アウトバス、洗濯機無料、山形銀行向い
(新庄周辺) map▶49ページ						(0233)		
玄柳館ホテル	11	15	S74.8	S63.8	S55	22-4108	新庄駅目の前	BTWP パーティー可、バー
ホテルルートイン新庄駅前	144	180	※レストラン	サービス	S80〜	28-1211	新庄駅1分	BT(s)WP 先着順CQ大浴場 ※日祝休
B.H.やまき	19	22	—	—	S49.5〜	23-3001	新庄駅1分	BT(s)WPCQ
B.H.セントラル	20	40	—	おにぎり・ドリンク	S49.5〜	22-0950	新庄駅4分	和WP 総檜大浴場(早朝可)
食彩の宿 おくやま	20	50	※S81.4〜	※S59.4〜	※S50.6〜	22-6580	新庄駅歩7分	和WPC 大浴場 ※現金払いの方

【ひとくちメモ】 「ヤッショ、マカショ!!」と威勢のいい掛け声と花笠太鼓の勇壮な音色が山形の夏の夜に艶やかに響き渡る「山形花笠まつり」。毎年8月5・6・7日の3日間開催される東北四大祭りのひとつで、華やかに彩られた山車を先頭に、艶やかな衣装と花笠をあしらった笠を手にした踊り手が、市内目抜き通りをパレードする。18時〜、山形駅東口から徒歩10分の山形市中心市街地直線コース(十日町・本町・七日町通り〜文翔館前)にて開催。☎023-642-8753 https://www.hanagasa.jp/

〈→つづき〉 Ⓑ→全室バス付／Ⓑ→一部バス付／Ⓣ→全室トイレ付／Ⓣⓢ→全室シャワートイレ＝ウォシュレット付／Ⓣ→一部トイレ付／
Ⓦ→全室Wi-Fi可／Ⓦ→一部Wi-Fi可／Ⓟ→有料駐車場／Ⓟ→無料駐車場／送→送迎有／身→身体障害者への対応可(要問)／
Ⓒ→一部クレジットカード決済可／Ⓠ→paypay等の一部QR決済可／24h→24時間／特記事項は※"印、又は"( )"括弧書きにて説明

P50

名称	室数	定員	1名分宿泊料金(単位/百円)			電話	交通	特徴・備考
			2食付	朝食付	素泊			
(肘折温泉周辺)						(0233)		
亀屋旅館	13	20	Ⓑ62～	Ⓑ55～	Ⓑ50～	76-2311	新庄駅バス60分	和ⒷⓌⓅ源泉掛け流し(入湯税別)
ゑびす屋	9	18	Ⓑ60.5～	—	Ⓑ38.5～	76-2008	新庄駅バス60分	和ⓌⓅⓆ源泉掛け流し(入湯税別)、暖房費別
(酒田周辺) map▶51ページ						(0234)		
酒田ステーションホテル	20	20	—	—	S41	22-0033	酒田駅歩2分	ⒷⓉⓌⓅⓆ喫茶店、コインランドリー
さかたセントラルホテル	81	102	要予約	S59.5～	S52～	26-1221	酒田駅歩12分	ⒷⓉⓢⓌⒸⓆ飲み屋街近く
最上屋旅館	10	25	73～	58～	51～	22-7533	酒田駅歩15分	和ⓌⓅ築100年の建物
ホテルルートイン酒田	156	196	※レストラン	サービス	S80～	21-3301	酒田駅車10分	ⒷⓉⓢⓌⓅ先着順ⒸⓆ大浴場 ※日祝休
ホテルイン酒田	235	300	S91.3～	S78.1～	S66～	22-5000	酒田駅車15分	ⒷⓉⓢⓌⓅⒸⓆ冷蔵庫付、大浴場
ファミリーロッジ旅籠屋庄内店	12	48	—	軽朝食	S49.5～	25-0085	酒田I.C.8km	ⒷⓉⓢⓌⓅコインランドリー、EV車充電可
(鶴岡周辺) map▶51ページ						(0235)		
ホテルステイン山王プラザプレミアアネックス	39	60	—	サービス	S60～	24-3666	鶴岡駅歩1分	ⒷⓉⓢⓌⓅⒸ
ホテル五番館	27	34	S79.2	S62.7	S55	22-6448	鶴岡駅歩5分	ⒷⓉⓌⓅⒸⓆツイン有
ホテルステイン山王プラザ	100	160	—	サービス	S60～	35-0600	鶴岡駅歩10分	ⒷⓉⓢⓌⓅⒸ
ホテルルートイン鶴岡インター	154	197	※レストラン	サービス	S70～	26-2255	鶴岡駅車10分	ⒷⓉⓢⓌⓅ先着順ⒸⓆ大浴場 ※日祝休
安野旅館	12	40	75～	60	55	57-2071	鶴岡駅車15分	和ⓌⓅⒸⓆ山海の幸、ビジネス向き
多聞館	15	60	99～	77～	—	62-2201	鶴岡駅車20分	和ⓌⓅ24h風呂、郷土料理・精進料理人気
休暇村庄内羽黒	29	99	Ⓑ120～	Ⓑ90～	Ⓑ80～	62-4270	鶴岡駅バス50分	ⓌⓅ身羽黒山へ車5分
(月山・朝日岳周辺)						(0237)		
孝庵	5	15	80	57	47	76-2307	山形駅バス60分	和ⓌⓅ山菜そば・鍋人気、朝日連峰・月山登山口
(米沢周辺) map▶51ページ						(0238)		
P.&コテージ山太郎	10	40	93～	72～	65～	28-2857	米沢駅車20分	ⓌⓅⒸ米沢スキー場内、BBQハウス
東横INN米沢駅前	119	144	—	サービス	S76～	22-2045	米沢駅歩3分	ⒷⓉⓢⓌⓅ
ホテルα-1米沢	154	193	—	朝食10	S90～99	21-7111	米沢駅歩5分	ⒷⓉⓢⓌⓅⒸⓆマッサージ機付室室有
ホテルルートイン米沢駅東	132	159	※レストラン	サービス	S77～	26-1121	米沢駅歩7分	ⒷⓉⓢⓌⓅ先着順ⒸⓆ大浴場 ※日祝休
ホテル平成	78	103	—	朝食7～	S48～	24-1050	米沢駅車5分	ⒷⓉⓌⓅⒸ
ホテルつたや	33	45	S88～	S71.5～	S62.7～	22-2354	米沢駅車5分	ⒷⓉⓌⓅⒸ
P.エーデルワイス	6	12	99～	—	—	55-2218	米沢駅バス45分	Ⓟ釣り可、西吾妻連峰登山口、ロープウェイに乗って
旅館一楽荘	9	30	66～	50	40	42-2128	羽前小松駅歩3分	ⓌⓅ山菜や米沢牛(別料金)の食事
湯宿升形屋	16	60	※100	※75	※41.26	43-2301	赤湯駅歩5分	和ⓌⓅ赤湯温泉源泉掛け流し(入湯税別)、ペット可、暖房費別
民宿の越後屋	3	10	77	—	—	64-2430	小国駅バス30分	ⓌⓅ釣り可、温泉近く、飯豊連峰登山口
国民宿舎飯豊梅花皮荘	19	55	Ⓑ85～	Ⓑ56～	Ⓑ44～	64-2111	小国駅バス30分	和ⒷⓌⓅⒸ天然温泉(入湯税別)

東北

★お申し込み時「全国安い宿情報を見た」と言ってね！お得情報は187ページを見てね！

Map 酒田周辺 　鶴岡周辺 　米沢周辺

【ひとくちメモ】 山形と秋田の県境に位置し、日本海の海抜0mから頂上まで一気に立ち上がる鳥海山。標高2,236ｍは独立峰として東北随一の高さを誇る。凛とそびえる気高い雰囲気、秀麗な姿は今も昔も人々を魅了し、"出羽富士"とも呼ばれる。山全体が国定公園に指定され、個性的な滝やカルデラ湖、貴重な原生林や高山植物を鑑賞に毎年多くの人が訪れる。鳥海ブルーライン(山形県遊佐方面)、鳥海高原ライン(酒田市八幡方面)など庄内平野と日本海を望みながらのドライブコースも人気。☎0234-72-5886(鳥海国定公園観光開発協議会)

◇福 島◇

宿泊料金は基本的に「**1名分**、消費税10％込み」表示(単位：百円) ※宿泊税別／**⑫**→1室2名利用 **⑬**→1室3名利用 **B.H.**→1室4名以上利用 **B.H.**→ビジネスホテル **P.**→ペンション **Y.H.**→ユースホステル **Y.G.H.**→ユースゲストハウス **㑹**→YH会員料金 **㊸**→相部屋＝ドミトリー **S**→シングルルーム **㊽**→地下鉄 **㊚**→男性専用 **㊛**→女性専用 **㊲**→全室和室 **㊊**→和室あり(全室ではない) 〈→右へ〉

名 称	室数	定員	1名分宿泊料金(単位/百円)			電話	交通	特徴・備考
			2食付	朝食付	素泊			
(福島周辺) map▶52ページ						(024)		
東横INN福島駅西口	104	120	—	サービス	S76〜	534-1045	福島駅歩2分	ⒷⓉⓈⓌⓅ先着順 ⒸⓆ
ザ・ホテル大亀	40	50	—	—	S48.4〜	522-8989	福島駅歩2分	ⒷⓉⓈⓌⓅ提携㊍㊴
グリーンホテル福島館	21	31	—	—	S58	521-3796	福島駅歩2分	ⒷⓉⓌⓅ(車体制限有) 冷蔵庫付
東横INN福島駅東口1	143	286	—	サービス	S76〜	524-1045	福島駅歩3分	ⒷⓉⓈⓌⓅ先着順 ⒸⓆ
東横INN福島駅東口2	237	270	—	サービス	S78〜	523-1045	福島駅歩3分	ⒷⓉⓈⓌⓅ先着順 ⒸⓆ
ホテル板倉	48	90	※夕食14.3	※朝食7.7	S57.2〜	523-1221	福島駅歩3分	和ⒷⓉⓌⓅ要問 ⒸⓆ展望風呂、㊐日休
ホテルサンルート福島	83	140	※レストラン	＊朝食11	S59〜	521-1811	福島駅歩8分	ⒷⓉⓈⓌⓅⒸ ※日祝休体 日予約
La Union	5	16	カフェ	朝食7.3	29.8〜	572-5838	福島駅歩8分	㊸キャンピングタイプ Ⓝ 個室有、共用シャワー
旅館 梅林	15	35	63.8〜	52.8〜	44〜	521-1566	福島駅歩5分	ⓌⓅⓆ団体可
Y.G.H.ATOMA	8	30	夕食25.3	朝食9.9	㑹49.5〜	591-2523	福島駅バス20分	ⓌⓅⓆ天文台 㑹330円引
みさとY.H.	5	10	—	—	㑹29.5	586-1828	福島駅バス40分	㊸農家のY.H.、霊山バス15分
加登屋旅館	9	30	71.5	60.5	49.5	562-2219	松川駅バス15分	和ⓌⓅビジネス・工事関係多い
新松葉旅館	17	68	100〜	62〜	54〜	542-2134	飯坂温泉駅歩3分	和ⓉⓅかけ流し天然温泉(露天、入浴税別)
前野屋旅館	11	40	74〜	58〜	42.5〜	542-2347	飯坂温泉駅歩3分	和ⓉⓅかけ流し天然温泉
(二本松周辺)						(0243)		
みどりや旅館	6	20	⑫66〜	⑫48.4〜	⑫38.5〜	46-2727	安達駅車12分	和ⓌⓅ岩風呂、暖房費別、大広間で宴会可
P．杜の泉	7	24	75	55	50	24-3301	二本松駅バス25分	ⓌⓅ東北サファリパークへ車2分
(相馬〜浜通り周辺)						(0244)		
ホテルサンエイ駅前店	29	30	—	—	S63	36-5050	相馬駅歩1分	ⒷⓉⓌⓅⒸⓆコンビニ向い
ホテル西山(相馬店)	36	45	—	S66	S57.2	36-5001	相馬駅歩2分	ⒷⓉⓈⓌⓅⒸⓆサウナ
ホテルみなとや	11	48	⑫132〜	⑫88	⑫77	38-8115	相馬駅車10分	和ⒷⓉⓌⓅⒸ海目の前、眺望良い
美晴湯旅館	13	30	75〜	64〜	49.5〜	46-2057	鹿島駅歩10分	和ⓌⓅⒸⓆ居酒屋
ホテル西山(南相馬店)	38	44	—	朝食11	S75	24-3222	原ノ町駅歩2分	ⒷⓉⓈⓌⓅⒸⓆ大浴場、サウナ
B.H.高 見	80	120	S72.5〜	S58.5〜	S48.5〜	24-5668	原ノ町駅歩5分	和ⒷⓉⓌⓅⒸⓆ大浴場、露天、サウナ
B.H.高見アネックス	34	34	※夕食14	※朝食10	S45〜	23-0317	原ノ町駅歩5分	和ⒷⓉⓌⓅⒸⓆ大浴場 ※B.H.高見にて
ホテルフレンテ広野	194	194	※金土日S39	S49.5〜	S44	28-0001	広野駅車6分	ⒷⓉⓈⓌⓅ㊊長期向き ※月〜木5,500
若松屋旅館	12	30	71.5〜	49.5	44	27-2135	広野駅車12分	和ⓉⓌⓅ鉱泉、湯治向き
(いわき周辺) map▶52ページ						(0246)		
吉野谷鉱泉	12	25	—	—	46.2	28-3288	いわき駅バス25分	Ⓟ鉱泉、持込可、洗濯機無料
ホテルサンシャインいわき	63	78	—	サービス	S64.9〜	23-7010	いわき駅歩1分	ⒷⓉⓈⓌⓅⒸデラックスシングル有
ホテルルートインいわき駅前	213	278	—	サービス	S79〜	35-6101	いわき駅歩3分	ⒷⓉⓈⓌⓅ先着順 ⒸⓆ展望大浴場
リフレいわき駅前店	156	156	—	提携先	28〜	23-1126	いわき駅歩3分	㊚カプセルⓌⓅ提携 ⒸⓆ大浴場、サウナ
東横INNいわき駅前	153	189	—	サービス	S75〜	25-1045	いわき駅歩3分	ⒷⓉⓈⓌⓅ先着順 ⒸⓆ
ホテルなみえ	53	60	—	サービス	S55	24-2555	いわき駅歩3分	ⒷⓉⓈⓌⓅⒸ
ホテル東洋	88	108	—	サービス	S48.5〜	23-2020	いわき駅歩4分	ⒷⓉⓈⓌⓅⒸ冷蔵庫付

Map

福島周辺	相馬周辺	いわき周辺	郡山周辺

【ひとくちメモ】 縄文時代中〜晩期まで約2,000年間の人々の生活を現代に伝える「国史跡宮畑遺跡」を整備した公園「じょーもぴあ宮畑」。体験学習施設「じょいもん」では、宮畑遺跡から出土した縄文土器や石器の展示、勾玉作りや弓矢作り、火おこしなどの縄文体験ができる縄文工房がある。屋外には竪穴式住居や掘立柱建物が復元され、発掘調査の状況をそのまま見学できる露出展示棟などもある。福島駅から車25分。開園：9〜17時（火曜・年末年始休園）。展示室観覧料：一般200円。☎024-573-0015 http://www.shinkoukosha.or.jp/jyomopia/

（←つづき）Ⓑ→全室バス付　Ⓑ→一部バス付　Ⓣ→全室トイレ付　Ⓣ(s)→全室シャワートイレ＝ウォシュレット付　Ⓣ→一部トイレ付
Ⓦ→全室Wi-Fi可　Ⓦ→一部Wi-Fi可　Ⓟ→有料駐車場　Ⓟ→無料駐車場　Ⓧ→送迎有　Ⓧ→身体障害者への対応可(要問)
Ⓒ→一部クレジットカード決済可　Ⓠ→paypay等の一部QR決済可　24h→24時間　特記事項は"※"印、又は"( )"括弧書きにて説明

名　称	室数	定員	2食付	朝食付	素泊	電話	交通	特徴・備考
（いわき周辺） map▶52ページ						(0246)		
ホテルα-1いわき	270	400	—	朝食10	S90〜	22-8888	いわき駅歩5分	ⒷⓉ(s)ⓌⓅ先着順Ⓒセミダブルベッド
ホテルソレイユ	43	86	—	サービス	S69.8〜	22-9555	いわき駅歩7分	ⒷⓉ(s)ⓌⓅⒸデラックスシングル有
クレストンホテル	42	84	—	サービス	S69.8〜	25-5051	いわき駅歩10分	ⒷⓉ(s)ⓌⓅⒸデラックスシングル有
エイベックスリゾート	85	92	—	サービス	S50〜	24-5555	いわき駅歩12分	ⒷⓉ(独立型)ⓌⓅⒸⓆ
旅館ときわ亭	9	25	96.8	72.6	60.5	21-2226	いわき駅歩13分	ⒷⓉ(s)ⓌⓅ女性一人旅安心、スパリゾートハワイアンズ車20分
田村屋旅館	9	35	99〜	77〜	60.5	82-3355	久ノ浜駅歩15分	ⓌⓅⒸⓆ団体様入浴可、長期滞在可、アンモナイトセンター5分
ホテルリブマックスBUDGET湯本	37	60	—	—	60〜	44-4141	湯本駅歩3分	ⒷⓉ(s)ⓌⓅ電子レンジ
スパホテルすみれ館	22	88	—	—	55.5〜	42-2155	湯本駅歩10分	ⓌⓅⒸ天然温泉大浴場、ペット可
ホテルルートインいわき泉駅前	232	275	※レストラン	サービス	S83〜	75-1088	泉駅歩2分	ⒷⓉⓌⓅⒸⓆ日祝休.連休.年末年始除不定休
ファミリーロッジ旅籠屋いわき勿来店	14	56	—	軽朝食	S49.5〜	65-2985	いわき勿来I.C.4.5km	ⒷⓉ(s)ⓌⓅスパリゾートハワイアンズ車35分
いわき新舞子ハイツ	33	130	和90〜	和60〜	和50〜	39-3801	いわき駅歩20分	和ⓌⓅⒸ天然温泉大浴場
（あぶくま洞周辺）						(0247)		
新　富　館	10	20	82.5〜	60.5〜	49.5〜	72-5056	夏井駅車5分	和Ⓟラジウム温泉
（郡山周辺） map▶52ページ						(024)		
Ｂ.Ｈ.増　花	15	20	—	—	S52	933-1629	郡山駅歩3分	ⒷⓉⓌⓅⒸ繁華街にありながら静か
東横ＩＮＮ郡山	210	280	2024年秋	リニューアル	オープン予定	935-1045	郡山駅歩7分	
セントラルホテル	52	60	—	サービス	S55〜	923-2255	郡山駅歩12分	ⒷⓉ(s)ⓌⓅⒸⓆビジネス向き
スマイルホテル郡山	100	111	—	S56.5〜	S50〜	943-6851	郡山駅車5分	ⒷⓉ(s)ⓌⓅ(大型車要予約)
Ｂ.Ｈ.シーアンドアイ	51	100	—	S70〜	S59〜	927-1119	郡山駅車8分	ⒷⓉ(s)ⓌⓅⒸ大浴場、露天、サウナ
みずほ旅館	15	45	67.1〜	53.9〜	47.3〜	922-4960	郡山駅車10分	和ⓉⓌⓅⒸ大浴場、五百渕公園、R49号沿い
ホテルα-1郡山	215	235	—	サービス	S90〜	925-0002	郡山駅歩10分	ⒷⓉ(s)ⓌⓅⒸネット予約がお得
ホテルルートイン郡山南	207	269	※レストラン	サービス	S77〜	925-3313	郡山駅車10分	ⒷⓉ(s)ⓌⓅ先着順ⒸⓆ大浴場 日祝休
元　湯　上　の　湯	12	20	98.3〜	51	45.5	944-2137	郡山駅車15分	和Ⓟ温泉大浴場(加温)、三春滝桜車20分
ホテルルートイン郡山インター	207	269	※レストラン	サービス	S71〜	952-0505	郡山駅車20分	ⒷⓉ(s)ⓌⓅ先着順Ⓒ大浴場 日祝休、郡山I.C.3分
FORESTバン源田	6	25	和135〜	和95〜	和75〜	957-2320	郡山駅バス40分	ⓌⓅⒸ天然温泉(入湯税別)、名物郷料理、磐梯熱海車20分
（須賀川周辺）						(0248)		
あさか宿(旧 まゆみ旅館)	18	53	和52〜	和44〜	和40〜	75-0600	須賀川駅歩15分	和Ⓟ光明石温泉、グリーンモール向い
ファミリーロッジ旅籠屋須賀川店	12	48	—	軽朝食	和49.5〜	76-8878	須賀川駅車5分	ⒷⓉ(s)ⓌⓅ福島空港14km、国道4号沿
						(024)		
白　水　館	17	50	70〜	50〜	40〜	955-2545	須賀川駅車3分	和ⓌⓅ鉱泉、ビジネス向き、須賀川I.C.10分

宿コラム　炭小屋

　廃屋から唄声が聞こえる。それは幼い頃に聞いた田植歌だった。旅籠の背戸の山合いに古い炭小屋があった。長年風雨に曝され屋根は傾き、土塀は朽ち落ち、落魄から陽が漏れていた。小屋は解体することになり、昔、老番頭が焼いた大量の炭を中から搬出することになった。幸い炭は使用可能だった。炭を運び終わると、中から予期せぬかつて稲作に使われた古い鋤や鍬、千歯扱き等が次々と現れた。何世代にも渡って使われた道具は、人々の手の汗が滲んで黒光りしていた。それらの小道具を見ていると、幼い頃に聞いた田植のあとのさなぶりの唄声がまるで聞こえてくるようだった。【文／吉野谷鉱泉　四家行雄】

宿泊料金は基本的に「**1名分**、消費税10％込み」表示（単位:百円）※宿泊税別／⓵→1室2名利用／⓷→1室3名利用／⓸→1室4名以上利用／B.H.→ビジネスホテル／P.→ペンション／Y.H.→ユースホステル／Y.G.H.→ユースゲストハウス／☎→YH会員金／⓶→相部屋＝ドミトリー／S→シングルルーム／Ⓜ→地下鉄／Ⓟ→男性専用／Ⓕ→女性専用／Ⓦ→全室和室／Ⓗ→和室有（全室ではない）　〈→右へ〉

東北

★お申し込み時「全国安い宿情報を見た」と言ってね！お得情報は187ページを見てね！

名称	室数	定員	1名分宿泊料金（単位:百円）2食付	朝食付	素泊	電話	交通	特徴・備考
（猪苗代周辺） map▶55ページ						（0242）		
P54 磐梯猪苗代やまき屋	22	80	70〜	50〜	40〜	62-3554	猪苗代駅車5分、猪苗代スキー場車3分	ⓌⓌⓅⒸⓆ大浴場、猪苗代スキー場車3分
四季の宿民宿松井荘	8	45		休業中		62-2235	猪苗代駅車3分	ⒽⓅ24h大浴場、猪苗代スキー場車5分
民宿えびすや	25	80	82.5〜	60.5〜	49.5〜	62-3347	猪苗代駅車5分	ⓌⓌⓅジャグジー、自家栽培の米や野菜、猪苗代スキー場車5分
民宿山中屋	15	60	82.5〜	60.5〜	49.5〜	62-2422	猪苗代駅車5分	ⒽⓉⓌⓅ地元海で食事業、猪苗代スキー場車5分
民営国民宿舎 レイクサイドホテルみなとや	30	160	⓵126.5〜	⓵93.5〜	—	65-2111	猪苗代駅車10分	ⒷⓉⓌⓅⒸⓆ中華料理、野口英世ゆかりの宿、湖畔
しゃくなげ村貸別荘＆コテージ磐の森	23棟	170	自炊可	自炊可	※220〜	63-0355	猪苗代磐梯高原I.C.10分	ⓌⓌⓅⒸⓆ貸別荘、各棟別Ⓕ・キッチン・BBQテラス付
民営国民宿舎 さぎの湯	19	70	⓵84〜	⓵62〜	⓵51〜	65-2515	翁島駅車5分	ⒽⓌⓅ天然温泉、各スキー場近く
かげやま荘	6	15	75〜		40〜	（024）982-2621	上戸駅バス20分	ⓌⓅ名物天ぷら料理、猪苗代湖畔
（七ツ森ペンション村）						（0242）		
P.こりす	8	24	100	70	60	73-2946	猪苗代駅車15分	ⒽⓌⓅⓆペット可、アルツ磐梯スキー場車15分
P.山の便り	10	24	84	59	50	73-2333	猪苗代駅車15分	Ⓟ送要予約、地下にプレイルーム、卓球
P.森のバスケット	8	20	⓵143.5〜	⓵104.5〜	⓵93.5〜	73-3578	猪苗代駅車15分	ⒷⓉⓌⓅ送要予約、大桧風呂露天
（裏磐梯周辺） map▶55ページ						（0241）		
P54 裏磐梯国民宿舎	12	40	⓵82.5〜	⓵68.2〜	—	32-2923	猪苗代駅車20分	ⒽⓌⓅ送（登山口へ）五色沼近く
P.シャレー裏磐梯	8	38	88〜	66〜	55〜	32-2101	猪苗代駅車20分	ⓌⓅⓆ小野川湖湖畔、眺望良い
秋元屋旅館	10	40	95.7〜	73.7〜	55〜	32-2222	猪苗代駅車20分	ⒽⒷⓉⓌⓅ秋元湖湖畔、山菜川魚季・釜飯人気
五色沼ホテル	5	25	—		55	32-2525	猪苗代駅車20分	ⒷⓉⓅ眺望良い、テニスコート
しゃくなげP.	11	35	⓵77〜	⓵48〜	⓵40〜	32-2503	猪苗代駅車20分	ⓌⓅ校倉造、ビリヤード・卓球（子供用）
P.のだポパイ	8	25	75〜	60〜	45〜	32-2735	猪苗代駅車20分	Ⓟこだわり料理、登山・スキー案内・写真集付要問合
P.＆コテージ アルバート	11	42	⓵87〜	⓵65〜	⓵54〜	32-3358	猪苗代駅車20分	ⓌⓅ南仏カントリースタイル、コテージ有
P.ヴァンブラン	7	19	103.5〜	74.9〜	64.9〜	32-2224	猪苗代駅車20分	ⓅⒸⓆフランス料理、ワイン豊富、露天風呂や各種おもてなし、キッズルーム
P.ラフィア	8	30	77〜	66〜	55〜	32-3353	猪苗代駅車30分	ⓌⓅローストビーフ食べ放題
P.かぶりこ〜ん	7	18	110〜		—	32-2711	猪苗代駅車30分	ⓌⓅ貸切風呂、曽原湖湖畔
P.ベイクドポテト	10	28	110〜	77〜	66〜	32-2127	猪苗代駅車30分	ⓌⓅⒸⓆ曽原湖湖畔
P.アリスグローブ	8	19	⓵115〜	⓵85〜	⓵60〜	32-2577	猪苗代駅車30分	ⓌⓅ貸切露天風呂、イタリアンとフレンチの創作料理
P.ほおずき	6	15		休業中		32-2724	猪苗代駅車30分	ⓌⓅ角口ヴィッラ、チビッコ・赤ちゃんOK、曽原湖近傍
P.もくもく	8	17	87〜	62〜	48〜	32-3010	猪苗代駅車30分	ⓌⓅ暖房完備、MTB・カヌー、曽原湖3分
休暇村裏磐梯	60	176	⓵140〜	応相談	応相談	32-2421	猪苗代駅車30分	ⓌⓅⒸ天然温泉（加温・加水、入湯税別）

猪苗代 HP

磐梯猪苗代 やまき屋
☎0242-62-3554
〒969-3113 福島県耶麻郡猪苗代町土町22（Fax.62-4855）

磐梯山の麓に位置する民宿
全室wi-fi完備。オールシーズン楽しめる磐梯高原の中心に位置しています。長期滞在や合宿割引プランあり。
【料金】（平日）1泊2食付¥7,000〜 朝食付¥5,000〜、素泊¥4,000〜
【客室】全和室22室・BSTV付 【定員】80名 【特徴】大浴場、無料駐車場、コイン洗濯場、スキー・ボード乾燥室、BBQ広場 【交通】JR猪苗代駅から車5分、磐梯猪苗代I.C.から10分

お得情報

裏磐梯国民宿舎
☎0241-32-2923
〒969-2701 福島県耶麻郡北塩原村桧原五色沼入口1074

裏磐梯 HP

そよ風に誘われて
標高800mの爽やかな高原・裏磐梯の中心地、五色沼入口にあり、自家菜園や季節の山の恵みを活かした手作り料理が好評。
【料金】（1室2名利用時1名分）1泊2食付¥8,250〜
【交通】JR猪苗代駅からバス25分（バス停「五色沼入口」から400m）、猪苗代磐梯高原I.C.から25分
【HP】https://www.goshikinuma.jp/

【ひとくちメモ】　福島県のほぼ中央に位置し、郡山市、会津若松市、猪苗代町の2市1町にまたがる猪苗代湖。周囲約49km、深さ93m、面積は琵琶湖（滋賀県）、霞ヶ浦（茨城県）、サロマ湖（北海道）に次いで日本第4位で東北最大の大きさ。透明度12〜の澄んだキレイな水が特徴で、全国でも泳げる湖というのは非常に珍しく、数多くの浜で湖水浴を楽しんだり、ウェイクボードや水上バイク、ヨット、カヌーなどの水上スポーツ、釣りなどが楽しめる。猪苗代観光協会☎0242-62-2048　http://www.bandaisan.or.jp/

〈→つづき〉　Ⓑ＝全室バス付／Ⓑ⒮＝一部バス付／Ⓣ＝全室トイレ付／Ⓣ⒮＝全室シャワートイレ＝ウォシュレット付／Ⓣ＝一部トイレ付／Ⓦ＝全室Wi-Fi可／Ⓦ⒮＝一部Wi-Fi可／Ⓟ＝有料駐車場／Ⓟ＝無料駐車場／➡＝送迎有／⑩＝身体障害者への対応可(要問)／Ⓒ＝一部クレジットカード決済可／Ⓠ＝paypay等の一部QR決済可／24h＝24時間／特記事項は※印、又は( )括弧書きで説明

名　称	室数	定員	1名分宿泊料金(単位:百円)			電　話	交　通	特徴・備考
			2食付	朝食付	素泊			
(会津若松周辺) map▶55ページ						(0242)		
駅前フジグランドホテル	150	170	レストラン	※朝食8	S50.6～	24-1111	会津若松駅歩1分	ⒷⓉ⒮ⓌⓅⒸⓆ※先着順
東横INN会津若松駅前	164	220	―	サービス	S82～	32-1045	会津若松駅歩3分	ⒷⓉ⒮ⓌⓅ ハートフルルーム、レンタカー
ホテルα-1会津若松	161	186	―	朝食10	S68～80	32-6868	会津若松駅歩3分	ⒷⓉ⒮ⓌⓅⒸ マッサージチェア付客室有
ホテル大阪屋	55	100	レストラン	朝食9	S60～	22-5305	会津若松駅歩15分	ⒷⓉ⒮ⓌⓅⒸ冷蔵庫有、禁煙ルーム有
中町フジグランドホテル	120	170	―	朝食9	S44～	28-3111	会津若松駅車5分	ⒷⓉ⒮ⓌⓅⒸⓆ⑩大浴場・サウナ
会津つるやホテル	61	110	S65～	S55～	S50～	27-5772	会津若松駅車5分	⑩ⒷⓉⓌⓅ大型有料ⒸⓆ
ホテルルートイン会津若松	152	219	※レストラン	サービス	S81～	28-3370	会津若松駅車8分	ⒷⓉⓌⓅ先着順ⒸⓆ大浴場 日祝休
						(0241)		
喜多方グリーンホテル	30	36	―	要問	S66	22-0011	喜多方駅歩15分	ⒷⓉⓌⓅ先着順Ⓒ中心部に位置
会津の里Y.H.	5	14	―	―	➡29～32	27-2054	塩川駅歩13分	⑩ⓌⓅⓆ個室有、一般約300円、温泉券付※2分
しらかば荘	10	50	⑩143～	⑩113～	⑩103～	57-2585	会津川口駅車20分	⑩ⓌⓅⒸⓆ天然温泉(入湯税別)
(南会津周辺)						(0241)		
民宿みやもと屋	10	42	⑩91.5～	⑩78.5～	⑩56.5～	68-2157	湯野上温泉駅歩15分	⑩ⓌⓅ100%かけ流し天然温泉露天、自家製食材
民宿いなりや	4	23	⑩81.5～	―	―	68-2328	湯野上温泉駅歩15分	⑩ⓌⓅ天然温泉・露天、手打ちそば
P．PaPa	9	24	100～	70～	60～	78-3126	会津高原尾瀬口駅車20分	ⓌⓅ季節料理人気、尾瀬登山口車60分
P．ロマネスク	10	26	95	―	―	78-3265	会津高原尾瀬口駅車25分	Ⓟ農作業体験、無農薬野菜、厳選品、尾瀬登山口車90分
(羽鳥湖高原周辺)						(0248)		
P．もめんのおうち	5	18	77～	―	―	85-2366	新白河駅車30分	ⓌⓅⓆTVゲーム各種、各室DVD付
温泉P．メリーキングス	8	32	⑩110～	⑩74.8～	⑩60.5～	85-2300	新白河駅車30分	ⓌⓅⒸⓆ天然温泉露天風呂、貸切可、入湯税別
P．サンガーデン	9	40	66～	40～	30～	85-2319	新白河駅車30分	ⓌⓅⓆスキーパック有
P．レモンの木	10	31	77～	55～	44～	85-2545	新白河駅車30分	ⓌⓅⓆ桧ジャグジー風呂、スキーパック有
(白河周辺) map▶55ページ						(0248)		
白　河B.H.	11	14	―	サービス	S50～	27-1231	白河駅歩3分	ⒷⓉⓌⓅ普通車のみⒸ
東横INN新白河駅前	196	223	―	サービス	S73～	23-1045	新白河駅歩1分	ⒷⓉ⒮ⓌⓅ※平日のみ
B.H.アークイン	30	34	―	サービス	S55	24-2255	新白河駅歩3分	ⒷⓉ⒮ⓌⓅⒸ アットホーム
ホテルルートイン新白河駅東	225	265	※レストラン	サービス	S70～	24-1211	新白河駅歩5分	ⒷⓉⓌⓅ先着順ⒸⓆ大浴場、新白河駅北口6.10分
スマイルホテル白河	120	150	―	S58～	S48～	23-6001	新白河駅歩8分	ⒷⓉⓌⓅⒸ2分国道4号沿い
泉崎カントリーヴィレッジ	56	180	S95～	S80～	S69～	53-4211	泉崎駅車20分	ⒷⓉⓌⓅⒸ天然温泉大浴場(露天)、入湯税別
ホテルニュー日活	20	120	S79.2～	S63.8～	S56.1～	42-3721	矢吹駅歩5分	ⒷⓉ⒮ⓌⓅⒸ観光・ゴルフ便利、福島空港車20分
						(0247)		
和　泉　屋	25	60	111.5～	―	―	43-0170	磐城塙駅車20分	⑩ⓌⓅⓆかけ流し天然温泉(湯治向き)

Map

猪苗代周辺	裏磐梯周辺	会津若松周辺	白河周辺

【ひとくちメモ】　磐梯山、安達太良山、吾妻山に囲まれた標高約800mの高原台地「裏磐梯」は、夏は涼しく、美しい自然の景観に恵まれている。明治21年(1888年)の会津磐梯山の10数回に及ぶ噴火の際、最後の噴火で山体が崩壊し、大量の岩石や土砂が北麓の谷を埋め広大な高原となった。この崩壊によって川が堰き止められ、桧原湖、曽原湖、秋元湖、小野川湖、雄国沼などの湖が生まれ、くぼ地には水がたまり、大小300を超す五色沼が作られた。裏磐梯観光協会☎0241-32-2349　http://www.urabandai-inf.com/

関東

関東

★お申し込み時「全国安い宿情報を見た」と言ってね！お得情報は187ページを見てね！

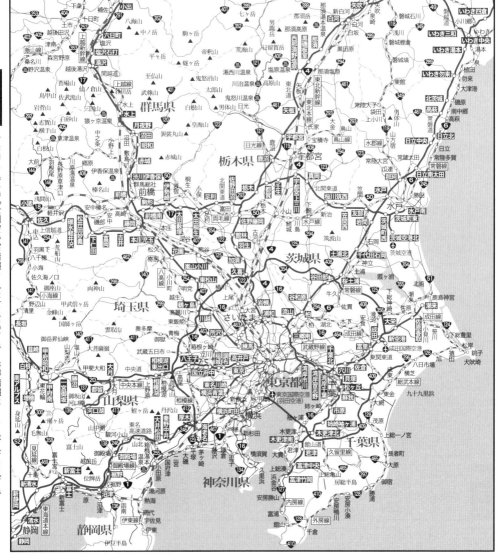

◇茨城◇

宿泊料金は基本的に「**1名分**、消費税10%込み」表示（単位：百円）※宿泊税別
㊁→1室2名利用　㊂→1室3名利用　㊃→1室4名以上利用
B.H.→ビジネスホテル　P.→ペンション　Y.H.→ユースホステル　Y.G.H.→ユースゲストハウス　㊟→YH会員料金　S→シングルルーム
㊟→全室和室　㊥→和室有（全室ではない）　Ⓑ→全室バス付　Ⓑ→一部バス付
Ⓣ→全室トイレ付　Ⓣ→一部トイレ付　Ⓢ→全室シャワートイレ＝ウォシュレット付　Ⓣ→一部トイレ付
Ⓦ→全室Wi-Fi可　Ⓦ→一部Wi-Fi可　Ⓟ→有料駐車場　Ⓟ→無料駐車場
㊇→送迎有　24h→24時間　㊤→地下鉄　㊧→身体障害者への対応可罰　㊟→特記事項は※印、又は（ ）括弧書きにて説明
Ⓒ→一部クレジットカード決済可　Ⓠ→paypay等の一部QR決済可

名　称	室数	定員	1名分宿泊料金（単位/百円）			電話	交　通	特徴・備考
			2食付	朝食付	素泊			
（水戸周辺） map▶57ページ						（029）		
APAホテル水戸駅前	60	114	S115〜	朝食10	S70	231-3151	水戸駅南口歩2分	ⒷⓉⓈⓌⒸⓆ
水戸プリンスホテル	147	184	—	サービス	S50〜	227-4111	水戸駅南口歩3分	ⒷⓉⓈⓌⓅ（60台・先着順）Ⓒ
スマイルホテル水戸	96	100	—	S50〜	S42〜	233-2511	水戸駅南口歩3分	ⒷⓉⓈⓌⓅ（12台・先着順）
東横INN水戸駅南口	216	240	—	サービス	S68〜	221-1045	水戸駅歩5分	ⒷⓉⓈⓌⓅ先着順ⒸⓆ
コートホテル水戸	235	470	—	—	※S44〜	233-3111	水戸駅歩6分	ⒷⓉⓌⓅⒸⓆ ※料金変動あり
スーパーホテル水戸	106	135	—	サービス	S73〜	231-9000	水戸駅車8分	ⒷⓉⓈⓌⓅⒸ 天然温泉(男女入替制)
ホテルルートイン水戸県庁前	243	301	居酒屋	サービス	S80〜	305-0111	水戸駅車15分	ⒷⓉⓌⓅ先着順ⒸⓆ 大浴場
ホテルサンシティ勝田(カプセル)	50	50	要問	サービス	45	272-1111	勝田駅歩3分	㊚カプセルⓌⓅ先着順ⒸⓆ ㊚大浴場
ホテルサンシティ勝田(個室)	50	70	要問	サービス	S70	272-1111	勝田駅歩3分	ⒷⓉⓌⓅ先着順ⒸⓆ ㊚大浴場
（大洗・ひたちなか周辺）						（029）		
ファミリーロッジ旅籠屋水戸大洗店	12	48	—	軽朝食	㊁49.5〜	264-6600	水戸大洗I.C.2km	ⒷⓉⓌⓅ 冷蔵庫付
旅館山形屋	20	100	110〜	88〜	66〜	265-8207	阿字ケ浦駅歩5分	ⓌⓅ ラジウム泉(岩盤浴別料金)、足湯
（東海村周辺）						（029）		
B.H.ニュー石神	26	50	S54	S47	S40	282-1888	東海駅車5分	㊟ⓌⓅ 大浴場、笠松運動公園へ車4分
旅　館　星　月	20	60	69〜	59〜	53〜	282-2358	東海駅歩10分	㊟ⓌⓅ 村松虚空蔵境内、海浜公園近く
梅　原　屋　旅　館	27	60	70〜85	60〜70	50〜60	282-2104	東海駅歩10分	㊟ⓉⓌⓅ㊇ 村松虚空蔵尊近く
さ　く　ら　や　旅　館	25	60	66〜	60.5	49.5	282-2028	東海駅歩10分	㊟ⓌⓅⓆ 村松虚空蔵尊近く
（日立周辺） map▶57ページ						（0294）		
東横INN日立駅前	228	300	—	サービス	S68〜	23-1041	日立駅歩1分	ⒷⓉⓈⓌⓅ先着順ⒸⓆ
ツーリストホテル日立	138	140	—	サービス	S64〜	25-0250	日立駅歩10分	ⒷⓉⓈⓌⓅⒸ 繁華街に位置
ホ　テ　ル　網　元	22	35	S75.7〜	S63.7〜	S57〜	23-3456	日立駅歩13分	㊟ⒷⓉⓈⓌⓅ(2以上有料)ⒸⓆ
ホテル日立ヒルズ	45	60	—	サービス	S54.8〜	26-8244	日立駅歩15分	ⒷⓉⓈⓌⓅ先着順ⒸⓆ 冷蔵庫付
ホテルルートイン日立多賀	113	124	—	サービス	S82〜	37-3311	常陸多賀駅歩7分	ⒷⓉⓈⓌⓅⒸⓆ 大浴場
B　.　H　.　大みか	53	53	夕食15	朝食5.5	S50、55	53-1221	大甕駅歩5分	㊟ⓌⓅ 魚料理自慢、久慈海水浴場車5分
玉　屋　旅　館	6	20	70	50	40	52-2624	大甕駅歩5分	㊟ⓌⓅ 久慈海水浴場近く
須　賀　屋　旅　館	12	30	77〜	67〜	60〜	52-2008	大甕駅歩5分	㊟ⓌⓅ 大浴場、全館禁煙、久慈海水浴場近く
ホテルノマド日立	24	49	—	サービス	S55〜	33-6123	小木津駅歩1分	ⒷⓉⓌⓅⒸⓆ カフェ、屋上テラス
民　宿　さ　く　ら　い	8	35	※㊁70	※㊁55	40	39-2016	十王駅歩8分	㊟Ⓟ 日立北I.C.5分、伊師浜海岸歩1分or食事時は2名〜
国民宿舎鵜の岬	58	204	㊁120.3〜			39-2202	十王駅車10分	ⓌⓅⒸ 天然温泉露天風呂、伊師浜海水浴場目の前
（常陸太田周辺） map▶57ページ						（0294）		
まんだらじ旅館	12	35	71.5〜	49.5〜	44〜	72-0454	常陸太田駅車5分	ⓌⓅ㊇ 露天風呂風呂(鉱泉)、水戸黄門の西山荘近く
銚　子　屋　旅　館	7	15	—	㊁65〜	㊁50〜	72-0030	常陸太田駅車5分	㊟ⓌⓅ ゴルフ場・西山荘近く
割烹旅館東京庵	8	20	71.5	55	44	72-7222	常陸太田駅車5分	㊟ⓌⓅⓆ ゴルフ場・西山荘近く

関東

★お申し込み時「全国安い宿情報を見た」と言ってね！お得情報は187ページを見てね！

Map

水戸周辺 　日立周辺 　常陸太田周辺 　鹿嶋周辺

【ひとくちメモ】　国営ひたち海浜公園は、茨城県ひたちなか市の太平洋岸にあり、春のネモフィラ、スイセン、チューリップ、初夏にはポピーやバラ、夏のジニア、ヒマワリ、秋にはコキア、コスモス、冬のアイスチューリップなど、彩り豊かな花々が四季を通じて楽しめる。海抜100mからの眺望を楽しめる大観覧車やジェットコースターなどが揃う遊園地もある。勝田駅からバス15分。入園料：大人(高校生以上)450円、中学生以下無料。駐車料金：普通車600円。国営ひたち海浜公園☎029-265-9001　https://hitachikaihin.jp/

宿泊料金は基本的に「**1名分、消費税10％込み**」表示(単位：百円) ※宿泊税別／⓶→1室2名利用／⓷→1室3名利用／⓸→1室4名以上利用／B.H.→ビジネスホテル／P→ペンション／Y.H.→ユースホステル／Y.G.H.→ユースゲストハウス／Ⓨ→YH会員料金／ⓓ→相部屋＝ドミトリー／S→シングルルーム／Ⓜ→地下鉄／♂→男性専用／♀→女性専用／和→全室和室／和→和室有(全室ではない) 《右へ》

名称	室数	定員	1名分宿泊料金(単位:百円)			電話	交通	特徴・備考
			2食付	朝食付	素泊			
(常陸大宮周辺)						(0295)		
B.H.岡崎	18	23	—	S62.8〜	S54〜	52-0296	常陸大宮駅歩6分	ⒷⓉⓌⓅⒸ 大浴場
						(029)		
ホテル大山城	17	60	S68.2〜	S57.2	S51.7	289-2511	常陸大宮駅車15分	和ⓌⓅ 城跡にお城風の建物、大浴場
割烹旅館満喜葉	11	30	69.3	57.2	49.5	296-0201	瓜連駅歩7分	和ⓉⓌⓅ 季節料理、ビジネス向、学生合宿可
(奥久慈周辺)						(0295)		
リバーサイド奥久慈福寿荘	25	106	⓶95〜	⓶78.5〜	⓶67.5〜	72-0580	常陸大子駅歩20分	和ⓌⓅⒸ 天然温泉(桧風呂)、袋田の滝へ車15分
						(0294)		
里美屋旅館	11	38	78.5	62	50	82-2711	常陸太田駅バス45分	和Ⓟ 鉱泉(桧風呂)、竜神大橋へ車20分
近江屋旅館	5	20	55	40	35	82-2007	常陸太田駅バス50分	和Ⓟ レストランごと経営、袋田の滝へ車20分
(北茨城周辺)						(0293)		
まるたか観光旅館	20	100	99〜	—	—	46-0527	大津港駅車5分	Ⓟ アンコウ鍋(別注)、体育館、武道館、卓球場有
民宿益谷	10	35	88〜	60.5	55	46-3188	大津港駅車5分	Ⓟ 箱盛りアンコウ鍋・舟盛り人気、海へ歩5分
(鹿嶋周辺) map▶57ページ						(0299)		
吉見屋旅館	13	41		休業中		82-1306	鹿島神宮駅歩5分	Ⓟカシマサッカースタジアム車5分
旅館三笠山	18	130	S66	S55	S49.5	82-7901	鹿島神宮駅車4分	和ⒷⓉⓌⓅⒸ カシマサッカースタジアム車4分
割烹旅館名雪	13	30	70	60	47	82-4138	鹿島神宮駅歩5分	和Ⓟ 高速バスで東京から1時間50分
コンフォートイン鹿嶋	108	120	—	サービス	S55〜180	92-1100	鹿島神宮駅車15分	ⒷⓉ(s)ⓌⓅⒸ全館禁煙(喫煙所有)
ファミリーロッジ旅籠屋神栖店	12	48	—	軽朝食	⓶49.5〜	92-8854	潮来I.C.6.5km	ⒷⓉ(s)ⓌⓅ EV車充電可
						(0479)		
スポーツポート寿	31	196	90	75	65	48-1085	銚子駅車15分	和ⓃⓌⓅ野球場・体育館・サッカー場、合宿最適
(霞ヶ浦北部周辺)						(0299)		
奈良旅館	11	30	⓶66〜	⓶55〜	⓶44〜	22-4832	石岡駅車5分	ⒷⓉⓌⓅ 1人部屋は¥550増
日の出屋旅館	8	20	—	—	33	55-0358	石岡駅バス30分	和Ⓟ 長期割引、ビジネス向き、霞ヶ浦大橋近く
(土浦周辺) map▶58ページ						(029)		
東横INN土浦駅東口	125	136	—	サービス	S76〜	835-1045	土浦駅歩1分	ⒷⓉ(s)ⓌⓅ先着順ⒸⓆ
ホテルクラウンヒルズ土浦駅東	96	110	—	サービス	S70〜	824-0500	土浦駅歩1分	ⒷⓉ(s)ⓌⓅⒸ
ゑびすやホテル	17	50	—	S60	S55	821-0360	土浦駅歩7分	ⒷⓉⓌⓅⒸ 大浴場
B.H.若藤	20	53	—	—	S45	821-1034	土浦駅歩8分	ⒷⓉⓌⓅⒸ
B.H.小桜館	40	56	—	—	S42〜	821-0402	土浦駅西口歩10分	ⒷⓉⓌⓅⒸ ツイン有、ビジネス向き
ビジネス旅館土浦	20	45	65〜70	52〜57	45〜50	821-2285	土浦駅歩10分	和ⓌⓅⒸ 超音波温泉、サウナ
B.H.つくし	29	52	夕食11	朝食5	S48〜54	821-2195	土浦駅車7分	ⒷⓉⓌⓅⒸ 大浴場、※要予約
飯野屋旅館	15	40	66〜	49.5〜	44〜	892-2625	土浦駅バス50分	和ⒷⓉⓌⓅⒸⓆ霞ヶ浦へ車15分、稲敷市
(つくば周辺) map▶58ページ						(029)		
B.H.山久	18	60	S68	S56	S50	852-3939	TXつくば駅歩10分	ⒷⓉⓌⓅⒸⓆ24h人工温泉
香月旅館	10	40	58	45	30	867-0325	TXつくば駅歩20分	和ⓌⓅ 季節料理、ビジネス向き、筑波山車15分
東横INN研究学園北口	186	210	—	サービス	S76〜	863-1045	TX研究学園駅歩3分	ⒷⓉ(s)ⓌⓅ先着順ⒸⓆ
ファミリーロッジ旅籠屋つくば店	14	56	—	軽朝食	⓶49.5〜	836-7858	TXみどりの駅1.1km	ⒷⓉ(s)ⓌⓅ EV車充電可、谷田部I.C.5km

Map

土浦周辺

つくば周辺

竜ヶ崎周辺

古河周辺

【ひとくちメモ】 鹿島神宮は、日本建国・武道の神様である「武甕槌大神」を御祭神とする神武天皇元年創建の由緒ある神社。現在の社殿は元和5年(1619)、徳川秀忠公より奉納されたもので、桃山期の極彩色が華やか。本殿・幣殿・拝殿・石の間のいずれもが国の重要文化財の指定を受けている。東京ドーム15個分に及ぶ境内地には、根廻り12m、樹齢1,200年と推定される御神木や楼門、透き通る湧水で禊も行われる御手洗池や鹿園など、多くの見どころがある。鹿島神宮駅徒歩10分。☎0299-82-1209 https://kashimajingu.jp

《→つづき》　Ⓑ→全室バス付／Ⓑ→一部バス付／Ⓣ→全室トイレ付／Ⓣ(s)→全室シャワートイレ＝ウォシュレット付／Ⓣ→一部トイレ付／
Ⓦ→全室Wi-Fi可／Ⓦ→一部Wi-Fi可／Ⓟ→有料駐車場／Ⓟ→無料駐車場／迎→送迎有／身→身体障害者への対応可（要問）／
Ⓒ→一部クレジットカード決済可／Ⓠ→paypay等の一部QR決済可／24h→24時間　特記事項は"※"印、又は"（ ）"括弧書きにて説明

名称	室数	定員	1名分宿泊料金（単位/百円）			電話	交通	特徴・備考
			2食付	朝食付	素泊			
（竜ヶ崎周辺） map▶58ページ						**（0297）**		
森　田　屋	11	30	—	50	45	62-0108	竜ヶ崎駅歩2分	和ⓌⓅ家庭的な食事、長期割引
旅　館　喜　仙	8	20	70〜	57〜	45〜	62-0269	竜ヶ崎駅車5分	和Ⓦ迎ⓅⒸ岩風呂、料理自慢、大部屋有
竜ヶ崎プラザホテル新館	38	76	—	朝食8.8	S77〜	65-2345	龍ヶ崎市駅歩0分	ⒷⓉ(s)ⓌⓅ(先着順)Ⓒコインランドリー・全館禁煙
竜ヶ崎プラザホテル本館	40	50	レストラン	朝食8.8	S73.7〜	65-3456	龍ヶ崎市駅歩2分	ⒷⓉ(s)ⓌⓅ(先着順)Ⓒコインランドリー
さぬきシティホテル	13	20		トーストコーヒー	S58.3〜	66-8177	龍ヶ崎市駅歩3分	ⒷⓉ(s)ⓌⓅ(先着順)Ⓒランドリー
さぬきグリーンホテル	42	60	—	朝食7.7	S61.6〜	66-1188	龍ヶ崎市駅歩5分	ⒷⓉ(s)ⓌⓅ(先着順)Ⓒランドリー
Ｂ.Ｈ.大　京	30	45	夕食7.7	朝食7.7	S61.6〜	66-6400	龍ヶ崎市駅歩10分	ⒷⓉ(s)ⓌⓅ(先着順)Ⓒランドリー
（取手周辺）						**（0297）**		
東横INN取手駅東口			—	サービス	S72〜	70-1045	取手駅歩2分	ⒷⓉ(s)ⓌⓅ(先着順)ⒸⓆ
（守谷周辺）						**（0297）**		
東横INN守谷駅前	233	273	—	サービス	S78〜	47-1045	TX守谷駅歩1分	ⒷⓉ(s)ⓌⓅ(先着順)ⒸⓆ
野　村　屋	15	50	62〜	50〜	42〜	22-0165	水海道駅歩1分	和ⒷⓉⓌⓅ新鮮な魚料理自慢
ホテルルートイン水海道駅前	153	191	※レストラン	サービス	S86〜	30-0011	水海道駅歩1分	ⒷⓉ(s)ⓌⓅ(先着順)ⒸⓆ大浴場※土日祝休
釜　仙　旅　館	17	72	身72〜	身57〜	身51〜	42-2037	石下駅歩2分	ⒷⓉⓌⓅⒸⓆ大浴場、コインランドリー
（下館周辺）						**（0296）**		
ホテルルートイン下館	127	175	※レストラン	サービス	S79〜	23-1611	下館駅車5分	ⒷⓉ(s)ⓌⓅ(先着順)ⒸⓆ大浴場、国道50号沿い※日曜休
ホテルルートイン結城	175	217	※レストラン	サービス	S72〜	33-8101	結城駅歩5分	ⒷⓉ(s)ⓌⓅ(先着順)ⒸⓆ大浴場※日祝・年末年始休
ビジネス旅館山水	25	50	65〜	48〜	43〜	28-0927	川島駅歩1分	和ⓌⓅコインランドリー
（古河周辺） map▶58ページ						**（0280）**		
エイブルスポーツ交流センター	16	126	※食堂	※食堂	迎30.5	22-3500	古河駅車10分	Ⓟ大浴場、野球場、サッカー場、合宿向き※要予約
ホテル津賀家	18	50	76〜	60〜	S60.5	22-0538	古河駅歩1分	和ⒷⓉⓌⓅ手作り料理、合宿可
ネーブルパーク研修センター平成館	16	94	※夕食7〜16	朝食9	40.7〜56	91-2080	古河駅バス20分	Ⓟ木の造形がもたらす落ち着いた施設※要予約
（キャビン）	10棟	70	自炊可	自炊可	1棟128.3〜	92-7300	古河駅バス20分	ⒷⓉ(s)Ⓟキッチン付、公園内、定員4〜10名用
Ｂ.Ｈ.利根川	20	50	60〜	50〜	45〜	87-0069	東武動物公園駅車20分	和ⓌⓅ大浴場、季節料理

◇ 栃　木 ◇

名称	室数	定員	2食付	朝食付	素泊	電話	交通	特徴・備考
（宇都宮周辺） map▶60ページ						**（028）**		
東横INN東武宇都宮駅西口	186	217	—	サービス	S73〜	636-1045	東武宇都宮駅歩1分	ⒷⓉ(s)ⓌⓅ(先着順)ⒸⓆJR宇都宮駅車8分
スマイルホテル宇都宮西口駅前	120	212	—	S62〜	S48〜	636-1122	宇都宮駅西口歩1分	ⒷⓉ(s)ⓌⓅ(提供)コンビニ併設
Ｂ.Ｈ.いねや	12	20	—	—	S60.5	633-4961	宇都宮駅西口歩2分	ⒷⓉⓌコインランドリー
東横INN宇都宮駅前1	354	450	—	サービス	S70〜	624-1045	宇都宮駅西口歩3分	ⒷⓉ(s)ⓌⓅ(先着順)ⒸⓆ
東横INN宇都宮駅前2			—	サービス	S75〜	600-1045	宇都宮駅西口歩3分	ⒷⓉ(s)ⓌⓅ(先着順)ⒸⓆ
ホテルサンロイヤル宇都宮	150	180		S60	S57	638-3711	宇都宮駅歩6分	ⒷⓉ(s)ⓌⓅ24h営業、遅いチェックアウト可
ウィークリー翔宇都宮ホステル	51	51		—	S22〜	614-3633	宇都宮駅歩7分	ⒷⓉⓅⒸⓆ共同浴場、1泊〜OK
スマイルホテル宇都宮東口	87	123		S49〜	S41〜	632-0011	宇都宮駅歩8分	ⒷⓉ(s)ⓌⓅコンビニ歩2分
ホテルリブマックスBUDGET宇都宮	44	94		—	70〜	614-6210	宇都宮駅歩15分	ⒷⓉ(s)ⓌⓅVOD、電子レンジ
宇都宮パシフィックホテル	30	38	S62	S53	S49	635-8833	宇都宮駅歩10分	ⒷⓉⓌⓅⒸ和室2名¥7,200

【ひとくちメモ】　宇都宮市北西部に位置する大谷（おおや）で採掘される石材「大谷石」は宇都宮の特産物で、採掘の歴史がわかる「大谷資料館」（入館料大人800円／☎028-652-1232 http://www.oya909.co.jp/）の地下には、2万㎡もの大谷石採掘跡の巨大空間が広がる。また、自然の岩壁に彫られた全長27mの「平和観音」や天然の洞窟の中にすっぽりと包まれた「大谷寺（おおやじ）」（拝観料大人400円／☎028-652-0128　http://www.ooyaji.jp/）は、810年弘法大師による開基。本尊の大谷観音は、岩彫りの高さ4mの千手観音で、日本最古の磨崖仏。

★お申し込み時「全国安い宿情報を見た」と言ってね！お得情報は187ページを見てね！

宿泊料金は基本的に「**1名分**,消費税10%込み」表示(単位:百円) ※宿泊税別 /⓶→1室2名利用 /⓷→1室3名利用 /⓸→1室4名以上利用 / B.H.→ビジネスホテル / P.→ペンション / Y.H.→ユースホステル / Y.G.H.→ユースゲストハウス /㊿YH会員料金 /⓮→相部屋=ドミトリー / S→シングルルーム /㊦→地下鉄 /㊚男性専用 /㊛女性専用 /㊥全室和室 /㊉和室有(全室ではない) 〈→右へ〉

関東

★お申し込み時「全国安い宿情報を見た」と言ってね！お得情報は187ページを見てね！

名　称	室数	定員	1名分宿泊料金(単位:百円)			電話	交通	特徴・備考
			2食付	朝食付	素泊			
(宇都宮周辺) map▶60ページ						(028)		
ホテルルートイン宇都宮御幸町・国道4号・	162	226	※レストラン	サービス	S80〜	683-1771	宇都宮駅車10分	ⓑⓣⓢⓦⓟⓆ先着順Ⓒ大浴場、※日祝休
ホテル糸屋	32	60	S86	S71.5	S63.8	677-0073	宇都宮駅車20分	ⓑⓣⓦⓟＱ大浴場、サウナ
ヴィラ・デ・アグリ	10	52	レストラン	⓶61.9〜	⓶49.9〜	665-8181	宇都宮駅車30分	ⓟＣＱ道の駅うつのみやろまんちっく村(村内、天然温泉)露天有
パシフィックホテル鐺山(こてやま)	29	34	夕食9	朝食4	S51	670-5858	宇都宮駅バス25分	ⓑⓣⓦⓟＣＱ
か わ ち や	9	30	60	50	40	686-2538	氏家駅車10分	ⓗⓦⓟ自家栽培の米(コシヒカリ)人気
ホテルかつらぎ	15	50	夕食12〜17	49〜66	43〜60	686-3255	氏家駅車15分	ⓗⓑⓣⓦⓟ長期可
(鹿沼周辺)						(0289)		
ニューサンピア栃木	49	163	⓶110〜	朝食11	⓶64.2	65-1131	鹿沼駅車10分	ⓗⓟＣ天然温泉(大浴場、露天)、日光連山を一望
(壬生〜小山周辺) map▶60ページ						(0285)		
東横INNホスピタルイン獨協医科大学			─	サービス	S68〜	85-1551	おもちゃのまち駅歩10分	ⓑⓣⓢⓦⓟ先着順ＣＱ
B.H.　滝	38	95	53	41	36	56-3391	石橋駅車10分	ⓗⓦⓟＣＱ大浴場、長期歓迎
B.H.ホワイトハウス	18	20	─	─	S44	83-1595	石橋駅車15分	ⓑⓣⓦⓟ
ホテルニューカシワ	40	60	─	─	S45	24-4100	小山駅歩1分	ⓑⓣⓦⓟ
東横INN小山駅東口1	119	130	─	サービス	S78〜	21-1045	小山駅歩1分	ⓑⓣⓢⓦⓟ先着順ＣＱ
東横INN小山駅東口2			─	サービス	S78〜	30-1045	小山駅歩3分	ⓑⓣⓢⓦⓟ先着順ＣＱ
サンロイヤル小山	110	120	─	─	S68〜	24-7111	小山駅歩8分	ⓑⓣⓦⓟＣ(ナンバー有料予約制)Ｃ
ホテルルートイン小山	162	224	※レストラン	サービス	S82〜	31-3117	小山駅車8分	ⓑⓣⓢⓦⓟ先着順ＣＱ大浴場、国道50号沿い ※日祝休
(栃木市周辺)						(0282)		
B.H.柳 泉	13	25	団体のみ	S68、74	S60、66	27-3727	新栃木駅歩4分	ⓗⓑⓣⓦⓟＣＱ体育館・グラウンド近く
(佐野周辺) map▶60ページ						(0283)		
ホテル三吉野別館	25	70	─	64〜112	52〜100	22-1489	佐野駅歩15分	ⓦⓟ大型車可ＣＱ大風呂(露天、壺風呂有)
ファミリーロッジ旅籠屋佐野SA店	14	56	─	軽朝食	⓶49.5〜	24-4485	佐野S.A.直結	ⓑⓣⓢⓦⓟ1室車イス対応
ホテルルートイン佐野藤岡インター	128	158	※レストラン	サービス	S84〜	27-0065	佐野駅車10分	ⓑⓣⓢⓦⓟ先着順ＣＱ大浴場、※日祝休
(足利周辺) map▶60ページ						(0284)		
東横INN栃木足利駅北口			─	サービス	S69〜	40-1045	足利駅北口歩1分	ⓑⓣⓢⓦⓟ先着順ＣＱ
B.H.かわかみ	22	45	S66〜	S40〜	S33〜	44-1141	足利駅北口歩1分	ⓗⓑⓣⓦⓟ長期歓迎
ホテルルートイン足利駅前	135	178	※レストラン	サービス	S75〜	40-1300	足利駅歩3分	ⓑⓣⓢⓦⓟ先着順ＣＱ大浴場、※日祝休
足利タウンホテル	65	70	─	─	S39.9〜	21-4114	足利駅歩10分	ⓑⓣⓦⓟＣ展望大浴場
B.H.ニュー大栄	18	24	S84	S67	S62	73-0027	足利駅車3分	ⓑⓣⓢⓦⓟＣＱ地元の食材を使った食事、渡良瀬川近い
足 利 B.H.	20	25	─	─	S48、53	21-3105	足利駅車5分	ⓗⓦⓟ大浴場
足利鹿島園温泉	17	68	レストラン	─	38〜	91-1111	足利駅バス20分	ⓗⓟ天然温泉(大浴場、展望風呂、サウナ)
ホテルルートイン第2足利・国道50号沿・	162	224	※レストラン	サービス	S75〜	70-8400	福居駅車2分	ⓑⓣⓢⓦⓟ先着順ＣＱ大浴場、※日祝休

Map 宇都宮周辺 　小山周辺 　佐野周辺 　足利周辺

Map 西那須野周辺 　那須高原周辺 　湯西川温泉周辺 　日光周辺

【ひとくちメモ】　本格レースサーキットに隣接した「モビリティリゾートもてぎ」は、子供から大人まで楽しめるレーシングカートやオートバイなどのモータースポーツ、大自然とふれあう森林浴やジップライン、森感覚アスレチック「DOKIDOKI」、迷宮森殿「ITADAKI」、巨大ネットの森「SUMI-KA」など、ファミリーで楽しめるレジャースポットとなっている。常磐道・水戸北I.C.から30分、北関東道・真岡I.C.から50分。入場料:大人(中学生以上) 1,900円、パークパスポート(1日アトラクション乗り放題):小学生以上3,400円。☎0285-64-0001　https://www.mr-motegi.jp/

〈→つづき〉 Ⓑ→全室バス付 Ⓑ→一部バス付 Ⓣ→全室トイレ付 Ⓣ(s)→全室シャワートイレ＝ウォシュレット付 Ⓘ→一部トイレ付
Ⓦ→全室Wi-Fi可 Ⓦ→一部Wi-Fi可 Ⓟ→有料駐車場 Ⓟ→無料駐車場 送→送迎有 身→身体障害者への対応(要問)
Ⓒ→一部クレジットカード決済可 Ⓠ→paypay等の一部QR決済可 24h→24時間 特記事項は※印、又は（）括弧書きにて説明

	名　称	室数	定員	1名分宿泊料金(単位/百円)			電話	交通	特徴・備考
				2食付	朝食付	素泊			
	（真岡・茂木周辺）						(0285)		
	真　岡　B.H.	55	59	S73.9〜	S60.9〜	S53.9〜	82-5590	真岡駅歩3分	ⒷⓉ(s)ⓌⓅⒸ
	松　屋　旅　館	26	80	夕食13.2	朝食7.7	回47〜	82-3424	真岡駅歩8分	和ⒷⓉⓌⓅⒸⓆ 大浴場
	（矢板・烏山周辺）						(0287)		
	寺　山　鉱　泉	10	16	83〜99	64〜68	48〜53	43-3773	矢板駅車15分	和Ⓦ鉱泉、湯治向き、自家栽培の野菜と米
	赤　滝　鉱　泉	14	20	77	60	42	43-0940	矢板駅車25分	Ⓟ江戸末期から鉱泉、鉱泉(入湯税別)
	ゆーゆーキャビン	7棟	48	自炊可	自炊可	1棟150〜	98-2141	那須塩原駅車50分	ⒷⓉ温泉(入湯税別)・キッチン付キャビン
	福　住　旅　館	8	24	66〜	55〜	44〜	82-2137	烏山駅歩1分	和Ⓟ鮎料理自慢
	（西那須野塩原周辺） map▶60ページ						(0287)		
P61	B.H.アジサイ	118	130	夕食13	朝食7	41.5〜55	36-8181	西那須野駅車10分	和ⒷⓉ(s)ⓌⓅ 大浴場・男露天風呂
	B.H.那須パレスホテル	44	62	—	—	45〜	36-9191	西那須野駅車3分	和ⒷⓉⓌⓅⒸ 天然温泉大浴場
	ホテルセレクトイン西那須野駅前	72	122	—	S53〜	—	36-3331	西那須野駅西口目の前	ⒷⓉ(s)ⓌⓅ (先着33台)
	B.H.にし那須	60	80	夕食12	朝食6	S43〜48	36-6767	西那須野駅車5分	ⒷⓉ(s)ⓌⓅⒸ 男大浴場
	ホテルルートイン西那須野	152	232	居酒屋	サービス	S86〜	39-6110	西那須野駅車5分	ⒷⓉ(s)ⓌⓅ先Ⓒ大浴場
	ホテルルートイン第2西那須野	90	105	居酒屋	サービス	S80〜	39-6110	西那須野駅車5分	ⒷⓉ(s)ⓌⓅ送ⒸⓆ 大浴場
	松　下　屋　旅　館	7	20	71.5	53.8	42.9	54-0023	西那須野駅車25分	和ⓌⓅ那珂川近く、釣り人気、大田原市
	P．泉	17	60	66	50	44	54-1886	那須塩原駅車20分	和Ⓟ那須一望、那珂川目の前、大田原市
	（那須高原周辺） map▶60ページ						(0287)		
P61	あ　さ　か　荘	6	15	夕食30	朝食10	50	76-2440	黒磯駅バス30分	Ⓟ鹿の湯源泉掛け流し貸切風呂(予約制)、自炊応相談
P61	ア　サ　カ　荘	5	20	75	—	—	76-2440	黒磯駅バス30分	Ⓟ名湯滝の湯、鹿の湯まで1分
	田　中　屋	11	45	121〜	77	—	62-2113	黒磯駅車35分	和ⓌⓅ公共温泉、茶臼岳・朝日岳登山可
	と　き　わ　旅　館	15	40	71.5	60.5	—	62-0456	黒磯駅歩10分	和Ⓟ大浴場、コインランドリー、学生益可
	ホテルアライ	46	110	—	回64.2〜	回56.5〜	63-1188	黒磯駅車15分	和ⒷⓉⓌⓅⒸ サウナ付温泉
	P．歩歩（ポポ）	14	40	—	サービス	45〜	62-4336	黒磯駅車15分	ⓌⓅⒸ露天風呂、朝食バンドリンク無料
	北　牧　小　屋	17	150	68〜	60〜	30〜	64-0529	黒磯駅車20分	和Ⓟ大浴場、露天風呂
	直井P.T&T	9	32	94〜	65	55	78-2176	黒磯駅車20分	Ⓟ
	P．タ　ム	10	27	108〜	要問	45〜	76-4407	黒磯駅車30分	ⓌⓅ温泉(加温加水1入湯税別)、フランス料理フルコース
	そらまめP．	4	15	—	60〜	50〜	76-3120	黒磯駅バス25分	ⓌⓅ露天風呂・赤ちゃん連れ歓迎、絵本・マンガ多数、整体
	P．おかざき	7	25	89〜	—	—	78-1310	黒磯駅バス40分	ⓌⓅハイランドパーク近く、アウトレットまで30分
	P．シャンテ	9	32	98〜	75〜	65〜	78-1731	黒磯駅バス50分	ⓌⓅⒸハイランドパーク近く(バス停から歩60分/冬期休み)
	ファミリーロッジ旅籠屋那須店	12	48		休館中		60-1858	那須I.C.1km	ⒷⓉ(s)ⓌⓅ 冷蔵庫付
	那須高原別荘村繭の里	10棟	50	回77〜	回44〜	回33〜	78-1061	那須塩原駅車25分	Ⓟ送貸別荘タイプ(BT・キッチン付)

【ひとくちメモ】　那須温泉元湯「鹿の湯」は、今から約1300年前、傷ついた体を温泉で癒す鹿を見かけ開湯したといわれている。温泉効果を高める入浴法として、まず少し熱めのお湯を約で大人200回、子供100回などを後頭部に静かにかける"かぶり湯"を済ませてから、腰まで1分、胸まで1分、首まで1分を休みながら繰り返し浸かる(15分程度、1日最高4回)。お湯が高温で薬分も強いため「短熱浴」という浴法となる。黒磯駅からバス35分。AM8時〜PM6時　入浴料：大人500円　☎0287-76-3098　http://www.shikanoyu.jp/

宿泊料金は基本的に「**1名分**、消費税10％込み」表示（単位：百円）　※宿泊税別／ ⓶→1室2名利用／ ⓷→1室3名利用／ ⓸→1室4名以上利用／B.H.→ビジネスホテル／P.→ペンション／Y.H.→ユースホステル／Y.G.H.→ユースゲストハウス／ ❺→YH会員料金／ ⓭→相部屋＝ドミトリー／S→シングルルーム／ ◍→地下鉄／ ⓜ→男性専用／ ⓕ→女性専用／ ⓪→全室和室／ ㊛→和室有（全室ではない）　〔→右へ〕

名称	室数	定員	1名分宿泊料金（単位／百円）			電話	交通	特徴・備考
			2食付	朝食付	素泊			
（那須高原周辺）map▶60ページ						(0287)		
四季倶楽部 ベルフォーレ那須	22	120	夕食33〜	朝食11	⓶57.5〜	050-3310-5930	黒磯駅バス＋歩40分	ⓣ(s)ⓦⓟ天然温泉大浴場（入湯税別）
（湯西川温泉周辺）map▶60ページ						(0288)		
湯西川館本館	18	90	⓶87〜	74	55	98-0316	湯西川温泉駅バス20分	ⓟ天然温泉（三源泉、24h可、露天・家族風呂）
金井旅館	12	40	73〜	62	56.5	98-0331	湯西川温泉駅バス15分	ⓟ天然温泉（24h可、貸切可、露天、暖房費別）
旅籠松屋	15	50	⓶74.1〜	—	—	98-0008	湯西川温泉駅バス15分	ⓦⓟⓠ天然温泉（露天）、湯治向き、長期割引
森の宿ハミングバード	7	35	⓶75	—	—	98-0700	湯西川温泉駅バス15分	ⓣⓦⓟ天然温泉24h、露天、入浴税別、暖房費別
おやど湯の季（とき）	16	50	⓶111.5〜	朝食11	⓶70〜	98-0044	湯西川温泉駅バス20分	ⓣⓦⓟⓠ天然温泉（24h可、貸切家族風呂・露天）
民宿やま久	6	20	95〜	66.5	41.5	98-0902	湯西川温泉駅バス20分	㊛ⓦⓟ天然温泉、囲炉裏で食事
（鬼怒川温泉周辺）						(0288)		
スクウェアヒルズ	10	48	自炊可	自炊可	45〜98	76-3327	東武ワールドスクウェア駅2分	ⒷⓉⓌⓅ©キッチン付、東武ワールドスクウェア近く
一乃屋	7	35	93.5〜	66	49.5	97-1204	鬼怒川温泉駅バス60分	ⓦⓟ囲炉裏で食事が人気、東武湯西郷、家族の里内
大野屋	9	50	88〜	66	55	97-1425	鬼怒川温泉駅バス70分	ⒷⓉⓌⓅ囲炉裏で食事が人気、奥鬼怒温泉郷
民営国民宿舎 渓山荘	18	76	⓶95〜	—	⓶67.5	96-0282	鬼怒川温泉駅バス80分	㊛ⓉⓌⓅ川俣温泉、露天
観光荘	7	30	65〜	55〜	45〜	(0287)47-1008	下今市駅車20分	㊛Ⓟ
（足尾周辺）						(0288)		
亀村別館	6	30	⓶89.5〜	⓶62〜	⓶51〜	93-2218	通洞駅車15分	㊛ⓌⓅⓕ©100％源泉かけ流し天然温泉
国民宿舎かじか荘	20	60	128〜	89.5〜	78.5〜	93-3420	通洞駅車15分	ⓌⓅ©天然温泉（美肌の湯）、露天

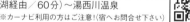

〈→つづき〉 Ⓑ→全室バス付／Ⓑ→一部バス付／Ⓣ→全室トイレ付／Ⓣⓢ→全室シャワートイレ＝ウォシュレット付／Ⓣ→一部トイレ付／
Ⓦ→全室Wi-Fi可／Ⓦ→一部Wi-Fi可／Ⓟ→有料駐車場／Ⓟ→無料駐車場／送→送迎有／障→身体障害者への対応有(要問)／
Ⓒ→一部クレジットカード決済可／Ⓠ→paypay等の一部QR決済可／24h→24時間／特記事項は※印、又は( )括弧書きにて説明

名称	室数	定員	1名分宿泊料金(単位/百円)			電話	交通	特徴・備考
			2食付	朝食付	素泊			
(日光周辺) map▶60ページ						(0288)		
P63 民宿しんこう苑	10	50	77	58.3	49.5	26-0817	下野大沢駅歩20分	ⓌⓅ送¥600引、舞台付道場、合宿歓迎
P63 ウッズマンズビレッジ	6棟	35	自炊可	自炊可	66	63-3324	今市駅20分	ⒷⓉⓅ貸別荘、手作りログハウス(キッチン付)
民宿おかじん	10	25	Ⓣ78〜	Ⓣ63〜	Ⓣ45〜	55-0410	中禅寺温泉駅歩15分	Ⓣ中禅寺湖近く、冬期のみ4名以上は送迎サービス
大野屋旅館	10	30	―	―	50〜	54-1166	日光駅歩20分	ⒷⓉⓅ東照宮へ歩10分、観光に便利
P.ラムチャップ日光	5	20	Ⓣ77〜	Ⓣ66〜	Ⓣ52.8〜	53-4359	日光駅バス5分	ⒷⓅ大浴場・露天、イタリアン料理、マンガ多数
タートルイン日光	10	25	―	Ⓣ70〜	Ⓣ55〜	53-3168	日光駅バス7分	ⓌⓅⒸ天然温泉(貸切可)、外国人多(国際的)
ホテル村上	17	38	S89	S69	S63	22-6456	今市駅歩5分	ⒷⓉⓌⓅⒸⓆ ビジネス向き
ホテルファミテック明神	19	125	S70〜	S60.5〜	S52.8〜	22-2309	今市駅車7分	ⒷⓉⓌⓅⒸⓆ各種体験(陶芸・ソバ打ち、他)
休暇村日光湯元	63	208	Ⓣ209〜	―	―	62-2421	日光駅バス80分	ⓌⓅⒸ天然温泉(露天・入湯税別)

関東

◆◇ 群 馬 ◇◆

名称	室数	定員	2食付	朝食付	素泊	電話	交通	特徴・備考
(前橋周辺) map▶64ページ						(027)		
東横INN前橋駅前	213	237	―	サービス	S65〜	223-1045	前橋駅歩1分	ⒷⓉⓈⓌⓅ先着順ⒸⓆ
ホテルルカ	72	90	―	朝食7	S55〜120	224-5181	前橋駅車5分	ⒷⓉⓌⓅ大型車対応Ⓒ
B.H.みつわ	18	24	―	朝食10	S53〜58	223-4568	前橋駅車5分	ⒷⓉⓌⓅコインランドリー、エレベーター有、電子レンジ共用
ホテル平安	30	35	夕食20	朝食10	S65〜	231-3010	前橋駅車7分	ⒷⓉⓌⓅ冷蔵庫有、県庁グリーンドーム歩5分
ロングサンドホテル	51	64	S63	S45	S36	251-8311	新前橋駅歩10分	ⒷⓉⓌⓅⒸⓆ前橋I.C.5分
シロタホテル	24	30	夕食11〜	朝食9	S58〜60	252-1166	新前橋駅歩12分	ⒷⓉⓈⓌⓅⒸ大浴場・サウナ
ホテル1-2-3前橋マーキュリー	71	120	レストラン	S71〜	S62〜	252-0111	新前橋駅車5分	ⒷⓉⓈⓌⓅⒸⓆ宴会場
ファミリーロッジ旅籠屋前橋南店	12	48	軽朝食	―	Ⓣ49.5〜	266-8911	前橋南I.C.車5分	ⒷⓉⓈⓌⓅ冷蔵庫付
旅館三山センター	8	20	休館中			283-2508	大胡駅バス15分	ⓉⓌⓅⓆ天然温泉(加温入湯税別)、赤城山近く
(高崎周辺) map▶64ページ						(027)		
高崎B.H.	35	45	夕食19.8〜	朝食8.8	S44〜	326-2828	高崎駅車8分	ⒷⓉⓌⓅⒸⓆ大浴場、女性専用フロア
ホテル1-2-3高崎	119	164	サービス	―	S75〜	321-0123	高崎駅歩3分	ⒷⓉⓈⓌⓅ予約ⒸⓆ大浴場
東横INN高崎駅西口2	323	600	サービス	―	S75〜	323-1045	高崎駅歩3分	ⒷⓉⓈⓌⓅ先着順ⒸⓆ
東横INN高崎駅西口1	219	410	サービス	―	S75〜	324-1045	高崎駅歩3分	ⒷⓉⓈⓌⓅ先着順ⒸⓆ

【ひとくちメモ】 日本を代表する世界遺産「日光東照宮」は、徳川家康がまつられた神社で、現在の社殿群はほとんどが3代将軍家光による「寛永の大造替」で建て替えられたもの。境内には国宝8棟、重要文化財34棟を含む55棟の建造物が並ぶ。「見ざる・言わざる・聞かざる」の三猿や眠り猫、鳴龍などが有名。「平成の大修理」により陽明門が渡りは本来の輝きを取り戻した。日光駅からバスで5分。
拝観料：大人・高校生1600円、東照宮拝観券＋宝物館入館料セット大人・高校生2400円 ☎0288-54-0560 https://www.toshogu.jp/

宿泊料金は基本的に「**1名分**、消費税10％込み」表示(単位:百円)　※宿泊税別／[tw]→1室2名利用／[tr]→1室3名利用／[複]→1室4名以上利用／B.H.→ビジネスホテル／P.→ペンション／Y.H.→ユースホステル／Y.G.H.→ユースゲストハウス／[会]→YH会員料金／[相]→相部屋＝ドミトリー／S→シングルルーム／[地]→地下鉄／[男]→男性専用／[女]→女性専用／[和]→全室和室／[和]→和室有(全室ではない)　《→右へ》

名称	室数	定員	1名分宿泊料金(単位/百円)			電話	交通	特徴・備考
			2食付	朝食付	素泊			
(高崎周辺) map▶64ページ						(027)		
B.H.寿々屋	49	60	—	—	S38～55	327-0011	高崎駅歩4分	ⒷⓉⓅ[C] チェックアウト12:00
高崎駅前プラザホテル	51	80	—	サービス	S60～	322-1011	高崎駅歩8分	ⒷⓉ(s)Ⓦ[C]
ホテルルートイン高崎駅西口	97	138	—	サービス	S74～	327-1011	高崎駅歩10分	ⒷⓉ(s)ⓌⓅ(先着順・大型車有料)[C][Q] 大浴場(男女入替制)
B.H.マルイ	44	53	S58.3	S49.5	S44	324-9171	高崎駅車10分	ⒷⓉⓅ ランドリー
高崎シルバーホテル	28	50	S71.5	S62.7	S55	326-3000	高崎駅車7分	ⒷⓉⓌⓅ[C] 高崎観音山中腹、展望レストラン
B.H.ナガイ	54	70	レストラン	S69～	S63	362-2626	高崎駅車15分	[和]ⒷⓉⓌⓅ[C]
ホテルホリデードゥー	60	120	—	—	S39	362-6011	高崎問屋町駅歩20分	ⒷⓉⓌⓅ チェックイン21時迄
(藤岡周辺) map▶64ページ						(0274)		
藤岡ホテルTAO	14	16	S99	※S73	S65	24-5181	群馬藤岡駅歩1分	ⒷⓉ(s)ⓌⓅ ※弁当
柏屋旅館	15	35	77～	66～	55～	22-0006	群馬藤岡駅歩8分	ⓌⓅ 創業200余年、蔵を再生した食事処(鰻料理美味)
大和家旅館	15	40	75	60	48	22-0249	群馬藤岡駅歩8分	ⓌⓅ 飲食店街に位置、新町駅車10分
B.H.藤岡	35	71	—	—	S47～	24-1711	群馬藤岡駅車10分	ⒷⓉⓌⓅ[C] 大浴場、ボウリング場併設
ホテルルートインコート藤岡	97	122	※レストラン	サービス	S74～	42-1001	北藤岡駅歩7分	ⒷⓉ(s)ⓌⓅ(先着順)[C][Q] 大浴場、新町駅車5分、※土日祝休
新町ステーションホテル	16	17	—	S66	S55	42-8571	新町駅歩3分	ⒷⓉⓌⓅ[C]
旅館丸直	8	16	[tw]64.13～	[tw]54.45～	[tw]48.4～	42-0956	新町駅歩10分	[和]ⒷⓌⓅ 大広間、コインランドリー、食事処有
(上野村周辺)						(0274)		
不二野家	20	75	[tw]82.5～	—	—	59-2379	新町駅バス120分	ⓌⓅ[複] 不二洞近く、国道299号沿い、下仁田駅バス30分
(伊勢崎周辺) map▶64ページ						(0270)		
伊勢崎ステーションホテル	12	24	—	—	S60～	61-6263	伊勢崎駅歩3分	ⒷⓉ(s)(分離型)ⓌⓅ[C][Q]
東横INN群馬伊勢崎駅前			—	サービス	S69～	30-1045	伊勢崎駅歩5分	ⒷⓉ(s)ⓌⓅ(先着順)[C][Q]
ホテル若松	48	60	—	サービス	S50～	25-0353	伊勢崎駅歩8分	ⒷⓉⓌⓅ[C][Q] 人工温泉大浴場
ハーベストホテル	72	94	—	朝食5.5	※S59	23-8077	伊勢崎駅車7分	ⒷⓉⓌⓅ[C][Q] [男]大浴場、※BT付
伊勢崎平成イン	110	153	—	朝食8.8	S48～	21-3300	東武新伊勢崎駅歩5分	ⒷⓉⓌⓅ[C][Q] [男]大浴場、コインランドリー
ホテル伊勢崎イースト	71	130	—	—	S42～54	21-8800	東武新伊勢崎駅歩7分	ⒷⓉⓌⓅ[C][Q] 大浴場、コインランドリー
(館林周辺)						(0276)		
吉川旅館	14	30	65～	55～	50～	72-4440	館林駅歩3分	ⒷⓉⓌⓅ[C] レストラン、宴会場、コインランドリー
館林グランドホテル	55	131	S70.5～	朝食7、8	S49.5～	72-0541	館林駅歩13分	ⒷⓉⓌⓅ[C] つつじが岡公園歩12分
東横INN群馬太田駅南口			—	サービス	S73～	40-1045	太田駅歩2分	ⒷⓉ(s)ⓌⓅ(先着順)[C][Q]
大仙館	14	30	—	—	35	25-5255	太田駅歩2分	[和]ⓌⓅ ビジネス旅館
(桐生周辺)						(0277)		
東横INN桐生駅南口	98	126	—	サービス	S73～	44-1045	桐生駅南口歩2分	ⒷⓉ(s)ⓌⓅ(先着順)[C][Q]
(渋川周辺) map▶65ページ						(0279)		
ホテルルートイン渋川	171	228	※レストラン	サービス	S80～	30-0055	渋川駅歩19分	ⒷⓉ(s)ⓌⓅ(先着順)[C][Q] 大浴場、※日祝休
ホテルいかほ銀水	29	130	夕食38.5	朝食14.3	[tw]60.5～	72-3711	渋川駅バス20分	ⓌⓅ[C][Q] 天然温泉大浴場・露天(入湯税別)
徳田屋旅館	7	20	76.5～	65.5～	49.5～	72-3891	渋川駅バス30分	[和]ⓉⓌⓅ 天然温泉(入湯税別)
伊香保温泉山陽ホテル	50	300	[tw]121～	[tw]99～	[tw]88～	72-2733	渋川駅バス30分	ⓌⓅ[C][Q] 天然温泉大浴場、露天(入湯税別)、炭火焼会席別注

Map　前橋周辺　高崎周辺　藤岡周辺　伊勢崎周辺

【ひとくちメモ】 1936(昭和11)年に建立されてから高崎のシンボルとして親しまれている「高崎白衣大観音」。その慈悲深い優しいまなざしはまるで私たちの平和を見守っているかのよう。高さ41.8m、重さ6,000トンのコンクリート作りで、胎内にある146段の階段を登っていくと、各階の窓からは高崎市街や上毛山三、関東平野などが望め、観音様の肩(9階)まで昇ることが出来る。胎内拝観料:高校生以上300円、駐車場:普通車430円。9:00～17:00(11～2月16:30迄)、高崎駅西口からバス20分　☎027-322-2269　https://takasakikannon.or.jp/

★お申し込み時「全国安い宿情報を見た」と言ってね！お得情報は187ページを見てね！

《→つづき》 🅑→全室バス付／Ⓑ→一部バス付／🅣→全室トイレ付／🅣(s)→全室シャワートイレ＝ウォシュレット付／Ⓣ→一部トイレ付／
🅦→全室Wi-Fi可／Ⓦ→一部Wi-Fi可／🅟→有料駐車場／Ⓟ→無料駐車場／(送)→送迎有／(障)→身体障害者への対応可(要問)／
🄲→一部クレジットカード決済可／🅀→paypay等の一部QR決済可／24h→24時間／特記事項は"※"印、又は"( )"括弧書きにて説明

名称	室数	定員	1名分宿泊料金(単位/百円)			電話	交通	特徴・備考
			2食付	朝食付	素泊			
(渋川周辺) map▶65ページ						(0279)		
金井旅館	7	15	68	58	45	75-3073	中之条駅バス15分	(和)Ⓟ天然温泉、湯治向き
竹葉館	12	30	—	—	Ⅱ40〜	64-2221	中之条駅バス40分	Ⓟ天然温泉(四万温泉)、2泊以上からご飯・味噌汁サービス
(榛名湖周辺)						(027)		
ゆうすげ元湯	26	96	82.2〜	59.2〜	47.7〜	374-9211	安中榛名駅車40分	🅦Ⓟ🄲榛名湖畔(眺望良い)、天然温泉、露天、サウナ
(北軽井沢周辺) map▶65ページ						(0279)		
北軽井沢ブルーベリーY.G.H.	7	17	Ⅱ73〜	Ⅱ58〜	Ⅱ50〜	84-3338	軽井沢駅バス40分	🅑🅣🅦Ⓟおもちゃ王国へ車7分
ロッジすばる	9	26	Ⅱ85〜	Ⅱ60〜	Ⅱ45〜	98-0415	万座鹿沢口駅車20分	🅦Ⓟ🄲🅀人工温泉、鹿沢スノーエリア歩3分
休暇村嬬恋鹿沢	64	228	(複)115〜	—	—	98-0511	上田駅バス60分	🅦Ⓟ(送)🄲天然温泉(入湯税別)
(草津周辺) map▶65ページ						(0279)		
草津高原Y.H.	16	80	団体のみ	団体のみ	(会)35.2	88-3895	長野原草津口駅バス25分	(相)🅦Ⓟ合宿可、登山可、バスターミナル車5分
田島屋旅館	12	30	—	—	46.2〜	88-3392	長野原草津口駅バス25分	(和)🅦Ⓟ🅀湯畑の源泉100%掛け流し温泉(入湯税別)
P.五郎次	9	23	※Ⅱ109.9〜	※Ⅱ99.9〜	※Ⅱ69.9〜	88-3556	長野原草津口駅バス25分	ⒷⓉ🅦Ⓟ🄲🅀※オフ期・平日、天然温泉(露天、入湯税別)
湯の宿みさご	8	25	—	Ⅱ117〜	Ⅱ100.5〜	88-4369	長野原草津口駅バス25分	Ⓟ貸切天然温泉(露天、24h可)
P.陽のあたる場所	7	20	89〜	60〜	50〜	88-6650	長野原草津口駅バス25分	(和)Ⓣ🅦Ⓟ🄲🅀天然温泉(入湯税別)、畳敷きの桧風呂
民宿ひょうたん	7	28	82.5〜	66〜	55〜	88-3351	長野原草津口駅バス25分	🅦Ⓟ🄲🅀源泉かけ流し天然温泉
アイソネット草津	6	26	夕食33〜	朝食11	Ⅱ57.5〜	050-3310-5930	長野原草津口駅バス+車30分	🅣(s)Ⓟ天然温泉露天風呂(入湯税別)、大浴場
(沼田〜片品周辺) map▶65ページ						(0278)		
ファミリーロッジ旅籠屋沼田店	12	48	—	軽朝食	Ⅱ49.5〜	22-8858	沼田I.C.2km	🅑🅣(s)🅦Ⓟ
亀鶴(きかく)旅館	8	20	Ⅱ78〜	67.5	54	56-3051	沼田I.C.車20分	(和)🅦Ⓟ🄲🅀天然温泉(老神温泉)
ふくたけや旅館	19	80	65〜	45〜	40〜	58-2451	沼田駅車40分	🅦Ⓟグラウンド、合宿歓迎、丸沼高原スキー場近く
P.尾瀬ほたか	14	40	77〜	48〜	38〜	58-3248	沼田駅車50分	🅦Ⓟ24h風呂、オグナほたかスキー場
ホテルみさわ	30	200	90〜	65〜	55〜	58-7241	沼田駅バス60分	ⓌⓅ(冬土日・有料) 24h風呂、岩鞍スキー場内
こしもと旅館	16	70	78〜	65〜	55〜	58-2330	沼田駅バス70分	🅦Ⓟ天然温泉(24h可・入湯税別)、岩鞍スキー場近く
P.カレンズ	10	25	93〜	83〜	—	58-3923	沼田駅バス90分	🅦Ⓟ地の素材の食事、丸沼高原スキー場近く
国民宿舎尾瀬ロッジ	22	100	145	120	105	58-4158	沼田駅バス75分+歩60分	(和)ⓌⓅ(戸倉からシャトルバス25分+歩60分)
(月夜野〜猿ヶ京周辺)						(0278)		
みねの湯つきよの館	8	40	Ⅱ87.3〜	Ⅱ65〜	Ⅱ60〜	62-1207	後閑駅車8分	(和)🅦Ⓟ(送)(2食付のみ) 24h展望温泉風呂
清野旅館	21	80	—	—	※Ⅱ56	66-1100	後閑駅バス30分	(和)🅦Ⓟ※平日料金、温泉(露天有)、室内ゲートボール場
(水上周辺)						(0278)		
旅の湯宿P.セルバン	8	24	122.5〜	—	—	72-2097	水上駅車5分	🅦Ⓟかけ流し天然温泉(露天有)
ナチュラルハウスピュア21	7	18	105〜	80〜	70〜	72-3021	水上駅車5分	🅑🅣🅦Ⓟ貸切ジャグジー、自家製焼きたてパン
ロッヂとど松	1棟	20	自炊可	自炊可	55〜	72-4411	水上駅車10分	🅦Ⓟ1棟建て1組限定の貸別荘、BBQ
やませみ荘	4	8	—	—	Ⅱ45〜	72-2112	上牧駅歩10分	(和)🅦Ⓟ🄲🅀水上I.C.から1.7km
P.ライラック	6	15	95〜	60〜	55〜	75-2843	水上駅バス40分	Ⓟ天然温泉、和洋折衷料理、ファミリー歓迎、暖房費別

Map
渋川周辺
北軽井沢周辺
草津周辺
沼田周辺

関東

★お申し込み時「全国安い宿情報を見た」と言ってね！お得情報は187ページを見てね！

【ひとくちメモ】 草津定番の公共温泉施設。**大滝の湯**…大きな湯滝のある露天風呂や湯温の異なる浴槽で低温から順に入る「合わせ湯」もある。湯畑より徒歩5分。大人1,100円、夜9時迄。☎0279-88-2600◆**御座之湯**…江戸・明治期の風情漂う木造にこだわり。湯畑近く。大人800円、夜9時迄。☎0279-88-9000◆**西の河原露天風呂**…西の河原公園の奥にある草津一の大露天風呂は池のように広く開放的。湯畑より徒歩15分。大人800円、夜8時迄。☎0279-88-6167 https://onsen-kusatsu.com/

埼　玉

宿泊料金は基本的に「**1名分**、消費税10%込み」表示（単位：百円）※宿泊税別／[ii]→1室2名利用／[iii]→1室3名利用／[複]→1室4名以上利用／B.H.→ビジネスホテル／P.→ペンション／Y.H.→ユースホステル／Y.G.H.→ユースゲストハウス／[会]→YH会員料金／[相]→相部屋＝ドミトリー／S→シングルルーム／[地]→地下鉄／[男]→男性専用／[女]→女性専用／[和]→全室和室／[和]→和室有（全室ではない）　《→右へ》

名称	室数	定員	1名分宿泊料金（単位/百円）			電話	交通	特徴・備考
			2食付	朝食付	素泊			
（大宮・浦和周辺） map▶66ページ						(048)		
パイオランドホテル	126	180	—	—	S50～	648-0010	大宮駅歩3分	ⒷⓉⓌ[C]
商人宿星河屋	11	16	60	55	50	641-3991	さいたま新都心駅歩7分	[和]ⓌⓅ工事関係者多い、大宮駅歩14分
B.H.豊泉閣	12	24	—	—	S77.9	882-4633	浦和駅歩5分	[和]ⒷⓉⓌⓅ
別所沼会館	10	27	[ii]87.2～	[ii]67.2～	[ii]57.2～	861-5219	中浦和駅歩10分	[和]ⒷⓉⓌⓅ(普通車)[C]大浴場、別所沼公園内
東横INN浦和美園駅東口			—	サービス	S73～	812-2045	浦和美園駅歩2分	ⒷⓉ(s)ⓌⓅ(先着順)[C][Q]埼玉スタジアム2002歩15分
（蕨～川口周辺） map▶66ページ						(048)		
イーホテルワラビ	71	76	—	要問	S63～	432-6080	蕨駅歩2分	ⒷⓉ(s)Ⓦ[C]
ワラビーハウス	26	104	キッチン有	キッチン有	[ii]60～	485-9934	蕨歩8分	Ⓣ(s)Ⓦシャワー室、洗濯乾燥機、コンドミニアムホテル
東横INN北戸田駅東口			—	サービス	S78～	420-1045	北戸田駅歩2分	ⒷⓉ(s)ⓌⓅ(先着順)[C][Q]
東横INN埼玉戸田公園駅西口	167	193	—	サービス	S78～	434-1045	戸田公園駅歩7分	ⒷⓉ(s)ⓌⓅ(先着順)[C][Q]
COCO STAY西川口駅前	65	130	—	—	S60～	287-3913	西川口駅歩2分	Ⓦ[C][Q]大浴場、共用キッチン・ラウンジ
西川口ステーションホテル	32	43	—	サービス	S68～	257-3411	西川口駅歩3分	ⒷⓉ(独立型)ⓌⓅ[C][Q]
東横INN西川口駅			—	サービス	S73～	494-1045	西川口駅歩5分	ⒷⓉ(s)ⓌⓅ(先着順)[C][Q]
スマイルホテル川口	123	247	—	S79～	S69～	259-5500	川口駅東口歩4分	ⒷⓉ(s)ⓌⓅ(予約制) 男女入替大浴場
東横INN川口駅前			—	サービス	S78～	240-1045	川口駅西口歩4分	ⒷⓉ(s)ⓌⓅ(先着順)[C][Q]
（草加～三郷周辺） map▶66ページ						(048)		
ビジネス旅館越後家	23	45	71.5～	60.5～	55～	922-5694	谷塚駅歩4分	ⓌⓅ(2tロング～4t有料)[C]和風ビジネス、24h大浴場、長期歓迎
東横INN草加駅西口	165	198	—	サービス	S82～	920-1045	草加駅歩1分	ⒷⓉ(s)ⓌⓅ(先着順)[C][Q]
東横INN八潮駅前			—	サービス	S77～	996-1045	八潮駅歩3分	ⒷⓉ(s)ⓌⓅ(先着順)[C][Q]
東横INN三郷中央駅前			—	サービス	S78～	912-1045	三郷中央駅歩3分	ⒷⓉ(s)ⓌⓅ(先着順)[C][Q]
東横INN埼玉三郷駅前	115	139	—	サービス	S77～	950-1045	三郷駅歩1分	ⒷⓉ(s)ⓌⓅ(予約制)[C][Q]
（春日部・岩槻周辺）						(048)		
東横INN春日部駅西口			—	サービス	S81～	739-1045	春日部駅歩5分	ⒷⓉ(s)ⓌⓅ(先着順)[C][Q]
東横INNさいたま岩槻駅前			—	サービス	S77～	615-1045	岩槻駅東口歩1分	ⒷⓉ(s)ⓌⓅ(予約制)[C][Q]大宮駅13分
（羽生周辺） map▶66ページ						(048)		
ビジネス菊本旅館	6	6	52	42	35	561-0620	羽生駅歩5分	[和]ⓌⓅビデオデッキ(レンタル無料)、羽生I.C.10分
ルートイングランティア羽生SPA RESORT	259	342	レストラン	朝食12	S84～	560-3555	羽生駅歩3分	ⒷⓉⓌⓅ(先着順)[C][Q]天然温泉大浴場、会議室
B.H.おぐら	10	12	—	—	S53	561-8534	羽生駅歩8分	ⒷⓉⓅコインランドリー、食事持込可

Map
大宮周辺　川口周辺　草加周辺　羽生周辺

Map
熊谷周辺　秩父周辺　川越周辺　狭山周辺

【ひとくちメモ】 JR大宮駅からニューシャトルで1駅の「鉄道博物館」は、蒸気機関車から新幹線まで実物車両を屋外含め42両展示し、日本最大級のHOゲージのジオラマ模型、運転シミュレータ(D51、山手線、新幹線)、鉄道の「仕事」「歴史」「未来」をテーマとした新館オープンなど、鉄道ファンの聖地と呼ぶにふさわしい充実の内容。運転士体験教室など体験アトラクションも豊富。／10:00～17:00(毎週火曜・年末年始休館)／入館料:大人1,600円、小中高生0円、3歳以上300円、駐車料1日1,000円／☎048-651-0088　https://www.railway-museum.jp

★お申し込み時「全国安い宿情報を見た」と言ってね！お得情報は187ページを見てね！

〈→つづき〉 Ⓑ→全室バス付／Ⓑ→一部バス付／Ⓣ→全室トイレ付／Ⓣ(s)→全室シャワートイレ＝ウォシュレット付／Ⓣ→一部トイレ付／
Ⓦ→全室Wi-Fi可／Ⓦ→一部Wi-Fi可／Ⓟ→有料駐車場／Ⓟ→無料駐車場／⊠→送迎有／♿→身体障害者への対応可（要問）／
Ⓒ→一部クレジットカード決済可／Ⓠ→paypay等の一部QR決済可／24h→24時間／特記事項は「※」印、又は（ ）括弧書きにて説明

名　称	室数	定員	1名分宿泊料金（単位/百円）			電話	交通	特徴・備考
			2食付	朝食付	素泊			
（熊谷周辺）map▶66ページ						(048)		
熊谷ロイヤルホテルすずき	62	77	S75〜	S60.5〜	S54	521-0523	熊谷駅2分	ⓌⒷⓉⓌⓅ〈先着順〉ⒸⓆH28年7月新築オープン
R&Bホテル熊谷駅前	190	190	—	朝食5	S49〜	599-1717	熊谷駅1分	ⒷⓉ(s)Ⓦ
イーホテル熊谷	29	37	—	—	S53〜	522-0234	熊谷駅2分	ⒷⓉⓌⓅ（4台先着順）Ⓒ
東横INN熊谷駅北口	—	—	—	サービス	S78〜	599-1045	熊谷駅3分	ⒷⓉ(s)ⓌⓅ〈先着順〉ⒸⓆ
B.H.ニューネオ	38	42	—	—	S63	525-0678	熊谷駅3分	ⒷⓉⓌⓅ〈先着順〉Ⓒモーニングコーヒーサービス
スマイルホテル熊谷	138	184	—	S58〜	S50	525-6311	熊谷駅5分	ⒷⓉ(s)ⓌⓅ 会議室、コンビニ5分
B.H.キャビン熊谷	45	46	—	—	S40〜49	521-2501	熊谷駅歩20分	ⒷⓉⓌⓅⒸ上熊谷駅歩10分
（深谷〜寄居周辺）						(048)		
B.H.あさひ	26	36	S69.3	サービス	S59.4	573-1592	深谷駅歩15分	和ⒷⓉⓌⓅⒸ24h風呂
きんとう旅館	26	60	78.1〜	64.9〜	59.4〜	571-1341	深谷駅歩8分	Ⓟ創業198年、大浴場
チサンホテル岡部	17	29	—	—	S55	585-5211	岡部駅車10分	ⒷⓉⓌⓅⒸテニスコート、ゴルフ場
B.H.一　心	21	40	—	朝食7	47〜51	581-2345	寄居駅北口歩4分	和ⒷⓉⓌⓅⒸ
（本庄周辺）						(0274)		
P.ウエンテラー	5	25	71.5	55	49.5	52-4387	本庄駅車30分	ⓌⓅアットホーム、ゴルフ場近く
（秩父周辺）map▶66ページ						(0494)		
梁　山　泊	18	80	リニューアルに向け		改装中	75-2654	西武秩父駅車20分	ⓌⓅⒸ天然温泉（大理石風呂、露天風呂）
か　お　る　鉱　泉	8	30	99〜	88	69.3	78-0311	西武秩父駅直通50分	和ⓌⓅⒸ川べりの宿、たまご湯（鉱泉、入湯税別）
国民宿舎両神荘	36	150	99〜	—	—	79-1221	西武秩父駅バス50分	ⓌⓅⒸ天然温泉・露天（入湯税別）
ファミリーロッジ旅籠屋秩父店	14	56	—	軽朝食	Ⓟ49.5〜	54-3858	武州中川駅2km	ⒷⓉ(s)ⓌⓅ国道140号沿い
長　瀞　荘	24	120	Ⓟ70	Ⓟ50	Ⓟ44	66-0336	上長瀞駅歩2分	和ⓌⓅ大広間、道場、合宿向き、長瀞深谷近く
ゲストハウス錦	6	25	57	47	40	090-4432-8738	三峰口駅バス5分	ⓌⓅⓆ共同風呂（湯を入れると500円/回）、薪ストーブ
（越生周辺）						(049)		
越　生　館	17	50	67〜	52〜	44〜	292-3035	越生駅目の前	和Ⓟ大広間、合宿・長期割引応相談
（川越周辺）map▶66ページ						(049)		
P67　松　村　屋	14	40	112.5〜	82.5〜	67.5〜	222-0107	本川越駅車5分	和ⒷⓉⓌⓅⒸⓆ観光に便利
川　越　B.H.	27	36	—	—	S50	224-6811	川越駅歩10分	ⒷⓉⓌⓅ
（飯能周辺）						(042)		
奥　むさし旅館	16	60	79〜	69〜	60〜	973-2766	飯能駅歩8分	和ⒷⓉⓌⓅⒸⓆ大浴場、宴会場
民　宿　川　波	7	35	77〜	50	41.8	978-1493	武蔵横手駅歩10分	ⓌⓅ日高市巾着田のマンジュシャゲ近く（9月下旬）

川越市指定文化財「時の鐘」

小江戸情緒あふれる蔵造りの町並みにひときわ高くそびえる川越のシンボル「時の鐘」。江戸時代初頭、川越藩主酒井忠勝により創建され、以来度重なる火災で鐘楼や銅鐘が焼失するも、暮らしに欠かせない「時」を告げるため、川越商人達により建て直されてきた。現在の鐘楼（4代目）は、明治26年の川越大火翌年に再建されたもの。木造3層構造で高さ約16m。鐘つき守から自動鐘打機に変わったが、その響きの良い音色は平成8年、環境省の「残したい"日本の音風景100選"」に認定された。午前6時・正午・午後3時・午後6時の1日4回鐘打。本川越駅から徒歩15分。
☎049-224-6097（教育委員会教育総務部文化財保護課）

【ひとくちメモ】　飯能市宮沢湖周辺に2019年オープンした北欧のライフスタイルを体験できる「メッツァビレッジ」と、北欧・フィンランドの人気アニメ"ムーミン"のテーマパーク「ムーミンバレーパーク」（1デーパス前売：大人3,400円、小学生以下2,000円）。ムーミン一家が暮らすムーミン屋敷やムーミンの物語を追体験できる複数のアトラクション、物語に登場する灯台や水浴び小屋など、ムーミンの魅力や原作者トーベ・ヤンソンの想いを感じることができる施設となっている。ジップラインやアスレチック、ワークショップなどもある。☎0570-03-1066　https://metsa-hanno.jp/

宿泊料金は基本的に「**1名分**、消費税10％込み」表示（単位：百円）　※宿泊税別　　**旅**→1室2名利用／**3**→1室3名利用／**4**→1室4名以上利用／B.H.→ビジネスホテル／P.→ペンション／Y.H.→ユースホステル／Y.G.H.→ユースゲストハウス／**会**→YH会員料金／**相**→相部屋＝ドミトリー／S→シングルルーム／**地**→地下鉄／**男**→男性専用／**女**→女性専用／**全**→全室和室／**和**→和室有（全室ではない）　（→右へ）

名　　称	室数	定員	1名分宿泊料金（単位/百円）			電話	交通	特徴・備考
			2食付	朝食付	素泊			
（狭山・所沢周辺） map▶66ページ						（04）		
シティホテル松井	69	80	―	―	S55、65	2956-4151	狭山市駅東口歩2分	BT(s)WPC
B.H.松井	50	70	―	―	S55	2953-1234	新狭山駅歩2分	BT(s)WPC ゴルフ場近く
いなり旅館	11	29	61	50	45	2954-6465	新狭山駅歩10分	和WP 大浴場、洗濯機・乾燥機無料
B.H.若狭	50	70	S67.1～	S56.1～	S49.5～	2953-8800	新狭山駅歩15分	和BTWPCQ 男大浴場、川越I.C.7分
古民家付き農園corot	1	20	自炊可	自炊可	※300～	2930-4202	下山口駅歩15分	和P 1棟貸切、野菜プレゼント※平日1～5名
（志木～和光周辺）						（048）		
東横INN志木駅東口			―	サービス	S75～	470-1045	志木駅歩3分	BT(s)WP 予約制 CQ
スマイルホテル北朝霞	103	126	―	※朝食8.5	S45～	424-4885	北朝霞歩1分	BT(s)WP 予約制 C※1Fジョナサンにて
東横INN北朝霞駅西口			―	サービス	S77～	486-1045	北朝霞歩1分	BT(s)WP 予約制 CQ
東横INN和光市駅前			―	サービス	S83～	466-1045	和光市歩1分	BT(s)WP 先着順 CQ

◇千葉◇

名　　称	室数	定員	2食付	朝食付	素泊	電話	交通	特徴・備考
（千葉市周辺） map▶68ページ						（043）		
白扇旅館	8	25	旅70～	S58～	S50～	251-7014	千葉駅千葉公園口歩5分	T(s)WPCQ
ホテルニューいなばん	25	40	S77～	S66～	S60.5～	242-2937	稲毛海岸駅歩15分	和WP 大浴場、工事関係多い、洗濯機無料
東横INN千葉駅東口			―	サービス	S77～	201-1045	千葉駅歩3分	BT(s)WP 予約制 CQ
東横INN千葉駅前	205	235	―	サービス	S72～	227-1045	千葉駅東口歩5分	BT(s)WP 先着順 CQ
三恵シティホテル千葉	105	126	―	―	S51.6	227-3330	千葉駅歩15分	BT(s)WP 予約制 C 冷蔵庫付
カプセルホテル ザ・イン	120	120	―	―	34.5～	246-8555	千葉中央駅歩2分	男カプセルWCQ 男大浴場、サウナ、食事持込可
東横INN千葉みなと駅前	227	264	―	サービス	S75～	301-1045	千葉みなと駅目の前	BT(s)WP 先着順 CQ
ホテルリブマックスBUDGET千葉美浜	30	60	―	―	70～	203-8080	西千葉駅歩15分	BT(s)WP 電子レンジ、コインランドリー
アーバンホテル三幸	61	68	―	S68～	S58～	268-8611	蘇我駅歩2分	BT(s)WPCQ
（津田沼～船橋周辺） map▶68ページ						（047）		
カプセルホテルファミー	58	58	―	―	31	472-3333	津田沼駅歩1分	男カプセルWCQ 大浴場、サウナ、コインランドリー
東横INN津田沼駅北口	180	230	―	サービス	S73～	471-1045	津田沼駅歩5分	BT(s)WP 1台先着制 CQ
船橋グランドサウナ＆カプセルホテル	146	146	レストラン	レストラン	39.6	422-2266	船橋駅歩1分	男カプセルWCQ 大浴場、サウナ、会員割引有
レオ癒カプセルホテル船橋店	96	96	―	―	27～	455-3500	船橋駅歩3分	男女カプセルWCQ
船橋シティホテル	48	70	―	サービス	S59	437-5511	船橋駅歩5分	BT(s)WPC ツイン・ダブル有
ホテルシロー	43	57	―	―	S78～	433-1126	船橋駅南口歩7分	BT(s)WP（車窓服有） C
レオ癒カプセルホテル西船店	78	78	―	―	27～	404-2500	西船橋駅歩3分	男女カプセルWP 予約制 CQ 個室有
東横INN西船橋原木インター			―	サービス	S72～	327-1045	西船橋駅歩15分	BT(s)WP 先着順 CQ

Map

 千葉市周辺　　 津田沼～船橋周辺　　 本八幡周辺　　 松戸周辺

【ひとくちメモ】　昭和2年築の旧川崎銀行千葉支店の建物を保存・修復し、中央区役所との複合施設として開館した「千葉市美術館」。2020年のリニューアルで美術館スペースが拡張された。房総ゆかりの作品の他、北斎、写楽などの浮世絵や江戸絵画、現代美術作品を数多く所蔵している。独自の切り口を持った展覧会で全国的に評価されている。JR千葉駅東口から徒歩15分。開館10～18時（金・土は20時迄）。毎月第1月曜・年末年始休館。観覧料は展覧会により変動（常設展：一般300円）。☎043-221-2311　https://www.ccma-net.jp/

関東

★お申し込み時「全国安い宿情報を見た」と言ってね！お得情報は187ページを見てね！

〈→つづき〉 Ⓑ→全室バス付／Ⓑ→一部バス付／Ⓣ→全室トイレ付／Ⓣⓢ→全室シャワートイレ＝ウォシュレット付／Ⓣ→一部トイレ付／
Ⓦ→全室Wi-Fi可／Ⓦ→一部Wi-Fi可／Ⓟ→有料駐車場／Ⓟ→無料駐車場／送→送迎有／身→身体障害者への対応（要問）／
Ⓒ→一部クレジットカード決済可／Ⓠ→paypay等の一部QR決済可／24h→24時間／特記事項は※印、又は（ ）括弧書きにて説明

名称	室数	定員	1名分宿泊料金(単位/百円) 2食付	朝食付	素泊	電話	交通	特徴・備考
(市川～松戸周辺) map▶68ページ						(047)		
サウナレインボー本八幡	114	114	レストラン	レストラン	32, 37	376-1126	本八幡駅目の前	男カプセルⓌCQ 大浴場、サウナ
旅館市益	11	40	81～	64～	55～	334-6318	本八幡駅歩6分	和ⒷⓉⓌPCQ ファミリービジネス・長期可
スーパーホテル東西線市川妙典駅前	137	175	—	サービス	S70～	397-9000	妙典駅歩2分	ⒷⓉ(s)ⓌP 〈先着順〉C
東横INN千葉新鎌ヶ谷駅前	179	250	—	サービス	S80～	446-1044	新鎌ヶ谷駅4分	ⒷⓉ(s)ⓌP 〈先着順〉CQ
サウナ・カプセルインクレスト松戸	99	99	レストラン	レストラン	38.8～	367-2681	松戸駅西口歩1分	男カプセルⓌPCQ 大浴場、檜even、サウナ
東横INN松戸駅東口			—	サービス	S77～	364-1045	松戸駅2分	ⒷⓉ(s)ⓌP 予約制CQ
(柏周辺) map▶69ページ						(04)		
柏プラザホテル	230	263	要問	朝食8	S55～	7147-1111	柏歩1分	ⒷⓉ(s)ⓌP 提携P CQ
柏プラザホテルアネックス	138	160	—	—	S55～	7147-1115	柏歩2分	ⒷⓉ(s)ⓌP 提携P CQ
東横INN柏駅西口			—	サービス	S77～	7180-1045	柏歩2分	ⒷⓉ(s)ⓌP 〈先着順〉CQ
山貴旅館	13	30	—	—	※44～54	7144-7206	柏駅歩3分	和ⒷⓉⓌPCQ ※現金払い
東横INN柏駅東口			—	サービス	S81～	7162-1045	柏駅4分	ⒷⓉ(s)ⓌP 予約制CQ
東横INN流山おおたかの森			—	サービス	S79～	7154-1045	流山おおたかの森歩1分	ⒷⓉ(s)ⓌP 〈先着順〉CQ
富桝旅館	10	49	71.5～	60.5	55	7182-2003	我孫子駅歩15分	和ⓌP ビジネス・団体向き
(成田周辺) map▶69ページ						(0476)		
たびのホテルExpress成田	99	160	—	朝食12	S75～	73-6211	成田空港第2ビル駅車10分	ⒷⓉⓌPCQ
東横INN成田空港本館	331	650	—	サービス	S71～	33-0451	成田空港第2ビル駅車10分	ⒷⓉ(s)ⓌP 〈先着順〉CQ（空港へ15分）
東横INN成田空港新館			—	サービス	S71～	33-0451	成田空港第2ビル駅車10分	ⒷⓉ(s)ⓌP 〈先着順〉CQ
ナインアワーズ成田空港	129	129	—	—	62～	050-1807-3506	成田空港第2ビル駐車場B1F	男女利用カプセルⓌ
アズール成田	4	20	—	—	33～	91-5708	京成成田駅東口歩10分	和ⓌCQ 個室有、シャワーのみ、空港車7分
バックパッカーズフジ	2	12	自炊可	サービス	29	24-0700	成田駅歩8分	和Ⓦ キッチン、シャワー無料
桐之家旅館	14	30	夕食13～	朝食7～	S50, 55	22-0724	成田駅歩15分	和ⓉⓌP 成田山公園へ歩3分
ザ・エディスターホテル成田	245	348	—	朝食12	S60～	23-2300	成田駅歩15分	ⒷⓉⓈⓌP 宿泊プラン有（空港シャトルバス20分）
宮本旅館	6	19	65～	50～	45～	73-2511	成田駅車25分	和ⓉⓌP ビジネス向き、空港車20分
東横INN印旛日本医大駅前			—	サービス	S73～	89-3045	印旛日本医大駅歩2分	ⒷⓉ(s)ⓌP 〈先着順〉CQ
(香取市周辺)						(0478)		
川むら旅館	8	12	—	—	40	52-3236	佐原駅歩8分	和ⓉP 冷暖房無料、伊能忠敬旧家近く
B.H.かまはる	16	30	—	—	S55～	82-3018	小見川歩2分	和ⒷⓉⓌP
割烹旅館丸山	15	65	78.1～	63.8～	55～	83-2181	小見川歩8分	和ⓌPCQ 大浴場
高須旅館	5	15	—	—	60	78-3546	小見川駅車10分	和P
鯉屋	8	40	※88～	66	60.5	86-0023	笹川駅歩10分	和ⓉⓌP 黒部川沿い、※ビジネス料金
土善旅館	10	80	※82.5～	70.4～	59.4～	86-1155	笹川駅歩10分	和ⒷⓉⓌP 24h風呂、洗濯機無料、※ビジネス料金
(銚子周辺) map▶69ページ						(0479)		
B.H.いづや	25	30	S78.1	S61.6	S55	22-1282	銚子駅歩1分	ⒷⓉ(s)ⓌPC
B.H.近江屋	22	32	—	—	S55	22-0105	銚子駅歩4分	ⒷⓉⓌP 素泊身￥5000
かもめ小テル	13	15	—	—	S65	22-6255	銚子駅歩6分	ⒷⓉ(s)ⓌPC
喜久よし旅館	6	10	—	—	38～55	22-0819	銚子駅歩12分	和P アットホーム、昔ながらの宿
いずみ	2	10	身78	身62	身50	24-1755	銚子駅車5分	和ⓌP 1F居酒屋で食事

Map

柏周辺	成田周辺	銚子周辺	九十九里浜周辺

【ひとくちメモ】「香取神宮」は、神武天皇の御代18年の創建と伝えられ、祭神は日本書紀の国譲り神話に登場する経津主大神（ふつぬしのおおかみ）。明治以前に「神宮」の称号を与えられていたのは伊勢、香取、鹿島のみというわが国屈指の名社。本殿・中殿・拝殿が連なる権現造の社殿は、鹿皮のような色をした桧皮葺の屋根に黒塗りの姿が実に美しく、宝物には、国宝の海獣葡萄鏡や重要文化財の古瀬戸横涼釉狛犬、双竜鏡などがあり、国・県指定の文化財だけでも200点余を所蔵・所有している。JR佐原駅から車10分。☎0478-57-3211 https://katori-jingu.or.jp/

宿泊料金は基本的に「**1名分**、消費税10%込み」表示(単位:百円) ※宿泊税別／[ii]→1室2名利用／[iii]→1室3名利用／[複]→1室4名以上利用／B.H.→ビジネスホテル／P.→ペンション／Y.H.→ユースホステル／Y.G.H.→ユースゲストハウス／[会]→YH会員料金／[相]→相部屋＝ドミトリー／S→シングルルーム／[地]→地下鉄／[男]→男性専用／[女]→女性専用／[和]→全室和室／[和]→和室有(全室ではない) 《→右へ》

名称	室数	定員	1名分宿泊料金(単位/百円) 2食付	朝食付	素泊	電話	交通	特徴・備考
(銚子周辺) map▶69ページ						(0479)		
P.ヘルシーウイング	9	44	—	—	45～65	24-8761	銚子駅車15分	[B][T][W][P]ペット要問、犬吠埼灯台近く
文治	9	42	[iii]78	[iii]62	40	22-0341	外川駅歩7分	[和][P]新鮮な魚料理が人気
(九十九里浜周辺) map▶69ページ						(0479)		
バーネットビレッジ	20棟	165	自炊可	自炊可	※[ii]39～	84-3450	横芝駅車10分	[B][T][W][P][送][C]※貸コテージ・オフ期平日
P.ココ	7	21	—	—	S64.9	84-3030	横芝駅車10分	[P] [ii]¥4990、蓮沼海浜公園車10分
P.かもめ	5	15	69～	43～	35～	82-3453	横芝駅車10分	[W][P][送]パターゴルフ・テニス・バスケ無料、殿下海水浴場近く
ファミリーロッジ旅籠屋九十九里店	12	48	—	軽朝食	[ii]49.5～	86-7858	松尾横芝I.C.車2分	[B][T](s)[W][P]冷蔵庫付
(大網・茂原周辺)						(0475)		
国民宿舎サンライズ九十九里	95	300	[複]155.1～	—	—	76-4151	大網駅バス35分	[B][T](s)[W][P][C]海水浴場前、九十九里I.C.高速バス停近く
旅人の宿プラージュ	3	10	55	41.8	35.2	76-7650	東金駅車20分	[相][W][P]子供料金有、不動堂海水浴場歩5分
都市農村交流センター	7棟	28	自炊可	自炊可	※[複]41.8～	35-0055	茂原駅車30分	[P]ログハウスの貸コテージ、長柄ダム近く、※4～9月
デメックーイン	2	6	—	—	68	33-5801	茂原駅バス20分	[B][T][W][P]コンビニ近く
P.小さな白い家	4	15	—	—	[ii]42.9～	33-5931	茂原駅バス25分	[W][P][Q]貸切風呂、九十九里浜へ歩10分
(勝浦・大原周辺)						(0470)		
旅館松の家	7	20	121～	71.5～	60.5～	73-0047	勝浦駅歩15分	[和][W][P]江戸時代創業、古代檜風呂、朝市そば
ファミリーロッジ旅籠屋千葉勝浦店	12	48	—	軽朝食	[ii]49.5～	73-8851	勝浦駅車5分	[B][T](s)[W][P]国道297号沿い
松屋旅館	5	20	82.5～	66～	55～	86-2011	国吉駅歩2分	[和][W][P]長期応相談
(鴨川周辺) map▶70ページ						(04)		
ひだまりINN	12	48	※[ii]77～	[ii]62～	[ii]52～	7094-0899	安房天津駅歩5分	[B][T](s)[W][P][C][Q]※定食プラン
P.フォーシーズン	10	30	—	—	55～	7092-9020	安房鴨川駅車10分	[W][P][Q]眺望豊かな高台に建つP.
民宿はやし	9	30	[ii]80～	[ii]58～	[ii]48～	7092-0538	太海駅歩3分	[和][W][P]鴨川の民宿第1号、太海海水浴場歩3分
(南房総周辺) map▶70ページ						(0470)		
オステルリー アヴァンソワ	10	30	[ii]149.5～	—	[ii]60～	29-2999	館山駅バス20分	[B][T](s)[W][P][C]海へ歩10分
休暇村館山	77	242	[ii]155～	—	—	29-0211	館山駅バス20分	[W][P][C]温泉(加温加水・入湯税別)
P.サンデービーチ	15	30	[ii]95～	[ii]59～	[ii]45～	28-2288	館山駅バス20分	[W][P][Q]バス停から歩15分
P.シーガル	9	21	[ii]89～	[ii]55～	[ii]43～	28-0936	館山駅バス20分	[W][P][Q]ボリュームある食事
P.ヒポ	5	15	[iii]82.5～	[iii]55～	[iii]44～	28-0918	館山駅バス20分	[P]夕食時びわ酒有
吾荘	9	30	[ii]71.5	[ii]60.5	[ii]38.5	38-2795	館山駅バス35分	[和][W][P][Q]小宴会可、花摘み人気(1～3月)
矢原荘	21	85	[複]115～	[複]93～	[複]68～	44-1761	千倉駅歩18分	[和][B][T][W][P][Q]天然温泉(入湯税別)
温泉民宿しあわせ荘	8	31	82.5～	60.5～	49.5～	43-1244	千倉駅車10分	[和][W][P]天然温泉(入湯税別)、海目の前
ゲストハウス遊房(あそぼう)	8	30	—	—	30～	29-5228	千倉駅バス20分	[W][P][C][Q]
勘太郎	6	27	78～88	—	38～48	38-4351	千倉駅バス25分	[W][P]伊勢えび・アワビ料理(別注)
グランビュー岩井	42	200	夕食30～	朝食10	[ii]65～	57-3311	岩井駅歩7分	[B][T](s)[W][P][C]コンドミニアムホテル、キッチン
(内房周辺)						(0439)		
君津グリーンホテル	28	28	—	サービス	S55～63	55-0864	君津駅歩5分	[B][T][W][P]共用電子レンジ有
鎌田屋旅館	6	29	65	50	35	38-2320	君津駅車40分	[W][P]三島湖・豊英湖の中間、釣り・ゴルフ人気
民宿錦海亭	4	16	110～	85～	75～	66-0445	佐貫町駅車3分	[和][W][P]桧風呂・サウナ、新舞子海水浴場前

Map 鴨川周辺 南房総周辺 木更津周辺 市原周辺

【ひとくちメモ】 館山市街の南側丘陵に位置し、房総の戦国大名・里見氏の居城跡を整備した城山公園。城山の頂上には三層四階天守閣形式の館山城が聳えたち、里見氏を題材にした江戸時代の人気作「南総里見八犬伝」に関する各種資料等を紹介する「八犬伝博物館」となっている。見晴らしのよい丘陵地に館山市立博物館や日本庭園などが点在。花の公園としても親しまれている。通常料金観覧料:館山城・本館共通大人400円／特別展開催期間入館料:館山城・本館共通大人500円。☎0470-22-8854 https://tateyamacastle.jp/

★お申し込み時「全国安い宿情報を見た」と言ってね！お得情報は187ページを見てね！

〈→つづき〉 Ⓑ→全室バス付／Ⓑ→一部バス付／Ⓣ→全室トイレ付／Ⓣ(s)→全室シャワートイレ＝ウォシュレット付／Ⓣ→一部トイレ付／
Ⓦ→全室Wi-Fi可／Ⓦ→一部Wi-Fi可／Ⓟ→有料駐車場／Ⓟ→無料駐車場／送→送迎有／身体障害者への対応(要問)／
Ⓒ→一部クレジットカード決済可／Ⓠ→paypay等の一部QR決済可／24h→24時間　特記事項は※印、又は( )括弧書きにて説明

名　称	室数	定員	1名分宿泊料金(単位／百円) 2食付	朝食付	素泊	電話	交通	特徴・備考
(木更津周辺) map▶70ページ						(0438)		
栄　楽　旅　館	12	25	60.5〜	51.7〜	49.5〜	22-5175	木更津駅歩6分	和ⓌⓅ 大浴場、ビジネス向き
ファミリーロッジ旅籠屋木更津金田店	14	56	—	軽朝食	ⓘ49.5〜	41-8854	木更津金田I.C.1.5km	ⒷⓉ(s)ⓌⓅ EV車充電可
ファミリーロッジ旅籠屋木更津港店	12	48	—	軽朝食	ⓘ49.5〜	23-8854	木更津金田I.C.6km	ⒷⓉ(s)ⓌⓅ EV車充電可
ファミリーロッジ旅籠屋袖ヶ浦店	14	56	—	軽朝食	ⓘ49.5〜	63-9858	袖ヶ浦I.C.4km	ⒷⓉ(s)(分離型)ⓌⓅ
東横INN袖ヶ浦駅北口			—	サービス	Ⓢ79	60-1045	袖ヶ浦駅歩2分	ⒷⓉⓈⓌⓅ(先着順)ⒸⓆ
ゆたか旅館奈良輪館	69	100	60.5〜	55〜	—	64-1151	袖ヶ浦駅歩20分	ⓌⓅⒸ 大浴場、ビジネス・工事関係者多い
ゆたか旅館駅前館	68	100	66〜	53.9〜	—	63-2311	長浦駅歩2分	和ⓉⓌⓅⒸ 大浴場
ゆたか旅館本館	31	70	—	—	41.8〜	62-8940	長浦駅歩3分	和ⓌⓅⒸ 大浴場
(市原周辺) map▶70ページ						(0436)		
Ｂ.Ｈ.五井温泉	52	90	要問	Ⓢ79.6〜	Ⓢ69.7〜	23-2617	五井駅車10分	ⒷⓉⓈⓌⓅⒸⓆ 天然温泉大浴場・露天
Ｂ.Ｈ.五井ヒルズ	46	56	—	サービス	Ⓢ65.8〜	21-3767	五井駅歩5分	ⒷⓉ(s)ⓌⓅⒸ
Ｂ.Ｈ.タカザワ姉崎店	91	117	Ⓢ72、75	サービス	Ⓢ63、66	62-2255	姉ヶ崎駅歩6分	ⒷⓉⓌⓅⒸ
ホテル市原クラブ姉崎店	90	135	Ⓢ69.3〜	Ⓢ61.6〜	Ⓢ58.3〜	61-0598	姉ヶ崎駅歩12分	和ⒷⓉⓌⓅⒸ 大浴場
Ｂ.Ｈ.王　倉	131	136	夕食10	サービス	Ⓢ68	61-8888	姉ヶ崎駅歩15分	ⒷⓉⓌⓅⒸⓆ コインランドリー

◇東　京◇

(東京都内は宿泊税別途100円) ※宿泊代10,000円〜14,999円の場合

名　称	室数	定員	2食付	朝食付	素泊	電話	交通	特徴・備考
(新宿周辺) map▶71ページ						(03)		
東　京　Ｂ.Ｈ.	181	203	—	朝食12	Ⓢ45〜	3356-4605	新宿御苑駅歩7分	ⒷⓉⓌⓅⒸⓆ 大浴場、ツイン〜フォース有
安心お宿新宿駅前店	256	256	ご飯サービス	ご飯サービス	59.8〜	6746-4745	新宿駅東南口歩90秒	男Ⓦ ジェットバス、ドライサウナ
新　宿　Ｂ.Ｈ.	39	40	—	—	Ⓢ55〜75	3341-1822	新宿駅南口歩5分	和Ⓦ 全室アウトバス、大浴場、アメニティ有、門限am1時
カプセルホテル新宿510／レディース510	300	300	自販機	—	男45、女47〜	3200-6151	新宿駅東口歩5分	男女利用カプセル和ⓌⒸⓆ 大浴場、サウナ
区役所前カプセルホテル	442	442	自販機	近隣カフェ提携	55〜	3232-1110	新宿駅東口歩10分	男女利用カプセル和ⓌⒸ 大浴場、サウナ、足湯、シャワー
東横INN新宿歌舞伎町	351	440	—	サービス	Ⓢ90	5155-1045	新宿駅東口歩15分	ⒷⓉⓈⓌⓅ(先着順)ⒸⓆ ※新宿駅歩5分
シティホテル松の井	13	16	—	—	Ⓢ82.5〜	3200-4773	新大久保駅歩2分	和ⒷⓉⓌⒸ 門限なし、2020年リニューアル
エンパイヤホテル	37	45	—	—	Ⓢ67〜83	3367-2896	新大久保駅歩3分	ⓉⓅ(予約制)ⒸⓆ シャワーのみ
(四ッ谷周辺) map▶71ページ						(03)		
東京セントラルY.H.	33	179	団体のみ	朝食8.8	会39.6	3235-1107	飯田橋駅歩1分	相ⓌⒸ ビルの18・19階を使用
ファーストキャビン市ヶ谷	165	165	—	—	60、75〜	6457-5305	市ヶ谷駅歩1分	男女別キャビン和Ⓦ 大浴場、送アメニティ
ルーテル市ヶ谷センター	15	15	—	—	Ⓢ56〜	3260-8621	地市ヶ谷駅歩2分	ⓌⓅ(先着順) アウトバス、ツイン、送JR駅歩7分
エースイン新宿	112	112	カフェ	カフェ	33〜	3350-6655	地曙橋駅歩1分	相ⓌⓅ(1台) カプセル型ベッド(TV無)、女性可

Ｍａｐ

新宿周辺	四ッ谷周辺	赤坂周辺	渋谷周辺

★お申し込み時「全国安い宿情報を見た」と言ってね！お得情報は187ページを見てね！

【ひとくちメモ】　これまで新宿駅周辺に分散されていた高速バスののりばが、安全性、利便性、混雑緩和などの観点からJR新宿駅南口の1ヶ所に集約され、2016年4月4日に日本一巨大なバスターミナル「高速バスターミナルバスタ新宿」としてオープン。コンビニやATM、インフォメーションカウンター、有人発券窓口、自動券売機、コイン式携帯電話充電器の設置、Wi-Fi対応、土産物屋、授乳室等、サービス施設も充実している。新宿駅新南改札から4階ののりばまで直結エスカレーターで行ける。https://shinjuku-busterminal.co.jp/

宿泊料金は基本的に「**1名分、消費税10％込み**」表示（単位：百円） ※宿泊税別／Ⓣ→1室2名利用／Ⓣ→1室3名利用／Ⓣ→1室4名以上利用／B.H.→ビジネスホテル／P.→ペンション／Y.H.→ユースホステル／Y.G.H.→ユースゲストハウス／㊎→YH会員料金／㊆→相部屋＝ドミトリー／S→シングルルーム／㊞→地下鉄／㊚→男性専用／㊛→女性専用／㊇→全室和室／㊈→和室有（全室ではない） 《→右へ》

名称	室数	定員	1名分宿泊料金（単位/百円） 2食付	朝食付	素泊	電話	交通	特徴・備考
（赤坂周辺） map▶71ページ						(03)		
ファーストキャビン赤坂	123	123	—	—	40、50	3583-1143	地赤坂駅歩1分	男女別キャビンⓌ 大浴場、㊛アメニティ、KEY'S CAFE
ナインアワーズ赤坂sleep lab	168	168	—	—	41～	050-1807-3087	地赤坂駅歩4分	男女利用カプセルⓌ コーヒースタンド
東横INN溜池山王駅官邸南	88	160	—	サービス	S95～	5510-1045	地溜池山王駅歩2分	ⒷⓉ(s)Ⓦ
変なホテル東京 赤坂	116	337	—	Ⓣ135.4～	Ⓣ90～	050-5894-3782	地溜池山王駅歩4分	ⒷⓉ(s)ⓌCQ
サウナ&カプセルミナミ六本木店	58	58	食堂	—	54～	5413-8177	地六本木駅歩1分	㊚カプセルⓌCQ 大浴場、サウナ
（渋谷周辺） map▶71ページ						(03)		
ホテル福田屋	17	30	—	—	90～	3467-5833	渋谷駅歩15分	ⒷⓉⓌⓅC 道玄坂の先、静かな環境
ドシー恵比寿	162	162	—	—	38～	050-1807-2324	恵比寿駅歩1分	男女利用カプセルⓌ サウナ(水風呂無し)
サウナ&カプセルミナミ下北沢店	34	34	食堂	—	44	5481-3731	下北沢駅歩5分	㊚カプセルⓌCQ 大浴場、サウナ
（五反田周辺） map▶72ページ						(03)		
ドシー五反田	164	164	—	—	28～	050-1807-3412	五反田駅歩3分	男女利用カプセルⓌ ㊚サウナ(水風呂無し)
日の出ホテル	43	46	—	—	S58～65	3442-6675	五反田駅歩3分	ⒷⓉⓌⓅ(予約制)C
旅館山水荘	10	20	—	—	65～	3441-7475	五反田駅歩5分	㊇ⓌC
東横INN品川旗の台駅南口			—	サービス	S90～	6686-1045	旗の台駅歩3分	ⒷⓉ(s)ⓌⓅ(先着順)CQ
サウナ&カプセルミナミ学芸大店	60	60	食堂	—	50	5760-3731	学芸大学駅歩3分	㊚カプセルⓌCQ 大浴場、サウナ、スポーツジム
（品川周辺）						(03)		
東横INN品川駅高輪口	180	230	—	サービス	S100～	3280-1045	品川駅歩2分	ⒷⓉ(s)ⓌⓅ(予約制)CQ
スマイルホテル品川泉岳寺駅前	124	240	—	朝食6	S60～	6700-6300	泉岳寺駅A4出口歩1分	ⒷⓉ(s)Ⓦ コインランドリー、羽田空港へ18分
東横INN品川港南口天王洲アイル			—	サービス	S85～	5715-1045	天王洲アイル駅歩5分	ⒷⓉ(s)ⓌⓅ(先着順)CQ
（大井町周辺） map▶72ページ						(03)		
アワーズイン阪急	1388	1455	夕食20	朝食8	S80～	3775-6121	大井町駅目の前	ⒷⓉ(s)ⓌⓅC シングルはシャワーのみ、スーパー銭湯(別料金)
東横INN品川大井町	186	222	—	サービス	S90～	3771-1045	大井町駅歩2分	ⒷⓉ(s)ⓌⓅ(予約制)CQ 東京ビッグサイトへ12分
ホテルタチバナ	20	20	—	—	S52、54	3771-5572	大井町駅歩3分	ⒷⓉ(s)ⓌC エレベーター無し、日曜割引
ホテルルートイン品川大井町	156	164	—	サービス	S110～	3777-5711	大井町駅歩5分	ⒷⓉ(s)ⓌCQ
東横INN品川青物横丁駅	197	394	—	サービス	S85～	5461-1045	京急青物横丁駅直結	ⒷⓉ(s)Ⓦ 羽田空港へ20分
スーパーホテル品川青物横丁	104	240	—	サービス	S60～	5782-9200	京急青物横丁駅歩7分	ⒷⓉ(s)ⓌⓅC 大浴場、羽田空港へ20分
（蒲田周辺） map▶72ページ						(03)		
東横INN蒲田東口	90	137	—	サービス	S88～	3736-1045	蒲田駅東口歩1分	ⒷⓉ(s)ⓌⓅ(1台予約制)CQ
カプセルイン蒲田	284	284	—	—	27～	3731-0604	蒲田駅歩3分	㊚カプセルⓌCQ 大浴場、サウナ、個室¥4100～
R&Bホテル蒲田東口	180	180	—	朝食5	S65～	5480-1515	蒲田駅歩3分	ⒷⓉ(s)Ⓦ
東横INN蒲田1	52	62	—	サービス	S80～	3734-1045	蒲田駅西口歩5分	ⒷⓉⓌⓅ(提携)CQ
（羽田空港周辺）						(03)		
ファーストキャビン羽田ターミナル1	164	164	—	—	60、75～	5757-8755	羽田空港第1旅客ターミナル内	男女別キャビンⓌⓅ(羽田空港駐車場を利用) 大浴場、㊛アメニティ
東横INN羽田空港1	250	340	—	サービス	S90～	5737-1045	大鳥居駅東口目の前	ⒷⓉ(s)ⓌⓅ(予約制)CQ 羽田空港へ無料シャトルバス
東横INN羽田空港2	311	340	—	サービス	S85～	5735-1045	大鳥居駅東口目の前	ⒷⓉ(s)ⓌⓅ(予約制)CQ 羽田空港へ無料シャトルバス
変なホテル東京 羽田	200	413	—	Ⓣ122.6～	Ⓣ79～	050-5894-3783	大鳥居駅歩7分	ⒷⓉ(s)ⓌⓅ送(無料バス)CQ

Map 五反田周辺 大井町周辺 蒲田周辺 新橋周辺

関東

★お申し込み時「全国安い宿情報を見た」と言ってね！お得情報は187ページを見てね！

【ひとくちメモ】 変わらぬ東京の観光スポット「東京タワー」には、メインデッキ（150m）とトップデッキ（250m）の2つの展望台があり、天候に恵まれた日には富士山まで見渡す事ができる。高さ150mまで続く約600段の外階段を登る「オープンエア外階段ウォーク」も実施。フットタウン3～5Fには日本最大規模esportsパーク「RED° TOKYO TOWER」があり充実。大江戸線赤羽橋駅徒歩5分。／トップデッキツアー（メインデッキ+トップデッキ入場）…大人3,000円、小中学生2,000円、4歳以上1,400円 ☎03-3433-5111 https://www.tokyotower.co.jp/

（←つづき）　Ⓑ→全室バス付／Ⓑ→一部バス付／Ⓣ→全室トイレ付／Ⓣ(s)→全室シャワートイレ＝ウォシュレット付／Ⓣ→一部トイレ付／
Ⓦ→全室Wi-Fi可／Ⓦ→一部Wi-Fi可／Ⓟ→有料駐車場／Ⓟ→無料駐車場／送→送迎有／身→身体障害者への対応が（要問）／
Ⓒ→一部クレジットカード決済可／Ⓠ→paypay等の一部QR決済可／24h→24時間／特記事項は※印、又は（ ）括弧書きにて説明

名　称	室数	定員	1名分宿泊料金（単位/百円）			電話	交通	特徴・備考
			2食付	朝食付	素泊			
（木場・豊洲周辺）						**(03)**		
ホテルリブマックスBUDGET東京木場	40	80	—	—	80〜	3640-3030	地木場駅歩5分	ⒷⓉ(s)Ⓦ VOD、電子レンジ
R&Bホテル東京東陽町	202	203	—	朝食5	S60〜	5665-2020	地東陽町駅歩1分	ⒷⓉ(s)Ⓦ
ファミリーロッジ旅籠屋新木場店	23	92	—	軽朝食	S49.5〜	3521-9858	地新木場駅歩10分	ⒷⓉ(s)ⓌⓅ 冷蔵庫付
東横INN門前仲町永代通	307	430	—	サービス	S83〜	5646-1045	地門前仲町駅歩6分 ⒷⓉ(s)ⓌⓅ先着順 ⒸⓆ東京駅へ車15分
（新橋・浜松町周辺） map▶72ページ						**(03)**		
カプセルホテル新橋	42	42	—	—	40	3434-0022	新橋駅烏森口目の前	男カプセル シャワーのみ
安心お宿新橋駅前店	176	176	ご飯サービス	ご飯サービス	59.8〜	6746-4748	新橋駅30秒	男カプセルⓌⒸⓆ ジェットバス、フリードリンク
安心お宿新橋汐留店	180	180	ご飯サービス	ご飯サービス	59.8〜	6746-4746	新橋駅烏森口歩2分	女カプセルⓌⒸⓆ キャビンタイプ有、ジェットバス
変なホテル東京 浜松町	118	205	Ⓑ173〜	Ⓑ120〜		050-5894-3781	浜松町駅歩3分	ⒷⓉ(s)ⓌⒸⓆ
カプセルイン浜松町	112	112	—	—	35	3432-4312	浜松町駅北口歩3分	女性OK㊦カプセル 24h風呂/㊤シャワーのみ 地大門駅A4出口徒歩
ナインアワーズ浜松町	205	205	—	—	41〜	050-1807-3493	地大門駅歩2分	男女利用カプセルⓌ 浜松町駅歩3分
ファーストキャビン愛宕山	150	150	—	—	48、61	3433-1126	地御成門駅歩5分	男女別キャビンⓌ 大浴場、cafe&bar Ⓡアメニティ
（東京駅・日本橋周辺） map▶73ページ						**(03)**		
ホテルサン・モリシタ	39	48	—	—	S66〜	3631-4311	地森下駅歩2分	和ⒷⓉ(s)ⓌⓅ 東京駅車10分
東横INN東京大手町			—	サービス	S93〜	6672-1045	地大手町A1歩5分	ⒷⓉ(s)ⓌⓅ予約制ⒸⓆ
スマイルホテル東京日本橋	171	215	—	朝食12	63〜	3668-7711	地茅場町駅歩1分	ⒷⓉ(s)ⓌⓅ 東京駅歩5分、TDR20分
ホテルリブマックス日本橋箱崎	48	72	—	—	85〜	3662-5455	地水天宮前駅歩3分	ⒷⓉ(s)Ⓦ VOD、電子レンジ、コインランドリー
東横INN日本橋人形町	142	280	—	サービス	S85〜	3664-1045	地人形町駅A2出口歩5分 ⒷⓉ(s)ⓌⓅ先着順 ⒸⓆ東京駅から少クシー1000円程度
スマイルホテル日本橋三越前	164	193	—	朝食11	60〜	3231-1070	地三越前駅歩2分	ⒷⓉ(s)ⓌⓅ 南房総和朝食大好評
東横INN日本橋三越前A4	83	140	—	サービス	S88〜	5641-1045	地三越前駅A4出口歩8分 ⒷⓉ(s)ⓌⒸⓆ東京駅八重洲口からメトロリンク無料バス運行
東横INN日本橋税務署前			—	サービス	S85〜	5847-1045	地馬喰町駅歩3分	ⒷⓉ(s)ⓌⓅ先着順ⒸⓆ
東横INN日本橋馬喰町	229	274	—	サービス	S85〜	3661-1045	地馬喰横山駅歩3分 ⒷⓉ(s)ⓌⓅ先着順 ⒸⓆ馬喰町駅歩3分
R&Bホテル東日本橋	201	201	—	朝食5	S60〜	5687-1313	地東日本橋駅歩3分	ⒷⓉ(s)Ⓦ
東横INN日本橋浜町明治座前	85	106	—	サービス	S90〜	3864-1045	地浜町駅歩3分	ⒷⓉ(s)ⓌⒸⓆ明治座へ歩3分
東横INN東京駅新大橋前	208	251	—	サービス	S82〜	3667-1045	地浜町駅歩4分	ⒷⓉ(s)ⓌⓅ予約制ⒸⓆ
Ｂ．Ｈ．矢　野	7	10	—	—	S55	3632-2303	地森下駅歩4分	Ⓣ(s)ⓌⓅ シャワーのみ、コインランドリー、両国国技館近く
ホテルエドアイト	50	66	—	—	S62〜76	3635-8888	地森下駅歩4分	ⒷⓉⓌⓅ要予約
リバーサイドホテル墨田・江東	50	62	—	—	S55〜	5600-2291	地菊川駅歩1分	ⒷⓉ(s)ⓌⓅ要予約 Ⓒ
（神田・秋葉原周辺） map▶73ページ						**(03)**		
ナインアワーズウーマン神田	70	70	—	—	34〜	050-1807-3486	神田駅歩2分	女Ⓦ
神保町サクラホテル	43	90	カフェ	サービス	S75〜	3261-3939	地神保町駅歩3分	ⓌⒸⓆ 共用シャワーのみ、相3500円〜
安心お宿秋葉原電気街店	180	180	ご飯サービス	ご飯サービス	59.8〜	6746-4746	秋葉原駅歩2分	男カプセルⓌⒸⓆ ジェットバス、フリードリンク、酒
東横INNアキバ浅草橋駅東口			—	サービス	S83〜	5822-1045	浅草橋駅東口歩3分	ⒷⓉ(s)ⓌⓅ先着順 ⒸⓆ
東横INN神田秋葉原	215	270	—	サービス	S90〜	3669-1045	浅草橋駅歩5分	ⒷⓉ(s)ⓌⓅ先着順ⒸⓆ馬喰町駅C4出口歩5分
（文京区周辺）						**(03)**		
東横INN後楽園文京区役所前	165	196	—	サビス	S95〜	3818-1045	地後楽園駅歩0分 ⒷⓉ(s)ⓌⓅ予約制ⒸⓆ春日駅歩1分
ホテルリブマックスBUDGET後楽園	50	101	—	—	70〜	5802-1717	地後楽園駅歩8分	ⒷⓉ(s)ⓌⓅ TV有料、電子レンジ
澤　の　屋	12	20	—	朝食6.6〜	69.3〜	3822-2251	地根津駅歩7分	ⒷⓉ(s)ⓌⒸ外国人に人気/国際色、⾜浴東京家/不定期、全館禁煙
ナインアワーズ水道橋	160	160	—	—	38〜	050-1807-1533	水道橋駅西口歩2分	男女利用カプセルⓌ カフェ

東京駅周辺　
秋葉原周辺
上野周辺　
浅草周辺　

関東

★お申し込み時「全国安い宿情報を見た」と言ってね！お得情報は187ページを見てね！

【ひとくちメモ】　江戸から続く市場「豊洲市場」の場外に、2024年2月にオープンした「豊洲 千客万来」。江戸の街並みを再現したオープンモールで、魚介類をはじめとした豊洲ならではの新鮮な食材を活かした飲食店・物販店、24時間営業の温浴施設（東京豊洲 万葉倶楽部☎03-3532-4126）があり、ランチや食べ歩き、ショッピング、リラクゼーションなどが楽しめる。浮世絵の展示販売や、8階には豊洲の景観を一望できる足湯庭園を無料開放している。ゆりかもめ「市場前駅」から徒歩4分。☎03-3533-1515　https://www.toyosu-senkyakubanrai.jp/

宿泊料金は基本的に「**1名分**、消費税10％込み」表示(単位：百円) ※宿泊税別／**⓵**→1室2名利用／**⓶**→1室3名利用／**⓷**→1室4名以上利用／B.H.→ビジネスホテル／P.→ペンション／Y.H.→ユースホステル／Y.G.H.→ユースゲストハウス／**会**→YH会員金／**相**→相部屋＝ドミトリー／S→シングルルーム／**地**→地下鉄／**男**→男性専用／**女**→女性専用／**和**→全室和室／**和**→和室有(全室ではない) 〈→右へ〉

名　称	室数	定員	1名分宿泊料金(単位：百円) 2食付	朝食付	素泊	電話	交通	特徴・備考
（上野周辺）map▶73ページ						(03)		
サウナ&カプセルホテル北欧	200	200	レストラン	レストラン	39〜65	3845-8000	上野駅1分	**男**カプセル**W**C大浴場、サウナ、露天風呂
ホテル日光館	26	30	—	—	S40	3831-0708	上野駅4分	**和BT**
ホテルニューパーク	49	68	要問	要問	S70〜	3835-2020	上野駅4分	**BTWP**(提携)**CQ**
ホテルサンターガス	72	114	要問	要問	S70〜	3833-8686	上野駅4分	**BTWP**(提携)**CQ**
THE NELL上野御徒町	82	82	—	—	40〜	3833-1924	上野駅歩6分	**男**カプセル**W**C**Q**浴場、24h外出自由
R&Bホテル上野広小路	186	186	—	朝食5	S76〜	5688-0505	御徒町歩3分	**BT**(s)**W**
（浅草周辺）map▶73ページ								
スマイルホテル浅草	96	112	—	※朝食9	S52〜	5824-5533	**地**浅草駅歩10分	**BT**(s)**WP**(要予約) ※土休前日休み
ライトニングホテル浅草	147	157	—	—	45〜120	5811-1772	**地**田原町駅歩3分	男女利用カプセル**W**C個室別料金、全館禁煙
東横INN上野田原町駅	138	170	—	サービス	S90〜	3847-1045	**地**田原町駅歩4分	**BT**(s)**W**C**Q**上野駅無料送迎バス
旅館東海荘	13	26	—	—	S47〜	3844-5618	**地**田原町駅歩5分	**和BTW**C 浅草寺雷門歩15分
東横INN浅草蔵前2	—	—	—	サービス	S85〜	6899-2045	**地**蔵前駅歩1分	**BT**(s)**WP**先着順
東横INN浅草蔵前1	105	144	—	サービス	S80〜	3841-1045	**地**蔵前駅歩3分	**BT**(s)**WP**先着順**CQ**
（南千住周辺）map▶74ページ						(03)		
ホテルアクセラ	117	125	—	—	S36〜	3871-5568	南千住駅歩9分	**W**C**Q**大浴場、女性フロア有
紀伊国屋旅館	52	52	—	—	S27〜	3872-6258	南千住駅歩8分	**男和**長期・ビジネスユースに
エコノミーホテルほていや	71	105	—	—	S32〜40	3875-5912	南千住駅歩9分	**W** 女性可、コインランドリー、炊事場
アネックスえびすや	5	18	—	—	35〜40	3875-5912	南千住駅歩9分	**W** '18年4月改築オープン
ホテル丸忠CENTRO	104	112	—	—	S40〜	3802-6444	南千住駅歩8分	**W**C**Q**大浴場
B.H.福千	32	32	—	—	S33〜36	3801-0561	南千住駅歩3分	**W** 24hシャワー室、門限無、JR・TX・地下鉄至近
パレスジャパン	62	102	—	—	40〜50	6458-1540	南千住駅歩5分	**W**C**Q**女性専用フロア有、**相**
B.H.七福	40	40	—	—	S22.5	3806-2579	南千住駅歩5分	**男和**(3畳間) 貸切浴場
B.H.かしわ	29	29	—	—	S22〜23	3802-0868	南千住駅歩5分	**男**冷暖房・TV完備、JR・地下鉄至近
B.H.都	37	37	—	—	S25	3801-6820	南千住駅歩3分	**男**静かでキレイ、JR・TX・地下鉄至近
若葉荘WAKABASOU	30	30	—	—	S25	3875-3921	南千住駅歩6分	**男**全室個室、大浴場、泪橋交差点近く
ホテル三楽	30	45	—	—	S30	6903-9323	南千住駅歩7分	**男**就職活動の方応援します、長期向き
ホテルヒカリ	126	128	—	—	S38	3874-8651	南千住駅歩8分	**和**(3畳間)**W**C**Q**大浴場
ホテル丸忠CLASSICO	125	133	—	—	S37〜	5808-2211	南千住駅歩8分	**W**C**Q**大浴場
ホテルよねや	32	32	—	—	S25〜	3875-3709	南千住駅歩8分	**男和**浴場、ランドリー、キッチン有
東京SA旅館	13	33	—	—	S35〜68	6873-4711	南千住駅歩9分	**W** 全室禁煙、2019年オープン、ネット予約のみ
JUYOH HOTEL	72	78	—	—	S32.5	3875-5362	南千住駅歩10分	**男和**(3畳間)**W**C**Q**国際的なホテルです
B.H.松葉家	40	40	—	—	S24	3875-1858	南千住駅歩10分	**男和**(3畳間) 大浴場、長期割引

★お申し込み時「全国安い宿情報を見た」と言ってね！お得情報は187ページを見てね！

【ひとくちメモ】 浅草寺(せんそうじ)は、推古天皇の時代、(現在の)隅田川で漁をしていた網に聖観音像がかかったことから、その主人が出家し、屋敷を寺に改めて安置したのが始まりとされている。都内最古の寺院で、聖観音菩薩を本尊とすることから「浅草観音」とも呼ばれ、広く親しまれている。年間3〜4000万人もの観光客が訪れる東京の観光名所のひとつで、雷門から浅草寺本堂までを結ぶ全長250mの表参道は、仲見世通りとして88店舗が並び、終日観光客や参拝者で賑わう。浅草駅徒歩5分。☎03-3842-0181 https://www.senso-ji.jp/

《→つづき》　Ⓑ→全室バス付／Ⓑ→一部バス付／Ⓣ→全室トイレ付／Ⓣⓢ→全室シャワート・イレーウォシュレット付／Ⓣ→一部トイレ付／
Ⓦ→全室Wi-Fi可／Ⓦ→一部Wi-Fi可／Ⓟ→有料駐車場／Ⓟ→無料駐車場／送→送迎有／身→身体障害者への対応可(要問)／
Ⓒ→一部クレジットカード決済可／Ⓠ→paypay等の一部QR決済可／24h→24時間　特記事項は"※"印、又は"( )"括弧書きにて説明

名　称	室数	定員	1名分宿泊料金(単位/百円)			電話	交通	特徴・備考
			2食付	朝食付	素泊			
(南千住周辺) map▶73ページ						(03)		
旅荘福しま	36	36	—	—	S22.5	3873-2497	南千住駅歩10分	男和(3畳間) 長期可
ホテル白根	35	35	—	—	S23	3874-5383	南千住駅歩10分	男3畳和室・門限23時
Ｂ.Ｈ.つつみ	24	24	—	—	S25	3875-0289	南千住駅歩10分	男和(4畳間) 問合16:30〜／門限有
Kangaroo hotel	18	25	—	—	S40〜	3872-8573	南千住駅歩10分	ⓌⒸⓆ 女性多い
Kangaroo hotel SIDE_B	17	25	—	—	S40〜	3872-8572	南千住駅歩10分	Ⓦ 2016年オープン、外国人の利用が多い
ホテルさくら	49	49	—	—	22.5〜	3876-7186	南千住駅歩11分	男和(3畳間) 長期可
Ｂ.Ｈ.福田屋	42	42	—	—	S35〜	3872-1091	南千住駅歩14分	ⓌⓆ 大浴場、24hシャワー
Ｂ.Ｈ.加賀舎	35	35	—	—	S27〜	3875-1833	南千住駅歩15分	男和(3畳間) 長期特典有
(錦糸町周辺)						(03)		
Ｂ.Ｈ.元　春	24	24	—	—	S53〜	3622-1757	錦糸町駅歩1分	和ⓌⒸ アウトバス(4.5畳)、門限AM2時(平日)
カプセルホテルニューウイング	124	124	レストラン	—	40	3846-1311	錦糸町駅歩3分	男カプセルⓌ 大浴場、サウナ、マッサージ
(葛西周辺)						(03)		
東横INN東西線西葛西	197	350	—	サービス	S80〜	5676-1045	地西葛西駅歩2分	ⒷⓉⓈⓌⓅ先着順ⒸⓆ ディズニーリゾート車30分
スマイルホテル東京西葛西	147	206	—	朝食8	S68〜	3877-3810	地西葛西駅歩2分	ⒷⓉⓈⓌⓅ予約制 ディズニーリゾート車20分
(小岩周辺) map▶75ページ						(03)		
ホテルスカイハート小岩	105	116	—	朝食5.5	S71.5〜	3672-4411	京成小岩駅歩1分	ⒷⓉⓈⓌⓅ(要予約)Ⓒ
サウナ&カプセルホテルニュー小岩310	56	200	※レストラン	※レストラン	35、37	3671-0310	小岩駅歩2分	男カプセルⓌⓅⒸⓆ 大浴場、サウナ※休業日有
スマイルホテル東京新小岩	232	371	—	※ S82〜	S70〜	3691-0555	新小岩駅北口歩2分	ⒷⓉⓈⓌⓅ先着順 ※1Fジョナサンにて
カプセルホテルレインボー新小岩店	108	108	食事処	食事処	37〜	3653-5122	新小岩駅南口歩3分	男カプセルⓌⒸⓆ キャビンシングル有、大浴場、サウナ
(亀有周辺)						(03)		
ホテルアカイ	26	40	—	—	S67.5〜	3602-0008	青砥駅歩1分	ⒷⓉⓌⓅⒸ 男大浴場、男カプセル(¥3300)
スマイルホテル東京綾瀬駅前	168	344	—	朝食10	S48〜	5680-2200	地綾瀬駅西口歩2分	ⒷⓉⓈⓌⓅ8台予約制 コンビニ歩1分
(鴬谷・日暮里周辺)						(03)		
東横INN鴬谷駅前	95	96	—	サービス	S90〜	5824-1045	鴬谷駅歩3分	ⒷⓉⓈⓌⓅ1台予約制ⒸⓆ
ビジネス桜旅館	18	32	—	—	S66〜	3876-8118	地入谷駅1・2番出口歩6分	和ⒷⓉⓌⒸ 外国人に人気、長期割引
ホテルリブマックスBUDGET日暮里	45	86	—	—	75〜	3823-1313	日暮里駅歩8分	ⒷⓉⓈⓌ 一部ミニキッチン、電子レンジ
(巣鴨・大塚周辺) map▶75ページ						(03)		
カプセル&サウナロスコ	140	140	食事処	—	土日のみ 40.7、50.6	3915-0005	駒込駅歩30秒	男女利用カプセルⓌⒸⓆ 大浴場、サウナ
サウナ&カプセルサンフラワー	74	74	—	—	※ 43〜	3917-3113	巣鴨駅歩30秒	男カプセルⓌⒸⓆ 大浴場、サウナ、キャビン有、ネット予約可
スマイルホテル巣鴨	126	157	—	朝食8.8	S62〜	5567-1001	巣鴨駅歩2分	ⒷⓉⓈⓌⓅ 南房総和朝食大好評
カプセルイン大塚	244	244	—	—	男39、女32	3940-4681	大塚駅目の前	男女利用カプセルⓌⒸⓆ 大浴場、シャワーのみ
R&Bホテル大塚駅北口	258	258	—	朝食5	S64〜	3949-8484	大塚駅歩1分	ⒷⓉⓈⓌ
ホテルサンターガス大塚	142	186	—	—	S50〜	3940-6700	大塚駅歩2分	ⒷⓉⓌⒸⓆ
東横INN山手線大塚駅北口2	139	182	—	サービス	S87〜	3576-1045	大塚駅歩2分	ⒷⓉⓈⓌⓅ予約制ⒸⓆ
東横INN大塚駅北口1	56	86	—	サービス	S83〜	5394-1045	大塚駅歩3分	ⒷⓉⓈⓌⒸⓆ
大塚シティホテル	35	51	—	—	S55、88	3947-3434	大塚駅歩3分	ⒷⓉⓌⒸ ゆったりした部屋

小岩周辺	大塚周辺	池袋周辺	赤羽周辺

Map

【ひとくちメモ】　東京の新名所「東京スカイツリー」は世界一高い634mの自立式電波塔で、地上350m地点の天望デッキと地上450m地点の天望回廊からは、関東一円遠くには富士山も望むことができる。地上のショッピングモール「東京ソラマチ」では、ファッションやグルメなどトレンドを発信するバラエティ豊かな多数の店舗の他、プラネタリウムや水族館もある。350mの天望デッキと450mの天望回廊までのセット券当日WEB券が大人3,100円(平日)、3,400円(休日)。とうきょうスカイツリー駅下車。☎0570-55-0634　https://www.tokyo-skytree.jp/

宿泊料金は基本的に「**1名分**、消費税10%込み」表示(単位:百円) ※宿泊税別／●→1室2名利用／●→1室3名利用／●→1室4名以上利用／B.H.→ビジネスホテル／P.→ペンション／Y.H.→ユースホステル／Y.G.H.→ユースゲストハウス／●→YH会員会費／●→相部屋=ドミトリー／S→シングルルーム／●→地下鉄／●→男性専用／●→女性専用／●→全室和室／●→和室有(全室ではない) 《→右へ》

★お申し込み時「全国安い宿情報を見た」と言ってね!お得情報は187ページを見てね!

関東

名 称	室数	定員	1名分宿泊料金(単位/百円)			電話	交通	特徴・備考
			2食付	朝食付	素泊			
(池袋周辺) map▶75ページ						(03)		
東横INN池袋北口1	226	280	―	サービス	S90	5960-1045	池袋駅歩4分	●T⦿●● 先着順 CQ
東横INN池袋北口2	373	450	―	サービス	S85	5396-1045	池袋駅歩4分	●T⦿●● 予約制 CQ
(王子・赤羽周辺) map▶75ページ						(03)		
トキオズホテル	30	56	―	サービス	S54～	3927-8811	王子駅歩5分	●T⦿● 喫煙スペース有
東横INN京浜東北線王子駅北口			―	サービス	S85	6866-1045	王子駅歩4分	●T⦿●● 先着順 CQ
シングルキャビン立花	20	20			28～38	3900-4381	赤羽駅西口目の前	●カプセル●Q シングルキャビン、シャワーのみ
ホテルブロックルーム	100	100			28	3903-2261	赤羽駅1分	男女利用カプセル●CQ ●フロア有、浴場
東横INN赤羽駅東口			―	サービス	S85	3598-1045	赤羽駅西口歩3分	●T⦿●● 予約制 CQ
スーパーホテル東京・赤羽一番街	49	56	―	サービス	S70	3901-9000	赤羽駅歩5分	●T⦿●C 冷蔵庫付
東横INN赤羽駅東口一番街	113	160	―	サービス	S82	5939-1045	●赤羽岩淵駅歩2分	●T⦿●● 予約制 CQ 赤羽駅歩7分
(中野～荻窪周辺)						(03)		
スマイルホテル東京阿佐ヶ谷	112	232	―	―	60～	3220-8755	阿佐ヶ谷駅歩1分	●T⦿●● ●¥10000～、全室禁煙、新宿から10分
安心お宿荻窪店	162	162	ご飯サービス	ご飯サービス	59.8～	6746-4750	荻窪駅西口歩2分	●カプセル●CQ ジェットバス、テントサウナ
(東久留米周辺)						(042)		
東横INN西武池袋線東久留米駅西口			―	サービス	S88	429-1045	東久留米駅歩2分	●T⦿●● 予約制 CQ
(調布周辺)						(042)		
ホテルリブマックスBUDGET調布駅前	43	86			70～	485-0033	調布駅東口歩1分	●T⦿● VOD、電子レンジ
東横INN調布京王線布田駅			―	サービス	S80	490-1045	布田駅歩5分	●T⦿●● 予約制 CQ
(町田周辺) map▶76ページ						(042)		
ビジネスインサンホテル	37	48	―	―	S50	724-0708	町田駅歩5分	●T●C 24h出入り自由
ホテル新宿屋	69	100	―	―	S63～	722-3112	小田急町田駅1分	●T⦿●● 24h体制で女性も安心
東横INN町田駅小田急線東口	233	363	―	サービス	S74～	728-1045	小田急町田駅歩4分	●T⦿●● JR町田駅歩7分
東横INN南町田			―	サービス	S72～	788-1045	南町田グランベリーパーク駅歩3分	●T⦿●● 予約制 CQ
(府中周辺)						(042)		
ホテルリブマックスBUDGET府中	152	313	―	―	65～	334-8811	府中駅歩5分	●T● VOD、ミニキッチン、電子レンジ、洗濯機
ホテルリブマックスBUDGET府中アネックス	38	76	―	―	65～	336-3131	府中駅南口歩5分	●T⦿● VOD、電子レンジ
ホテルリブマックスBUDGET北府中	23	45	―	―	70～	352-7770	北府中駅歩12分	●T⦿● VOD、電子レンジ
東横INN京王線府中駅北口			―	サービス	S78～	352-1045	府中駅歩2分	●T⦿●● 予約制 CQ
東横INN府中南武線南多摩駅前			―	サービス	S73～	379-1045	南多摩駅口1分	●T⦿●● 先着順 CQ
(立川周辺) map▶76ページ						(042)		
B.H.小沢屋	20	25	―	サービス	S66～	523-0388	立川駅南口歩2分	●T●●C
サウナ&カプセルミナミ立川店	64	64	食堂	―	54	548-0101	立川駅南口歩5分	男女カプセル●CQ 大浴場、サウナ、スポーツジム
東横INN立川駅北口			―	サービス	S85	521-1045	立川駅北口歩6分	●T⦿●●
ホテルプレジール立川	37	44	―	―	S80～	595-7968	立川駅北口歩7分	●T●C

Ｍａｐ

町田周辺	立川周辺	八王子周辺	奥多摩周辺

【ひとくちメモ】 世界的ヒット映画「ハリー・ポッター」のテーマパーク「ワーナーブラザーススタジオツアー東京-メイキング・オブ・ハリー・ポッター」が、練馬区のとしまえん跡地にオープン。ハリー・ポッターの屋内型施設として世界最大規模でオリジナルの魔法の世界に没入できると共に、映画制作の舞台裏を知ることができる。西武「豊島園駅」(西武池袋駅から直通17分)から徒歩2分。一般チケット(事前web予約):大人6,500円、中高生5,400円、幼児・小学生3,900円。☎050-6862-3676 https://www.wbstudiotour.jp/

《つづき》 Ⓑ→全室バス付／Ⓑ→一部バス付／Ⓣ→全室トイレ付／Ⓣ(s)→全室シャワートイレ＝ウォシュレット付／Ⓣ→一部トイレ付／
Ⓦ→全室Wi-Fi可／Ⓦ→一部Wi-Fi可／Ⓟ→有料駐車場／Ⓟ→無料駐車場／送→送迎有／障→身体障害者への対応可（要問）／
Ⓒ→一部クレジットカード決済可／Ⓠ→paypay等の一部QR決済可／24h→24時間　特記事項は"※"印、又は"（ ）"括弧書きにて説明

名称	室数	定員	1名分宿泊料金（単位/百円）			電話	交通	特徴・備考
			2食付	朝食付	素泊			
（八王子周辺） map▶76ページ						(042)		
千代田ホテル	33	48	—	—	S60〜	624-3281	八王子駅歩2分	和ⒷⓉⓌⓅⒸ
サンホテル八王子	117	124	—	S78	S70	644-4141	八王子駅南口歩3分	ⒷⓉ(s)ⓌⓅⒸ 冷蔵庫付
東横INN東京八王子駅北口			—	サービス	S80〜	698-1045	八王子駅北口歩4分	ⒷⓉ(s)ⓌⓅ 予約制 ⒸⓆ
R&Bホテル八王子	256	272	—	朝食5	S61〜	631-1515	八王子駅歩7分	ⒷⓉ(s)Ⓦ 京王八王子駅歩1分
APAホテル八王子駅北	80	104	—	朝食6〜	S50〜	649-6322	八王子駅歩7分	ⒷⓉ(s)ⓌⒸⓆ
八王子スカイホテル	151	176	—	朝食10	S60〜	623-1100	八王子駅歩10分	ⒷⓉ(s)ⓌⓅ 大きめベッド
APAホテル八王子駅西	53	66	—	朝食6〜	S50〜	625-1311	八王子駅歩12分	ⒷⓉ(s)ⓌⓅⒸⓆ 冷蔵庫付
きくやホテル	13	20	—	S67	S60	661-4416	高尾駅北口歩1分	和ⒷⓉⓌⓅ
（拝島周辺）						(042)		
東横INN昭島駅南口			—	サービス	S80〜	500-1045	昭島駅歩3分	ⒷⓉ(s)ⓌⓅ 先着順 ⒸⓆ
B.H.オーク昭島	26	29	—	サービス	S63〜	544-7111	昭島駅歩3分	ⒷⓉⓌⓅⒸ
ビジネスイン拝島	22	85	夕食13.75〜	朝食5.5〜	S71.5〜	541-1056	拝島駅歩2分	和ⒷⓉⓌⓅⒸ 24h風呂
東横INN福生駅前東口			—	サービス	S78〜	553-1045	福生駅歩30秒	ⒷⓉⓌⓅ 先着順 ⒸⓆ
ホテルリブマックスBUDGET羽村駅前	59	78	—	—	65〜	578-5678	羽村駅歩2分	ⒷⓉ(s)ⓌⓅ VOD、電子レンジ
東横INN東京秋川駅北口			—	サービス	S78〜	510-1045	秋川駅歩1分	ⒷⓉⓌⓅ 予約制 ⒸⓆ
（青梅〜奥多摩周辺） map▶76ページ						(0428)		
コンフェスタイン河辺	53	64	要問	＊朝食7	※49〜	22-5311	河辺駅歩2分	ⒷⓉⓌⓅ 先着順 ⒸⓆ ※平日料金、要予約
観　光　荘	10	37	106	障80	障66	83-2122	奥多摩駅歩4分	ⓌⓅ 天然温泉
山　香　荘	13	50	148.5〜	100〜	—	78-8476	御嶽駅ケーブルカー等36分	ⓌⒸ ラジウム鉱泉、古代檜風呂、登山口
町　久　保　田	4	30	85	50	40	78-9039	御嶽駅ケーブルカー等40分	和ⓌⓆ 展望風呂、御岳山の中腹
御　嶽　Y.H.	8	28	会60	会46.8	会38	78-8774	御嶽駅ケーブルカー等40分	障ⓌⒸ 御岳山山頂
（檜原村周辺）						(042)		
ひのはらY.H.	2	15	—	—	会25	598-1131	武蔵五日市駅バス35分	障Ⓟ 神戸（かのと）岩近く
（伊豆大島・神津島）						(04992)		
野　田　浜　園	22	60	障81〜	障70〜	障61〜	2-8341	岡田港車10分	伊豆大島 Ⓦ Ⓟ 送 空港近く ⒸⓆ
ふるさと村内セントラルロッジ			リニューアルに向け	休館中		4-1137	元町港バス40分	伊豆大島 Ⓦ Ⓟ 子供料金有、キャンプ場有
山下旅館本館	8	30	95〜	75	65	8-0050	神津島歩6分	神津島 Ⓟ 木造2階建、街の中心
山下旅館別館	14	50	障121〜	障99〜	障88〜	8-0131	神津島港歩5分	神津島 ⓌⓅⒸ 鉄筋3階建、天然温泉
（小笠原諸島）						(04998)		
小笠原Y.H.	4	33	夕食17	—	会50	2-2692	父島・二見港歩7分	障ⓌⒸ ダイビング近く
アンナビーチ母島	4	14	73	58	50	3-2468	母島・沖港歩3分	障ⓌⓆ ダイビング近く

◇神奈川◇

名称	室数	定員	1名分宿泊料金（単位/百円）			電話	交通	特徴・備考
			2食付	朝食付	素泊			
（横浜周辺） map▶78ページ						(045)		
東横INN横浜駅西口			—	サービス	S84〜	290-1045	横浜駅歩7分	ⒷⓉ(s)ⓌⓅ 予約制 ⒸⓆ
横浜平和プラザホテル	188	300	—	朝食13.2	障35.2〜	212-2333	桜木町駅歩10分	ⒷⓉ(s)ⓌⓅⒸⓆⓈ￥5500〜 障 障障晴れ屋駅5番出口歩1分

関東 ★お申し込み時「全国安い宿情報を見た」と言ってね！お得情報は187ページを見てね！

【ひとくちメモ】　標高599m、都心から約50km。新宿から電車で約1時間とは思えない素晴らしい自然が広がる高尾山。山岳信仰の対象として古くから親しまれ、近年では気軽にハイキングを楽しめる山として人気の他、パワースポットとしても注目されている。麓の清滝駅から高尾山駅までの高低差271m、全長約1kmをケーブルカーが約6分で結ぶ。高尾山駅から山頂へ向う途中には高尾山薬王院やさる園などがある。麓から登山コースが3ルートあるが、いずれも1時間半ほどで山頂に到着できる。高尾登山電鉄☎042-661-4151　https://www.takaotozan.co.jp

宿泊料金は基本的に「1名分、消費税10％込み」表示（単位：百円） ※宿泊税別／⓶→1室2名利用／⓷→1室3名利用／⓸→1室4名以上利用／Ｂ.Ｈ.→ビジネスホテル／Ｐ.→ペンション／Ｙ.Ｈ.→ユースホステル／Ｙ.Ｇ.Ｈ.→ユースゲストハウス／⑯→YH会員料金／相→相部屋（→ドミトリー／Ｓ→シングルルーム／Ⓜ→地下鉄／男→男性専用／女→女性専用／Ⓦ→全室和室／和→和室有（全室ではない）　（→右へ）

関東

★お申し込み時「全国安い宿情報を見た」と言ってね！お得情報は187ページを見てね！

名　称	室数	定員	1名分宿泊料金（単位／百円）			電話	交通	特徴・備考
			2食付	朝食付	素泊			
（横浜周辺） map▶78ページ						(045)		
東横INN横浜桜木町	217	250	—	サービス	S72～	671-1045	桜木町駅歩7分	ⒷⓉⓈⓌⓅ先着順ⒸⒼ馬車道駅歩1分
ホテルルートイン横浜馬車道	270	329	—	サービス	S75～	227-8911	🚃馬車道駅歩1分	ⒷⓉⓈⓌⓅ要予約ⒸⒼ大浴場
東横INN横浜関内	131	170	—	サービス	S77～	662-1045	関内駅歩4分	ⒷⓉⓈⓌⓅ予約制ⒸⒼ日本大通り駅歩3分
東横INN横浜スタジアム前1	164	190	—	サービス	S77～	277-1045	関内駅歩5分	ⒷⓉⓈⓌⓅ先着順ⒸⒼ
東横INN横浜スタジアム前2	277	360	—	サービス	S72～	664-1045	関内駅歩5分	ⒷⓉⓈⓌⓅ先着順ⒸⒼ
ホテルリブマックスBUDGET横浜関内	87	170	—	—	60～	250-1510	関内駅歩13分	ⒷⓉⓈⓌⓅ電子レンジ、空気清浄機
東横INNjr.横浜伊勢佐木長者町			—	サービス	S69～	243-1802	関内駅歩20分	ⒷⓈⓌⓅ予約制ⒸⒼ伊勢佐木長者町駅歩8分
エスカル横浜	68	130	—	朝食9.9	⓶59.4～	681-2141	元町中華街3番出口すぐ前	和（アウトバス・8畳主室）ⒷⓉⓌⓅⒸⒼ大浴場
東横INN横浜新子安駅前	173	211	—	サービス	S81～	451-2045	新子安駅歩2分	ⒷⓉⓈⓌⓅ予約制ⒸⒼ国道15号沿い
東横INN横浜鶴見東口	178	220	—	サービス	S81～	504-1045	鶴見駅歩4分	ⒷⓉⓈⓌⓅ予約制ⒸⒼ京急鶴見駅歩3分
ホテルリブマックスBUDGET横浜鶴見	144	298	—	—	65～	500-6000	鶴見駅歩5分	ⒷⓉⓈⓌⓅ電子レンジ、和洋室有
Ｂ.Ｈ.ときわ	50	100	—	※サービス	S49.8～	501-2222	京急鶴見駅歩2分	ⒷⓉⓌⓅⒸ ※和食
（二俣川周辺）						(045)		
東横INN二俣川駅北口	277	360	—	サービス	S81～	391-1045	二俣川駅歩3分	ⒷⓉⓈⓌⓅ先着順ⒸⒼ
（新横浜周辺） map▶78ページ						(045)		
R&Bホテル新横浜駅前	247	247	—	朝食5	S60～	478-1717	新横浜駅歩1分	ⒷⓉⓈⓌ
スーパーホテル新横浜	266	400	—	サービス	S80～	473-9000	新横浜駅歩5分	ⒷⓉⓈⓌⓅ電話予約制 大浴場
東横INN新横浜駅前本館	105	200	—	サービス	S74～	474-1045	新横浜駅歩4分	ⒷⓉⓈⓌⓅ予約制ⒸⒼ日産スタジアム・横浜アリーナ近く
東横INN新横浜駅前新館	288	351	—	サービス	S74～	470-1045	新横浜駅歩4分	ⒷⓉⓈⓌⓅ先着順ⒸⒼ日産スタジアム・横浜アリーナ近く
（川崎周辺） map▶78ページ						(044)		
東横INN川崎駅前市役所通	281	365	—	サービス	S81～	230-1045	川崎駅歩3分	ⒷⓉⓈⓌⓅ先着順ⒸⒼ京急川崎駅歩1分
東横INN川崎駅前砂子	95	148	—	サービス	S86～	222-1045	川崎駅歩3分	ⒷⓉⓈⓌ 京急川崎駅歩2分
東横INNjr.川崎駅前	72	124	—	サービス	S57～	246-1045	川崎駅歩3分	ⒷⓉⓈⓌⓅ予約制ⒸⒼ京急川崎駅歩1分
川崎ビッグ	358	358	レストラン	レストラン	35、37	246-0008	川崎駅歩5分	男カプセルⓌⒸ 大浴場、サウナ
ホテルリブマックスBUDGET川崎駅前	50	100	—	—	70～	542-8686	川崎駅西口歩5分	ⒷⓉⓈⓌⓅ電子レンジ、ミニキッチン
レックスイン川崎	194	194	レストラン	レストラン	34～57	211-2220	川崎駅歩7分	男カプセルⓌⓅ大浴場雪う有、サウナ、24h営業
サンロイヤル川崎	99	133	団体のみ	S80～	S74～	244-3711	川崎駅歩3分	ⒷⓉⓌⓅⒸⒼ24h営業、チェックアウト12:00
ビジネスヴィレッジ川崎	37	80	S77	S66	S50	276-4141	小島新田駅歩8分	和ⓌⓅⒸ 大浴場
東横INN武蔵中原駅前	97	108	—	サービス	S88～	752-1045	武蔵中原駅歩1分	ⒷⓉⓈⓌⓅ予約制ⒸⒼ
（横須賀周辺）						(046)		
しろがね旅館	15	45	—	⓶85.8～	⓶78～	822-3032	県立大学駅歩4分	和ⓌⓅ 長期向き、コインランドリー
民宿旅館しおさい	10	36	82.5～	55～	44～	888-0705	三浦海岸駅歩5分	和ⒷⓉⓅ三浦海岸へ歩3分
						(045)		
みなと旅館	16	40	69.3～	59.4～	49.5～	701-8349	追浜駅歩7分	和ⓌⓅ風呂ナシ、町の銭湯利用、コインランドリー
四季倶楽部 プレーゴ葉山	12	39	夕食33～	朝食11	⓶57.5～	050-3310-5930	逗子駅バス20分	和ⒷⓉⓌⓅ 大浴場
（大船・鎌倉周辺） map▶78、79ページ						(0467)		
ビジネス旅館津久井	25	70	⓶78～	⓶70～	⓶65～	45-4816	大船駅歩5分	和ⒷⓉⓌⓅ コインランドリー
ホテルニューカマクラ	25	68	—	—	S52～99	22-2230	鎌倉駅歩1分	和ⒷⓉⓌⓅ鶴岡八幡宮へ徒歩15分

【ひとくちメモ】　JR桜木町駅前から、よこはまコスモワールドやワールドポーターズ、赤レンガ倉庫など、みなとみらいの観光スポットが建ち並ぶ新港地区・運河パークまで片道630mを約5分で結ぶ、日本初、世界最先端の都市型循環式ロープウェイ「ヨコハマエアキャビン」。8人乗りで、全キャビンバリアフリー、自然循環の換気システム、最新式バッテリーでの冷房や各種安全監視システム、フルカラーLEDの演出照明など最先端の機能に。約40mからの空中散歩が楽しめる。大人片道1,000円、3歳～小学生片道500円　☎045-319-4931　https://yokohama-air-cabin.jp/

〈…つづき〉　Ⓑ→全室バス付／Ⓑ→一部バス付／Ⓣ→全室トイレ付／Ⓣ(s)→全室シャワートイレ＝ウォシュレット付／Ⓣ→一部トイレ付／
Ⓦ→全室Wi-Fi可／Ⓦ→一部Wi-Fi可／Ⓟ→有料駐車場／Ⓟ→無料駐車場／㊋→送迎有／㊋→身体障害者への対応可(要問)／
Ⓒ→一部クレジットカード決済可／Ⓠ→paypay等の一部QR決済可／24h→24時間／特記事項は"※"印、又は"( )"括弧書きにて説明

名　称	室数	定員	1名分宿泊料金(単位/百円)			電話	交通	特徴・備考
			2食付	朝食付	素泊			
(大船・鎌倉周辺) map▶78,79ページ						(0467)		
小　町　荘	4	10	—	—	ⓘ45,S50	23-2151	鎌倉駅歩5分	㊧アットホーム、八幡宮歩5分
ゆいハウス	3	12	夕食7	朝食3	30	24-3390	長谷駅歩5分	㊧Ⓦ 海歩3分、大仏歩15分
(江の島〜藤沢周辺) map▶79ページ						(0466)		
ほてる彩夏(さいか)	11	24	食料持込自由	サービス	ⓘ55〜	22-4246	片瀬江ノ島駅歩2分	ⒷⓉⒷⓅ 朝食焼きたてパン、状況によりネット予約のみ
ほてる汐彩(しおさい)	14	31	—	サービス	ⓘ55〜	22-4241	片瀬江ノ島駅歩5分	㊧ⒷⓉⓅ オーシャンビュー、状況によりネット予約のみ
旅館紀伊国屋	16	45	—	55〜	49.5〜	22-4247	片瀬江ノ島駅歩5分	㊧Ⓟ 海岸へ徒歩2分、状況によりネット予約のみ
スマイルホテル湘南藤沢	147	294	—	S51〜	S40〜	23-1116	藤沢駅歩2分	ⒷⓉ(s)Ⓦ コンビニ、コインランドリー
東横INN湘南鎌倉藤沢駅北口	206	287	—	サービス	S77〜	53-1045	藤沢駅歩5分	ⒷⓉ(s)ⓌⓅ先着順ⒸⓆ
木　村　屋　旅　館	7	47	86.9	70.4	59.4	22-5909	藤沢駅歩10分	㊧ⓌⓅ 大浴場、コインランドリー
お宿わた屋	6	25	—	—	38〜45	22-3828	藤沢駅歩13分	㊧ⓌⓅ 洗濯機有料
(茅ヶ崎周辺)						(0467)		
東横INN湘南茅ヶ崎駅北口	156	208	—	サービス	S79〜	86-1044	茅ヶ崎駅歩4分	ⒷⓉ(s)ⓌⓅ先着順ⒸⓆ 国道1号線沿い
東横INN茅ヶ崎市役所			—	サービス	S81〜	83-1045	茅ヶ崎駅歩5分	ⒷⓉ(s)ⓌⓅ予約制ⒸⓆ
(平塚周辺) map▶79ページ						(0463)		
東横INN湘南平塚駅北口2	99	150	—	サービス	S71〜	27-1044	平塚駅歩3分	ⒷⓉ(s)Ⓦ CⓆ VOD完備
東横INN湘南平塚駅北口1	347	452	—	サービス	S74〜	25-1045	平塚駅歩4分	ⒷⓉ(s)ⓌⓅ先着順ⒸⓆ VOD完備
ホテルリブマックスBUDGET平塚駅前	146	302	—	あり	71.5〜	20-6000	平塚駅歩5分	ⒷⓉ(s)ⓌⓅ 一部電子レンジ有
や　ま　い　ち　旅　館	12	30	ⓘ93	ⓘ78	ⓘ68	22-2892	平塚駅歩5分	㊧ⓌⓅⒸ 大浴場、サウナ、ペット可
(厚木〜大和周辺) map▶80ページ						(046)		
東横INN本厚木駅南口			—	サービス	S75〜	282-1045	本厚木駅歩6分	ⒷⓉ(s)ⓌⓅ先着順ⒸⓆ
旅館多つ美屋	7	22	—	休館中		223-0116	本厚木駅歩13分	㊧ⓌⓅ コインランドリー、人数割引有
東横INN海老名駅東口			—	サービス	S75〜	402-1045	海老名駅歩4分	ⒷⓉ(s)ⓌⓅ先着順ⒸⓆ
東横INN大和駅前	168	210	—	サービス	S81〜	265-1045	大和駅歩1分	ⒷⓉ(s)ⓌⓅ先着順ⒸⓆ
(相模原〜橋本周辺) map▶80ページ						(042)		
ホテルリブマックスBUDGET相模原	80	160	—	—	60〜	704-3535	淵野辺駅歩2分	ⒷⓉ(s)ⓌⓅ 電子レンジ、VOD
東横INN横浜線淵野辺駅南口	194	230	—	サービス	S73〜	768-1045	淵野辺駅歩4分	ⒷⓉ(s)ⓌⓅ先着順ⒸⓆ
ホテルクラウンヒルズ相模原	121	150	—	朝食6	S55〜	769-1100	相模原駅歩2分	ⒷⓉ(s)ⓌⓅ (10台先着順)
東横INN JR横浜線相模原駅前	244	298	—	サービス	S71〜	862-1045	相模原駅歩3分	ⒷⓉ(s)ⓌⓅ先着順ⒸⓆ
ホテルルートイン相模原	191	227	※レストラン	サービス	S77〜	764-3211	上溝駅車5分	ⒷⓉ(s)ⓌⓅ ⒸⓆ 大浴場、※日祝休
東横INN京王線橋本駅北口			—	サービス	S73〜	770-1045	橋本駅歩3分	ⒷⓉ(s)ⓌⓅ先着順ⒸⓆ
(相模湖周辺)						(042)		
も　み　じ	10	30	70	55	40	684-2057	相模湖駅歩5分	㊧Ⓟ ビジネス専門、洗濯機有料、長期歓迎
民宿桐花園	10	50	82.5〜	60.5〜	55〜	687-2239	藤野駅バス10分	ⓌⓅ㊋ 新館(ログハウス)有、鉱泉、室内プール
(伊勢原・秦野周辺)						(0463)		
滝　　沢　　園	7	28	85〜	—	—	75-0900	渋沢駅バス+歩30分	㊧Ⓟ 体育館、インドアテニスコート、バンガロー、丹沢塔ノ岳山近く
民営国民宿舎 丹沢ホーム	15	59	75	63	52	75-3272	秦野中井I.C.60分	㊧ⓌⓅ 丹沢の山の中

★お申し込み時「全国安い宿情報を見た」と言ってね！お得情報は187ページを見てね！

Map

鎌倉周辺 　　江の島周辺 　　藤沢周辺 　　平塚周辺

【ひとくちメモ】　高徳院の本尊「国宝銅造阿弥陀如来坐像(鎌倉大仏)」は、高さ11.31m(台座を含めると13.35m)、重量約121tあり、現在の金銅仏は1252年(建長4)に鋳造が始められ、仏像としては鎌倉で唯一の国宝に指定されている。完成当時は全身に金箔が施され、大仏殿内に安置されていたが、その後に地震や津波で大仏殿が崩れ、露座の大仏になった。胎内に入ることもできる。江ノ島電鉄長谷駅から徒歩7分。拝観料：大人(中学生以上) 300円、大仏胎内50円　☎0467-22-0703　https://www.kotoku-in.jp/

宿泊料金は基本的に「1名分」、消費税10%込み」表示(単位:百円) ※宿泊税別 →1室2名利用 →1室3名利用 →1室4名以上利用 B.H.→ビジネスホテル P.→ペンション Y.H.→ユースホステル Y.G.H.→ユースゲストハウス →YH会員料金 →相部屋=ドミトリー S→シングルルーム →地下鉄 →男性専用 →女性専用 →全室和室 →和室中心(全室ではない) →全室バス付 →全室バス付 →全室トイレ付 →全室トイレ付 →全室シャワートイレ=ウォシュレット付 →一部トイレ付 →全室Wi-Fi可 →一部Wi-Fi可 →有料駐車場 →無料駐車場 →送迎可 →身体障害者への対応可(要問) →一部クレジットカード決済可 →paypay等の一部QR決済可 24h→24時間 特記事項は※印、又は「」括弧書きにて説明

P80

名称	室数	定員	1名分宿泊料金(単位/百円) 2食付	朝食付	素泊	電話	交通	特徴・備考
(小田原周辺) map▶80ページ						(0465)		
小田原ターミナルホテル	50	67	—	※軽朝食6.5	S50〜	23-7733	小田原駅歩1分	※要予約
東横INN小田原駅東口			—	サービス	S84〜	23-7045	小田原駅歩3分	
B.H.伊勢	18	20	—	—	S54〜	23-2271	小田原駅歩4分	年末年始料金
ホテルオレンヂ	31	47	—	—	S45〜60	22-6429	小田原駅歩5分	
plum hostel	2	15	自炊可	自炊可	30〜	080-7699-0404	小田原駅歩5分	バス・トイレ共用、国際色豊か
民宿仙口	7	80	77	55	44	89-2037	新松田駅バス20分	大浴場、合宿近辺、ゴルフ場多数
真吉屋	9	23	70〜110	60.5〜	55〜	74-0108	大雄山駅歩7分	家庭料理、アットホーム、最寄り車10分
(箱根周辺) map▶80ページ						(0460)		
「旅人の宿」箱根レイクヴィラ	3	10	—	—	50〜	83-1610	箱根湯本駅バス30分	予約制、事前振込
民宿みたけ	6	20	72.6	—	—	82-3175	大涌谷駅歩5分	天然温泉(24h可、入湯税別)
箱根強羅ホテルパイプのけむり	76	204	109.9〜	98.9〜	93.4〜	86-0666	強羅駅歩1分	天然大浴場・露天(入湯税別)
仙景プラザ	10	40	—	82〜	70〜	85-5500	箱根湯本駅バス13分	天然温泉(露天有、入湯税別)
塔の沢一の湯新館	20	76	140.69〜	119.79〜	—	85-5331	箱根湯本駅バス3分	天然温泉、露天風呂付客室有
塔の沢一の湯本館	22	100	135.19〜	114.29〜	—	85-5331	箱根湯本駅歩5分	天然温泉、露天風呂付客室有
近江屋旅館	7	25	92〜	70〜	59〜	85-7345	箱根湯本駅バス5分	かけ流し天然温泉(入湯税別・貸切可)
仙石原品の木一の湯	40	136	140.69〜	119.79〜	—	85-5331	箱根湯本駅バス25分	天然温泉、露天風呂付客室有
仙石原高原大箱根一の湯	14	55	124.19〜	103.29〜	—	85-5331	箱根湯本駅バス30分	天然温泉・露天風呂(入湯税別)、ペット可
富士箱根ゲストハウス	14	52	—	—	67.5〜	84-6577	箱根湯本駅バス30分	国際観光民宿、かけ流し天然温泉(白濁色)、露天¥500
箱根仙石原Y.H.	7	27	—	—	51	84-8966	箱根湯本駅バス30分	個室可、かけ流し天然温泉(白濁色)、露天¥500
ファミリーロッジ旅籠屋箱根仙石原店	14	56	—	軽朝食	49.5〜	84-8858	御殿場I.C.14km	EV車充電可
四季倶楽部 箱根星の家	6	24	夕食33〜	朝食11	57.5〜	050-3310-5930	宮ノ下駅車7分	天然温泉大浴場(入湯税別)
四季倶楽部 ヴィラ箱根80	12	62	夕食33〜	朝食11	57.5〜	050-3310-5930	小涌谷駅歩8分	予約制、天然温泉大浴場(入湯税別)
四季倶楽部 強羅彩香	18	77	夕食33〜	朝食11	57.5〜	050-3310-5930	強羅駅歩10分	天然温泉大浴場(入湯税別)
四季倶楽部 フォレスト箱根	17	74	夕食33〜	朝食11	57.5〜	050-3310-5930	箱根湯本駅バス25分	天然温泉露天風呂(入湯税別)、大浴場
四季倶楽部 箱根和の香	12	54	夕食33〜	朝食11	57.5〜	050-3310-5930	箱根湯本駅バス25分	天然温泉大浴場(入湯税別)
四季倶楽部 箱根スタイル	15		夕食33〜	朝食11	57.5〜	050-3310-5930	箱根湯本駅バス28分	天然温泉・露天(入湯税別)

Map

厚木周辺	相模原周辺	小田原周辺	箱根周辺

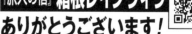

中部

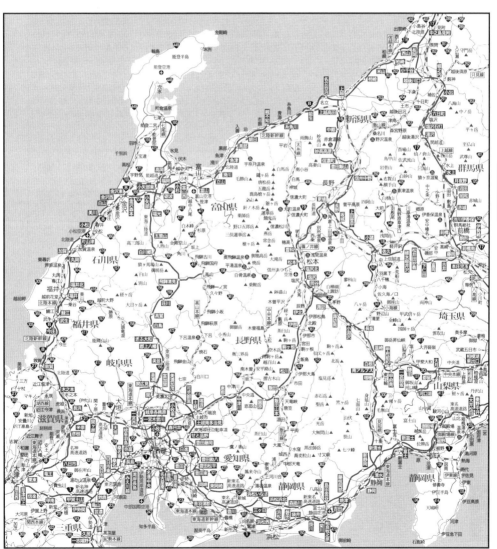

※新潟県北部の地図は38ページ参照
※三重県南部の地図は116ページ参照

★ お申し込み時「全国安い宿情報を見た」と言ってね！

◇山梨◇

宿泊料金は基本的に「**1名分**、消費税10％込み」表示（単位：百円）※宿泊税別／🅗→1室2名利用／🅘→1室3名利用／→1室4名以上利用／B.H.→ビジネスホテル／P.→ペンション／Y.H.→ユースホステル／Y.G.H.→ユースゲストハウス／会→YH会員料金／相→相部屋＝ドミトリー／S→シングルルーム／地→地下鉄／男→男性専用／女→女性専用／和→全室和室／和）→和室有（全室ではない）　〈→右へ〉

中部

お得情報は187ページを見てね！

名　称	室数	定員	1名分宿泊料金（単位/百円） 2食付	朝食付	素泊	電話	交通	特徴・備考
（甲府周辺） map▶82ページ						（055）		
東横INN甲府駅南口2	246	298	—	サービス	S79〜	223-1045	甲府駅歩1分	Ⓑ🅣(s)ⓌⓅ先着順 ⒸⓆ
東横INN甲府駅南口1	191	200	—	サービス	S72〜	226-1045	甲府駅歩7分	Ⓑ🅣(s)ⓌⓅ先着順 ⒸⓆ
甲府プリンスホテル朝日館	58	90	—	サービス	S47.1	253-0111	甲府駅歩7分	Ⓑ🅣ⓌⓅⒸⓆ
Ｂ．Ｈ．あづま	10	10	—	—	S39	228-5001	甲府駅歩8分	Ⓑ🅣ⓌⓅⒸⓆ アメニティ完備
ホテル菊富士	10	40	長期・団体 40〜S63	32〜S55	—	252-7308	甲府駅歩13分	和Ⓑ🅣ⓌⓅ 浴場（男女入替制）
ホテルルートインコート甲府	63	73	※レストラン	サービス	S80〜	225-1011	甲府駅車10分	Ⓑ🅣Ⓢ（Ⓦ）Ⓟ先着順 Ⓒ大浴場男女入替制 ※日祝休
スーパーホテル甲府昭和インター	101	170	—	サービス	S51〜	275-9000	甲府駅車15分	Ⓑ🅣(s)ⓌⓅⒸ天然温泉（男女入替制）
ホテル1・2・3甲府信玄温泉	88	122	レストラン	サービス	S61〜86	221-7000	甲府駅車15分	Ⓑ🅣Ⓢ（Ⓦ）ⓅⒸⓆ天然温泉露天 甲府昭和I.C.5分
コンフォートイン甲府	77	150	—	サービス	S58〜	235-1500	甲府駅車15分	Ⓑ🅣(s)ⓌⓅⒸⓆ
村　田　屋	7	25	70.2	43.2	38	277-2720	甲府駅車30分	和ⓅⓆ 昇仙峡入口、釣り堀有
樹　　園	3	32	77.4	60.1	52	285-4131	甲府駅車30分	和Ⓟ🅠 かけ流し天然温泉、BBQ・合宿可
HOTEL AZ山梨甲府南I.C.店	92	368	S62.4	サービス	S52.8	220-5656	東花輪駅車10分	Ⓑ🅣ⓌⓅⒸ 2段ベッド、甲府南I.C.1分
ホテルルートインコート南アルプス	70	80	※レストラン	サービス	S70〜	283-8111	東花輪駅車20分	Ⓑ🅣ⓈⓌⓅ先着順 Ⓒ大浴場男女入替制 ※日祝休
（石和温泉周辺） map▶82ページ						（055）		
クア＆ホテル石和健康ランド	108	190	レストラン	レストラン	🅗55〜	263-7111	石和温泉駅歩15分	和ⓌⓅⒸⓆ健康ランド、サウナ、24種の風呂
み　な　も　と　旅　館	10	45	🅗151.5〜	🅗100.5	🅗67.5	262-5576	石和温泉駅歩15分	🅗ⓌⓅⒸⓆ 天然温泉（ワインの露天風呂）
ホテルルートインコート甲府石和	117	139	※レストラン	サービス	S83〜	262-1011	石和温泉駅歩5分	Ⓑ🅣ⓈⓌⓅ先着順 Ⓒ大浴場、会議室 ※日祝休
ホテルサンプラザ	93	120	—	—	S45〜	263-6011	石和温泉駅歩5分	Ⓑ🅣Ⓟ 大浴場、1F売店
旅　館　泉　山　荘	14	83	🅗119.5〜	—	—	262-2662	石和温泉駅歩5分	ⓌⓅⒸⓆ天然温泉（大浴場・露天）
ファミリーロッジ旗籠屋石和店	12	48	—	軽朝食	🅗49.5〜	261-2858	石和温泉駅歩5分	Ⓑ🅣(s)ⓌⓅ
（塩山周辺・山梨市） map▶82ページ						（0553）		
日　の　出　荘	5	15	63〜	40〜	30〜	39-2100	塩山駅車20分	和ⓌⓅ 西沢渓谷登山口へ車15分
大　平　荘	9	30	—	—	38.5	39-2318	塩山駅車40分	和Ⓟ 乾徳山登山口歩10分
ホテルルートインコート山梨	85	97	※レストラン	サービス	S78〜	23-2011	山梨市駅車5分	Ⓑ🅣ⓈⓌⓅ先着順 Ⓒ大浴場男女入替制 ※日祝休
（塩山周辺・甲州市） map▶82ページ						（0553）		
大　和　旅　館	8	30	110〜	75〜	55〜	33-2276	塩山駅歩10分	和ⓌⓅ 手作り季節料理、天然温泉（加温入湯税別）
井　筒　屋　別　館	8	30	自炊可	自炊可	🅗40.7	33-2192	塩山駅歩10分	和Ⓟ 温泉、大菩薩峠・乾徳山登山可
民　宿　水　上　荘	18	30	70	50	45	33-3536	塩山駅歩10分	ⓌⓅ 囲炉裏で食事、大浴場、体育館・弓道場完備
民　宿　ひ　が　し　荘	5	15	休業中			33-9569	塩山駅バス30分	Ⓟ（大型バス可） 光明石温泉
（勝沼周辺） map▶82ページ						（0553）		
展　望　園	4	22	—	—	45.36	44-0243	勝沼ぶどう郷駅車8分	和Ⓟ ワイン工場・ワイン村近く（ぶどう狩7〜10月）
わいんと宿川口園	5	19	99〜	77〜	66〜	44-2061	勝沼ぶどう郷駅車10分	ⓅⓆ ぶどう狩（8〜10月）、ワイナリー近く、景望良い
勝沼ぶどう郷Y.H.	5	15	—	朝食3.3	会40.7〜	20-4733	勝沼ぶどう郷駅歩13分	相ⓌⓅⓆ 個室応相談、温泉施設完備、夜景一望
洋風民宿ひとつぶの葡萄	5	10	🅗93.5	🅗60.5	🅗49.5	44-3727	勝沼ぶどう郷駅車15分	ⓌⓅ ぶどうの丘（温泉）半額
大　善　寺	13	60	🅗70.4	🅗55	—	44-0027	勝沼ぶどう郷駅車10分	ⓌⓅⒸ 国宝建造物（文化財）

Ｍａｐ

甲府周辺	石和温泉周辺	塩山周辺	勝沼周辺

【ひとくちメモ】　甲府市北部に位置し、JR甲府駅から車で20分で行ける国の特別名勝、そして日本遺産にも認定されている景勝地・昇仙峡。日本一と称される渓谷には、直立約180mの急峻形状が天にそびえる主峰「覚円峰」、落差30mの「仙娥滝」、天然の巨岩トンネルなど不思議な奇岩・奇石が多数、トレッキングコースなどもあり四季折々の自然が楽しめる。仙娥滝駅からパノラマ台駅を結ぶロープウェイでは約5分間の空中散歩が楽しめる。甲府市観光協会☎055-226-6550　https://kofu-tourism.com/

〈→つづき〉 Ⓑ→全室バス付／Ⓑ→一部バス付／Ⓣ→全室トイレ付／Ⓣ(s)→全室シャワートイレ＝ウォシュレット付／Ⓣ→一部トイレ付／
Ⓦ→全室Wi-Fi可／Ⓦ→一部Wi-Fi可／Ⓟ→有料駐車場／Ⓟ→無料駐車場／送→送迎可／身→身体障害者への対応可(要問)／
Ⓒ→一部クレジットカード決済可／Ⓠ→paypay等の一部QR決済可／24h→24時間／特記事項は※印、又は( )括弧書きにて説明

★ お申し込み時「全国安い宿情報を見た」と言ってね！

中部

お得情報は187ページを見てね！

名称	室数	定員	1名分宿泊料金(単位/百円)			電話	交通	特徴・備考
			2食付	朝食付	素泊			
(大月・都留周辺)						(0554)		
東横INN富士山大月駅			—	サービス	S77〜	21-1045	大月駅歩5分	ⒷⓉ(s)ⓌⓅ(先着順)ⒸⓆ
民宿 河野園	9	50	60	50	50	22-3386	大月車15分	ⒷⓅ BBQ可
ファミリーロッジ旅籠屋富士都留店	14	56	—	軽朝食	Ⓣ49.5〜	45-8858	都留駅歩1分	ⒷⓉ(s)ⓌⓅ
B.H.インターフジモト	17	28		S63.8〜	S58〜	45-2121	都留駅歩6分	ⒷⓉⓌⓅⒸⓆ 都留I.C.隣
(道志村周辺)						(0554)		
北 の 勢 堂	15	60	Ⓣ70〜	Ⓣ55〜	Ⓣ45〜	52-2102	都留市駅バス50分	ⓌⓅⒸ創業180年。茅葺屋根、囲炉裏、自家製味噌樽の郷土料理
道志川温泉紅椿の湯	7	30	食堂	Ⓣ58〜78	Ⓣ53〜73	20-4500	相模湖I.C.50分	ⓌⓅ 温泉施設(露天・サウナ、外来可)
(山中湖周辺) map▶83ページ						(0555)		
P.すももの木	7	20		62.7〜	50.6〜	62-3411	富士山駅バス15分	ⓅⓆ 自作スピーカー・オーディオ、紅富士の湯車2分
いやしの宿ロータスカフェ蓮	7	20			Ⓣ60〜	62-1671	富士山駅バス20分	ⓌⓅ 人工温泉、BBQ(要問)
山中湖旭丘温泉ホテル清渓	30	70	Ⓣ107.8〜	Ⓣ71.5〜	Ⓣ58.3〜	62-0020	富士山駅バス25分	ⒷⓉⓌⓅⒸ 天然温泉(入湯税別)
湖畔の宿だいはつ	9	40	77〜	57	50	65-8231	富士山駅バス25分	Ⓟ パターゴルフ、テニス
富 士 重 荘	12	55	Ⓣ78〜	Ⓣ65	Ⓣ55	65-8115	富士山駅バス30分	ⓌⓅ 少人数貸切可、きらら隣接
吉 政 荘	11	60	74〜	57〜	47〜	65-8252	富士山駅バス30分	ⓌⓅ 学生割引、テニスコート5面、合宿可
城 山 荘	11	60	Ⓣ78	Ⓣ65	Ⓣ55	65-8026	富士山駅バス30分	ⓌⓅ 近くに公営温泉・テニスコート、学生合宿可
大 富 士 荘	10	30		休館中		65-8855	富士山駅バス30分	ⓌⓅ
フォレストインチップマンク	10	25	Ⓣ121〜	Ⓣ84.7〜	Ⓣ72.6〜	62-3122	富士山駅バス30分	ⓌⓅⒸⓆ 富士山一望、展望風呂、ペット可
舞 富 士	5	24	—		45	65-7978	富士山駅バス30分	Ⓟ富士山湖一望の客室、山中湖交流プラザ目の前
ファミリーロッジ旅籠屋山中湖店	14	56	—	軽朝食	Ⓣ49.5〜	63-2111	山中湖I.C.600m	ⒷⓉ(s)ⓌⓅ 国道138号沿い
ヴィラ季節風	7	26	Ⓣ119.9〜	Ⓣ85.8	Ⓣ75.9	62-3470	山中湖I.C.5分	ⓉⓌⓅⒸⓆ 全室富士山一望、湖畔へ歩1分
山中湖プラザスポーツホテル	24	150	82.5〜	朝食7.7	66〜	65-7331	山中湖I.C.8分	ⓌⓅ 大浴場、テニスコートグラウンド、4〜11月営業
コテージP.まりも	3棟	12	118〜	—	—	65-6046	山中湖I.C.10分	ⓉⓌⓅⒸⓆ 独立棟、貸切桧風呂
(忍野八海周辺)						(0555)		
P.センターハウス	19	80	130〜	110〜	77〜	84-2320	富士山駅バス20分	ⓌⓅ 天然温泉大浴場、学生合宿割引、忍野八海へ歩1分
民宿原の家(はらのや)	18	100	90〜	60〜	50〜	84-2075	富士山駅バス20分	ⓌⓅⒸ 体育館・グラウンド有、合宿可
民宿旅館レイク忍野	10	50	77〜	55〜	44〜	84-2131	富士山駅バス20分	ⓌⓅ 忍野八海目の前
(河口湖周辺) map▶83ページ						(0555)		
B.H.河口湖	31	41			S55〜	72-1221	河口湖駅歩8分	ⒷⓉⓌⓅ(普通車) アメニティ完備
河口湖ステーションイン	15	60			56〜81	72-0015	河口湖駅目の前	ⓌⓅⒸ 人工温泉展望風呂、PC有
温泉民宿丸弥荘	11	45			Ⓣ50	72-2832	河口湖駅歩15分	ⓌⓅ 天然温泉、富士山一望部屋有
東横INN富士河口湖大橋			—	サービス	S83〜	68-3045	河口湖駅バス15分	ⒷⓉ(s)ⓌⓅ(先着順)ⒸⓆ
いやしの宿湖岳荘	9	45		休館中		72-0551	河口湖駅バス15分	ⓌⓅ 湖畔へ歩3分、河口湖観光に便利
セントビレッジ	25	160	82.5〜	69.3〜	—	72-3339	河口湖駅バス15分	ⓌⓅ 大浴場、会議室、BBQ
河口湖民宿いわき	8	30	63〜	48〜	40〜	72-2656	河口湖駅バス20分	ⓌⓅⓆ 湖畔へ歩10分、富士急ハイランド車6分
秋 月 荘	11	52	77	55	49.5	82-2152	河口湖駅バス30分	ⓌⓅ 音楽ホール、西湖
登り坂ホテル	200	300	レストラン	朝食13〜	※S65〜	72-5300	河口湖駅車5分	ⒷⓉ(s)ⓌⓅ(普通車) アメニティ付、※西館
民宿旅館富士見園	16	80			55〜	72-1566	河口湖駅歩5分	ⓌⓅ団ⒸⓆ コテージ有、富士急ハイランド車5分
キャメロット	36	130			49.5〜	73-1830	河口湖駅車5分	Ⓟ 大浴場、音楽スタジオ

Map

山中湖周辺 　河口湖周辺 　身延周辺 　清里周辺

【ひとくちメモ】 陸上からそのまま湖へダイビングするという非日常体験ができる水陸両用バス「YAMANAKAKO NO KABA」。車内は全席指定席で屋根と窓がシースルーになっているので開放感がいっぱい。1台で陸と水上から富士山と山中湖の大自然を五感で体験できる。山中湖南岸旭日丘バスターミナル出発。9:15〜(およそ45分間隔で1日8〜9本程度／12〜2月10:00〜)。料金：大人(中学生以上)2,300円、小人(4才〜小学生)1,150円 ☎0570-022-956(事前予約専用ダイヤル) http://www.kaba-bus.com/yamanakako/

★お申し込み時「全国安い宿情報を見た」と言ってね！

お得情報は187ページを見てね！

宿泊料金は基本的に「**1名分、消費税10%込み**」表示（単位：百円） ※宿泊税別／[ii]→1室2名利用／[iii]→1室3名利用／[複]→1室4名以上利用／B.H.→ビジネスホテル／P.→ペンション／Y.H.→ユースホステル／Y.G.H.→ユースゲストハウス／[会]→YH会員料金／[相]→相部屋＝ドミトリー／S→シングルルーム／[地]→地下鉄／[男]→男性専用／[女]→女性専用／[和]→全室和室／[和]→和室有（全室ではない） 《→右へ》

名称	室数	定員	1名分宿泊料金（単位/百円）			電話	交通	特徴・備考
			2食付	朝食付	素泊			
（河口湖周辺） map▶83ページ						(0555)		
民営国民宿舎 温泉旅館若富士	11	60	[ii]99～	[ii]66～	[ii]55～	72-0858	河口湖駅車5分	[W][P]天然温泉(循環式・入湯税別)、90畳多目的ホール
ロッジニューハイツ	13	80	66～	60.5	55	83-2150	河口湖駅車5分	[W][P]厳選素材の手作り料理、石焼きBBQ人気、90畳音楽ホール
民宿花園	13	60		休館中		83-2453	河口湖駅車7分	[和][W][P]音楽ホール
富ノ湖ホテル	92	200	夕食27.5	朝食16.5	[ii]67.5～	72-5080	河口湖駅車8分	[W][P][C]天然温泉大浴場、露天風呂、富士山と河口湖の眺望良い
貸別荘河口湖マミアーナビレッジ	3棟	22	自炊可	自炊可	※55～	73-3269	河口湖駅車8分	[W][P]※定員利用時1名分、各棟ジャグジー・キッチン付
合唱の家おおば	10	50	※71.5	—	—	76-6600	河口湖駅車10分	[W][P]※1泊3食付料金、合唱団専門
民宿峰山荘	7	35	75	60	45	76-7218	河口湖駅車20分	[和][P][送](バス) 富士山の眺め良い
貸別荘ルピナス河口湖	9棟	70	自炊可	自炊可	※50～	73-3295	河口湖駅バス10分	[B][T][P]※定員利用時、キッチン付、河口湖畔歩3分
湖畔の家	9	36	69.3	52.8	47.3	83-2205	河口湖駅バス10分	[和][P]音楽ホール
貸別荘ハーバルメモリー河口湖	3棟	30	自炊可	自炊可	※60～	76-6711	河口湖駅バス30分	[B][T][P]キッチン付 ※1棟定員利用時
キャビン&ラウンジハイランドステーションイン	154	154	—	—	43～	21-6688	富士急ハイランド駅歩5分	男女利用カプセル[W][P][C][Q]
民宿なかの	10	40	—	—	65	22-5936	富士急ハイランド駅歩5分	[和][B][T][P]河口湖I.C.5分
ファミリーロッジ旅籠屋富士吉田店	15	60	—	軽朝食	[ii]49.5～	24-9858	富士山駅歩5分	[B][T](s)[W][P]
富士吉田Y.H.	6	13	—	—	[会]35	22-0533	下吉田駅歩8分	[相][和][W][P][C][Q]かわいい犬がお出迎え
（鳴沢村周辺）						(0555)		
P84 なるさわ荘	15	60	69	56	48.6	85-2229	河口湖駅バス20分	[和][W][P]音楽ホール、合宿歓迎
リゾートイン吉野荘	30	150	110～	88～	77～	85-2260	河口湖駅バス15分	[和][W][P][C]合宿・研修可、炭火BBQ(夏)、富士山展望大浴場
（身延周辺） map▶83ページ						(0556)		
いち柳ホテル	30	100	[ii]80～	[ii]63～	[ii]53～	22-0008	市川大門駅車5分	[B][T][W][P][C][Q]光明石の湯、身延山車40分
宿こだち	8	35	60.5～	49.5～	44～	62-2555	波高島駅歩5分	[和][W][P]クラフトパーク近く
塩沢温泉	5	15	110～	77～	66～	62-0868	身延駅バス5分	[和][P]天然温泉(加温)、季節の料理、ビジネス可
七面山温泉ひのや(別館)	10	60	88～	66	55	45-2767	身延駅バス40分	[和][W][P]七面山登山口
（清里周辺） map▶83ページ						(0551)		
清里Y.H.	7	50	[会]55～	[会]42.5～	[会]35～	48-2125	清里駅歩5分	[W][P]7～9月ソフトクリーム販売※一般¥600増
ロッヂこすもす	8	30	—	—	45、47	48-2941	清里駅歩10分	[和][P]
清里高原P.モンシェリー	8	27	105～	88～	66～	48-3122	清里駅車5分	[P]自家農園の野菜、仏・伊料理
P.ポップコーン	8	25	93.5～	66～	55～66	48-2850	清里駅車5分	[W][P][送](要予約) 夏に収穫体験、八ヶ岳の眺望良い
白樺の宿 結(ゆい)	5	18	96.5～	71.5～	—	48-3331	清里駅車7分	[W][P][送]和風貸切露天風呂
コテージ野わけ	7棟	38	夕食33～	朝食13	60～	48-3308	清里駅車15分	[B][T][W][P][送](要問)[C][Q]夏に野菜収穫体験
美しの森P.いろり	10	30		休業中		38-2237	甲斐大泉駅歩7分	[P]和風ペンション、囲炉裏
P.森の椅子	8	25	—	—	[ii]49.5～	38-3256	甲斐大泉駅歩10分	[W][P]長坂I.C.15分

河口湖音楽と森の美術館

河口湖北岸にあり、四季折々の花であふれる庭園と中世ヨーロッパの王侯貴族の華やかな館が独特な世界を作り出している「河口湖音楽と森の美術館」。あのタイタニック号に搭載予定だったオーケストリオンや世界最大規模のダンスオルガン、オートマタ（自動人形）など、歴史的にも価値のある高級オルゴールや自動演奏楽器が多数展示され、演奏を聴く事ができる。河口湖駅から周遊レトロバスで26分。営業時間：10～17時。入館料：（平日限定スペシャルチケット500円クーポン付き）大人2,000円。（平日一般）大人1,800円、小中学生1,000円。☎0555-20-4111 https://kawaguchikomusicforest.jp/

【ひとくちメモ】 河口湖北岸の大石公園に隣接する「富士大石ハナテラス」は白亜の建物が林立する庭園型商業施設。山梨県の伝統工芸品・印伝を取り扱う和雑貨店や和紙製品専門店、天然石・アクセサリー販売、山梨県産果物を使ったスイーツを提供するカフェなど個性豊かな9店舗が点在している。富士山や湖などの優れた自然景観を崩すことなく、花が引き立つ白い外壁の建物と石畳が魅力ある風情を演出している。河口湖駅から車15分。☎0555-72-9110 https://www.fujioishihanaterasu.com/

（清里周辺）map▶83ページ

名 称	室数	定員	2食付	朝食付	素泊	電話 (0551)	交 通	特徴・備考
カントリーハウス遊々舎	4	10	104	89	79	38-3311	甲斐大泉駅歩10分	ⓌⓅⓆ 貸切温泉風呂
ファミリーロッジ旅籠屋小淵沢店	12	48	—	軽朝食	S49.5〜	36-5999	小淵沢駅歩5分	ⒷⓉ⒮ⓌⓅ 冷蔵庫付
旅 館 近 江 屋	9	24	77〜	66〜	55〜	26-2036	日野春駅車8分	和ⒷⓉⓌⓅ普通車 Ⓠ国道20号沿い
ホテルルートインコート韮崎	89	102	※レストラン	サービス	S76〜	23-1011	韮崎駅歩8分	ⒷⓉⓌⓅ先着順 ⒸⓆ大浴場 ※日曜休
ファミリーロッジ旅籠屋韮崎店	12	48	—	軽朝食	S49.5〜	25-4858	韮崎I.C.・須玉I.C.	ⒷⓉ⒮ⓌⓅ 国道141号沿い
金 山 々 荘	8	30	自炊可	自炊可	35	45-0435	韮崎駅バス80分	Ⓟ瑞牆山・金峰山登山口歩30分(鉄北交通バス)

◇ 長 野 ◇

P85

（長野市周辺）map▶85ページ

名 称	室数	定員	2食付	朝食付	素泊	電話 (026)	交 通	特徴・備考
清 水 屋 旅 館	11	30	S95.7	S62.7	S50.5	233-3211	長野駅バス10分	和ⓌⓅⒸ善光寺歩5分
東横INN長野駅善光寺口	215	240	—	サービス	S76〜	228-1045	長野駅歩3分	ⒷⓉ⒮ⓌⓅ予約制ⒸⓆ
スマイルホテル長野	76	82	—	朝食8	S60〜	403-0777	長野駅歩3分	ⒷⓉ⒮ⓌⓅ コインランドリー・ビジネス・観光に
東横INN長野駅東口	215	240	—	サービス	S76〜	225-1045	長野駅歩4分	ⒷⓉ⒮ⓌⓅ先着順ⒸⓆ
森と水バックパッカーズホステル	9	30	—	—	33〜	217-5188	長野駅歩5分	和Ⓦ個室有、共同シャワー
ホ テ ル や ま	50	55	—	—	S34.5〜	235-1634	長野駅歩15分	ⒷⓉⓌⓅ先着順ⒸⓆ洗濯機無料
ファミリー旅館梅岡	18	40	Ⓑ72〜	Ⓑ56〜	Ⓑ47〜	235-2225	長野駅車8分	和ⓌⓅⒸⓆビジネス可、善光寺車8分
ホテルルートイン第1長野	99	120	居酒屋	サービス	S79〜	221-2121	長野駅車15分	ⒷⓉⓌⓅ先着順ⒸⓆ大浴場
ホテルルートイン第2長野	77	97	居酒屋	サービス	S81〜	221-3131	長野駅車15分	ⒷⓉ⒮ⓌⓅ先着順ⒸⓆ大浴場第1長野
ホテルルートイン長野別館	49	54	居酒屋	サービス	S81〜	221-3131	長野駅車15分	ⒷⓉ⒮ⓌⓅ先着順ⒸⓆ大浴場第1長野
国民宿舎松代荘	36	152	温128.2〜	温80.5〜	温67.5〜	278-2596	長野駅バス40分	ⓌⓅⒸ天然温泉、眞田、眞田の歴史にふれる旅
ホテルルートインコート篠ノ井	60	70	—	サービス	S81〜	293-0085	篠ノ井駅歩8分	ⒷⓉ⒮ⓌⓅ先着順ⒸⓆ

国宝 善光寺本堂
1400年の歴史を持つ「善光寺」。身分、宗派、男女の区別なく、常に全ての信徒を受け入れ、年間700万人もの参拝客が訪れる。JR長野駅から中央通りを北へ2km。境内入口から山門までの400mに渡って7777枚の石畳が敷き詰められ、情緒ある町並みや店が並び、表参道として賑わっている。途中、迫力ある2体の仁王像が立つ仁王門や国の重要文化財に指定されている山門がある。現在の本堂は江戸中期(1707年)の再建で、「撞木(しゅもく)造り」という善光寺独特の構造を持つ。参詣無料。本堂内陣・山門・経蔵拝観＋資料館セット券1,200円。
☎026-234-3591 https://www.zenkoji.jp

★お申し込み時「全国安い宿情報を見た」と言ってね！

中部

お得情報は187ページを見てね！

Ｍａｐ

長野市周辺	飯山周辺	白馬・八方周辺	白馬・五竜周辺

宿泊料金は基本的に「**1名分、消費税10％込み**」表示（単位：百円）※宿泊税別／⊕→1室2名利用／⊕→1室3名利用／⊕→1室4名以上利用／B.H.→ビジネスホテル／P.→ペンション／Y.H.→ユースホステル／Y.G.H.→ユースゲストハウス／⊖→YH会員料金／⊛→相部屋＝ドミトリー／S→シングルルーム／地下鉄／男性専用／女性専用／全室和室／和室有（全室ではない）／〈→右へ〉

★お申し込み時「全国安い宿情報を見た」と言ってね！

中部

お得情報は187ページを見てね！

名称	室数	定員	1名分宿泊料金（単位/百円）			電話	交通	特徴・備考
			2食付	朝食付	素泊			
（長野市周辺） map▶85ページ						**(026)**		
ホテルルートインコート千曲更埴	77	91	—	サービス	S82.5~	273-0100	屋代駅歩1分	大浴場（男女入替制）
ホテルプラトン	51	100	夕食16.5	S88~	S77~	275-5111	戸倉駅車8分	天然温泉大浴場（入浴税別）
B.H.グリーンプラザ	33	50	夕食16.5	S74.8~	S63.8~	276-7111	戸倉駅車8分	天然大浴場（提携ホテルへ）
ホテルルートインコート上山田温泉	115	188	※レストラン	サービス	S88~	276-0006	戸倉駅車8分	天然温泉大浴場、C15分付隣接
国民宿舎聖山パノラマホテル	10	50	93.5~	68.2~	60.5~	266-2623	聖高原駅30分	大浴場、北アルプス一望
ゲストハウス蔵	3	12	自炊可	自炊可	40~	214-7945	須坂駅歩15分	個室化、古民家改築、キッチン、カフェ
おぶせの風	7	17	—	S62	S55	247-4489	小布施駅歩10分	ツイン有（要問）
（湯田中周辺）						**(0269)**		
湯田中渋温泉郷角間荘	6	18	自炊可	自炊可	56.5~	33-8290	湯田中駅バス5分	天然温泉、自炊用キッチン
金喜ホテル	6	30	—	62~	50~	33-3531	湯田中駅バス10分	天然温泉（渋温泉・入浴税別）
御宿政喜	5	15	105~	75~	60~	33-2732	湯田中駅バス10分	天然温泉（渋温泉）
木戸池温泉ホテル	61	250	⊕121~	⊕99~	⊕88~	34-2821	湯田中駅バス40分	志賀高原、手ぶらBBQ、天然温泉（入湯税別）
（飯山周辺） map▶85ページ						**(0269)**		
ビジネスインミツワ	6	11	居酒屋	S50.8	S44	62-2533	飯山駅歩16分	アウトバス、居酒屋利用で割引有
高社山麓みゆきの杜Y.H.	4	15	78~	68~	58~	82-4551	飯山駅車15分	個室、木島平スキー場近く
B.H.ノーブル飯山	47	55	—	S63.8~	S55~	62-0165	北飯山駅歩3分	
りんどう	16	60	77~	55	38.5	65-2125	戸狩温泉駅歩5分	大浴場、戸狩スキー場近く
民宿木原荘	6	25	88~	77~	66~	65-2473	戸狩温泉駅歩5分	公共温泉近く、手作り料理
お宿てらゆ	8	20	95~	62~	46.5~	85-2242	飯山駅バス25分	天然温泉（加瀬・野沢温泉）
ホテルルートイン中野	144	191	※レストラン	サービス	S77~	24-5300	信州中野駅車10分	大浴場 ※日曜休
（斑尾高原周辺）						**(0269)**		
P.TOB'S HOUSE	9	28	夕食18~	75~	—	64-3451	飯山駅バス25分	※「全国安い宿情報で」と一言
P.絵日記	4	35	80~	60~	50~	64-3443	飯山駅バス25分	24h眺望大浴場（冬以外）、ペット可要予約
P.ピュア	17	45	100~	85~	75~	64-3464	飯山駅バス25分	手作り洋風フルコース、24h風呂
（野尻湖周辺）						**(026)**		
宮川旅館	20	100	66~88	55~66	44~55	258-2501	黒姫駅バス10分	野尻湖目の前、屋形船でワカサギ釣り（11~3月）
民営国民宿舎 杉久保ハウス	11	35	90~	70~	50~	258-2550	黒姫駅車7分	野尻湖畔、手作り料理
（黒姫高原周辺）						**(026)**		
P.シータス	6	22	88	70	—	254-8287	黒姫駅車5分	ジェットバス、キッズ・ベビー歓迎
TABI YADO Rantan	6	20	93~	68~	58~	255-6428	黒姫駅歩10分	24h風呂
黒姫高原の宿アルマナック	6	17	100	66	55	255-5561	黒姫駅歩10分	要問、夕食中華料理
（戸隠高原周辺）						**(026)**		
高山坊	12	50	⊕113~	⊕90~	⊕78~	254-2332	長野駅バス60分	別荘感覚でどうぞ
民宿りんどう	10	50	82.5	60.5	49.5	254-2094	長野駅バス60分	戸隠スキー場中社ゲレンデ目の前
国民宿舎鬼無里の湯	13	57	89.5~	67.5~	56.5~	256-2140	長野駅バス60分	天然温泉大浴場、コテージ有
（白馬・栂池周辺）						**(0261)**		
ロッジウィザード	8	35	※67~	朝食8	※42~	83-3001	白馬大池駅車10分	※土曜料金、栂池高原スキー場
光陽館	11	60	88~	63.8	55	83-2030	白馬大池駅車10分	栂池高原スキー場
P.遊夢	9	27	⊕80~	⊕58~	⊕50~	83-2563	白馬大池駅車10分	栂池高原スキー場
白馬の里シェーンドルフY.H.	7	30	80	65	55	83-3011	白馬大池駅車10分	家族可、栂池高原スキー場歩2分

【ひとくちメモ】　江戸時代の浮世絵師・葛飾北斎が晩年長く逗留した小布施町。『北斎館』では、ワンフロアで映像、企画展示、肉筆展示、祭屋台展示を観ることができる。北斎は、富嶽三十六景などの浮世絵師として有名だが、長野県宝にも指定される二基の祭屋台の天井絵をはじめとした掛け軸、屏風絵など同じ物は一つとしてない1枚ものの貴重な肉筆画、画稿、書簡なども多数残している。小布施館から徒歩12分。入館料：企画展一般1,000円、高校生500円、小中学生300円／開館：9:00～17:00 ☎026-247-5206 https://hokusai-kan.com

《→つづき》 [B]→全室バス付／[B]→一部バス付／[T]→全室トイレ付／[T](s)→全室シャワートイレ＝ウォシュレット付／[T]→一部トイレ付／[W]→全室Wi-Fi可／[W]→一部Wi-Fi可／[P]→有料駐車場／[P]→無料駐車場／[送]→送迎有／[障]→身体障害者への対応可(要問)／[C]→一部クレジットカード決済可／[Q]→paypay等の一部QR決済可／24h→24時間／特記事項は"※"印、又は"( )"括弧書きにて説明

名称	室数	定員	1名分宿泊料金(単位/百円) 2食付	朝食付	素泊	電話	交通	特徴・備考
(白馬・栂池周辺)						(0261)		
ひよどり山荘	18	70	[ii]64～	[ii]52～	[ii]44～	83-2219	白馬大池駅車10分	[和][W][P][Q]自家栽培の米や野菜、栂池高原スキー場歩1分
民営国民宿舎 あけぼの山荘	10	40	98～	66～	55～	82-2543	南小谷駅車15分	[和][W][P]白馬乗鞍スキー場ゲレンデ横
(白馬・八方周辺)	map▶85ページ					(0261)		
コテージヴィラモノクローム	3棟	30	—	—	※1棟110～	72-7188	白馬駅車5分	[W][P]※定員2名～、コンドミニアム、キッチン有、ペット可
P.セレナーデ	10	24	[ii]95～120	[ii]70～90	[ii]55～75	72-3757	白馬駅車5分	[B][T][W][P][C][Q]登山対応(猿倉登山口へ早朝[送]要相談)
P.野風増	6	17	73～78	46～51	38～43	72-2234	白馬駅車5分	[W][P][送]和風P.、掘りごたつ、八方尾根スキー場へ車5分
P.あぎ	7	18	110～	85～	—	72-5676	白馬駅車5分	[W][P]女性1人でも安心、八方尾根スキー場へ車3分
白馬風の子	6	16	68～	53～	45～	72-6463	白馬駅車5分	[相][W][P][C][Q]個室+￥1000
自然派P.パンプキン	4	16	[ii]98	[ii]68	[ii]53	72-4575	白馬駅車5分	[W][P]オーガニックな自然食宿、天然酵母パン人気
P.500マイル	10	40	夕食20	[ii]48～	[ii]38～	72-6674	白馬駅車7分	[W][P][送](登山口迄・有料・要問)[Q]
天然温泉白馬シンフォニー	6	22	[ii]99～	[ii]76～	[ii]65～	72-6848	白馬駅車10分	[W][P]源泉かけ流し天然温泉(大理石風呂・24h・貸切、入湯税別)
プチホテル志鷹	24	100	99～	79～	69～	72-5550	白馬駅車10分	[B][T][W][P][C][Q]大浴場、八方尾根スキー場横
白馬ホテルパイプのけむり	81	220	[ii]79.9～	[ii]68.9～	[ii]63.4～	72-5555	白馬駅車10分	[B][T][W][P][C]大浴場、露天風呂、八方ゴンドラ歩5分
(白馬・五竜周辺)	map▶85ページ					(0261)		
P87 白馬の森P.グリーンゲーブルス	8	32	88～	68～	55～	75-3010	神城駅歩9分	[W][P]そば打ち・陶芸・カヌー・ラフティング・パラグライダー
P87 貸別荘白馬の森グリーンゲーブルス	9棟	100	自炊可	自炊可	※61.6～	75-3609	神城駅歩9分	[P]2～5LDK(2～45名定員)
プチホテルユースビラ白馬とおみ	18	62	99～	82.5～	66～	75-2456	神城駅歩5分	[和][B][T][W][P](ツーリング用有)[C]こだわりの十割そば
民宿久平荘	8	32	80～95	70～80	60～70	75-3514	神城駅歩5分	[W][P][Q]コンビニ・道の駅近く、五竜スキー場車5分
五竜ドライブステーション	1	44	持込可	持込可	30	75-2819	神城駅歩7分	[相](カプセルタイプ)[W][P]シャワー¥200、暖房費¥300
P.ちゃうちゃう	11	34	85～	57.2～	48～	75-2270	神城駅歩8分	[W][P][C][Q]スポーツパック(テニス、パラグライダー)
ペンシオネランタンリルン	15	60	レストラン	[ii]71～	[ii]58～	75-3217	神城駅歩10分	[W][P][C][Q]五竜スキー場歩10分
P.&レストラングリーングラス	5	17	90～	78～	65～	75-3103	神城駅車3分	[W][P][C][Q]五竜ゲレンデ内、レストラン(冬期営業)、ペット可
P.ポエムの森	15	60	65～	—	45～	75-3275	飯森駅車5分	[W][P][Q]ジャグジーバス、フルコース料理
マウンテンロッジWiz(ウィズ)	11	35	89、97	68、74	52、62	23-1336	簗場駅歩15分	[W][P][C][Q]アルペンルート玄関口、鹿島槍スキー場前
(大町周辺)						(0261)		
丸勝旅館	7	25	80～	65～	55～	22-1007	大町駅車5分	[和][W][P][C][Q]大町市街、早朝朝食要相談
北海道風民宿ポッポのお宿	4	15	55	45	40	23-1700	大町駅車8分	[相][P][送]大町スキー場前
(穂高周辺)						(0263)		
安曇野パストラルY.H.	9	28	[会]63～	[会]48～	[会]39.5～	83-6170	穂高駅車8分	[相][W][P]個室有、展望良い、珍しいビール有
ホテルルートイン安曇野豊科駅南	107	164	※レストラン	サービス	S78～	73-0011	豊科駅歩2分	[B][T](s)[W][P][C][Q]大浴場、※日祝休

★お申し込み時「全国安い宿情報を見た」と言ってね！

中部

お得情報は187ページを見てね！

岩岳マウンテンリゾート

標高1,289mの岩岳山頂に広がるアクティビティエリアで、絶景テラスや写真映え抜群の大型ブランコ、マウンテンバイク、トレッキング、乗馬、バギークルーズなどアクティビティが充実。絶景を目下に開放感とスリルを味わえる超大型ブランコ「白馬ジャイアントスウィング」は、巻き上げ式により地面より10mの高さから最大で前方約6mの振り幅を得られる(1回1,000円。2024年は11/10迄)。また、日本初登場のマウンテンカートは、エンジンはなくハンドル操作とブレーキで全長1.4kmを最大時速50kmで駆け抜ける(1回2,000円。2024年は11/10迄)。2024年グリーンシーズン11/17迄。JR白馬駅より無料シャトルバス運行(期間限定)。リゾート入場料(ゴンドラリフト往復、5線サウスリフト往復含)大人2,400円、小児1,300円 ☎0261-72-2474 https://iwatake-mountain-resort.com/

【ひとくちメモ】 八方山麓駅から総延長3,445mの3本のゴンドラ〈八方尾根ゴンドラリフト「アダム」・アルペンクワッドリフト・グラートクワッドリフト〉を乗り継いで標高差1,060mを一気に登り40分ほどで標高1,830mの第1ケルン・八方池山荘へアプローチ。そこはまさに"北アルプスの展望台"と呼ぶにふさわしい絶景で、白馬乗鞍、戸隠連山、飯綱山、四阿山、浅間山、美ヶ原、八ヶ岳連峰等々、信州を包む山々を見渡すことができる。運転期間：2024/6/8～11/4、通し券大人往復3,300円、小人往復2,100円 ☎0261-72-3280 https://happo-one.jp/

宿泊料金は基本的に「**1名分**、消費税10％込み」表示(単位:百円) ※宿泊税別／ⅡⅠ→1室2名利用／ⅢⅢ→1室3名利用／ⅣⅣ→1室4名以上利用／B.H.→ビジネスホテル／P.→ペンション／Y.H.→ユースホステル／Y.G.H.→ユースゲストハウス／会→YH会員料金／相→相部屋=ドミトリー／S→シングルルーム／地→地下鉄／男→男性専用／女→女性専用／全→全室和室／和→和室有(全室ではない) (→右へ)

《長野》

★お申し込み時「全国安い宿情報を見た」と言ってね！

中部

お得情報は187ページを見てね！

名称	室数	定員	1名分宿泊料金(単位:百円) 2食付	朝食付	素泊	電話	交通	特徴・備考
(松本周辺) map▶88ページ						(0263)		
スーパーホテル松本駅前	71	113	―	サービス	S58～	37-9000	松本駅歩3分	❸❶(s)❿❹(予約制)❸
東横INN松本駅東口			―	サービス	S79～	44-1045	松本駅東口歩3分	❸❶(s)❿❹先着順❸❹
ホテルマツモトよろづや	45	108	S55～	S50～		39-8123	松本駅歩5分	和❸❶❿❹先着30台❸松本城歩15分
東横INN松本駅前本町	253	297	―	サービス	S69～	36-1045	松本駅歩6分	❸❶(s)❿❹先着順❸❹
松本ヒルズ	36	60	―	サービス	S39.8～	32-8828	松本駅東口歩7分	❸❶❿❹❸桜風呂(男女入替制)
松本ウエルトンホテル	44	49	―	サービス	S49～	27-3000	松本駅歩9分	❸❶❿❹❸
サザンクロスイン松本	31	60	―	※朝食5	S40～	35-6007	松本駅歩13分	❸❶(s)❿❹❸※バイキング
まるも旅館	8	19		77	60.5	32-0115	松本駅歩15分	和❿❹アウトバス、松本城歩10分
ホテルルートインコート松本インター	94	138	※レストラン	サービス	S78～	48-0111	松本駅車10分	❸❶(s)❹先着順❸❹※日祝休
ホテルルートインコート南松本	70	110	―	サービス	S71～	28-8011	松本駅車7分	❸❶❿❹❸❹大浴場
旅館静風荘	20	10	団体のみ	ⅡⅠ65～	ⅡⅠ52～	46-0639	松本駅歩15分	❿❹❸❹信州大学東側
ホテルルートイン塩尻北インター	124	164	※レストラン	サービス	S77～	59-6411	広丘駅歩3分	❸❶(s)❿❹❸❹大浴場、※日祝休
ホテルルートイン塩尻	126	176	―	サービス	S83～	51-5000	塩尻駅歩5分	❸❶(s)❿❹先着順❸❹大浴場、I.C5分
森の小さなリゾート村 桜清水コテージ	27棟	176	自炊可	自炊可	1棟130～	31-2314	松本I.C.車40分	❶❿❹キッチン付、大浴場、美ヶ原高原中腹
(乗鞍高原周辺) map▶88ページ						(0263)		
わさび沢の湯白い小屋	9	25		休業中		93-2239	新島々駅バス50分	❶温泉(入湯税別)、スキー場目の前
P.ありす	10	24	80～	64	53	93-2400	新島々駅バス50分	❿❶ライダー歓迎、温泉(入湯税別)
P.のりくら	10	29	ⅡⅠ100	ⅡⅠ75	ⅡⅠ50	93-2633	新島々駅バス50分	❿❶天然温泉(露天風呂5i湯税別)
高原の宿irodori	6	18	―	―	ⅡⅠ92～	93-2215	新島々駅バス50分	❸❶❿❹すずらん温泉
民宿国民宿舎 ロッヂふもと	10	40	ⅡⅠ83～	ⅡⅠ67～	ⅡⅠ55～	93-2615	新島々駅バス50分	和❿❶❹天然温泉(入湯税別)、露天、暖房無料
乗鞍高原温泉Y.H.	6	36	会59.8～	会48.8～	会41.1～	93-2748	新島々駅バス60分	相❶天然温泉、個室完備、家族対応相談
休暇村乗鞍高原	70	225	相140～	相110～	―	93-2304	新島々駅バス60分	❶天然温泉(入湯税別)
(木曽福島周辺)						(0264)		
民宿国民宿舎 清雲荘	18	40	81.5	51.5	41.5	24-2800	木曽福島駅車10分	❶❿❶❹天然温泉、冬期暖房費別
ねざめホテル	26	83	ⅡⅠ138.5～	ⅡⅠ99～	ⅡⅠ88～	52-2245	上松駅歩5分	和❶❸❿❹❸寝覚の床近く
(飯田周辺) map▶88ページ						(0265)		
タウンホテルなかや	21	45	―	―	49.5～	22-7480	飯田駅歩5分	和❸(❶)❿❹大浴場、バスターミナル近く
ホテルオオハシ飯田店	178	195	―	S74～	S69～	22-5184	飯田駅歩15分	❸❶❿(要同伴)❸❹
ホテルルートイン飯田	133	173	※レストラン	サービス	S71～	25-1622	飯田駅車10分	❸❶(s)❿❹先着順❸❹大浴場、連休最終日休
B.H.エルボン飯田	83	97	レストラン	S69	S60	25-1111	飯田駅車10分	❸❶(s)❿❹❸飯田I.C.2分
飯伊森林組合昼神荘	9	40	相82	相70	相54	43-2336	飯田駅バス25分	❶❸天然温泉(入湯税別)
農家民宿ひがし	4	10	相97～	―	―	49-8703	市田駅車12分	❿❶農業体験、囲炉裏
waratte house	2	7	夕食20～	朝食10	90～	48-5098	天竜峡駅歩10分	❿❶❹1日1組限定、農業体験
						(0260)		
下条ランドY.H.	2	12	会48.4	会38.5	会33	27-2714	唐笠駅車12分	相❶農業体験、中央・南アルプス登山
(伊那周辺) map▶88ページ						(0265)		
国民宿舎湖畔の宿すずらん荘	24	94	ⅡⅠ126.5～	ⅡⅠ103.2～	ⅡⅠ98～	83-5155	駒ヶ根駅バス15分	和❿❸❹天然温泉(入湯税別)、マグロビオティックの食事、暖房費別
エビスホテル	42	47	―	サービス	S60	72-3560	伊那市駅歩5分	❸❶(s)❿❹❸大浴場

Map

松本周辺

乗鞍温泉周辺

飯田周辺

伊那周辺

【ひとくちメモ】 歴史的文化遺産として国宝に指定されている「松本城」。文禄(1593～1594)時代に建てられた五重六階の天守閣は、現存する中では我が国最古。四百余年の風雪に耐え戦国時代そのままの天守が保存されている。一歩中へ入れば、戦国時代へタイムスリップしたかのよう。本丸庭園内には忍者などの装束をまとった「おもてなし隊」がいる。開場:8:30～17:00(12/29～31休館)。
観覧料:大人700円、小中学生300円。JR松本駅から北北東へ徒歩20分。☎0263-32-2902 https://www.matsumoto-castle.jp

〈→つづき〉 Ⓑ→全室バス付／Ⓑ→一部バス付／Ⓣ→全室トイレ付／Ⓣs→全室シャワートイレ＝ウォシュレット付／Ⓣ→一部トイレ付／
Ⓦ→全室Wi-Fi可／Ⓦ→一部Wi-Fi可／Ⓟ→有料駐車場／Ⓟ→無料駐車場／送→送迎有／身→身体障害者への対応可（要問）／
Ⓒ→一部クレジットカード決済可／Ⓠ→paypay等の一部QR決済可／24h→24時間／特記事項は「※"印、又は（ ）括弧書きにて説明

名　称	室数	定員	1名分宿泊料金（単位/百円）			電話	交通	特徴・備考
			2食付	朝食付	素泊			
（伊那周辺） map▶88ページ						（0265）		
あいや旅館	14	50	Ⓣ67.1〜	Ⓣ57.2〜	Ⓣ47.3〜	72-2061	伊那市駅歩5分	和ⒷTⓌPCQ大浴場
旅館花鳥屋	10	25	77〜	60.5〜	55〜	72-3294	伊那市駅歩5分	和ⒷTⓌPCQ ファミリー〜工事関係可
ホテルルートインコート伊那	99	128	※レストラン	サービス	S72〜	73-1006	伊那北駅歩15分	ⒷTsⓌP先着順CQ大浴場※日祝休
ホテルルートイン伊那インター	118	156	※レストラン	サービス	S72〜	71-4411	伊那北駅車8分	ⒷTsⓌP先着順CQ大浴場※日祝休
駒ヶ根グリーンホテル	61	120	―	朝食8	S42〜	83-1141	駒ヶ根駅歩2分	ⒷTⓌPC BT付素泊¥5300〜
ホテルルートイン駒ヶ根インター	147	185	※レストラン	サービス	S75〜	82-7011	駒ヶ根駅車5分	ⒷTsⓌP先着順CQ大浴場※日祝休
駒ヶ根Y.H.	7	46	―	朝食5	38〜	090-8328-3856	駒ヶ根駅バス15分	和ⓅCQ中央アルプス・南アルプス登山バス停歩7分
（辰野周辺）						（0266）		
古民家民宿おおたき	1	8	99	―	66	55-5735	辰野駅車12分	ⓌP送五右衛門風呂、薪ストーブ、カレーとパン
古民家ゆいまーる	1	8	―	―	70〜	090-3211-3326	辰野駅歩5分	ⓌP送薪ストーブ
ゲストハウスアトリエ和音	3	10	※自炊可	※自炊可	40〜	55-5583	信濃川島駅歩20分	和ⓌP送薪ストーブ ※施設有料で調味料付
（諏訪湖周辺） map▶91ページ						（0266）		
温泉民宿すわ湖	15	40	Ⓣ69〜85	Ⓣ53〜62	Ⓣ40〜54	58-4821	上諏訪駅歩8分	和ⓌPⓅ天然温泉（露天有）
上諏訪ステーションホテル	100	143	―	S65〜	S56〜	57-0001	上諏訪駅西口歩3分	和ⒷTⓌPⒻCQ温泉(露天有)、身体者用桥付
KKR諏訪湖荘	27	90	Ⓣ108.5〜	Ⓣ83.5〜	Ⓣ78.5〜	58-1259	上諏訪駅歩12分	Ⓑ ⓌPCQ天然温泉(入湯税別)、湖畔へ歩2分
ホテルルートイン諏訪インター	114	216	※レストラン	サービス	S74〜	57-5050	上諏訪駅車10分	ⒷTsⓌP先着順CQ大浴場※日祝休
ホテルルートイン第2諏訪インター	135	159	―	サービス	S67.5〜	56-1110	上諏訪駅車10分	ⒷTsⓌP先着順CQ大浴場、全館禁煙
スワコ遊遊館〔ユーベンハウス〕Y.H.	14	28	―	※会50.6〜	※会42.9〜	28-9000	上諏訪駅バス6分	ⓌPⒻ温泉(入湯税別)※一般¥600増
マスヤゲストハウス	4	19	自炊可	自炊可	40〜	55-4716	下諏訪駅歩5分	和ⓌPCQ個室有、禁煙、薪ストーブ、暖房有

中部

お得情報は187ページを見てね！

【ひとくちメモ】　標高2,500m超の山々が連なる中央アルプスの絶景ポイント「千畳敷カール」。2万年前、氷河期の氷で削り取られたお椀型の地形で、高山植物の宝庫。マイカーの場合、駒ヶ根I.C.から約3分の菅の台バスセンター大駐車場に停め（普通車1日800円）、バス30分（往復1,660円）で駒ヶ根ロープウェイ「しらび平駅」へ。そこから7分30秒で約1,000mを一気に上昇し、標高2,611.5mの日本最高所駅「千畳敷駅」に到着（往復2,030円〜・変動）。駒ヶ岳ロープウェイ☎0265-83-3107　https://www.chuo-alps.com/

宿泊料金は基本的に「**1名分、消費税10%込み**」表示(単位:百円) ※宿泊税別／⑰→1室2名利用／⑰→1室3名利用／⑰→1室4名以上利用／B.H.→ビジネスホテル／P.→ペンション／Y.H.→ユースホステル／Y.G.H.→ユースゲストハウス／会→YH会員料金／⑱→相部屋=ドミトリー／S→シングルルーム／⑲→地下鉄／⑳→男性専用／㉑→女性専用／㉒→全室和室／㉓→和室有(全室ではない)／〈右へ〉

《長野》 ★お申し込み時「全国安い宿情報を見た」と言ってね！

中部

お得情報は187ページを見てね！

名称	室数	定員	1名分宿泊料金(単位/百円) 2食付	朝食付	素泊	電話	交通	特徴・備考
(諏訪湖周辺) map▶91ページ						(0266)		
岡谷セントラルホテル	72	100	—	S75~	S69~	23-2100	岡谷駅歩30秒	ⒷⓉ(s)ⓌP 30台先着順 Ⓒ
(白樺湖・蓼科周辺)						(0266)		
民営国民宿舎 渋御殿湯	30	100	⑰99~	要問	⑰66~	67-2733	茅野駅バス55分	ⓌP 天然温泉、入湯制別、殺菌泉、八ヶ岳・天狗岳登山口
蓼科クラインY.H.	5	14	会53.9	会42.9	会36.3	77-2077	茅野駅バス20分	相P 家族・グループに、温泉(露天)近く、暖房費別
P.TOSS	9	26	99	77	66	68-3060	茅野駅バス45分	ⓌPCQ 車山高原スキー場、八ヶ岳・富士山一望
白樺湖ホテルパイプのけむり	100	270	⑰79.9~	⑰68.9~	⑰63.4~	68-2000	茅野駅バス50分	ⒷⓉⓌPC 大浴場、露天風呂、白樺湖歩1分
P.ブルーベリー	6	20	110~	74~	65~	68-2739	茅野駅バス50分	ⓌP BBQ、ゲレンデ横
ファミリーロッジ旅籠屋茅野蓼科店	14	56	—	軽朝食	⑰49.5~	73-8854	諏訪I.C.7km	ⒷⓉ(s)ⓌP EV車充電可
(エコーバレー周辺)						(0268)		
P.スノーラクーン	9	26	85~115	45	39	69-2729	茅野駅車40分	ⓌP 大浴場、ファミリーパック有
P.海岸物語	9	23	110~	—	—	69-2761	茅野駅車40分	ⓌP 避暑に最適、ペット(大型犬OK)
P.赤い屋根	7	20	90	64	53	69-2641	茅野駅車40分	ⓌP 3千坪の自然園へ車30分(昆虫採集可)
P.Owl(アウル)姫木	7	27	⑰99.5~	⑰77~	⑰66~	69-2676	茅野駅車40分	ⓌP 暖房費別、白樺湖へ車10分、キッズルーム
P.あーるいん	7	30	週90~	要問	要問	60-0819	茅野駅車40分	ⓌPQ 卓球
P.ハーモニー	9	30	98~	78~	65~	050-5532-8021	茅野駅車40分	ⓌPCQ ブランシュスキー場へ車7分
民宿みや	8	24	75~	65~	48~	68-4385	岡谷I.C.車30分	ⓌP ブランシュスキー場へ車15分、美ヶ原へ車30分
(女神湖周辺)						(0267)		
民宿すずらん荘	15	60	⑰88~	⑰60.5	⑰49.5	55-6030	茅野駅バス50分	和ⓌPCQ 女神湖歩2分、合宿可
蓼科メドウズ・スポーツミトリー	9	28	90~	—	40~	55-6705	茅野駅バス40分	ⓌPCQ 個室、白樺国際スキー場歩2分
立科白樺高原Y.H.	13	70	会59.4	会47.3	会39.6	55-6601	茅野駅バス80分	相ⓌPC 白樺高原国際スキー場
(原村・富士見周辺)						(0266)		
P.フェローズ	5	10	⑰88	⑰66	⑰57.2	74-2433	富士見駅車15分	ⓌP 天体望遠鏡、マンガ・絵本6千冊
のはらP.	10	30	—	77	66	74-2620	諏訪南I.C.車15分	ⓌPQ ペット歓迎(無料)
内藤P.	11	35	78~	61.4~	51.4~	74-2009	富士見駅車15分	ⓌP送 ボリュームの欧風料理、温泉近く
P.ジョバンニの小屋	8	26	⑰106~	—	—	74-2838	富士見駅車15分	ⓉⓌP送 CQ 角ログの建物、家族歓迎
(野辺山周辺)						(0267)		
ロッヂ最高地点	9	25	⑰70~	—	50	98-2500	野辺山駅歩5分	ⓌP ビジネス向き
野辺山荘	17	40	—	⑰85~	⑰75~	98-2027	野辺山駅歩3分	和ⓌPⒸ 光明石温泉、ペット可、バリアフリー
リゾートイン黒岩荘	27	100	週100~	週90~	週75~	98-2264	野辺山駅歩4分	ⒷⓉⓌPCQ 大浴場、旬の地の食材、八ヶ岳一望

【ひとくちメモ】標高2,530m、日本百名山の1つで八ヶ岳連峰の最北端に位置する蓼科山の中腹(7合目、標高1,830m)には、蓼科牧場からゴンドラリフトに乗って行く「御泉水自然園」があり、約300種類の高山植物と50種類の野鳥の宝庫となっている。ゴンドラリフト山頂駅には女神湖や北アルプスが一望できる「女神のテラス1830」がある。ゴンドラリフト(往復)+御泉水自然園入園料セット大人(中学生以上)2,000円、小人1,200円(2024年4/26~11/4)　信州たてしな観光協会☎0267-55-6654　http://www.shirakabakogen.jp/

〈→つづき〉　Ⓑ→全室バス付／Ⓑ→一部バス付／Ⓣ→全室トイレ付／Ⓣ⒮→全室シャワートイレ＝ウォシュレット付／Ⓣ→一部トイレ付／
Ⓦ→全室Wi-Fi可／Ⓦ→一部Wi-Fi可／Ⓟ→有料駐車場／Ⓟ→無料駐車場／送→送迎有／障→身体障害者への対応可（要問）／
Ⓒ→一部クレジットカード決済可／Ⓠ→paypay等の一部QR決済可／24h→24時間　特記事項は"※"印、又は"（ ）"括弧書きにて説明

中部　お得情報は187ページを見てね！

名　称	室数	定員	1名分宿泊料金（単位/百円）			電話	交通	特徴・備考
			2食付	朝食付	素泊			
（野辺山周辺）						（0267）		
帝産ロッヂ	80	300	88〜	74〜	66〜	98-2861	野辺山駅歩10分	ⓌⓅⒸ 大浴場、スケートリンク弓道場有、合宿歓迎
旅の宿こっつぁんち	6	21	レストラン	朝食8	40	98-2817	野辺山駅歩20分	障和ⓌⓅ 個室完、国立天文台有、暖房費別
P.ドライブ気分	7	18	85〜95	—	—	98-3225	野辺山駅車5分	ⓌⓅ送 スターウォッチング・ドライブフラワー
P.森のふぁみりぃ	8	22	91〜	66〜	55〜	98-3308	野辺山駅車5分	ⓌⓅⓈⓆ ファミリー・赤ちゃん歓迎、絵本多数
P.かんだんけい	7	17	休館中			98-3109	野辺山駅車5分	ⓌⓅ 中高年歓迎、ペット（室内犬・条件我）OK
（小諸・佐久周辺） map▶91ページ						（0267）		
ホテルルートインコート小諸	77	104		サービス	S78〜	24-0002	小諸駅車5分	Ⓑ Ⓣ⒮ⓌⓅ 先着順 Ⓒ Ⓠ 大浴場（男女入替制）、佐久IC15分
小　諸 Y.H.	5	20	会79.2	会63.8	会55	23-5732	小諸駅車15分	障和ⓌⓅ Ⓒ Ⓠ グループ・家族応相談
東横INN佐久平口浅間口	143	200		サービス	S76〜	66-1045	佐久平駅歩1分	Ⓑ Ⓣ⒮ⓌⓅ 先着順 Ⓒ Ⓠ
HOTEL AZ長野佐久I.C.店	92	368	レストラン	サービス	S52.8〜	66-3361	佐久平駅車5分	Ⓑ Ⓣ⒮Ⓦ Ⓟ Ⓒ 2段ベッド、佐久IC1分
ホテルルートイン佐久南インター	135	188	※レストラン	サービス	S69〜	64-8811	佐久平駅車15分	Ⓑ Ⓣ⒮ⓌⓅ Ⓒ Ⓠ 大浴場（男女入替制）※日祝休
旅人の宿三輪舎	4	16	70〜	56〜	50〜	68-7655	佐久平I.C.車10分	障Ⓦ Ⓟ 暖房費別、軽井沢へ20分
国民宿舎もちづき荘	29	125	84〜	61〜	46〜	52-2515	佐久平駅車30分	Ⓟ 送 シャトルバス・要問 Ⓣ 天然温泉
佐久INN清水屋	36	37	S60	S47	S42	63-1133	中込駅目の前	ⓌⓅ 大理石24h大浴場、和洋折衷料理
ホテルナカジマ	75	100	S68〜	S56〜	S48〜	62-6200	中込駅歩3分	障Ⓑ Ⓣ ⓌⓅ 先着順 展望風呂、宴会会議可
（軽井沢周辺） map▶91ページ						（0267）		
あさぎり荘	12	42	75〜	61	50	45-6072	信濃追分駅歩15分	和ⓌⓅ
民芸の宿天狗の茶屋	14	50	要問	要問	44〜	32-2142	軽井沢駅歩20分	和ⓌⓅ Ⓒ Ⓠ
軽井沢ホテルパイプのけむり	100	288	Ⓣ79.9〜	Ⓣ68.9〜	Ⓣ63.4〜	45-5555	中軽井沢駅車10分	Ⓑ Ⓣ ⓌⓅ Ⓒ 北投石大浴場、アウトレットへ車15分
ファミリーロッジ旅籠屋軽井沢店	13	52	—	軽朝食	Ⓣ49.5〜	45-8838	中軽井沢駅車5分	Ⓑ Ⓣ⒮ ⓌⓅ 軽井沢バイパス沿い
ホテルルートインコート軽井沢	67	103	※レストラン	サービス	S81〜	32-1011	御代田駅歩2分	Ⓑ Ⓣ ⓌⓅ 先着順 Ⓒ Ⓠ 大浴場 ※日祝休
（上田周辺） map▶91ページ						（0268）		
上田駅前ロイヤルホテル	34	36	居酒屋	—	S68〜	27-5115	上田駅歩2分	Ⓑ Ⓣ⒮ⓌⓅ 提供障 Ⓒ 禁煙ルーム
東横INN上田駅前	149	200		サービス	S78〜	29-1045	上田駅歩2分	Ⓑ Ⓣ⒮ⓌⓅ 先着順 Ⓒ Ⓠ
桂　旅　館	13	45	夕食25〜	朝食10〜	44〜	22-1940	上田駅歩5分	和ⓌⓅ Ⓠ 料理好評、イタリアコース料理特別注文要予約
岩　田　屋　旅　館	10	30	—	—	47.3	22-0960	上田駅歩7分	和ⒷⓉⓌⓅ 上田城趾歩7分、四阿山登山
ホテル上田山荘	23	80	—	50〜	43〜	22-9720	上田駅歩8分	和ⒷⓉⓌ ⓅⒸ Ⓠ 人工温泉、上田市一望
ホテルルートイン上田・国道18号	84	112	※レストラン	サービス	S77〜	23-2121	上田駅車10分	Ⓑ Ⓣ⒮ⓌⓅ 先着順 Ⓒ Ⓠ 大浴場（男女入替制）、会議室 ※日祝休
松　屋　旅　館	13	30	78.5〜	56.5	—	44-2024	上田駅車30分	Ⓟ 豊殿寺高原展望風呂、自家製発酵、昭和のおもかげ
上田まほろばY.H.	4	13	—	会47	会40	38-5229	別所温泉駅歩10分	障ⓌⓅ 個室有、暖房費別
（菅平高原周辺）						（0268）		
P.さすらいの自由飛行館	2	8	145〜	要問	要問	61-7535	上田駅バス50分	ⓌⓅⓆ ゲレンデ近く、ボリュームの食事、ライブ演奏
ヴィラ十の原	22	90	78〜	58	49	74-2126	上田駅バス50分	和ⓌⓅ（15台有無料）人工温泉大浴場、スキー場の前
P.ホワイトイーグル	7	30	88〜	66〜	55	74-2697	上田駅バス55分	ⓌⓅ（バス停から）陸上高地トレーニング場歩3分、合宿歓迎

諏訪湖周辺

佐久平周辺

軽井沢周辺

上田周辺

【ひとくちメモ】　国立天文台野辺山宇宙電波観測所があり、標高が高く空気もキレイで星空が美しい事で有名な野辺山には、JR中央線小淵沢駅からJR信越線小諸駅を結ぶJR小海線が走っている。ディーゼル・エンジンとモーターによる世界初のハイブリッド鉄道が環境にやさしく野辺山の峠を越えていく。野辺山観光の拠点となるJR野辺山駅は、JR線で日本一標高の高い駅（標高1345.67m）で、セピア色のトンガリ屋根と真白い壁が印象的なモダンな駅舎となっている。また、国道141号旧道と交差する踏切地点にはJR最高地点（標高1375m）の標柱が立っている。

★お申し込み時「全国安い宿情報を見た」と言ってね!

新潟

宿泊料金は基本的に「**1名分**、消費税10%込み」表示(単位:百円) ※宿泊税別/[ツ]→1室2名利用/[トリ]→1室3名利用/[複]→1室4名以上利用/B.H.→ビジネスホテル/P.→ペンション/Y.H.→ユースホステル/Y.G.H.→ユースゲストハウス/[会]→YH会員料金/[相]→相部屋=ドミトリー/S→シングルルーム/[地]→地下鉄/[男]→男性専用/[女]→女性専用/[和]→全室和室/[和]→和室有(全室ではない) 《→右へ》

名称	室数	定員	1名分宿泊料金(単位/百円) 2食付	朝食付	素泊	電話	交通	特徴・備考
(新潟市周辺) map▶92ページ						(025)		
P92 ホテル玉林が民宿に	8	8	※S60~	朝食4	S33	224-9566	新潟駅車10分	[B][T][P] ※夕食は連泊のみ
東横INN新潟駅前	324	400	—	サービス	S70~	241-1045	新潟駅目の前	[B][T](s)[W][P](先着順)[C][Q]
新潟ターミナルホテル	71	71	—	S53.95~	S45.15~	241-7777	新潟駅歩3分	[B][T](s)[W][P][C]
シングルイン新潟第1	56	67	—	—	S33~	290-7112	新潟駅歩1分	[B][T](s)[W][P][C][Q]
ホテルα-1新潟	312	358	レストラン	S90~	S80~	246-5555	新潟駅歩5分	[B][T](s)[W][P][C]
コートホテル新潟	157	230	—	朝食8	S39.8~	247-0505	新潟駅歩6分	[B][T](s)[W][P][C][Q]
ドーミーイン新潟	242	281	—	朝食18	S76.5~	247-7755	新潟駅歩8分	[B][T][W][P][C] 天然温泉大浴場、サウナ
スーパーホテル新潟	100	130	—	サービス	S45~	247-9000	新潟駅歩8分	[B][T](s)[W][P][C]
ゲストハウスくく	15	15	自炊可	自炊可	30~	378-1107	新潟駅バス5分	[相][W][C][Q] 個室有、共有キッチン、古民家、ジブリ好き
東横INN新潟古町	194	247	—	サービス	S65~	227-1045	新潟駅車5分	[B][T](s)[W][P](先着順)[C][Q]
樋口旅館	12	25	—	—	40~44	228-4060	新潟駅車5分	[和][P]
B.H.秋葉	18	20	夕食13.2	朝食6.6	S49.5、55	275-5127	新潟駅車10分	[B][T][W][P][C] 日本海フェリー乗場車5分、新潟空港車10分
ホテルルートイン新潟県庁南	158	190	※レストラン	サービス	S72~	280-9811	新潟駅車15分	[B][T](s)[W][P](先着順)[C][Q] 大浴場 ※日祝休
ホテルルートイン新潟西インター	153	192	※レストラン	サービス	S72~	370-7411	小針駅車14分	[B][T](s)[W][P](先着順)[C][Q] 大浴場 ※日祝休
橋本屋	15	50	62.7~	51.7~	44~	377-2306	寺尾駅車5分	[和][W][P](大型可)[Q] 亀貝I.C.1分
旅館長岡屋	12	39	86	64	53	387-2245	豊栄駅歩3分	[和][W][P] 競馬場近く、野鳥見れる
蔵の宿菱風荘(りょうふうそう)	8棟	68	[ツ]85~	朝食10	[ツ]50~	388-5314	豊栄駅車7分	[W][P][Q] 宿泊蔵(離れ)はBT・キッチン付
ファミリーロッジ旅籠屋新潟南店	14	56	—	軽朝食	[ツ]49.5~	373-1685	巻潟東I.C.10km	[B][T](s)[W][P] 国道8号から脇道へ
(新発田~村上周辺) map▶92ページ						(0254)		
ホテル丸井	18	25	S81.95	S64.35	S55	26-1205	新発田駅歩5分	[B][T][W][P][C]
丸井旅館	12	25	73.15~	55.55~	46.2~	〃	〃	[和][B][T][W][P][C]
ホテルルートイン新発田インター	162	191	※レストラン	サービス	S76~	20-3355	新発田駅車10分	[B][T](s)[W][P](先着順)[C][Q] 大浴場 ※日祝休
角米沢屋旅館Y.H.	11	60	[会]60.5	[会]47.3	[会]38.5	29-2008	新発田駅車20分	[相][W][P] 個室有、菅谷不動尊前
タウンホテル村上	44	52	※レストラン	朝食7	S62	52-2010	村上駅歩5分	[B][T](s)[W][P][C][Q] ※日曜、第2・4土曜休
瀬波温泉民宿ことぶき	5	26	90~	80~	60~	52-2616	村上駅車8分	[和][P] 人数割引有

しろね大凧と歴史の館

新潟平野のほぼ中央、中ノ口川が流れる緑豊かな田園地帯にある世界最大級の凧の博物館。24畳大の白根大凧をはじめ、日本・世界(約30カ国)のユニークで色鮮やかな凧約500点を展示。工房と風洞実験室を備え、館内で凧作り体験、凧揚げ体験ができる。毎月第1・3日曜には凧絵師の和凧制作を実演。ゆったりと引かれる筆づかいを間近で観ることができる。北陸道・巻潟東ICから約15分。開館:9~17時(第2・4水曜日・年末年始休館)。観覧料:大人400円、小・中・高校生200円(土日祝は小・中学生無料)
☎025-372-0314 https://shirone-otako.com/

Map

新潟市周辺 新発田周辺 長岡周辺 石打周辺

中部

お得情報は187ページを見てね!

【ひとくちメモ】 新潟市秋葉区新津地区では、江戸時代初期から石油の採掘が行われ、明治から大正期にかけては日本一の産油量を誇り、日本の産業、経済に大きく寄与した。石油採掘に関する文化遺産が数多く残る金津地域には、全国的にもまれな「石油の里公園」と「石油の世界館」があり、石油採掘にまつわる数多くの資料や道具などを展示している。/開館:午前9時~午後5時/休館:5月・11月を除く毎週水曜と年末年始/入館無料/JR新潟駅より40分、新津I.C.より20分/☎0250-22-1400

《つづき》Ⓑ→全室バス付／Ⓑ→一部バス付／Ⓣ→全室トイレ付／Ⓣs→全室シャワートイレ＝ウォシュレット付／Ⓣ→一部トイレ付／
Ⓦ→全室Wi-fi可／Ⓦ→一部Wi-fi可／Ⓟ→有料駐車場／Ⓟ→無料駐車場／送→送迎有／身→身体障害者への対応可(要問)／
Ⓒ→一部クレジットカード決済可／Ⓠ→paypay等の一部QR決済可／24h→24時間　特記事項は"※"印、又は"( )"括弧書きにて説明

名称	室数	定員	1名分宿泊料金(単位/百円)			電話	交通	特徴・備考
			2食付	朝食付	素泊			
(阿賀野・五泉周辺)						**(0250)**		
P93 ホテルグリーン安田	26	41	S83	S69	S60	68-2102	水原駅車10分	ⒷⓉⓌⓅ コインランドリー
P93 グリーン会館	25	100	S73	S61	S52	68-2102	水原駅車10分	和ⓌⓅ 共同浴場、ビジネス・長期歓迎
若松屋旅館	12	25	60.5～	49.5～	44～	58-6539	村松駅歩10分	和ⓌⓅ
(燕三条周辺)						**(0256)**		
東横INN燕三条駅前			—	サービス	S66～	66-1045	燕三条駅歩4分	ⒷⓉsⓌⓅ先着順 ⒸⓆ
ホテルルートイン燕三条駅前	144	178	※レストラン	サービス	S73～	34-9020	燕三条駅歩5分	ⒷⓉsⓌⓅ先着 ⒸⓆ 大浴場 ※日祝休
石田屋旅館	10	18	66～	52.8～	44～	33-0043	燕三条駅歩10分	和ⓉⓌⓅ 洗濯無料、北三条駅歩5分
ホテル燕ヒルズ	62	68	—	サービス	S55～	93-3710	吉田駅歩3分	ⒷⓉsⓌⓅⒸ マンガコーナー
						(0258)		
やすらぎの宿夕華	13	40	155～	93	85	75-5032	分水駅車15分	ⓌⓅⓆ 天然温泉(入浴可)、露天風呂冬期のみ、長岡45分
(佐渡島)						**(0259)**		
寿月館	12	40	83	63	53	27-7069	両津港車3分	和ⓌⓅ送(要問) 天然温泉(24h可)
民営国民宿舎尖閣荘	19	60	99～	66～	55～	75-2226	両津港車60分	和ⓉⓌⓅ送 大浴場
佐渡ベルメールY.H.	7	30	会73～	会55.3	会47	75-2011	両津港車60分	ⓌⓅ家族利用可、会は割引・相有
外海府Y.H.	6	12	64.4	50.8	43.2	78-2911	両津港車70分	Ⓟ身バリアフリー室有、会は割引
(長岡周辺) map▶92ページ						**(0258)**		
ホテルニューグリーンプラザ	110	120	—	S70～	S60～	33-3333	長岡駅歩1分	ⒷⓉsⓌⓅⒸ
ホテルニューグリーン	102	144	—	S67～	S57～	33-5000	長岡駅歩2分	ⒷⓉsⓌⓅⒸ
ホテルα-1長岡	208	239	—	S67～	S57～	37-7600	長岡駅歩3分	ⒷⓉsⓌⓅⒸ
ホテルルートイン長岡駅前	133	175	—	サービス	S70～	36-2331	長岡駅歩3分	ⒷⓉsⓌⓅ先着順 大浴場、会議室
Ｂ.Ｈ.宮川	20	25	—	—	S48	32-6181	長岡駅歩5分	ⒷⓉⓌⓅ 長期割引
東泉閣	25	80	77～	60.5	50.6	35-2046	長岡駅歩11分	和ⓌⓅ 展望風呂
民営国民宿舎悠久山湯元館	8	40	77～	61.6～	49.8～	33-4610	長岡バス15分	和ⓌⓅ 悠久山公園隣
ホテルルートイン長岡インター	126	163	—	サービス	S71～	20-5591	北長岡駅車15分	ⒷⓉsⓌⓅ先着順ⒸⓆ 大浴場
ホテルプレミアステイ長岡北	47	50	S78	S68	S63	24-0678	北長岡駅歩15分	ⒷⓉsⓌⓅⒸ 静かな環境
早川屋旅館	8	15	—	65～	55～	62-0360	見附駅歩15分	和ⓌⓅⒸⓆ
旅館竹花屋	10	30	62～	55～	45～	32-0753	宮内駅目の前	和ⓌⓅ 手作り料理
中盛館	14	50	会88～	会77～	会66～	94-2417	塚山駅歩7分	和ⓌⓅⒸⓆ 鉱泉(入湯税別)
(小千谷周辺)						**(0258)**		
ホテル千景	15	50	72～82	56～66	50～60	82-5651	小千谷駅車5分	和ⓌⓅⒸ 大浴場、手作り料理
B.H.小千谷パーク	44	48	団体のみ	朝食8	55～	82-0089	小千谷駅車5分	ⒷⓉⓌⓅⒸ ビジネス向き
(南魚沼周辺)						**(025)**		
ひいらぎ山荘	10	50	89.2～	78.2	56.2	773-6279	六日町駅車10分	ⓌⓅⓆ 源泉かけ流し天然温泉、六日町I.C.5分
ロッジハンジロー	21	60	83.7	61.7	43	772-3744	六日町駅車10分	和Ⓟ 24h天然温泉、六日町I.C.5分
八海山麓サイクリングターミナル	14	55	70	56	45	779-3230	浦佐駅車10分	和ⓌⓅⓆ レンタサイクル、体育館、八海山スキー場内

お得情報は187ページを見てね！

93 …《新潟》… ★お申し込み時「全国安い宿情報を見た」と言ってね！

中部

阿賀野市　ホテルグリーン安田

☎0250-68-2102　(Fax.68-3479)

【料金】〈シングル〉1泊2食付¥8,300、夕食付¥7,400、朝食付¥6,900、素泊¥6,000　※ツイン・小学生料金有り
【特徴】全室バス・トイレ・wi-fi完備、コインランドリー24h可、無料駐車場
【交通】JR水原駅から車10分、磐越道I.C.から3分
〒959-2221 新潟県阿賀野市保田829-1　▶HP

【ひとくちメモ】　新潟県立歴史博物館では、新潟県の歴史・文化を紹介する歴史展示(新潟県のあゆみ・雪とくらし・米づくり)と縄文文化を全国的・世界的視点から紹介する縄文展示(縄文人の世界・縄文文化を探る)を2本柱とした構成で、縄文人の暮らしを実物大の復元模型で紹介していたり、新潟県内の信濃川流域を中心として発見された火焔土器も多数展示されている。午前9時30分～午後5時(月曜・年末年始休館)。常設展示観覧料一般520円、中学生以下無料。長岡駅よりバスで約40分　☎0258-47-6130　http://nbz.or.jp/

★お申し込み時「全国安い宿情報を見た」と言ってね！

お得情報は187ページを見てね！

宿泊料金は基本的に「**1名分**、消費税10%込み」表示（単位：百円） ※宿泊税別／[Ⅱ]→1室2名利用／[Ⅲ]→1室3名利用／[複]→1室4名以上利用／B.H.→ビジネスホテル／P.→ペンション／Y.H.→ユースホステル／Y.G.H.→ユースゲストハウス／[会]→YH会員料金／[相]→相部屋＝ドミトリー／S→シングルルーム／[地]→地下鉄／[男]→男性専用／[女]→女性専用／[和]→全室和室／[和]→和室有（全室ではない） 《→右へ》

名称	室数	定員	1名分宿泊料金(単位/百円)			電話	交通	特徴・備考
			2食付	朝食付	素泊			
（上越国際周辺）						(025)		
ジョイハウスアベ	15	60	55～75	45	38	782-1418	上越国際スキー場前駅歩3分	[和]ⓌⓅ[Q] 自家製コシヒカリ、大浴場
山田館	17	60	75～	58～	—	782-0450	上越国際スキー場前駅歩4分	[和]ⓌⓅ[C][Q]
（石打周辺） map▶92ページ						(025)		
飯酒盃旅館	23	80	[Ⅲ]93.5～	—	[Ⅲ]77～	783-2119	石打駅歩15分	ⓌⓅ[送]自家製コシヒカリ、銘酒(¥700～)
名月荘	11	40	70～	50～	40～	783-2885	石打駅車3分	[和]ⓌⓅ[送][Q] 鉱泉(入湯税別)
中の湯旅館	30	80	80～	65～	55～	783-2174	石打駅車4分	[和]Ⓟ[送]鉱泉(療養泉、入湯税別)、湯治向き
スポーツプラザ白樺	37	180	—	—	21.78～	783-2792	越後湯沢駅車5分	[和]Ⓟ 石打丸山スキー場リフト乗場目の前
石打M・S館	18	50	66～	49.5～	38.5～	783-3627	越後湯沢駅車7分	ⓌⓅ(冬休日有料)[送](要予約)[C][Q] ペット可
丸木屋旅館	13	30	88～	65～	50～	783-2140	越後湯沢駅車10分	[和]ⓌⓅ[送]石打丸山スキー場歩2分
ロッヂやすえもん	17	70	77～	55～	44～	783-2316	越後湯沢駅車10分	[和]ⓌⓅ 自家製コシヒカリ、舞子スノーリゾート近く
ロッヂカナダ	11	40	70～	58～	50～	783-4040	越後湯沢駅車15分	[和]Ⓟ[送]おいしい食事
ロッヂヤングメイト	11	45	—	—	50～90	783-2185	越後湯沢駅車15分	ⒷⓉⓌⓅ[C][Q] 舞子スノーリゾート目の前
P.ひまわり	12	45	80～	50～	50～	783-4771	越後湯沢駅車15分	ⓌⓅ[送]ピザ作り体験/他
清津峡温泉Y.H.	14	40	[会]85	[会]62	[会]51	763-2431	越後湯沢駅車30分	ⓌⓅ[C]温泉、蛍見れる(6/中～7月)、暖房費別
（越後湯沢周辺） map▶94ページ						(025)		
板や旅館	13	45	70～78	55～65	40～55	787-3045	越後中里駅歩3分	ⓌⓅ 団体割引、体育館、合宿歓迎
ヴィラ・パーサー	10	50	88～	—	66～	787-5513	越後中里駅歩5分	ⓌⓅ ロフト付部屋有、大浴場、ファミリー歓迎
民宿けいせつ	8	30		休業中		787-3284	越後中里駅歩5分	[和]Ⓟ ファミリー歓迎、一人旅可
こまくさ	10	25		休業中		787-3264	越後中里駅歩5分	Ⓟ 山菜料理、夏は農業体験・収穫野菜プレゼント
上越ホテル	23	150	93.5～	72.6	66	787-3009	越後中里駅歩7分	ⒷⓉⓌⓅ[送]大浴場、越後湯沢駅車15分
でんすけ	7	28	70～	60～	40～	784-2532	越後湯沢駅歩3分	[和]Ⓟ レンタルスキー有
ホテルアスター	11	26	—	—	[複]50～	784-2809	越後湯沢駅歩7分	ⒷⓉⓌⓅS¥7000～、ビジネス向き
ホテルシャーレゆざわ銀水	50	250	※夕食33～	※朝食16.5～	[Ⅱ]55～	787-4141	越後湯沢駅車5分	ⓌⓅ[Q]天然温泉大浴場(利用料別)、岩原スキー場隣接※12～3月のみ
（苗場周辺）						(025)		
ホテルムサシ	24	88	—	—	55～	789-2123	越後湯沢駅車40分	[和]ⓌⓅ24h風呂
ビューリゾートインとみや	20	80	[Ⅱ]99～	[Ⅱ]77～	[Ⅱ]60.5～	789-2033	越後湯沢駅車40分	ⓌⓅ[C] ゲレンデ目の前、ボリュームある食事
ホテルふじや	33	140	65～90	50～75	40～65	789-2037	越後湯沢駅車40分	[和]ⒷⓉⓌⓅ 天然温泉大浴場
ロッヂサンタハウス	15	50	71.5～88	46.2～62.7	38.5～55	789-4841	越後湯沢駅車40分	[和]ⓌⓅ
（柏崎周辺） map▶94ページ						(0257)		
ホテルサンシャイン	121	138	レストラン	朝食10～	S65～	23-1211	柏崎駅歩2分	ⒷⓉ(s)ⓌⓅ(2t～有料)[C]42インチ液晶TV付
ホテルα-1柏崎	161	178	—	朝食10	S90～	24-0022	柏崎駅歩1分	ⒷⓉ(s)ⓌⓅ[C]
シーユース雷音	32	80	S99～	S66～	S55～	22-5740	柏崎駅車5分	ⒷⓉⓌⓅ[C][Q] 中央海水浴場近く
B.H.ちとせ	20	50	—	—	50、S60	24-6421	柏崎駅車7分	[和]ⒷⓉⓌⓅ[Q] 柏崎I.C.5分
ホテルルートインコート柏崎	100	122	居酒屋	サービス	S55～	21-0005	柏崎駅車10分	ⒷⓉⓌⓅ[C][Q]大浴場、柏崎I.C.5分
（上越市周辺） map▶94ページ						(025)		
上越セントラル高田仲町	36	47	—	—	S35～	524-1131	高田駅歩7分	ⒷⓉⓌⓅ[Q] セミダブルベッド使用、広い部屋
ホテルα-1上越	176	192	ネット予約のみ	朝食10	S80～89	544-1818	直江津駅歩15分	ⒷⓉ(s)ⓌⓅ[C]

Map
越後湯沢周辺
柏崎周辺
上越市周辺
妙高周辺

【ひとくちメモ】「湯沢高原パノラマパーク」は、越後湯沢駅西口徒歩8分のロープウェイステーションから世界最大級166人乗りの湯沢高原ロープウェイで約7分の空中散歩をし山頂駅まで登ると、数々のアクティビティや1,000種もの高山植物と天然記念物が生息する楽園「湯沢高原アルプの里」がある。ジップラインや706mのロングコースをノンストップで滑走するボブスレー、1週500mのマウンテンゴーカートなどアトラクションが充実。2024年11/10迄。8:40～17:00(20分間隔)。ロープウェイ往復大人2,800円、子供1,400円。☎025-784-3326 https://www.yuzawakogen.com/

〈→つづき〉　Ⓑ→全室バス付／Ⓑ→一部バス付／Ⓣ→全室トイレ付／Ⓣ(s)→全室シャワートイレ＝ウォシュレット付／Ⓣ→一部トイレ付／Ⓦ→全室Wi-Fi可／Ⓦ→一部Wi-Fi可／Ⓟ→有料駐車場／Ⓟ→無料駐車場／送→送迎有／身障→身体障害者への対応有（要問）／Ⓒ→一部クレジットカード決済可／Ⓠ→paypay等の一部QR決済可／24h→24時間／特記事項は「※」印、又は「（）」括弧書きにて説明

名　称	室数	定員	1名分宿泊料金(単位/百円) 2食付	朝食付	素泊	電話	交通	特徴・備考
（上越市周辺）map▶94ページ						(025)		
ホテルルートイン上越	126	150	※レストラン	サービス	S73～	531-3233	直江津駅車5分	ⒷⓉ(s)ⓌⓅ先着順ⒸⓆ 大浴場※日祝休
ビジネスイン上越	96	108	—	—	S70	543-8000	直江津駅車10分	ⒷⓉ(s)ⓌⓅ（普通車のみ）大浴場・サウナ 上越I.C.3分
ホテル上越パブリックシティ	78	206	—	サービス	S53、63	545-0100	直江津駅車13分	ⒷⓉ(s)ⓌⓅⒸ 上越I.C.10分
東横INN上越妙高駅西口			—	サービス	S75～	527-6045	上越妙高駅西口歩1分	ⒷⓉ(s)ⓌⓅ（先着順）
（新井周辺）						(0255)		
三村屋旅館	9	15	70	55	45	72-2361	新井駅歩2分	和ⒷⓉⓌⓅ コインランドリー、長期割引
ホテルルートイン妙高新井	84	128	※レストラン	サービス	S55～	72-1150	新井駅車3分	ⒷⓉ(s)ⓌⓅ先着順ⒸⓆ ※日祝休
スーパーホテル新井・新潟	84	124	—	サービス	S60～	72-9000	新井駅車10分	ⒷⓉ(s)ⓌⓅⒸ 天然温泉大浴場(男女入替)
サットイン新井	47	80	—	サービス	S58	70-6000	上越高田I.C.10分	ⒷⓉ(s)ⓌⓅⒸⓆ
（妙高周辺）map▶94ページ						(0255)		
藤　原　荘	10	40	65～	44～	38.5～	87-2636	妙高高原駅車5分	Ⓟ(冬季有料) 新赤倉温泉、季節の鍋・田舎料理
妙高山里の湯宿香風館	23	90	⊕110～	⊕71.5～	⊕60.5～	86-2046	妙高高原駅車3分	ⓌⓅⓆ 天然温泉(入湯税別)、露天風呂、貸切風呂
赤倉ユアーズイン	8	22	120～	95～	80～	87-2427	妙高高原駅車10分	ⓌⓅⒸⓆ 天然温泉(24h可、入湯税別)
P.天使の翼	7	27	83.6～	70.4～	58.3～	87-3431	妙高高原駅車10分	ⓌⓅ(冬季有料) 世界の貝殻コレクション
P.アーデン妙高	7	25	88～110	—	—	87-3455	妙高高原駅車10分	ⓌⓅⒸⓆBBQ(夏)・鴨鍋カニ鍋(冬)
プチハウスふぉ～ゆ～	5	20	—	65	55	87-3231	妙高高原駅車10分	ⓌⓅ送ⒸⓆ
P.あっとHOME	6	24	64.8～	49.8～	42.8～	87-2557	妙高高原駅車10分	Ⓟ(要予約) 貸切風呂
P.モン・セルヴァン	10	40	99～	84～	69～	87-3143	妙高高原駅車10分	ⓌⓅ送Ⓒ 手作りケーキ(別注)、ネイチャーガイド
池廼家旅館	15	50	⊕106～	⊕89.5～	—	86-2116	妙高高原駅車10分	ⓌⓅ送要予約ⒸⓆ 温泉、スポーツ合宿歓迎
休暇村妙高	52	181	⊕130～	⊕110～	⊕100～	82-3168	関山駅バス10分	ⓌⓅⒸ 天然温泉大浴場(入湯税別)、ゲレンデ前

P95

◇富　山◇

名　称	室数	定員	1名分宿泊料金(単位/百円) 2食付	朝食付	素泊	電話	交通	特徴・備考
（富山市周辺）map▶95ページ						(076)		
ウィークリー翔ホテル富山	52	60	—	—	S22～	482-6994	富山地鉄稲荷町駅徒歩5分	ⓌⓅⒸⓆ 大浴場、長期割引
ホテルα-1富山駅前	253	299	—	サービス	S54～	433-6000	富山駅歩1分	ⒷⓉ(s)ⓌⓅⒸⓆ 禁煙室、サウナ付健全大浴場
東横INN富山駅新幹線口2			—	サービス	S72～	405-1045	富山駅歩2分	ⒷⓉ(s)ⓌⓅ先着順ⒸⓆ
ホテルリラックスイン富山	232	270	—	サービス	S55～	444-1010	富山駅歩3分	ⒷⓉ(s)分煙型ⓌⓅⒸⓆ 冷蔵庫付、禁煙室
ホテルルートイン富山駅前	98	139	—	サービス	S62～	433-5111	富山駅歩3分	ⒷⓉ(s)ⓌⓅ 提携・先着順ⒸⓆ

Map

富山市周辺　　高岡周辺　　南砺市周辺　　黒部周辺　

【宿コラム】〜自然あふれる妙高〜　春は上越観桜会、夏は日本海での釣りや海水浴、秋は笹ヶ峰の紅葉、冬はスキー…と、日本百名山の一つ妙高山を中心に四季折々のアクティビティがあります。他にも、当宿の近くには松尾芭蕉の生家や岡倉天心堂があったり、ゴルフ、温泉、天然イワナ釣りやワカサギ釣りと、魅力的なスポットがたくさん。世界遺産に推薦された佐渡金山や長野の善光寺にもアクセスしやすく、妙高高原を拠点にいろいろとプランを立てられます。ぜひお越し下さい。【文／藤原荘　藤原とき子】

★お申し込み時「全国安い宿情報を見た」と言ってね！

お得情報は187ページを見てね！

宿泊料金は基本的に「**1名分**、消費税10％込み」表示（単位：百円） ※宿泊税別／[ⅱ]→1室2名利用／[ⅲ]→1室3名利用／[複]→1室4名以上利用／B.H.→ビジネスホテル／P.→ペンション／Y.H.→ユースホステル／Y.G.H.→ユースゲストハウス／[会]→YH会員料金／[相]→相部屋＝ドミトリー／S→シングルルーム／[地]→地下鉄／[男]→男性専用／[女]→女性専用／[和]→全室和室／[和]→和室有（全室ではない） 《→右へ》

名称	室数	定員	1名分宿泊料金（単位/百円） 2食付	朝食付	素泊	電話	交通	特徴・備考
（富山市周辺） map▶95ページ						(076)		
日本B.H.	35	40	—	—	S45	432-7345	富山駅歩3分	[B][T][W][P]
東横INN富山駅新幹線口1	305	398	—	サービス	S68～	433-1045	富山駅歩5分	[B][T](s)[W][P](先着順)[C][Q]
桜橋B.H.	39	40	—	—	S58～	433-3833	富山駅歩7分	[B][T][W][P]
シティ・イン富山	29	51	—	—	S36～	421-3660	富山駅車5分	[B][T](s)[W][P][C]冷蔵庫付、長期割引
B.H.くれはイン	28	36	—	—	S36～	491-1908	富山駅車5分	[B][T](s)[W][P][C]冷蔵庫付
富屋旅館	15	25	[ⅱ]60.5	[ⅱ]46.2	[ⅱ]40.7	423-5083	富山駅車7分	[和][W][P]大浴場、コインランドリー、長期可
ホテル雪見荘	19	30	S70～	S57～	S50～	425-3782	富山駅車8分	[和][B][T][W][P][C]衛星放送、ビジネス向き
（立山周辺）						(076)		
国民宿舎天望立山荘	27	89	140～	—	—	442-3535	立山駅ケーブル+バス40分	[W][C]国立公園内、マイカーは立山駅周辺駐車場を利用、4/15～10/31営業
（高岡周辺） map▶95ページ						(0766)		
ホテルセブンセブン高岡	95	121	サービス	サービス	S50	26-2222	高岡駅南口歩1分	[B][T](s)[W][P][C]朝食バイキング
ホテルα-1高岡駅前	221	247	—	—	S70、75	26-0001	高岡駅歩1分	[B][T](s)[W][P]マッサージ機付客室有
東横INN新高岡駅新幹線南口			—	サービス	S66～	27-2045	新高岡駅歩1分	[B][T](s)[W][P](先着順)[C][Q]
スマイルホテル高岡駅前	82	103	—	朝食8	S40～	29-0055	高岡駅瑞龍寺口歩2分	[B][T](s)[W][P](先着順) コインランドリー
ホテルα-1高岡	163	198	—	S80～	S70～	23-0001	高岡駅歩3分	[B][T](s)[W][P][C]マッサージ機付客室有
ファミリーロッジ旅籠屋小矢部店	14	56	—	軽朝食	[ⅱ]49.5～	68-0855	福岡I.C.3.5km	[B][T](s)[W][P]EV車充電可
（南砺市周辺）						(0763)		
国民宿舎五箇山荘	22	83	[ⅱ]145～	[ⅱ]99.5～	[ⅱ]83～	66-2316	城端駅バス30分	[W][P][C][Q]天然温泉、露天、サウナ、合掌造集落近く
高窪温泉	6	25	60～120	40	40	58-1311	福光駅車10分	[和][P]鉱泉（大浴場）
法林寺温泉	18	50	[ⅱ]93～	[ⅱ]56.5～	[ⅱ]46.5～	52-4251	福光駅車10分	[和][W][P][Q]天然温泉
（黒部周辺） map▶95ページ						(0765)		
エクスワイヤ・シティホテル	36	52	S74.8	S58.3	S49.5	54-3939	黒部駅車5分	[B][T][W][P][C][Q]ビジネス向き
ふれあいハウス宮野	4	50	自炊可	自炊可	※[複]15.6	52-5310	黒部宇奈月温泉駅車3分	[P]テニスコート・野球場近く、食材持込OK※5名～宿泊
ファミリーロッジ旅籠屋黒部店	14	56	—	軽朝食	[ⅱ]49.5～	56-8848	黒部I.C.4.8km	[B][T](s)[W][P]EV車充電可
海の見えるホテル美浪館	18	30	夕食付S82.5～	—	S55～	22-0303	魚津駅歩1分	[B][T][W][P][C]オーナー自ら調理の魚料理
ホテルルートイン魚津	152	200	※レストラン	サービス	S59～	22-7411	魚津駅車2分	[B][T](s)[W][P][C][Q]大浴場 ※日祝休
ベストイン魚津	77	231	—	サービス	S50～	24-3330	魚津駅車5分	[B][T](s)[W][P][C][Q]魚津I.C.5分
かしはら館	15	25	74.5～	50～	41～	72-0453	入善駅歩8分	[和][P]新鮮な魚料理、繁華街近く
Y.H.天香寺	10	30	—	—	[会]30	83-3339	泊駅車7分	[相][P]温泉施設近く

◇石川◇

（金沢市内は宿泊税別途200円）※宿泊代20,000円未満の場合

名称	室数	定員	2食付	朝食付	素泊	電話	交通	特徴・備考
（金沢周辺） map▶97ページ						(076)		
R&Bホテル金沢駅西口	231	231	—	朝食5	S55～	224-8080	金沢駅歩3分	[B][T](s)[W]
ホテルナカダ	18	23	—	—	S39～	223-1001	金沢駅歩3分	[B][T](s)[W][P][C]

【ひとくちメモ】 標高3,000m級の峰々が連なる北アルプスを貫いて富山県と長野県を結ぶ山岳観光ルートの「立山黒部アルペンルート」。立山駅からケーブルカーやロープウェイ、トロリーバスなど6つの乗り物を乗り継いで、黒部ダムを通り信濃大町駅を結ぶ（全線営業期間：4/15～11/30）。高原道路の両脇にできる巨大な壁「雪の大谷」は、積雪の多い年には20m、ビル7階分の高さまで到達する。4～6月にかけて、普段バスしか通行できない道路を歩き雪の大谷を間近で体験できる「立山・雪の大谷ウォーク」が開催される。☎076-481-1500 https://www.alpen-route.com/

〈→つづき〉　Ⓑ→全室バス付／Ⓑ→一部バス付／Ⓣ→全室トイレ付／Ⓣⓢ→全室シャワートイレ＝ウォシュレット付／Ⓣ→一部トイレ付／
Ⓦ→全室Wi-Fi可／Ⓦ→一部Wi-Fi可／Ⓟ→有料駐車場／Ⓟ→無料駐車場／送→送迎有／身→身体障害者への対応可(要問)／
Ⓒ→一部クレジットカード決済可／Ⓠ→paypay等の一部QR決済可／24h→24時間／特記事項は"※"印、又は(　)括弧書きにて説明

名　称	室数	定員	1名分宿泊料金(単位/百円)			電話	交通	特徴・備考
			2食付	朝食付	素泊			
（金沢周辺） map▶97ページ						(076)		
東横INN金沢駅東口	240	300	—	サービス	S68〜	224-1045	金沢駅東口歩4分	ⒷⓉ⒮ⓌⓅ先着順 ⒸⓆ
スマイルホテル金沢西口駅前	153		—	S60〜	S50〜	221-8311	金沢駅西口歩4分	ⒷⓉ⒮Ⓦ コインランドリー
ホテルルートイン金沢駅前	294	423	—	サービス	S64〜	232-3111	金沢駅歩5分	ⒷⓉ⒮ⓌⓅ先着順 ⒸⓆ展望大浴場 ※日祝休
シティ・イン小林	13	16	—	—	S39〜	263-6345	金沢駅歩10分	ⒷⓉⓌⓅⒸ清潔で実用的
金沢シティホテル	153	168	居酒屋	朝食10〜	S54〜95	221-8888	金沢駅歩12分	ⒷⓉ⒮ⓌⓅ先着順 ⒸⓆ大浴場、マッサージ機付貸室有
金沢カプセルホテル武蔵町	120	120	要問	要問	21.6〜	298-9000	金沢駅歩12分	男女利用カプセル ⓌⒸ和モダン
トリフィートホテル&ポッド金沢百万石通	105	105	—	40〜	30〜	224-9560	金沢駅歩15分	男女利用カプセル ⓌⒸⓆ大浴場、サウナ、男女フロア別、24h利用
木津屋旅館	14	40	—	サービス	Ⓣ77〜	221-3388	金沢駅バス7分	ⒷⓉⓌⓅⒸⓆ厳選食有、浅野川沿い、兼六園歩7分
東横INN金沢兼六園香林坊	422	600	—	サービス	S65〜	232-1045	金沢駅バス10分	ⒷⓉ⒮ⓌⓅ先着順 ⒸⓆ
プチホテルアイビー	12	24	S88〜	S67〜	S59.4〜	243-1155	金沢駅バス10分	ⒷⓉⓌⓅⒸⓆ海鮮料理自慢
金沢フレックスホテル	90	114	—	—	S45〜	223-2131	金沢駅バス12分	ⒷⓉ⒮ⓌⓅ提携店 Ⓒ
金沢フレックスホテルアスパー	67	101	2024年リニューアルオープン			234-0001	金沢駅バス12分	Ⓒ
北山旅館	14	50	63〜	55	42	248-0053	金沢駅歩20分	ⓌⓅ公共温泉近く
金沢家	16	20	—	—	26.5〜	298-9000	金沢駅バス25分	男女利用カプセル ⓌⓅ個室有、シャワーのみ
金沢みなとホテル	44	60	S64.8〜	S49.4〜	S42〜	238-4321	金沢駅車10分	ⒷⓉⓌⓅⒸ大浴場
Ｂ.Ｈ.つたや	36	44	S60.5	S49.5	S44	268-7866	金沢駅車10分	和ⓌⓅ大浴場、カニ食べ放題(別料金)
ホテル花IchiRin	12	22	—	—	S35〜	245-3003	金沢駅車10分	Ⓦ事前決済、共同キッチン、にし茶屋街近い
金澤ゲストハウス・イーストマウンテン	4	12	—	—	27〜	090-4687-2508	金沢駅車10分	相ⓌⓅⒸ個室有、大正時代の古民家を改修
ＳＡＲＡＲＡＳＯ	8	16	—	朝食15	S45〜	254-5608	金沢駅車17分	ⒷⓉⓌⓅⒸ カフェ、リバーサイド
医王山スポーツセンター	27	216	※複31.3	※複22.5	※複17	229-1591	金沢駅バス45分	Ⓟ各種スポーツ施設要予約10日前迄、暖房費別 ※10名以上
ホテルエコノ東金沢	104	155	—	サービス	S41〜100	252-7151	東金沢駅歩15分	ⒷⓉ⒮ⓌⓅⒸⓆ金沢駅バス20分
内灘町サイクリングターミナル	12	80	91〜	70〜	59〜	286-3766	内灘駅車15分	ⓌⓅⒸⓆ内灘町総合公園内、温泉、BBQ・合宿団体有
ホテルルートイン美川インター	126	168	※レストラン	サービス	S69〜	278-7711	美川駅車5分	ⒷⓉ⒮ⓌⓅ先着順 ⒸⓆ大浴場、※日祝休、小松空港車25分
（小松周辺） map▶97ページ						(0761)		
ハイパーホテル小松	91	159	—	サービス	S60〜	23-3000	小松駅目の前	ⒷⓉⓌⓅⒸ禁煙ルーム有
小松グリーンホテル	42	70	S79〜	S64〜	S55〜	21-8911	小松駅歩8分	和ⒷⓉⓌⓅⒸⓆ天然温泉大浴場
ルートイングランティア小松エアポート	197	285	※レストラン	朝食11	S64〜	050-5847-7505	小松駅車9分	ⒷⓉ⒮ⓌⓅ先着順 ⒸⓆ天然温泉大浴場 ※日祝休
小松フレックスホテル	78	126	—	サービス	S52〜	20-1111	小松駅車10分	ⒷⓉ⒮ⓌⓅⒸ小松I.C.3分、小松空港10分
						(076)		
さかい旅館	10	40	79.2〜	66〜	60.5〜	272-1340	鶴来駅車30分	和ⓌⓅ白山ひめ神社、ソバ(昼)、暖房費別
中山旅館	7	30	70〜	60	45	255-5818	鶴来駅バス20分	和ⓌⓅⒸ手取峡谷歩3分、金沢車45分
山本旅館	5	25	70	55	50	254-2314	小松駅バス45分	和Ⓟ手取渓谷へ歩5分
（加賀周辺）						(0761)		
民宿さつき	10	25	—	—	48〜	74-7034	加賀温泉駅車10分	Ⓟ温泉へ歩10分
HOTEL AZ石川粟津店	33	120	S62.4	サービス	S52.8	65-3313	加賀温泉駅車15分	ⒷⓉ⒮ⓌⓅⒸ
（羽咋周辺）						(0767)		
グリーンホテル	19	25	—	—	S39〜	22-5151	羽咋駅歩3分	ⒷⓉⓌⓅⒸⓆ
休暇村能登千里浜	67	187	Ⓣ130〜	Ⓣ110〜	Ⓣ100〜	22-4121	羽咋駅車7分	ⒷⓉⓌⓅⒸ天然温泉、入湯税別

Map

金沢周辺	小松周辺	七尾周辺	輪島周辺

【ひとくちメモ】　水戸の偕楽園、岡山の後楽園とともに、日本三名園の一つに挙げられる名勝「兼六園」は、百万石前田家の庭園として造られ、ほぼ現在の姿に造園されたのは13代藩主斉泰の時代。「兼六園」の名は宋代の詩人・李格非が書いた「洛陽名園記」に由来し、宏大・幽邃(ゆうすい)・人力・蒼古・水泉・眺望の六つを兼ね備える名園として時の老中松平定信が命名したと伝えられている。敷地内には歴史博物館重要文化財・成巽閣や県立伝統産業工芸館、金沢神社、金城霊沢などがある。入園料大人320円、小人100円。兼六園観光協会☎076-221-6453　https://www.kenrokuen.or.jp/

宿泊料金は基本的に「**1名分**、消費税10％込み」表示(単位:百円) ※宿泊税別／②→1室2名利用／③→1室3名利用／④→1室4名以上利用／B.H.→ビジネスホテル／P.→ペンション／Y.H.→ユースホステル／Y.G.H.→ユースゲストハウス／会→YH会員料金／相→相部屋=ドミトリー／S→シングルルーム／地→地下鉄／男→男性専用／女→女性専用／全→全室和室／和→和室有(全室ではない) (→右へ)

《石川・福井》… ★お申し込み時「全国安い宿情報を見た」と言ってね！

中部

お得情報は187ページを見てね！

名　称	室数	定員	1名分宿泊料金(単位/百円)			電話	交通	特徴・備考
			2食付	朝食付	素泊			
(七尾・和倉周辺) map▶97ページ						(0767)		
B.H.はやし	28	31		休業中		53-3344	七尾駅歩2分	BTWPCQ ツイン・ダブル有
ホテルルートイン七尾駅東	153	192	※レストラン	サービス	S72~	54-0111	七尾駅歩5分	BTsWP先着順CQ大浴場 ※日祝休
B.H.和倉	34	72	—	—	S50	62-2000	和倉温泉駅歩2分	BT(s)PC
ホテルα-1能登和倉	171	207	休業中			62-1633	和倉温泉駅歩13分	BT(s)WP大型有料C
(能登半島周辺) map▶97ページ						(0768)		
輪風の宿満月	10	30	休業中			22-4488	輪島駅バスターミナル歩2分	P温泉(野天、入湯税別)、漆塗りの宿
P.クロワッサン	10	20	休業中			22-1767	輪島駅バスターミナル車5分	P朝市近く、手作りパンと日本海の幸
ホテルルートイン輪島	222	386	※レストラン	サービス	S80~	22-7700	金沢駅車120分	BTsWP先着順CQ大浴場 ※日祝休
国民宿舎能登うしつ荘	15	60	休業中			62-2295	穴水駅バス40分	TWPCQ大浴場
国民宿舎能登やなぎだ荘	17	85	休業中			76-1550	穴水駅バス40分	和WPCQ天然温泉 輪島駅前車50分
能登漁火Y.H.	5	15	—	—	44	74-0150	金沢駅特急バス180分	WP会600円引、玄関から5歩で海!

◇福　井◇

名　称	室数	定員	2食付	朝食付	素泊	電話	交通	特徴・備考
(福井市周辺) map▶98ページ						(0776)		
東横INN福井駅前	239	270	—	サービス	S72~	29-1045	福井駅歩1分	BTsWP先着順CQ
ホテルルートイン福井駅前	161	214	—	サービス	S67~	30-2130	福井駅歩2分	BTsWP先着順CQ大浴場
ホテルフクイキャッスル	60	72		S77~	S69.3~	23-7700	福井駅歩7分	全BTWP 12台主輪場 C 県庁裏 お風呂付
福井パレスホテル	91	117	—	朝食11	S55~	23-3800	福井駅歩13分	BTWP先着順車高割引有C
福井パレスイン	80	90	—	朝食5	S44~	23-3801	福井駅歩13分	BTWP先着順車高割引有C
河甚旅館	17	40	②81.4~	②56.1~	②46.2~	36-3850	福井駅歩15分	和WPC大浴場、観光ガイド
B.H.松楽	20	60	団体のみ	団体のみ	S38.5,46.2	23-2743	福井駅車5分	全BTWP大浴場、スポーツ合宿歓迎
ホテルルートイン福井大和田	126	142	※レストラン	サービス	S72~	52-7711	福井駅車15分	BTsWPCQ大浴場 ※日祝休
日之出旅館	12	50	77~	57~	47~	22-3047	福大前西福井駅歩10分	和全TWP部屋食、庭園、大広間、合宿可
杉田旅館	5	15	—	—	43	51-0518	春江駅歩2分	P全ビジネス向き、1人旅可、人数により割引
旅館松岡サウナ	7	30	80~	55~	45~	61-0727	松岡駅歩5分	和WP大浴場、サウナ、人数により割引
東喜家	5	12	110~	77~	66~	63-3043	永平寺口駅バス15分	和BTWCQ永平寺へ歩3分
(芦原温泉周辺)						(0776)		
休暇村越前三国	70	214	②145~	要問	要問	82-7400	芦原温泉駅バス30分	WPC天然温泉(入湯税別)
民宿ニュー越前	11	50	②75~		②60~	82-3318	三国港駅歩5分	和WPQ東尋坊へ車5分
(勝山~九頭竜周辺)						(0779)		
米伊旅館	6	15	—	—	60.5	88-0042	勝山駅車3分	和WPCQ恐竜博物館へ車9分、スキージャム勝山へ車20分
ねこばやし	3	10	自炊可	自炊可	38.5	88-0042	勝山駅車3分	相PC山伏岩(ねこ林)近く
国民宿舎パークホテル九頭竜	17	60	102.3~	69.3~	60.5~	090-3055-1896	越前大野駅車10分	和WPC大浴場、九頭竜スキー場

Map	福井市周辺	敦賀周辺	小浜周辺	高浜周辺

【ひとくちメモ】　令和6年(2024年)1月1日、能登半島沖で発生した大地震により能登半島を中心に甚大な被害となりました。その為、石川県内、特に能登半島の宿泊施設、観光施設の多くの施設が休館せざるを得ない状況となっています。再開状況に関しては各地域の観光協会等にお問い合わせください。◇公益社団法人石川県観光連盟☎076-201-8110 https://hot-ishikawa.jp/◇輪島市観光協会☎0768-22-1503 https://wajimanavi.jp/◇能登観光ポータルサイト☎076-225-1336 https://www.notohantou.com/

(→つづき) Ⓑ→全室バス付／Ⓑ→一部バス付／Ⓣ→全室トイレ付／Ⓣ(s)→全室シャワートイレ=ウォシュレット付／Ⓣ→一部トイレ付／Ⓦ→全室Wi-Fi可／Ⓦ→一部Wi-Fi可／Ⓟ→有料駐車場／Ⓟ→無料駐車場／⊗→送迎有／Ⓐ→身体障害者への対応可（要問）／Ⓒ→一部クレジットカード決済可／◇→paypay等の一部QR決済可／24h→24時間／特記事項は"※"印、又は"（ ）"括弧書きにて説明

名　　称	室数	定員	1名分宿泊料金（単位/百円）2食付	朝食付	素泊	電話	交通	特徴・備考
（鯖江・武生周辺）						(0778)		
ホテルα-1鯖江	171	198	—	S59〜	S49〜	53-0707	鯖江駅歩1分	ⒷⓉ(s)ⓌⓅ先着順,大型有料ⒸQ居酒屋有
Ｂ.Ｈ.おさむら	20	25	S69.3	S55.55	S48.4	52-0636	鯖江駅歩1分	ⒷⓉ(s)ⓌⓅⒸQ素泊ツイン¥8800〜
花みずき温泉若竹荘	7	32	—	—	34.4	32-2753	武生駅バス30分	和ⓌⓅ天然温泉、暖房費別、バス停歩10分
（今庄周辺）						(0778)		
旅館川端屋	8	30	200〜	107.5〜	80〜	45-0022	今庄駅歩5分	和ⓌⓅⒸQ
（敦賀周辺） map▶98ページ						(0770)		
ホテルルートイン敦賀駅前	185	202	—	サービス	S73〜	21-2232	敦賀駅歩2分	ⒷⓉⓌⓅ先着順ⒸQ大浴場有※日祝休
Ｂ.Ｈ.山形	30	45	—	—	S55〜	25-5288	敦賀駅歩2分	ⒷⓉⓌⓅ(4台先着順)1Fコンビニ
東横INN敦賀駅前	166	200	—	サービス	S74〜	20-1045	敦賀駅歩3分	ⒷⓉ(s)ⓌⓅ先着順ⒸQ
ホテルつるや	18	50	要問	要問	66〜	22-0315	敦賀駅歩10分	ⒷⓉⓌⓅⒸQ
シュトローム	49	70	S69.3	S61.6	S55	25-5001	敦賀駅車5分	ⒷⓉⓌⓅⒸビジネス向き
海辺の宿長兵衛	8	42	193〜	90〜	72〜	23-7818	敦賀駅車15分	和ⓌⓅⒸQオーシャンビュー
料理民宿しろごろ	4	16	110〜	—	—	47-1151	三方駅車15分	ⓌⓅ旬の食材、海釣公園近く
（小浜周辺） map▶98ページ						(0770)		
くつろぎの宿⒣浜頭	12	60	88〜	55〜	45〜	54-3047	小浜駅車15分	和ⓌⓅⒸQ海の幸の食事、気楽な宿
ホテル若杉	21	60	Ⓑ78.1〜	Ⓑ58.3〜	Ⓑ49.5〜	52-0900	小浜駅歩1分	ⒷⓉ(s)ⓌⓅⒸQビジネスに最適
ホテルせくみ屋	72	200	Ⓑ154〜	Ⓑ88〜	Ⓑ77〜	52-0020	小浜駅歩8分	ⒷⓉ(s)ⓌⓅⒸQ
民宿村上	6	35	90.2〜	60.5〜	49.5〜	52-2804	小浜駅車20分	和ⓌⓅⒸQ釣り河、ふぐやかに料理(別途要予約)
ホテルナガタ	12	32	—	S57.5〜	S51〜	52-0380	小浜駅車5分	ⒷⓉ(分離式)ⓌⓅⒸ
彦　　荘	7	30	88〜	55	44	54-3315	小浜駅車15分	和ⓌⓅ阿納海水浴場へ徒歩1分
庄司旅館	15	40	77〜	55	44	64-1211	大鳥羽駅目の前	和ⓌⓅ宴会可、ビジネス向き
（高浜周辺） map▶98ページ						(0770)		
民宿たんげん堂	20	60	70〜	44〜	38.5〜	72-1596	三松駅歩7分	和Ⓟ海水浴場目の前、ビジネス割引有
民宿福島	16	40	63〜	46〜	39〜	77-0095	若狭本郷駅車15分	和Ⓟ舟盛り・磯菜し等各種(別料金)
いそのや旅館	20	60	86〜	69〜	60〜	72-0008	若狭高浜駅歩12分	和Ⓟ※ビジネス割引プラン有
お宿鼓松	17	40	77〜	60.5〜	55〜	72-1454	若狭高浜駅車15分	ⓌⓅカニ刺料理(別途)、大飯高浜I.C.6分
リゾートインキシモト	13	40	Ⓑ100〜	Ⓑ55〜	Ⓑ44〜	72-0636	若狭高浜駅歩15分	和ⓌⓅⒸQ大浴場、カブシー離れ有、海へ歩1分

（左欄外）P99

北陸新幹線、敦賀駅開業

2024年3月、北陸新幹線が金沢駅から敦賀駅まで延伸した。これで東京から敦賀まで乗換ナシで最短3時間8分で行けるようになった。

敦賀駅ホームの安全柵には敦賀の観光名所"氣比神宮"等の写真が埋め込まれている。ちなみに敦賀駅、福井駅の安全柵は線路に近接しているのに対して、途中駅の芦原温泉駅、越前たけふ駅はホーム端部から2m離れている。これは、新幹線が必ず停車する敦賀駅、福井駅に対して芦原温泉駅、越前たけふ駅は時速260kmで駅構内を通過することがあるためだそう。

☎0776-23-3715　https://www.fuku-e.com

★お申し込み時「全国安い宿情報を見た」と言ってね！

中部

お得情報は187ページを見てね！

【ひとくちメモ】　荒々しい岩肌の柱状節理が延々と1kmに渡って続く、国の名勝・天然記念物に指定されている「東尋坊」。岸壁の高さが20m以上にも及び、日本海の荒波が打ち寄せるその姿は恐ろしいほどの迫力。遊覧船があり、ライオン岩やろうそく岩など自然の造形が目を楽しませてくれる。JR芦原温泉駅からバス40分。通常営業：9〜16時（冬期15時半迄／水曜休）。所要時間：東尋坊・雄島周遊コース1周30分。料金：大人1,800円、小学生900円。東尋坊観光遊覧船☎0776-81-3808　https://www.toujinbou-yuransen.jp

岐　阜

宿泊料金は基本的に「**1名分**、消費税10%込み」表示（単位：百円）※宿泊税別／[ツ]→1室2名利用／[トリ]→1室3名利用／[複]→1室4名以上利用／B.H.→ビジネスホテル／P.→ペンション／Y.H.→ユースホステル／Y.G.H.→ユースゲストハウス／[会]→YH会員料金／[相]→相部屋＝ドミトリー／S→シングルルーム／[地]→地下鉄／[男]→男性専用／[女]→女性専用／[和]→全室和室／[和]→和室有（全室ではない）《→右へ》

名　称	室数	定員	1名分宿泊料金(単位/百円) 2食付	朝食付	素泊	電　話	交　通	特徴・備考
（岐阜市周辺） map▶100ページ						(058)		
B.H.サンサミット	35	40	—	サービス	S39.8	276-2266	岐阜駅歩2分	[B][T](s)[W][P][C] コインランドリー
ウィークリー翔岐阜駅南	66	70	—	—	S21～	214-7850	岐阜駅南へ歩8分	[B][T][W][P][C][Q] 天然温泉付浴場(入湯税別)
ウィークリー翔岐阜	38	38	—	—	S21～	262-6540	名鉄岐阜駅歩9分	[W][P][C][Q] シャワー、長期割引、※土日休
B．H．アサヒ	24	30	—	—	S35～	266-1919	岐阜駅バス5分	[B][T][W] 静かな環境
旅館明山荘	13	35	70～80	55～60	45～50	262-9933	岐阜駅バス10分	[和][W][P] 鵜飼見物に最適、ビジネス可
長良川スポーツプラザ	56	300	要予約	要予約	S44	295-6300	岐阜駅バス15分	[W][P][障] 大浴場、身障者室有、ビジネス可、スポーツ合宿向き
ホテルルートイン岐阜県庁南	139	183	※レストラン	サービス	S58～	277-7477	西岐阜駅車5分	[B][T](s)[W][P](先着順)[C][Q] 大浴場 ※日祝休
ウィークリー翔各務原	26	30	—	—	S21～	372-2448	新那加駅歩1分	[B][T][W][P][C][Q] フロント土日休
B．H．観　月	26	60	—	—	S50	382-0543	各務原市役所駅歩5分	[B][T](s)[W][P]
（大垣周辺）						(0584)		
スーパーホテル大垣駅前	88	114	—	サービス	S70～90	75-9000	大垣駅歩5分	[B][T](s)[W][P](提携)[C]
ホテルルートイン大垣インター	140	161	—	サービス	S67.5～	87-3011	大垣駅車10分	[B][T](s)[W][P](先着順)[C][Q] 大浴場
（岐阜羽島周辺）						(058)		
ホテルルートイン岐阜羽島駅前	184	251	※レストラン	サービス	S67～	394-0055	岐阜羽島駅歩1分	[B][T](s)[W][P](先着順)[C][Q] 大浴場 ※日祝休
ウィークリー翔岐阜羽島ホステル	64	64	自炊可	自炊可	S21～	393-2660	岐阜羽島駅歩2分	[B][T][W][P] 長期割引 ※日曜休
ウィークリー翔羽島	38	51	自炊可	自炊可	S26～	398-3601	岐阜羽島駅歩3分	[B][T][W][P] キッチン、電子レンジ、※日曜休
東横INN岐阜羽島駅新幹線南口	215	290	—	サービス	S65～	397-2145	岐阜羽島駅歩3分	[B][T](s)[W][P] VOD、岐阜羽島I.C.5分
ゲストハウス岐阜羽島心音	5	35	キッチン有	キッチン有	32～	227-9472	岐阜羽島駅歩3分	[相][W][P][C][Q] 個室別料金(100インチプロジェクター)
ホテルKOYO	265	660	—	朝食12	S45～	398-1100	岐阜羽島駅歩5分	[和][B][T](s)[W][P][C][Q] コインランドリー
（多治見・土岐周辺） map▶100ページ						(0572)		
ホテルトーノー	60	68	—	—	S55～	56-1400	多治見駅歩1分	[B][T](s)[W][P](10台先着順)[C][Q]
多治見ヒルズマイルーム	40	80	—	サービス	S67.4～	22-0837	多治見駅歩10分	[B][T](s)(分離型)[W][P][障][C]
多治見ヒルズリバーサイド	32	36	—	サービス	S63.8～	23-5406	多治見駅車5分	[B][T](s)[W][P] 多治見I.C.3分

日本一高いブリッジバンジー

岐阜県八百津町、国道418号・丸山バイパスに架かる新旅足橋（しんたびそこばし）で日本一高いブリッジバンジー「岐阜バンジー」ができる。新旅足橋はV字の渓谷に架かる橋で、長さ462m、橋脚の高さ100mにも及ぶとても大きなスケール。橋の中央に設けられたジャンプ台から渓谷に向かってジャンプする高さは215mとなり日本一を誇る。また、岐阜バンジーでは、ウイングスーツ（通称ムササビスーツ）を着用。可児御嵩I.C.から25分。1回目28,000円、同日2回目13,000円。火・水定休。年齢・体重・健康状態等参加条件はHPまで。☎0278-72-8133　https://www.bungyjapan.com/gifu/

Map　岐阜市周辺　多治見・土岐周辺　中津川周辺　郡上八幡周辺

【ひとくちメモ】　NHK連続テレビ小説「半分、青い。」の舞台地にもなった恵那市岩村は、日本三大山城の1つ「美濃岩村城」の城下町として栄え、全長約1.3kmの古い町並みには当時の面影を残す商家や旧家、なまこ壁、枡形や町の中を流れる疎水など、現在でも歴史的・文化的な佇まい・町並みが残り、「重要伝統的建造物群保存地区」に選定されている。名物のカステラや五平餅、かんから餅のお店や地酒の蔵元なども点在している。明和鉄道岩村駅下車。恵那市観光協会岩村支部☎0573-43-3231　https://iwamura.jp/

★お申し込み時「全国安い宿情報を見た」と言ってね！

中部

お得情報は187ページを見てね！

〈←つづき〉　Ⓑ→全室バス付／Ⓑ→一部バス付／Ⓣ→全室トイレ付／Ⓣ(s)→全室シャワートイレ＝ウォシュレット付／Ⓣ→一部トイレ付／
Ⓦ→全室Wi-Fi可／Ⓦ→一部Wi-Fi可／Ⓟ→有料駐車場／Ⓟ→無料駐車場／送→送迎可／身→身体障害者への対応可(要問)／
Ⓒ→一部クレジットカード決済可／Ⓠ→paypay等の一部QR決済可／24h→24時間　特記事項は「※」印、又は「( )」括弧書きにて説明

★お申し込み時「全国安い宿情報を見た」と言ってね！

名　称	室数	定員	1名分宿泊料金(単位/百円) 2食付	朝食付	素泊	電話	交通	特徴・備考
(多治見・土岐周辺) map▶100ページ						(0572)		
オースタット国際ホテル多治見	112	128	—	S73.4〜	S67.9〜	25-0111	多治見駅歩15分	ⒷⓉ(s)ⓌⓅ(60台先着順)Ⓒ
ホテルルートイン多治見インター	126	149	—	サービス	S68〜	21-2500	多治見駅車7分	ⒷⓉ(s)ⓌⓅ(先着順)ⒸⓆ天然温泉大浴場・多治見I.C.1分
ウィークリー翔ホテル土岐	25	33	—	—	S32〜	54-1001	土岐市駅歩5分	ⒷⓉ(s)ⓌⓅⓒ コインランドリー、連泊割引有
ホテルルートイン土岐	142	177	※レストラン	サービス	S68〜	53-1011	土岐市駅歩7分	ⒷⓉ(s)ⓌⓅ(先着順)ⒸⓆ大浴場・日祝休
ファミリーロッジ旅籠屋土岐店	12	48	—	軽朝食	Ⓣ49.5〜	55-8856	土岐I.C.100m	ⒷⓉ(s)ⓌⓅ国道21号沿い
(美濃加茂周辺)						(0574)		
ウィークリー翔可児	64	94	—	—	S28〜	66-1175	美濃太田駅歩9分	ⒷⓉⓌⓅ 長期割引、※日曜休
ビジネス旅館みのかも	42	58	—	—	55〜	28-0088	美濃川合駅歩2分	和ⒷⓉⓌⓅ
美濃加茂ステーションホテル	36	54	—	—	S62〜	25-3388	美濃太田駅歩2分	ⒷⓉ(s)ⓌⓅ 液晶TV・VODシステム
旅館　栄屋	10	27	60〜	46〜	40〜	26-3138	美濃太田駅歩4分	和ⒷⓉⓌⓅⒸ ジェットバス
ホテルルートイン可児	133	147	—	サービス	S74〜	63-1323	可児駅歩10分	ⒷⓉ(s)ⓌⓅ(先着順)ⒸⓆ大浴場
ホテルシンセリティ	32	44	—	サービス	S60	63-3111	可児駅歩10分	ⒷⓉ(s)ⓌⓅⒸ 多治見I.C.20分
(恵那・中津川周辺) map▶100ページ						(0573)		
ホテルルートイン恵那	153	201	—	サービス	S71.5〜	20-0050	恵那駅歩15分	ⒷⓉ(s)ⓌⓅ(先着順)ⒸⓆ大浴場
湯快リゾート 恵那峡国際ホテル	100	443	Ⓣ93.28〜	—	—	26-0111	恵那駅車10分	Ⓣ(s)Ⓟ恵那温泉(霧天布・入湯税別)
国民宿舎恵那山荘	20	70	Ⓣ96〜	Ⓣ54〜	Ⓣ44〜	66-7773	恵那駅車20分	ⓉⓌⓅⒸ展望風呂、恵那峡へ車40分
シルクホテル	24	30	夕食喫茶店	朝食5	S55〜	66-7474	中津川駅歩2分	ⒷⓉⓌⓅⒸ5台先着順ⒸⓆ
つたや旅館	6	12	65〜	50	45	65-2316	中津川駅歩3分	和ⓌⓅ アットホーム
ホテルルートイン中津川インター	126	158	※レストラン	サービス	S74〜	62-4511	中津川駅歩7分	ⒷⓉ(s)ⓌⓅ(先着順)ⒸⓆ大浴場・中津川I.C.2分※日曜休
木曽路ふるさとY.H.	4	15	会62	会47	会40	69-5128	中津川駅バス13分	(和)Ⓟバス停歩20分、恵那山の眺望良い
(美濃市周辺)						(0575)		
ゲストハウス笑び	2	8	自炊可	自炊可	※40	37-5339	美濃市駅車10分	ⓌⓅⓆ※寝袋持参￥3200、冬・暖房費￥600増
(郡上周辺) map▶100ページ						(0575)		
旅館くご	9	20	82〜	55〜	45〜	87-2051	郡上八幡駅車20分	Ⓟ24h風呂(名宝温泉)
愛　里	5	15	99〜	66〜	55〜	87-2400	郡上八幡駅車25分	和ⓌⓅⓆ地元の食材を使った手作り料理
民宿もろはし	3	8	90〜	60〜	50〜	87-2555	郡上八幡駅車25分	和ⓌⓅⓆ明宝スキー場へ車10分
ストローブンハウス	4棟	36	自炊可	自炊可	57〜	87-2756	郡上八幡駅車25分	ⓅⒸⓆ貸コテージ（Ⓦキッチン付、カフェ・BBQハウス併設
民宿しもだ	6	30	95〜	70〜	58〜	87-2233	郡上八幡駅車30分	和ⓌⓅⓆ明宝スキー場へ車20分
浅　野　屋	10	30	80、120	65	55	82-2052	美濃白鳥駅歩3分	和ⓌⓅⒸ郷土料理、周辺各スキー場へ車20分
カントリーロッジからまつ荘	10	30	88	75	59.5	73-2515	美濃白鳥駅バス40分	ⓌⓅひるがの高原SAから10分、ひるがの高原
(南飛騨・下呂周辺) map▶102ページ						(0576)		
赤かぶ民宿＆Y.H.	9	35	Ⓣ78〜	Ⓣ55	Ⓣ50	54-1040	飛騨萩原駅車5分	和Ⓟ送(要問) YH会員￥600引
萩の里別館	10	30	72	55	50	52-3170	飛騨萩原駅歩1分	和Ⓟ山菜・川魚料理、ビジネス向き
下呂ゲストハウス グローバルホステル	4	16	自炊可	自炊可	40〜	25-5005	下呂駅歩1分	ⓌⒸ寮予約Ⓒ共用シャワー、近辺に温泉多数
民宿松園	6	12	1F食事処	—	66	25-2110	下呂駅歩3分	和ⓉⓌⓅ(3台先着順) 天然温泉(入湯税別)
(高山周辺) map▶102ページ						(0577)		
スーパーホテル飛騨高山	77	170	—	サービス	S58〜	32-9000	高山駅歩2分	ⒷⓉ(s)ⓌⓅⒸ予約制Ⓒ天然温泉(男女入替制)
ゲストハウスとまる	3	12	自炊可	自炊可	30〜	62-9260	高山駅歩2分	和ⓌⒸ共同キッチン、バイク駐車可
民宿桑谷屋	9	25	81.8〜	54.3〜	45.5〜	32-5021	高山駅歩5分	ⓌⓅⒸⓆ天然温泉(入湯税込)、1人旅可
ホテルα-1高山	135	153	—	S66〜	S56〜	32-2211	高山駅歩10分	ⒷⓉ(s)ⓌⓅⒸ朝市目の前(川向い)
桜ゲストハウス	7	28	自炊可	自炊可	27.5〜	33-0158	高山駅歩20分	和ⓌⒸ共同キッチン、ツイン1室￥6400〜

中部

お得情報は187ページを見てね！

【ひとくちメモ】　1000年の歴史をもつ下呂温泉。傷ついた一羽の白鷺が温泉のありかを知らせたという伝説があり、古くから有馬・草津に並ぶ「天下の三名泉」と評される。源泉温度は最高84℃、供給温度は55℃。ツルツルスベスベした肌触りから別名「美人の湯」とも呼ばれている。温泉街の真っ只中にあり下呂温泉名物となっている公共温泉"噴泉池"は、令和3年12月から足湯のみとなっている。下呂駅から徒歩3分。下呂温泉観光協会☎0576-24-1000　https://www.gero-spa.com/

宿泊料金は基本的に「**1名分、消費税10％込み**」表示(単位：百円) ※宿泊税別／**ⅱ**→1室2名利用／**ⅲ**→1室3名利用／**ⅳ**→1室4名以上利用／B.H.→ビジネスホテル／P.→ペンション／Y.H.→ユースホステル／Y.G.H.→ユースゲストハウス／**会**→YH会員金／**相**→相部屋＝ドミトリー／S→シングルルーム／**地**→地下鉄／**男**→男性専用／**女**→女性専用／**和**→全室和室／**和**→和室有(全室ではない) 〈→右へ〉

名称	室数	定員	1名分宿泊料金(単位：百円) 2食付	朝食付	素泊	電話	交通	特徴・備考
（高山周辺）map▶102ページ						(0577)		
ひだ高山天照寺Y.H.	14	60	—	—	会45	32-6345	高山駅歩20分	相WP 個室￥1000増、一般￥500増
お宿 いぐち	10	38	90〜	68〜	55〜	34-0345	高山駅車5分	和WP 家庭的CQ 温泉(入湯税別)、朝市近く
ホテルα-1高山バイパス	221	247	レストラン	S66〜	S56〜	35-3311	高山駅車10分	BT(s)WPC 風呂大浴場・露天
ルートイングランティア飛騨高山	140	403	※レストラン	朝食12	S67〜	32-0100	高山駅車10分	BTsWP 先着順CQ 大浴場 多客期休業の場合あり
ひだまりの湯	9	80	レストラン	レストラン	30〜	37-4126	高山駅車10分	和WPCQ 温泉施設内の簡易宿泊施設
ファミリーロッジ旅籠屋飛騨高山店	14	56		軽朝食	ⅱ49.5〜	34-8854	高山駅1km	BTsWP EV 車充電可
プチP.YES・NO	8	27	97〜	66	55	57-2033	飛田小坂駅車30分	WPC 鈴蘭高原、御岳乗鞍の眺望良い
四季倶楽部 飛騨高山荘	10	50	夕食33〜	朝食11	ⅱ58〜	050-3310-5930	高山駅バス5分	和T(s)WP 天然温泉大浴場(入湯税別)
（飛騨古川周辺）						(0577)		
大村屋旅館	7	18	—	—	45	73-2787	飛騨古川駅目の前	和WP
たんぼの湯旅館	7	15	82.5	65	45	73-2014	飛騨古川駅歩3分	和WP 鉱泉、観光に便利
P．ゆうき	6	22	—	—	50	75-2733	飛騨古川駅バス25分	P スキー場・ゴルフ場近く
飛騨古川Y.H.	5	20	—	—	会39〜	75-2979	飛騨細江駅歩15分	相WP 個室・家族利用可、暖房費別
（飛騨市周辺）						(0578)		
茂利(しげり)旅館	6	6	—	—	66〜	82-0026	飛騨古川駅バス40分	WPCQ 高山からバス60分
民営国民宿舎 霜出荘	9	40	86〜	66〜	56〜	82-1654	飛騨古川駅車20分	和TWP

宿コラム
誰にもやさしい宿

一般的なテーブルの高さは70cm、イスは40cmですが、当宿のテーブルは68cm、イスは38cmです。さらに34cm、32cm、28cmと計4種類あり、幼児〜お年寄りまでご自分に合った座面の高さを選ぶことができます。トイレのドアは全てレバー式で通常より5cm低く取り付けているので、小さなお子様でも一人でトイレに行けます。また、トイレ・浴室に手すりを設置しているので、障害者の方も安心。最近は児童お断りの宿が増えていますが、当宿は乳幼児〜お年寄り、障害者まで歓迎の宿です。【文／民宿＆ユースホステル赤かぶ 尾藤政男】

Map

| 下呂周辺 | 高山周辺 | 静岡市周辺 | 清水周辺 |

【ひとくちメモ】 有数の豪雪地帯で、かつて日本の秘境といわれてきた厳しい気候風土の中、日本の原風景ともいうべき美しい景観をなす合掌造り集落が評価され、1976年に重要伝統的建造物群保存地区として選定された白川郷。1995年には五箇山(富山県)と共に白川郷・五箇山の「合掌造り集落」として、ユネスコの世界遺産(文化遺産)にも登録された。毎年国内外から多くの観光客が訪れている。ミュージアムや温泉、養蚕をテーマとした展示館もある。白川郷ICから5分。白川郷観光協会☎05769-6-1013 https://shirakawa-go.gr.jp/

◇ 静 岡 ◇

〈→つづき〉 Ⓑ→全室バス付／Ⓑ→一部バス付
Ⓣ→全室トイレ付／Ⓣs)→全室シャワートイレ=ウォシュレット付
Ⓣ→全室トイレ付／Ⓣ→一部トイレ付
Ⓦ→全室Wi-Fi可／Ⓦ→一部Wi-Fi可
Ⓟ→有料駐車場／Ⓟ→無料駐車場／→送迎可
⑩→身体障害者への対応可(要問)／24h→24時間
Ⓒ→一部クレジットカード決済可／Ⓠ→paypay等の一部QR決済済／特記事項は※印、又は( )括弧書きにて説明

名　称	室数	定員	1名分宿泊料金(単位/百円)			電話	交通	特徴・備考
			2食付	朝食付	素泊			
(静岡市周辺) map▶102ページ						(054)		
ホテルニューシズオカ	74	120	—	朝食9.5	S70~85	283-8811	静岡駅歩3分	ⒷⓉ(s)ⓌⓅⒸ
東横INN静岡駅北口			—	サービス	S73	653-1045	静岡駅歩5分	ⒷⓉ(s)ⓌⓅ先着順ⒸⓆ
東横INN静岡駅南口			—	サービス	S73	654-1045	静岡駅歩5分	ⒷⓉ(s)ⓌⓅ予約制ⒸⓆ
三　喜　旅　館	9	28	77~	65~	50~	285-2044	静岡駅歩5分	⑩ⓌⓅⒸⓆ
スマイルホテル静岡	145	147	—	朝食6	S46~	252-8366	静岡駅歩7分	ⒷⓉ(s)ⓌⓅ要予約 コンビニ歩1分
静岡第一ホテル	86	106	レストラン	朝食9	S60~	281-2131	静岡駅歩7分	ⒷⓉ(s)ⓌⓅⒸⓆ
旅　館　白　菊	8	20	68~	55~	47~	252-2645	静岡駅歩10分	ⒷⓉ(s)ⓌⓅ コインランドリー
泊まれる純喫茶ヒトヤ堂	3	20		1F喫茶店	35~	687-8458	静岡駅歩12分	⑩個室室ⓌⒸⓆ 個室有、シャワー共用
タ カ オ 旅 館	40	120	Ⓑ58.3	Ⓑ51.7	Ⓑ45.1	286-6862	静岡駅車8分	⑩ⓌⓅⓆ 大型車料有 コインランドリー 合宿歓迎 静岡I.C5分
柳　家　旅　館	5	15	99~	66~	55	259-2109	用宗駅歩5分	⑩ⓅⓆ 用宗(もちむね)海水浴場目の前
古 民 家 柳 家	3	11	Ⓑ182~	Ⓑ148.5~	Ⓑ138	259-2109	用宗駅歩5分	⑩ⒷⓉ(s)ⓌⓅ
(清水周辺) map▶102ページ						(054)		
清水シティホテル	92	105	S79~	S67~	S58~	366-2266	清水駅目の前	ⒷⓉ(s)ⓌⓅⒸⓆ
東横INN静岡清水駅前			—	サービス	S70~	361-1045	清水駅歩5分	ⒷⓉ(s)ⓌⓅ予約制ⒸⓆ
旅　館　福　住	14	35	S80	S68	S57	366-0661	清水駅歩15分	⑩ⓌⓅ キレイな宿、長期向き、コインランドリー
旅　館　朝　富　士	10	25	77~	55	45	351-1324	清水駅東口歩15分	Ⓟ お客様に合わせて作るこだわりの手作り料理
ファミリーロッジ旅籠屋清水興津店	14	56	—	軽朝食	S49.5~	369-7858	興津駅1.1km	ⒷⓉ(s)ⓌⓅ EV車充電可
(富士周辺) map▶104ページ						(0545)		
スーパーホテルJR富士駅前禁煙館	62	125		サービス	S54~	65-9001	富士駅歩30秒	ⒷⓉ(s)ⓌⓅ 電話予約制 Ⓒ
富士グリーンホテル	40	60	レストラン	—	S55~	64-1900	富士駅歩1分	⑩ⒷⓉⓌⓅⒸⓆ
スーパーホテル天然温泉富士本館	88	177		サービス	S62~	65-9002	富士駅歩5分	ⒷⓉ(s)ⓌⓅ先着順 Ⓒ 天然温泉(男女入替制)
富士市B.H.ふるいや旅館	12	35	73~	56~	49~	61-0233	富士駅歩12分	⑩ⓌⓅⒸⓆ 大浴場
ホ テ ル 中 島	26	85	団体のみ	S60~	S55~	61-0297	富士駅歩12分	⑩ⒷⓉⓌⓅ ジェットバス、団体・長期歓迎
ふ じ み 旅 館	43	85	Ⓑ53~	Ⓑ40~	Ⓑ35~	51-1317	富士駅歩10分	⑩ⓌⓅⒸⓆ 光明石の湯、足湯、フリードリンク
ファミリーロッジ旅籠屋富士田子浦店	14	56	—	軽朝食	S49.5~	62-8858	富士I.C.6km	ⒷⓉ(s)ⓌⓅ コンビニ隣、EV車充電可
東横INN新富士駅南口			—	サービス	S65~	66-1045	新富士駅1分	ⒷⓉ(s)ⓌⓅ先着順 ⒸⓆ
Ｂ．Ｈ．新富士	108	120	S71.5	S60.5	S55	61-2230	新富士駅7分	ⒷⓉ タワー館・素泊 ⓌⓅⒸ 富士駅歩15分
Ｂ．Ｈ．アムス	52	70	※夕食12	朝食7	S46~51	61-8700	新富士駅7分	ⒷⓉ(s)ⓌⓅⒸⓆ ※要予約(平日のみ)
くれたけイン富士山	134	191	提携先	サービス	S70	52-5222	新富士駅車10分	ⒷⓉ(s)ⓌⓅ 大型車 大浴場・天然温泉 富士駅車10分

P103

三保の松原

清水駅からバス25分。約7kmの海岸線に3万本の松が茂り、三大松原のひとつに数えられる「三保の松原」。波打ち際から望む駿河湾越しの富士山や伊豆半島の眺めが美しい景勝地で、万葉集や歌川広重の浮世絵「東海道五十三次」にも登場している。2013年、ユネスコの富士山の世界文化遺産登録の構成資産にも認められ、同じく世界文化遺産の「御穂神社」や天女が舞い降りた羽衣伝説に登場する「羽衣の松」もある。静岡市三保松原創造センター「みほしるべ」では、関連する数多くの芸術作品等の様々な企画展を実施している。
☎054-340-2100　https://miho-no-matsubara.jp/

【ひとくちメモ】　東海道の宿場町「由比宿」の本陣跡地・由比本陣公園内にある江戸時代の浮世絵師・歌川広重(1797-1858)の名を日本で初めて冠した「静岡市東海道広重美術館」。広重の代表的な東海道シリーズ「東海道五拾三次之内」(保永堂版東海道)の他、晩年の傑作「名所江戸百景」など、風景版画の揃物の名品を中心に約1,400点収蔵。版画制作体験も実施。由比駅から車5分。開館:9~17時(月曜・年末年始休館)。入館料:一般520円、大学生・高校生310円、中学生・小学生130円。☎054-375-4454 https://tokaido-hiroshige.jp

宿泊料金は基本的に「**1名分**,消費税10%込み」表示(単位:百円) ※宿泊税別 / ⓶→1室2名利用 / ⓷→1室3名利用 / ⓸→1室4名以上利用 / B.H.→ビジネスホテル / P.→ペンション / Y.H.→ユースホステル / Y.G.H.→ユースゲストハウス / ⓨ→YH会員料金 / ㊦→相部屋=ドミトリー / S→シングルルーム / 地→地下鉄 / 男→男性専用 / 女→女性専用 / 全→全室和室 / 和→和室有(全室ではない) 〈→右へ〉

…《静岡》…

★お申し込み時「全国安い宿情報を見た」と言ってね!

中部

お得情報は187ページを見てね!

名称	室数	定員	1名分宿泊料金(単位:百円)			電話	交通	特徴・備考
			2食付	朝食付	素泊			
(富士周辺) map▶104ページ						**(0545)**		
スーパーホテル富士インター	91	124	—	サービス	S58~	52-9000	新富士駅車10分	BT(S)WPC 天然温泉大浴場
鯛屋旅館	20	40	55.5~	45~	34.5~	52-0012	新富士駅バス15分	和WP かみつれの湯、ボリュームの家庭料理
B.H.おかむら	10	20	71.5	58.3	49.5	31-1711	吉原駅歩1分	和P 長期割引
(富士宮周辺) map▶104ページ						**(0544)**		
富士宮グリーンホテル	40	60	—	—	S55~	23-1919	富士宮駅歩2分	BTWP 先着順 CQ
キャビンハウスヤド富士宮店	95	95	—	—	38~	23-4180	富士宮駅歩4分	WP 先着順 CQ キャビン式、共同シャワー、ラウンジ
旅館ほし山	10	60	※74.8~	※60.5~	※51.7~	26-3608	富士宮駅歩20分	WPQ 家族風呂付有 ※団体のみ・3営付有
民宿旅館明石	14	45	84.7	63.8	40	58-3755	富士宮駅歩15分	和P 光明石温泉
せと	13	20	—	—	55~	58-1806	富士宮駅バス7分	和P ヘルストン活性石温泉、富士山一望
西の家	30	150	70~	63~	55~	54-0277	富士宮駅バス25分	WP 女 Q 日本芝サッカー場、フットサル
丸石旅館	5	30	⓶66	⓶55	⓶44	27-2359	西富士宮駅歩5分	WP 商店街に位置
(沼津・三島・裾野周辺)						**(055)**		
東横INN富士山沼津駅北口2	142	150	—	サービス	S70~	926-1044	沼津駅歩2分	BT(S)WP 先着順 CQ
東横INN富士山沼津駅北口1	97	112	—	サービス	S73~	924-1045	沼津駅歩2分	BT(S)WP 先着順 CQ
すいほう園	21	50	⓶93~	⓶69~	⓶57~	963-1907	沼津駅車10分	和BTWPCQ 沼津港へ車2分
東横INN富士山三島駅	365	504	—	サービス	S78~	980-1045	三島北口駅1分	BT(S)WP 先着順 CQ 沼津I.C.30分
旅館山月	15	45	⓶55~	⓶44~	—	975-1151	三島広小路駅歩2分	和WPQ
ホテルルートイン長泉沼津インター第2	88	120	—	サービス	S70~	999-1141	長泉なめり駅歩13分	BT(S)WPCQ 三島駅15分、大浴場
ホテルルートイン長泉沼津インター第1	108	210	※レストラン	サービス	S71~	999-1131	長泉なめり駅歩15分	BT(S)WP 先着順 CQ 三島駅15分、大浴場、朝食無料
裾野セントラルホテル寿々木	34	45	長期のみ	S62.7~	S56.43~	992-0283	裾野駅歩1分	BT(S)WP 26台先着無料 和 CQ
(御殿場周辺) map▶104ページ						**(0550)**		
東横INN御殿場駅前			—	サービス	S82~	70-1045	御殿場歩1分	BT(S)WP 先着順 CQ
姫路荘	17	60	60.5~	49.5~	44~	83-7305	御殿場駅歩5分	和WP 大浴場、ビジネス向き、御殿場I.C.5分
スーパーホテル御殿場1号館	100	200	—	サービス	S56~	84-9000	御殿場駅車5分	BT(S)WPC 天然温泉(男女替制)
スーパーホテル御殿場2号館	102	205	—	サービス	S58~	83-9002	御殿場駅車5分	BT(S)WPC 天然温泉(男女替制)
東山荘	100	468	78.65~	58.3~	48.4~	83-1133	御殿場駅車10分	BTWPQ 洋室主体、大浴場
富士本屋旅館	10	25	—	—	55	89-2062	御殿場駅車10分	和WPQ
(熱海周辺) map▶104ページ						**(0557)**		
みやこ荘	10	50	89.5~	62	51	68-2385	伊豆多賀駅歩10分	和WP 温泉(屋上展望風呂、24h可)
マリンスター「Part II」	7	25	99~	66~	55~	68-2400	伊豆多賀駅歩5分	WPQ 温泉近く
東横INN熱海駅前	156	190	—	サービス	S83~	86-1045	熱海駅歩4分	BT(S)WP 先着順 CQ
旅荘天城	11	30	—	—	⓶60~	81-2221	熱海駅バス7分	和BT(S)WP 貸切温泉
熱海ホテルパイプのけむり	100	230	⓶89.9~	⓶78.9~	⓶73.4~	86-1777	熱海駅車10分	BT(S)WPC 天然温泉(入湯税別)
四季倶楽部 熱海望洋館	14	50	夕食33~	朝食11	⓶57.5~	050-3310-5930	熱海駅車5分	和WP 天然温泉大浴場(入湯税別)
四季倶楽部 シオン熱海	7	32	夕食33~	朝食11	⓶57.5~	050-3310-5930	熱海駅バス15分	和WP 天然温泉大浴場(入湯税別)
四季倶楽部 熱海青青荘	6	30	夕食33~	朝食11	⓶57.5~	050-3310-5930	熱海駅バス20分	和T(S)WP(要予約) 天然温泉大浴場(入湯税別)

Map

富士周辺	富士宮周辺	御殿場周辺	熱海周辺

【ひとくちメモ】 約4000年前に大室山が噴火した時に流れ出した溶岩によってできた「城ヶ崎海岸」。全長約9kmのピクニカルコースと自然研究路を散策するのがおすすめ。特に全長48m、高さ約23mの「門脇つり橋」はスリル満点の絶景スポットで、360°のパノラマ風景が楽しめる「門脇埼灯台」の展望台からは伊豆七島や天城連山を望むことができる。6月にアジサイ、7月にはハマカンゾウやスカシユリ、秋にはイソギクやツワブキなどの可愛い花々が楽しめる。伊豆急城ヶ崎海岸駅から徒歩約30分。伊豆観光協会☎0557-37-6108 https://www.itospa.com/

〈→つづき〉　Ⓑ→全室バス付／Ⓑ→一部バス付／Ⓣ→全室トイレ付／Ⓣ⒮→全室シャワートイレ＝ウォシュレット付／Ⓣ→一部トイレ付／
Ⓦ→全室Wi-Fi可／Ⓦ→一部Wi-Fi可／Ⓟ→有料駐車場／Ⓟ→無料駐車場／送→送迎有／身→身体障害者への対応可[要問]／
Ⓒ→一部クレジットカード決済可／Ⓠ→paypay等の一部QR決済可／24h→24時間／特記事項は"※"印、又は"（ ）"括弧書きにて説明

名　称	室数	定員	1名分宿泊料金（単位/百円）			電話	交通	特徴・備考
			2食付	朝食付	素泊			
（伊東周辺）						（0557）		
伊東ステーションホテル	29	36	—	—	S59	37-2233	伊東駅歩1分	ⒷⓉⓌⓅ ビジネス向き
貸別荘赤とうがらし	1棟	30	自炊可	自炊可	※送33～	090-6195-6076	伊東駅車10分	Ⓟ※平日1棟10名利用時のみ1名分、4LDK庭付一戸建
民営国民宿舎 井原の庄	17	60	Ⓣ118.8～	Ⓣ88～	Ⓣ77～	45-1100	南伊東駅車15分	ⒷⓉⓌⓅ全室観光、1万坪の庭、ベット可条件有
（伊豆半島東部） map▶105ページ						（0557）		
城ケ崎オレンジ村	9棟	56	自炊可	自炊可	※45～95	51-7800	城ケ崎海岸駅歩15分	ⓌⓅⒸⓆ 定員利用時は貸別荘タイプ、各室に温泉
Ｐ.ウェーブイン	8	22	Ⓣ110～	Ⓣ77～	Ⓣ66～	54-3999	伊豆高原駅車4分	ⓌⓅⒸⓆ体に優しい和食膳
青い風ガーデン	6	15	Ⓣ104～	Ⓣ81～	Ⓣ65～	51-3785	伊豆高原駅車6分	ⓌⓅ オープンガーデン、天然酵母の手作りパン
小さなホテル檸檬樹	6	12	89.8～	朝食20	40～	51-6821	伊豆高原駅車6分	ⒷⓉⓌⓅ天然温泉(露天)入湯税別、レモン農園、エステ
プチホテルノース・イン	8	28	106～	67.5～	—	51-2131	伊豆高原駅車10分	ⓅⒸⓆ天然温泉(24h)、露天、貸切可
民営国民宿舎 伊豆熱川荘	30	120	84～	70.8～	56.5～	23-2191	伊豆熱川駅歩1分	ⓉⓌⓅⒸⓆ かけ流し天然温泉大浴場
Ｐ.エルブルズ	7	20	120～			23-4833	片瀬白田駅車20分	Ⓟ イタリアンコース料理と貸切露天風呂
（下田・南伊豆周辺） map▶105ページ						（0558）		
民宿長三丸	13	40	72.5～	50～55	40～45	23-3430	伊豆急下田バス10分	Ⓟ24h風呂、海へ歩8分
海の見える小さなホテルアリエッタ	7	15	130～	68～	58～	27-3008	伊豆急下田バス10分	ⓌⓅⓆ展望ラウンジ、オーシャンビュー、白浜海岸車3分
民宿あしいら	9	30	Ⓣ88～	Ⓣ66～	Ⓣ55～	22-3516	伊豆急下田バス10分	ⒷⓉⓌⓅⓆ温泉(入湯税別)、白浜海岸車3分
白浜マリーナ	3	12	—	—	35.2～	22-6002	伊豆急下田バス10分	ⓌⓅ(海水浴/台所付)ⒸⓆ24h風呂、海目の前、サーフショップカフェ
Ｐ.多々戸浜	10	30	—	66～	55～	22-3144	伊豆急下田バス15分	ⓌⓅⒸⓆ 露天風呂、海目の前
温泉民宿西條	7	30	—	—	40	62-1090	伊豆急下田駅車15分	Ⓟ(南向き) Ⓦ 天然温泉(岩風呂)、海へ歩5分
晴レ屋	5	25	123～	83～	69～	27-3007	伊豆急下田駅車8分	ⓉⓌⓅⒸⓆ かけ流し天然温泉(入湯税別)、ベット可
温泉民宿南伊豆	6	18	95.3～	76.3	68.3	62-3570	伊豆急下田バス20分	ⓉⓌⓅⓆ 天然温泉(露天)有、カップルプラン等有
紺屋荘（こうやそう）	11	30	89.5～	73～	51	62-0368	伊豆急下田バス20分	ⓉⓌⓅⓆ 温泉、露天有、貸切露天風呂(無)、海へ歩5分
休暇村南伊豆	76	232	Ⓣ155～	Ⓣ125～	Ⓣ115～	62-0535	伊豆急下田バス25分	ⓌⓅⒸ 温泉(入湯税別)
ゲストハウス403	4	10	—	—	S35～	34-1223	河津駅歩15分	Ⓦ和 シャワーのみ
ファミリーホテルアリスの部屋	10	23	—	—	49.5～	32-1105	河津駅車5分	ⒷⓉ Ⓣ⒮Ⓟ 体感型動物園izoo目の前
天城温泉禅の湯	12	47	118～	108～	98～	35-7253	河津駅バス15分	ⓌⓅⓆ天然温泉(露天)入湯税別、創作料理、「禅」がテーマ
民宿わたや	8	35	88	66	—	32-1055	今井浜海岸駅車5分	ⒷⓌⓅⓆ温泉(露天)有・入湯税別、新鮮な魚介類の食事
（修善寺〜西伊豆周辺）						（0558）		
天城ベニ屋	5	20	Ⓣ99	Ⓣ78	Ⓣ55	85-0121	修善寺駅バス25分	和Ⓟ源泉(24h可・部屋ごと貸切・入湯税別)
土肥温泉民宿山仙	4	8	82.5～	55～	44～	98-0115	修善寺駅バス50分	ⒷⓌⓅ天然温泉(入湯税別)
Ｐ.マリンメイツ	10	25	100～160	65～100	55～90	99-0691	修善寺駅バス70分	ⒷⓉⓌⓅ人工温泉(露天又有)、恋人岬車5分
まきば	6	20	Ⓣ108～	Ⓣ66	Ⓣ62	55-0622	修善寺駅バス77分	ⓌⓅⒸⓆ天然温泉、2食以上(有連約)時、黄金崎5分
町営やまびこ荘	10	93	64.2～	48.8～	40～	58-7153	伊豆急下田駅バス90分	Ⓟ 廃校の校舎を利用、温泉プール、入湯税別、西伊豆町
（伊豆半島西部・松崎町）						（0558）		
橋場荘	8	26	89.3	61.8	45.3	45-0059	伊豆急下田駅バス40分	ⒷⓌⓅⓆ天然温泉、公営露天風呂近く(4～10月)、石廊海岸前
温泉民宿半右衛門	7	35	100	66	50	45-0255	伊豆急下田駅バス60分	ⒷⓌⓅ 雲見温泉(岩風呂)有、露天入湯税別
雲見温泉民宿かごや	6	15	82.5～	49.5～	38.5～	45-0241	蓮台寺駅バス60分	ⒷⓌⓅⒸ 雲見温泉(入湯税別)、手作り磯料理

【ひとくちメモ】 国指定史跡の了仙寺には、黒船来航を日本人が描いた絵巻物や肉筆画、錦絵やかわら版、長崎や横浜の南蛮人・異国人の絵、海外で出版・作成された日本についての版画や肉筆画・古地図など約3000点を超える黒船・開国コレクションを所蔵していることから、境内に「Mobs（モッブス）黒船ミュージアム」を併設。テレビや教科書で見てきた今までの黒船・開国の常識がひっくり返る内容ばかり。伊豆急下田駅から徒歩10分。開館：9時〜16時。入館料：大人500円、小中高生250円、シニア400円。☎0558-22-2805　http://www.mobskurofune.com/

縦書き右欄：
《静岡》… ★お申し込み時「全国安い宿情報を見た」と言ってね！

中部 お得情報は187ページを見てね！

★お申し込み時「全国安い宿情報を見た」と言ってね！

中部

お得情報は187ページを見てね！

P106

宿泊料金は基本的に「**1名分、消費税10％込み**」表示(単位:百円) ※宿泊税別／ⓑ→1室2名利用／ⓒ→1室3名利用／ⓓ→1室4名以上利用／B.H.→ビジネスホテル／P.→ペンション／Y.H.→ユースホステル／Y.G.H.→ユースゲストハウス／ⓥ→YH会員料金／ⓡ→相部屋=ドミトリー／S→シングルルーム／ⓢ→地下鉄／ⓜ→男性専用／ⓕ→女性専用／ⓣ→全室和室／ⓦ→和室有(全室ではない)　〈→右へ〉

名　称	室数	定員	1名分宿泊料金(単位:百円)			電話	交通	特徴・備考
			2食付	朝食付	素泊			
(焼津周辺) map▶105ページ						(054)		
くれたけイン焼津駅前	117	131	S79～	サービス	S66	620-0011	焼津駅歩0分	ⒷⓉⓈⓌℙⒸ 大浴場
ホテルシーラックパル焼津	108	125	—	サービス	S64.9	620-5586	焼津駅南口歩3分	ⒷⓉⓈⓌℙ(60分先着順)ⒸQ コンビニ近く
ウィークリー翔焼津	54	70	自炊可	自炊可	S31～	620-6055	焼津駅歩4分	ⒷⓉⓌℙ 予約制 キッチン付、コインランドリー
ホテルルートイン焼津インター	135	171	※レストラン	サービス	S66～	671-0001	焼津駅車6分	ⒷⓉⓈⓌℙ(先着順)ⒸQ 大浴場、※日祝休
ホテルNANVAN焼津	154	176	予約制	サービス	S75～	628-8835	焼津駅車7分	ⒷⓉⓈⓌℙⒸQ お得なネットプラン有
西焼津セントラルホテル	98	102		サービス	※S47	626-2222	西焼津駅歩8分	ⒷⓉⓈⓌℙ 大型専約可ⒸQ ※現金払い
(藤枝周辺) map▶105ページ						(054)		
旅館つきじ	27	50	69.3～	58.3～	52.8～	641-8509	藤枝駅車7分	ⓦⒶⓌℙ 西焼津駅車5分
東横INN静岡藤枝駅北口	119	140	—	サービス	S68～	647-2045	藤枝駅歩1分	ⒷⓉⓈⓌℙ(先着順)ⒸQ
フジエダオガワホテル	32	45	—	—	S55	643-1070	藤枝駅歩6分	ⒷⓉⓈⓌℙⒸQ お茶無料
ホテルルートイン藤枝駅北	153	175	※レストラン	サービス	S74～	645-8000	藤枝駅歩7分	ⒷⓉⓈⓌℙ(先着順)ⒸQ 大浴場、※日祝休
藤枝シティホテル	15	15	4名以上	朝食10	S50～	641-0066	藤枝駅車5分	ⒷⓉⓈⓌℙ セミダブルベッド、全館禁煙
ホテル富岡屋	13	60	72～	67～	60～	641-8771	藤枝駅車5分	ⓦⒷⓉⓌℙ(大型車有)ⒸQ 宴会場、合宿可
B.H.翠峰	10	35	S74.8～	S58.3～	S49.5～	622-0028	藤枝駅車10分	ⓦⒷⓉℙ 長期可、コインランドリー、日替わり料理
(奥大井周辺)						(0547)		
民宿奥大井	8	25	82.5～	66～	55～	59-3669	千頭駅バス10分	ⓦⒶⓌℙ 温泉めぐり、トロッコ列車の旅
福住館	5	20	84～	67.5	56.5	59-2027	千頭駅目の前	ⓦℙQ 天然温泉、木造
ウッドハウスおろくぼ	8	40	98～	71.5～	60.5～	56-1100	田野口駅車20分	ⓌℙⒸQ ログ風呂付、天文台(要予約)週末のみ)
						(054)		
中野屋	2	20	80～	70	60	260-2138	井川駅車5分	ⓦℙ 囲炉裏
旅館峯屋	8	15	75	60	55	260-2048	井川駅車8分	ⓦℙ ビジネス向き(3食付有)
(島田周辺) map▶107ページ						(0547)		
エコホテルラクーネしまだ	52	64	—	—	S48.4	34-0011	島田駅歩5分	ⒷⓉⓈⓌℙ(先着順)ⒸQ 大浴場
ホテル1-2-3島田	65	105	—	サービス	S58	34-0123	島田駅歩7分	ⒷⓉⓈⓌℙ(大型車有)ⒸQ 禁煙ルーム有
大和屋旅館	15	25	55～60	45～50	40～45	36-5147	島田駅歩8分	ⒷⓉⓌℙ 大浴場、ビジネス向き
ホテルルートイン島田駅前	154	196	—	サービス	S70.5～	37-0055	島田駅歩8分	ⒷⓉⓈⓌℙ(先着順)ⒸQ 大浴場、会議室
ホテルルートイン島田吉田インター	119	152	※レストラン	サービス	S69～	38-3011	島田駅車15分	ⒷⓉⓈⓌℙ(先着順)ⒸQ 大浴場、吉田I.C.1分 ※日祝休
スマイルホテル静岡吉田インター	80	170		朝食9	S59～	34-5667	島田駅車17分	ⒷⓉⓈⓌℙ(70分先着順) 吉田I.C.1分
スカイP.どうだん	4	24	132～	88～	55～	35-1107	島田駅車30分	ⓌℙQ どうだん原・智満寺へ歩15分
ますだ家	45	70	68.2～	51.7～	40.7～	38-0014	六合駅車12分	ⒷⓉⓌℙⒸQ 大浴場、吉田I.C.2.5km
						(0548)		
ファミリーロッヂ旅籠屋静岡牧之原店	12	48		軽朝食	ⓓ49.5～	22-8858	吉田I.C.4.5km	ⒷⓉⓈⓌℙ 国道150号沿い

〈→つづき〉 Ⓑ→全室バス付／Ⓑ→一部バス付／Ⓣ→全室トイレ付／Ⓣs→全室シャワートイレ＝ウォシュレット付／Ⓣ→一部ト・イレ付／
Ⓦ→全室Wi-Fi可／Ⓦ→一部Wi-Fi可／Ⓟ→有料駐車場／Ⓟ→無料駐車場／送→送迎有／障→身体障害者への対応可(要問)／
Ⓒ→一部クレジットカード決済可／Ⓠ→paypay等の一部QR決済可／24h→24時間／特記事項は※"印、又は( )括弧書きにて説明

名称	室数	定員	2食付	朝食付	素泊	電話	交通	特徴・備考
(菊川周辺)						(0537)		
くれたけイン菊川インター	134	143	S75～	サービス	S62～	35-1711	菊川駅車5分	ⒷⓉsⓌⓅ 大型予約 ⒸⓆ大浴場・露天、菊川I.C.0分
ホテルルートイン菊川インター	126	147	※レストラン	サービス	S66～	37-0800	菊川駅車5分	ⒷⓉsⓌⓅ先着順 ⒸⓆ大浴場、※日祝休
(御前崎周辺) map▶107ページ						(0548)		
思い出のP.クロワッサン	5	18	130～	—	—	63-5656	静岡駅バス75分	ⓌⓅ パン作り体験(要予約)、灯台近く
岬の宿八潮	14	55	110～	66～	55～	63-4282	静岡駅バス120分	和ⓌⓅ大浴場、灯台近く、眺望良い
お宿中西	10	40	95～	50～	44～	63-2020	掛川駅バス40分	和ⓌⓅⒸⓆ 歯科医自慢、海へ1分、灯台近く
ビジネス宿セピア	28	35	68.2～	60.5～	55～	63-6188	掛川駅バス50分	和ⒷⓉⓌⓅⓆ 御前崎I.C.一車10分、ボリュームある食事
はまえんどう	13	50	80～	60～	44～	63-3038	御前崎駅バス60分	和ⓌⓅ 御前崎海水浴場歩5分
						(0537)		
ホテルルートイン御前崎	135	170	※レストラン	サービス	S70～	85-0511	菊川駅車30分	ⒷⓉsⓌⓅ先着順 ⒸⓆ大浴場、御前崎20分 ※日祝休
くれたけイン御前崎	133	138	—	サービス	S65	85-1211	菊川駅車40分	ⒷⓉsⓌⓅⒸⓆ 露天風呂
(掛川周辺) map▶107ページ						(0537)		
くれたけイン掛川	124	128	—	サービス	S62	61-1311	掛川駅歩1分	ⒷⓉsⓌⓅ先着順 Ⓒ
スマイルホテル掛川	68	161	—	朝食6	S36～	61-1188	掛川駅南口歩2分	ⒷⓉⓌⓅ要電話予約
東横INN掛川駅新幹線南口	130	150	—	サービス	S65～	22-1045	掛川駅歩3分	ⒷⓉsⓌⓅ先着順 ⒸⓆ静岡空港から車45分
ロイヤルイン掛川	55	80	—	朝食5	S38～	23-6006	掛川駅歩4分	ⒷⓉsⓌⓅⒸⓆ
ホテルルートイン掛川インター	190	114	—	サービス	S68.5～	62-6511	掛川駅車3分	ⒷⓉsⓌⓅ先着順 ⒸⓆ大浴場
橋場屋	15	70	Ⓣ71.5～	Ⓣ49.5～	Ⓣ44～	72-2667	掛川駅車25分	和ⓌⓅ 大浴場、学生合宿歓迎
八百甚	7	35	72.6～	54.45	44	48-2008	袋井駅バス20分	和ⓌⓅ 岩風呂、割烹料理
金木屋	13	30	66	55	49.5	48-2121	袋井駅バス20分	和ⓉⓌⓅⒸⓆ ビジネス向き
ファミリーロッジ旅籠屋袋井店	14	56	—	軽朝食	Ⓣ49.5～	45-1858	袋井駅車25分	ⒷⓉsⓌⓅ 袋井I.C.2.2km
(磐田周辺)						(0538)		
くれたけインいわた	112	134	S70	サービス	S63	39-1155	磐田駅隣接	ⒷⓉsⓌⓅⒸ
ホテルルートイン磐田インター	225	293	※レストラン	サービス	S69～	39-1000	磐田駅車15分	ⒷⓉsⓌⓅ先着順 ⒸⓆ大浴場、※日祝休
(浜松・浜名湖周辺) map▶107ページ						(053)		
浜松ステーションホテル	62	70	—	サービス	S62～	456-4002	浜松駅歩1分	ⒷⓉsⓌⓅ提携 ⒸⓆ
かじまちの湯SPA SOLANI	100	100	—	サービス	30～	451-3433	新浜松駅歩4分	男女利用カプセルⓌⒸⓆ 温浴施設(大浴場)
東横INN浜松駅北口	155	182	—	サービス	S67～	457-1045	浜松駅歩5分	ⒷⓉsⓌⓅ 立体駐車場・先着順
ホテリブマックスBUDGET浜松駅前	80	212	—	—	70～	455-0118	浜松駅歩5分	ⒷⓉsⓌⓅ VOD、ミニキッチン、電子レンジ
くれたけインアクト浜松	158	165	—	サービス	S65～	459-1511	浜松駅北口歩6分	ⒷⓉsⓌⓅⒸ
ホテルルートイン浜松駅東	150	165	—	サービス	S60～	413-1711	浜松駅歩10分	ⒷⓉsⓌⓅ先着順 大浴場
ホテルレオン浜松	144	200	—	※朝食8	S50～	455-3131	浜松駅歩10分	ⒷⓉsⓌⓅⒸⓆ ※バイキング
くれたけイン・セントラル浜松	116	128	—	サービス	S63～	454-1211	浜松駅北口歩10分	ⒷⓉsⓌⓅⒸ
ホテルシャローム	31	80	—	—	S44～	441-3477	浜松駅車20分	ⒷⓉⓌⓅⒸⓆ 中田島砂丘近く
くれたけイン浜松西インター	129	225	—	サービス	S70	438-1511	浜松駅北口車30分	ⒷⓉsⓌⓅⒸ
民宿松一	7	35	要問	要問	Ⓣ65	487-1414	浜松駅バス35分	和ⓌⓅ 魚料理中心
国民宿舎奥浜名湖	28	100	Ⓣ124～	Ⓣ71.5～	—	522-1115	気賀駅車5分	和ⒷⓉⓌⓅⒸⓆ 展望温泉、浜名湖を望む高台に位置
ファミリーロッジ旅籠屋浜名湖店	15	60	—	軽朝食	Ⓣ49.5～	594-8828	浜松西I.C.17km	ⒷⓉsⓌⓅ 国道1号沿い、新居町駅1km

107 …《静岡》… ★お申し込み時「全国安い宿情報を見た」と言ってね！

中部

お得情報は187ページを見てね！

Map

島田周辺	御前崎周辺	掛川周辺	浜松周辺

【ひとくちメモ】　日本唯一の公立楽器博物館として1995年に設立された「浜松市楽器博物館」。日本、アメリカ、アジア、アフリカ、ヨーロッパなどの世界の楽器約1,500点を地域別、種類別、年代別に展示。ガラスケースを使わない露出展示で、楽器の音を聞けるヘッドフォンを70台余り設置している。映像とともに楽器の音色を聴いたり、珍しい楽器の演奏体験もできる。JR浜松駅北口より徒歩10分。9:30～17:00（毎月第2・4水曜・年末年始休）。観覧料：大人800円、高校生400円。☎053-451-1128　https://www.gakkihaku.jp/

《静岡・愛知》

★お申し込み時「全国安い宿情報を見た」と言ってね！

中部

お得情報は187ページを見てね！

宿泊料金は基本的に「**1名分**、消費税10％込み」表示(単位:百円) ※宿泊税別／⓶→1室2名利用／⓷→1室3名利用／⓸→1室4名以上利用／B.H.→ビジネスホテル／P.→ペンション／Y.H.→ユースホステル／Y.G.H.→ユースゲストハウス／㊟→YH会員料金／㊸→相部屋=ドミトリー／S→シングルルーム／㊦→地下鉄／㊚→男性専用／㊛→女性専用／㊨→全室和室／㊗→和室有(全室ではない) 〈→右へ〉

名　称	室数	定員	1名分宿泊料金(単位:百円)			電話	交通	特徴・備考
			2食付	朝食付	素泊			
(浜松・浜名湖周辺) map▶107ページ						(053)		
くれたけイン浜名湖	125	139	—	サービス	S62〜	575-1151	鷲津駅歩0分	ⓑⓣⓢⓦⓟⓒ
ホテルNANVAN浜名湖	126	143	—	サービス	S69〜	576-6666	鷲津駅歩2分	ⓑⓣⓢⓦⓟⓒⓠ6千冊のマンガ
ホテルルートイン浜名湖	207	260	居酒屋	サービス	S75〜	574-0700	鷲津駅歩20分	ⓑⓣⓢⓦⓟⓒⓠ大浴場、三ヶ日I.C.20分

◇愛　知◇

名　称	室数	定員	2食付	朝食付	素泊	電話	交通	特徴・備考
(名古屋周辺) map▶109ページ						(052)		
名古屋学生青年センター	5	30	—	—	S44〜	781-0165	㊦名古屋大学駅1番出口歩5分	㊨ⓟコンビニ近く、名大南門向かい
旅館魚鍵	13	35	—	39〜53		881-1175	名鉄金山駅車10分	㊨ⓦⓟⓒ24h人工温泉
名古屋フラワーホテル	148	170	—	—	S66〜	451-2222	名古屋歩1分	ⓑⓣⓢⓦⓟⓒ禁煙ルーム
ナインアワーズ名古屋駅	156	156	—	—	31〜	050-1807-3340	名古屋駅歩2分	男女利用カプセルⓦカフェ
東横INN名古屋駅新幹線口	161	220	—	サービス	S82〜	856-1045	名古屋駅歩3分	ⓑⓢⓦⓟ先着順ⓒⓠ
スマイルホテル名古屋新幹線口	117	126	—	朝食11	S60〜	452-3355	名古屋駅歩3分	ⓑⓣⓢⓦⓟ提携ITコーナー、コンビニ歩1分
チサンイン名古屋	375	425	—	朝食13.75	S65〜	452-3211	名古屋駅歩4分	ⓑⓣⓢⓦⓟⓒ禁煙ルーム
和風ホテル一富久	19	52	—	—	50〜	452-0129	名古屋駅歩4分	㊨ⓑⓣⓦⓒ岩風呂
B.H.第1スターナゴヤ	72	81	—	サービス	S58.8〜	452-0111	名古屋駅歩3分	ⓑⓣⓢⓦⓟ禁煙ルーム、24h営業
B.H.第2スターナゴヤ	112	134	—	サービス	S57.8〜	452-0022	名古屋駅歩5分	ⓑⓣⓢⓦⓟ24h営業
B.H.第3スターナゴヤ	96	102	—	サービス	S46〜60	452-0033	名古屋駅歩5分	ⓑⓣⓦレディースルーム・禁煙ルーム
東横INN名古屋駅桜通口本館	102	114	—	サービス	S77〜	571-1045	名古屋駅桜通口歩5分	ⓑⓣⓢⓦⓟ提携ⓒⓠ
スーパーホテル名古屋天然温泉新幹線口	110	223	—	サービス	S75〜	558-9000	名古屋駅歩7分	ⓑⓣⓢⓦⓒ
スーパーホテルPremier名古屋天然温泉駅桜通口	119	318	—	朝食14	S58〜	561-9001	名古屋駅歩8分	ⓑⓣⓢⓦ
スーパーホテル名古屋駅前	139	220	—	サービス	S55〜	451-9000	名古屋駅歩7分	ⓑⓣⓢⓦⓟⓒ
ホテルパレス名古屋	103	117	—	—	S66〜	452-7000	名古屋駅歩12分	ⓑⓣⓦⓟⓒ大きめベッド
東横INN名古屋駅南			—	サービス	S73〜	583-1045	名古屋駅歩12分	ⓑⓢⓦⓟ先着順ⓒⓠ
東横INN名古屋駅丸の内	236	250	—	サービス	S72〜	223-1045	㊦丸の内8番出口歩2分	ⓑⓢⓦⓟ先着順ⓒⓠ
アイリス愛知	72	100	レストラン	要問	※S79〜	223-3751	㊦桜通線丸の内駅4番出口歩8分	㊨ⓑⓣⓢⓦⓟⓒ ※割引プラン有
伏見モンブランホテル	145	164	レストラン	朝食9	S98〜	232-1121	㊦伏見駅歩2分	ⓑⓣⓢⓦⓒⓠ
ハミルトンホテルブラック	88	176	—	サービス	S50〜	231-8310	㊦伏見駅歩3分	ⓑⓣⓢⓦⓟ(提携)ⓒ
名古屋ニューローレンホテル	116	200	—	—	S46〜	211-4581	㊦伏見駅歩5分	ⓑⓣⓦ
R&B名古屋錦	204	204	—	朝食5	S46〜	973-1717	㊦久屋大通駅歩3分	ⓑⓣⓢⓦ
東横INN名古屋錦	97	113	—	サービス	S75〜	953-1045	㊦久屋大通駅歩4分	ⓑⓣⓢⓦⓟ提携ⓒⓠ㊦栄駅歩8分
R&B名古屋栄東	205	205	—	朝食5	S52〜	259-2121	㊦栄駅12番出口歩2分	ⓑⓣⓢⓦ
ホテルランドマーク名古屋	144	180	—	S61.6〜	S57.1〜	962-0009	㊦栄駅1番出口歩3分	ⓑⓣⓢⓦⓟ提携ⓒ
安心お宿名古屋栄店	333	333	ご飯サービス	ご飯サービス	56.8〜	03-6633-2952	㊦栄駅8番出口歩3分	男カプセルⓦⓒⓠジェットバス、ドライサウナ
ザ・ビー名古屋	219	284	—	朝食13.2	S45〜	241-1500	㊦栄駅13番出口歩3分	ⓑⓣⓢⓦⓟⓒ1Fカフェ、全館禁煙
スマイルホテル名古屋栄	142	284	—	朝食10	S44〜	265-5231	㊦栄駅13番出口歩5分	ⓑⓣⓢⓦⓟ提携ITコーナー、コンビニ歩1分
ホテルルートイン名古屋栄	362	429	—	サービス	S59.5〜	259-7300	㊦栄駅12番出口歩3分	ⓑⓣⓢⓦⓟ先着順大浴場
東横INN名古屋栄	308	402	—	サービス	S72〜	934-1045	㊦新栄町駅歩6分	ⓑⓢⓦⓟ先着順ⓒⓠ
ホテルルートイン名古屋今池駅前	262	352	—	サービス	S75〜	745-3211	㊦今池駅12番出口歩1分	ⓑⓣⓢⓦⓟ先着順ⓒⓠ大浴場
あやまちゲストハウス	11	27	共用キッチン	共用キッチン	39.8〜	768-7256	㊦ナゴヤドーム前矢田駅歩15分	㊸ⓦ個室有、女性安心、名古屋駅バス30分

【ひとくちメモ】 徳川家康の遺品を中心に、尾張徳川家初代義直(家康九男)以下代々の遺愛品、いわゆる大名道具1万件余りを収める「徳川美術館」。国宝「源氏物語絵巻」「千代姫婚礼調度」「豊国祭礼図屏風」をはじめ、絵画、陶磁、刀剣、甲冑9件、国宝9件、重要文化財59件など、種類の豊富さ、質の高さ、保存状態の良さを誇る。本館は国の有形文化財に登録されている。大曽根駅から徒歩10分。10時〜17時(月曜休館)。観覧料:一般1,600円、高・大生800円、小・中学生500円。☎052-935-6262　https://www.tokugawa-art-museum.jp/

凡例：（→つづき）Ⓑ→全室バス付／Ⓑ→一部バス付／Ⓣ→全室トイレ付／Ⓣs→全室シャワートイレ＝ウォシュレット付／Ⓣ→一部トイレ付／Ⓦ→全室Wi-Fi可／Ⓦ→一部Wi-Fi可／Ⓟ→有料駐車場／Ⓟ→無料駐車場／送→送迎有／身体障害者への対応可（要問）／Ⓒ→一部クレジットカード決済可／Ⓠ→paypay等の一部QR決済可／24h→24時間／特記事項は※印、又は（　）括弧書きにて説明

名称	室数	定員	2食付	朝食付	素泊	電話	交通	特徴・備考
（名古屋周辺）map▶109ページ						(052)		
ナゴヤゲストハウス音速別荘	10	30	自炊可	自炊可	30、45〜	080-6969-6726	地大須観音駅歩8分	相ⓌⒸⓆ個室有、シャワーのみ
名龍	22	60	ⓑ71.5〜	ⓑ55〜	ⓑ49.5〜	331-8686	地上前津駅歩3分	和ⓌⓅⒸⓆ24h風呂
ホテルルートイン名古屋東別院	230	253	※レストラン	サービス	S65〜	339-1101	地上前津駅歩6分	ⒷⓉsⓌⓅ送別院駅歩6分 ※日祝休
ホテルキヨシ名古屋	91	99	—	—	S50〜	321-5663	地東別院駅2番出口前	ⒷⓉⓌⓅ（先着順）Ⓒ
ホテルリブマックスBUDGET名古屋	48	86	—	—	66.65〜	339-3901	尾頭橋駅歩2分	ⒷⓉ(s)ⓌⓅミニキッチン、電子レンジ、洗濯機
五島旅館	7	10	—	—	48	682-1482	金山駅歩5分	和Ⓟビジネス向き
東横INN名古屋金山	—	—	—	サービス	S72〜	339-1045	金山駅歩7分	ⒷⓉ(s)ⓌⓅ予約制ⒸⓆ
ホテルいろは	63	93	S80〜	S65〜	S60〜	671-0168	金山駅歩10分	ⒷⓉ(s)ⓌⓅⒸ大浴場
プチホテルニューひふみ	32	53	S59〜	S45〜	S40〜	322-1239	金山駅歩15分	和ⒷⓉⓌⓅⒸ国際会議場歩15分
熱田の杜ホテル深翠苑	50	80	※S80〜	サービス	S65〜	681-0221	熱田駅歩2分	ⒷⓉⓌⓅⒸ
エクセルイン名古屋熱田	166	170	—	サービス	S65	683-1611	地熱田神宮伝馬町駅歩3分	ⒷⓉsⓌⓅⒸⓆ熱田神宮歩10分
和のホテル新月	30	80	—	—	S62.7〜	811-1800	笠寺駅歩5分	和ⓌⓅⒸⓆビジネス拠点に
平野屋旅館	20	50	60.5〜	55〜	49.5〜	652-6411	地築地口駅歩3分	和ⒷⓉⓌⓅⒸ名古屋港水族館歩3分
（津島周辺）						(0567)		
ビジネス旅館マルト	13	35	ⓑ66	ⓑ50.6	ⓑ44	26-3445	津島駅歩10分	和ⓌⓅⒸジャングル岩風呂、S¥5280
（一宮周辺）map▶109ページ						(0586)		
東横INN名古屋尾張一宮駅前	116	130	—	サービス	S71〜	25-1045	尾張一宮駅歩3分	ⒷⓉ(s)ⓌⓅ先着順ⒸⓆ
ホテルルートイン一宮駅前	149	172	—	サービス	S73〜	47-7601	尾張一宮駅歩3分	ⒷⓉ(s)ⓌⓅ予約制ⒸⓆ大浴場
パークホテル	33	40	—	—	S50〜60	73-8900	尾張一宮駅歩7分	ⒷⓉsⓌⓅ先着順・大型は予約制有料ⒸⓆ大浴場
（岩倉周辺）						(0587)		
B.H.岩倉	31	50	—	—	S50〜	38-1155	岩倉駅歩10分	ⒷⓉⓌⓅ大型要問 ツイン有、長期割引要相談
すいとぴあ江南	23	80	ⓑ55〜	ⓑ46.4〜	ⓑ36.4〜	53-5555	江南駅歩20分	和ⒷⓉⓌⓅ送ⒸⓆ大浴場
（小牧周辺）						(0568)		
B.H.小牧	22	32	—	—	S45〜	76-6671	小牧口駅歩5分	ⒷⓉⓌⓅ連泊は要問
まるや旅館	23	50	68〜	55	49.5	75-4180	小牧駅歩5分	和ⓌⓅⒸⓆ
ルートイングランティア小牧	224	340	※レストラン	朝食11	S73〜	71-0011	岩倉駅車10分	ⒷⓉsⓌⓅ先着順Ⓒ大浴場、スポーツクラブ ※日祝休
（犬山周辺）						(0568)		
犬山国際Y.H.	27	80	夕食15〜	朝食7.5〜	36〜58	61-1111	犬山遊園駅歩25分	ⓌⓅⒸ個室利用（和・洋）、モンキーパーク近く
（春日井周辺）						(0568)		
B.H.エルク春日井	41	43	—	朝食7.5	S55〜65	82-0871	春日井駅歩3分	ⒷⓉⓌⓅⒸ冷蔵庫付、ツイン有
ホテル中村	20	30	団体のみ	団体のみ	S50	81-3536	春日井駅歩5分	ⒷⓉⓅ（大型車不可）
富士見荘	19	40	70	要問	45	81-2433	春日井駅歩15分	和Ⓟ大浴場、コインランドリー
（大府周辺）						(0562)		
B.H.富士三荘	25	50	S66〜	S57.2〜	S55〜	33-0015	朝倉駅歩6分	和ⒷⓉⓌⓅコインランドリー
浜野屋	18	40	71.5〜	57.2〜	49.5〜	55-3323	古見駅隣接	和ⓉⓌⓅビジネス向き、コインランドリー

Map
名古屋周辺

一宮周辺

知多半島周辺

安城周辺

【ひとくちメモ】　名古屋市の東、長久手市にて開催された「愛・地球博」の跡地の森に2022年に開園した「ジブリパーク」。広い公園内には「ジブリの大倉庫」「青春の丘」「どんどこ森」「もののけの里」「魔女の谷」の5つのエリアがあり、屋内外の施設でジブリ作品の世界観を楽しむことができる。チケットは予約制で、5つ全てのエリアと建物を観覧可能な「ジブリパーク大さんぽ券プレミアム」が土・日・休日大人7,800円、子ども3,900円。リニモにて愛・地球博記念公園駅下車。☎0570-089-154　https://ghibli-park.jp

宿泊料金は基本的に「**1名分**、消費税10％込み」表示（単位：百円） ※宿泊税別／[Ⅱ]→1室2名利用／[Ⅲ]→1室3名利用／[複]→1室4名以上利用／B.H.→ビジネスホテル／P.→ペンション／Y.H.→ユースホステル／Y.G.H.→ユースゲストハウス／[会]→YH会員料金／[相]→相部屋＝ドミトリー／S→シングルルーム／[地]→地下鉄／[男]→男性専用／[女]→女性専用／[和]→全室和室／[和]→和室有（全室ではない） 《→右へ》

名称	室数	定員	1名分宿泊料金（単位/百円） 2食付	朝食付	素泊	電話	交通	特徴・備考
（知多半島周辺） map▶109ページ						(0569)		
東横INN中部国際空港1			—	サービス	S74～	38-0045	中部国際空港駅歩5分	[B][T](s)[W][P](先着順)[送](空港)[C][Q]
東横INN中部国際空港2			—	サービス	S74～	38-2045	中部国際空港駅歩7分	[B][T](s)[W][P](先着順)[送](空港)[C][Q]
ホテルルートイン常滑駅前	250	301	※レストラン	サービス	S69～	36-3511	常滑駅歩3分	[B][T](s)[W][P](先着順)[C][Q]大浴場、セントレアへ2駅※日祝休
ホテルルートイン半田亀崎	135	170	※レストラン	サービス	S66～	20-1022	亀崎駅歩15分	[B][T](s)[W][P](先着順)[C][Q]大浴場、※日祝休
ファーストホテル半田亀崎	24	50	—	—	S42～45	29-4848	亀崎駅歩15分	[W][P][C]大浴場(大型銭湯、露天・サウナ)、アウトバス
半田ステーションホテル	53	64	—	朝食7	S52.8～	23-3222	住吉町駅歩1分	[B][T](s)[W][P](20台先着順)[C]禁煙ルーム
B.H.まるみや	28	43	S77～	S63.8～	S55～	72-1088	富貴駅歩20分	[和][B][T][W][P]コインランドリー、朝食バイキング
二見荘	15	60	[Ⅱ]163～	[Ⅱ]113.5～	[Ⅱ]97～	62-0136	内海駅車5分	[和][W][P][送]薬湯風呂、展望露天風呂(貸切有料)
海鮮旅館内藤屋	8	30	[Ⅱ]110～	[Ⅱ]60～	[Ⅱ]50～	62-0542	内海駅車10分	[和][W][P][送][Q]漁師の宿
（篠島・日間賀島）						(0569)		
民宿潮幸	9	30	[Ⅱ]110～	[Ⅱ]77	[Ⅱ]66	67-2820	篠島港歩7分	[P](島内) 篠島、鮮度抜群の海の幸、24h風呂
網元旅館中平	9	50	120～	74	64	68-2013	西港歩3分	[和][W][C]日間賀島、網元旅館ゆえの新鮮な魚料理
民宿風車	8	50	[複]121～	[複]77～	[複]66～	68-2149	西港歩7分	[W][C]日間賀島、24h風呂
（安城～碧南周辺） map▶109ページ						(0566)		
パークホテル刈谷QS	50	55	—	サービス	S65～	28-0008	刈谷駅歩1分	[B][T](s)[W][C][Q]大浴場
パークホテル刈谷	80	160	—	サービス	S70～	27-0055	刈谷駅歩3分	[B][T](s)[W][P][C][Q]夜食サービス
東洋イン刈谷	142	150	※S75.8	サービス	S66	29-1040	刈谷駅歩5分	[B][T](s)[W][P](大型車有料) 大浴場、※日曜休
エースイン刈谷	123	125	—	サービス	S60～	26-5611	刈谷駅歩5分	[B][T](s)[W][P](50台先着順)[C][Q]朝食バイキング
東横INN三河安城駅新幹線南口1	143	176	—	サービス	S67～	72-1045	三河安城駅歩3分	[B][T](s)[W][P](先着順)[C][Q]
東横INN三河安城駅新幹線南口2			—	サービス	S67～	71-1045	三河安城駅歩4分	[B][T](s)[W][P](先着順)[C][Q]
東横INN名鉄知立駅前			—	サービス	S69～	88-2045	知立駅歩2分	[B][T](s)[W][P](予約制)[C][Q]
ホテルルートイン知立	158	192	※レストラン	サービス	S64～	84-4455	知立駅車8分	[B][T](s)[W][P](先着順)[C][Q]大浴場、※日祝休
（豊田周辺） map▶110ページ						(0565)		
東横INN豊田市駅前			—	サービス	S75～	37-1045	豊田市駅歩2分	[B][T](s)[W][P](先着順)[C][Q]
B.H.豊田ビラージⅡ	20	20	—	—	S44.8～	32-4444	豊田市駅歩7分	[B][T](s)[W][P](11台先着順)[C]
ホテルルートイン豊田陣中	151	198	※レストラン	サービス	S75～	36-4511	豊田市駅車5分	[B][T](s)[W][P](先着順)[C][Q]大浴場、※日祝休
B.H.こさなぎ	45	74	S87.1～	サービス	S73～	28-5872	土橋駅歩6分	[B][T](s)[W][P][C]
ロイヤルホテルうお八	163	180	S85～	サービス	S70～	28-7700	土橋駅車10分	[B][T](s)[W][P](要予約/大型車有料)[C]豊田I.C.2分
ホテル新永	113	120	—	S67～69	S60～62	28-2001	土橋駅車10分	[B][T](s)[W][P][C][Q]
玉田屋	6	20	95	65	55	62-0170	浄水駅バス40分	[和][P]築200年の建物、香嵐渓近く
（岡崎周辺） map▶110ページ						(0564)		
ホテル平成	81	89	—	サービス	S57.2	54-0081	岡崎駅車7分	[B][T](s)[W][P][C]
スーパーホテル岡崎	105	210	—	サービス	S68～	28-9000	東岡崎駅歩8分	[B][T](s)[W][P][C]天然温泉(男女入替制)
岡崎シングルホテル	34	42	—	S57	S50	21-1088	東岡崎駅歩8分	[B][T][W][P](先着順)[C][Q]浴場、岡崎城歩2分
大黒屋旅館	8	20	—	—	41～	21-3677	東岡崎駅車15分	[和][W][P][Q]
大黒屋	10	30	60.5	49.5	44	45-2011	東岡崎駅バス20分	[和][W][P]コインランドリー
ビジネス山田旅館	14	34	S68.2	S51	S44	21-2777	岡崎公園前駅歩5分	[和][W][P]24h風呂、コインランドリー、団体割引要相談

Map 豊田周辺 岡崎周辺 豊橋周辺 渥美半島周辺

【ひとくちメモ】 豊川I.C.から35分、様々なスタイルで海を楽しめる複合型リゾート「ラグーナテンボス」。アトラクション満載のテーマパーク「ラグナシア」では、ライド系、RPG系、シアター系、アスレチックパーク の他、サーカスやプロジェクションマッピングが融合したエンターテインメントショー等もある。夏はウォーターパークを開催。その他、グルメ・ショッピングが楽しめる「フェスティバルマーケット」などもある。料金：ラグナシアパスポート（土日祝他）…大人4,800円、小学生3,500円、3歳以上2,500円。☎0570-097117 https://www.lagunatenbosch.co.jp/

★お申し込み時「全国安い宿情報を見た」と言ってね！

中部

お得情報は187ページを見てね！

〈←つづき〉　Ⓑ→全室バス付／Ⓑ→一部バス付／Ⓣ→全室トイレ付／Ⓣ(s)→全室シャワートイレ＝ウォシュレット付／Ⓣ→一部トイレ付／Ⓦ→全室Wi-Fi可／Ⓦ→一部Wi-Fi可／Ⓟ→有料駐車場／Ⓟ→無料駐車場／送→送迎有／⾝→⾝体障害者への対応(要問)／Ⓒ→一部クレジットカード決済可／Ⓠ→paypay等の一部QR決済可／24h→24時間　特記事項は"※"印、又は"( )"括弧書きにて説明

名　称	室数	定員	1名分宿泊料金(単位/百円)			電話	交通	特徴・備考
			2食付	朝食付	素泊			
(豊川・蒲郡周辺)						(0533)		
ホテルクラウンヒルズ豊川	139	149	—	サービス	S55〜	86-3001	豊川駅歩5分	ⒷⓉ(s)ⓌⓅ(先着順)Ⓒ 大浴場、コインランドリー
豊　川　B.H.	71	129	S79.5	S68.5	S63	85-6611	豊川駅歩10分	ⒷⓉⓌⓅⒸ 大浴場
さ　く　ら　荘	9	50	※ⓉⒷ60	※ⓉⒷ48	40	86-2218	豊川駅歩12分	和ⓌⓅ 合宿可 ※食事付は2名〜
ホテルルートイン豊川インター	162	210	※レストラン	サービス	S77〜	80-2690	豊川駅車10分	ⒷⓉ(s)ⓌⓅ(先着順) 大浴場 ※土日祝休
蒲郡オレンジP.	8	23	—	ⓉⒷ69.3〜	ⓉⒷ55〜	59-7956	三河大塚歩25分	ⓌⓅⒸⓆ ラジウム泉(オレンジ風呂工事により)、ラグーナ蒲郡へ500m
HOTEL AZ愛知蒲郡店	58	82	—	サービス	S52.8	58-2000	三河大塚歩10分	ⒷⓉⓌⓅⒸ
(豊橋周辺) map▶110ページ						(0532)		
ニュー東洋ホテルⅠ	70	80	S67〜71	S56〜60	S51〜55	32-7000	豊橋駅歩2分	ⒷⓉ(s)ⓌⓅ(大型車有料)ⒸⓆ
東横INN豊橋駅東口	135	150	—	サービス	S72〜	53-1044	豊橋駅歩3分	ⒷⓉ(s)ⓌⓅ(先着順)Ⓒ
豊橋ステーションホテル	102	130	—	サービス	S55〜	56-1919	豊橋駅歩1分	ⒷⓉⓌⓅ(先着順)Ⓒ
ニュー東洋ホテルⅡ	89	105	S72	S61	S56	33-1000	豊橋駅歩5分	ⒷⓉ(s)ⓌⓅ送Ⓒ 大浴場
豊　橋　B.H.	44	50	—	サービス	S40〜	55-9222	豊橋駅歩8分	ⒷⓉⓌⓅⒸⓆ 連泊・団体割引有
B.H.はしら	32	50	S66.5	S55.5	S50	46-4441	豊橋駅車4分	ⒷⓉⓌⓅⒸⓆ
B.H.おかだ家豊橋店	47	60	S64.5〜	S54.5〜	S50.5〜	47-1111	豊橋駅車7分	ⒷⓉⓌⓅⒸⓆ 男共同浴場(夜中11時迄)
B.H.おかだ家ベイサイド	75	150	S67〜81	S57〜71	S52〜66	47-1112	豊橋駅車15分	ⒷⓉⓌⓅ(大型車有料)ⒸⓆ 男大浴場(夜中12時迄)
ナツメ別館	10	80	88〜	66	55	88-0111	豊橋駅車25分	和ⓉⓌⓅ 鉱泉(露天風呂有)、夜景が良い
大黒屋旅館	19	72	66	55	48.4	45-3958	小池駅歩3分	和ⓉⓌⓅⒸⓆ おいしい家庭料理の宿
(渥美半島周辺) map▶110ページ						(0531)		
休暇村伊良湖	57	179	ⓉⒷ130〜	ⓉⒷ100〜	ⓉⒷ90〜	35-6411	三河田原駅バス45分	ⒷⓉⓌⓅⒸ 大浴場、伊良湖岬車10分
B.H.おかだ家田原店	27	66	S59〜74	サービス	S49〜64	22-0323	神戸駅歩8分	ⒷⓉⓌⓅⒸⓆ 男浴場・⾝シャワー
(新城〜奥三河周辺)						(0536)		
さくら別館	22	40	88〜	67.5〜	60〜	22-1345	新城駅歩20分	ⒷⓉⓌⓅⒸⓆ 県立公園桜渕公園内、離れ有
新城観光ホテル	30	80	夕食18〜	朝食7	39〜	22-1234	新城駅車5分	ⒷⓉⓌⓅⒸⓆ 岩風呂大浴場、ビジネス向
中野屋旅館	5	12	居酒屋	66〜	55〜	62-0054	本長篠駅バス30分	和ⓌⓅ ビジネス向き
奥三河総合センター	9	46	レストラン	レストラン	14	62-0100	本長篠駅車30分	和ⓌⓅ 体育館、グラウンド、設楽町役場近く
み　の　や	8	30	88〜	60.5〜	49.5〜	83-2156	本長篠駅車50分	和ⓌⓅ ビジネス向き、設楽町
大崎屋旅館	10	20	80	70	60	76-0046	東栄駅歩15分	和ⓌⓅⒸⓆ 大千瀬川のほとり、公共温泉近く
休暇村茶臼山高原	25	97	ⓉⒷ110〜	—	—	87-2334	東栄駅バス60分	ⓌⓅ送予約制 大浴場、豊根村

(津周辺) map▶112ページ						(059)		
みかさ旅館	8	20	※ⓉⒷ50〜	—	—	227-7538	津新町駅歩5分	和ⓌⓅⒸⓆ ※夕食のみ・2名〜宿泊可
東横INN津駅西口	166	178	—	サービス	S69〜	213-1045	津駅歩3分	ⒷⓉ(s)ⓌⓅ(先着順)ⒸⓆ
ホテルルートイン津駅南	166	178	—	サービス	S65〜	246-7777	津駅歩6分	ⒷⓉ(s)ⓌⓅ(先着順)ⒸⓆ 大浴場
B.H.三　徳	21	30	S71.5	S62.7	S55	223-3109	津駅歩10分	和ⒷⓉⓌⓅ(大型車有料) ツイン有
ホテルキャッスルイン津	125	155	—	朝食8	S54	221-2311	津駅歩15分	ⒷⓉ(s)ⓌⓅⒸⓆ

【ひとくちメモ】　F1レースで有名な鈴鹿サーキットに併設している遊園地「鈴鹿サーキットパーク」は、エンジンで動く乗りものを中心としたテーマパーク。小さな子供から家族・友達同士で本格的に競えるサーキットカートなどバラエティ豊富。日本初のバイク型コースターでバイクレースさながらのコーナーバンク(傾斜)を体感したり、世界初の操縦できるバトルコースターも登場。近鉄白子駅からバス20分／10:00〜16:30(変動)／パスポート(変動):大人4,800円〜、小学生3,400円〜、3歳以上2,200円〜／☎059-378-1111　https://www.suzukacircuit.jp/park/

《愛知・三重》… ★お申し込み時「全国安い宿情報を見た」と言ってね！

中部

お得情報は187ページを見てね！

宿泊料金は基本的に「**1名分**、消費税10%込み」表示(単位:百円) ※宿泊税別／[ii]→1室2名利用／[iii]→1室3名利用／[複]→1室4名以上利用／B.H.→ビジネスホテル／P.→ペンション／Y.H.→ユースホステル／Y.G.H.→ユースゲストハウス／[会]→YH会員料金／[相]→相部屋=ドミトリー／S→シングルルーム／[地]→地下鉄／[男]→男性専用／[女]→女性専用／[和]→全室和室／[和]→和室有(全室ではない) 《→右へ》

名称	室数	定員	1名分宿泊料金(単位/百円) 2食付	朝食付	素泊	電話	交通	特徴・備考
(津周辺) map▶112ページ						(059)		
味の宿魚義	12	36	66	51.7	44	231-5566	一身田駅目の前	[和][W][P]24h風呂、高田本山専修寺近く
旅館村上	21	30	58	48	43	255-2131	久居駅目の前	[和][W][P][C][Q] ビジネス向き、日替りメニュー
ホテルルートイン久居インター	207	264	※レストラン	サービス	S75～	254-1211	久居駅車5分	[B][T](s)[W][P](先着順)[C][Q] 大浴場、※日祝休
(鈴鹿周辺)						(059)		
ホテルキャッスルイン鈴鹿	184	205	—	朝食8	S54	379-0101	平田町駅歩4分	[B][T](s)[W][P](先着順)[C][Q] 鈴鹿サーキットへ車10分
スーパーホテル鈴鹿	96	150	—	サービス	S62～	370-9001	平田町駅歩5分	[B][T](s)[W][P](大型車予約制)[C] 天然温泉(男女入替制)
ホテルキャッスルイン鈴鹿中央	100	112	—	朝食8	S47	384-8585	玉垣駅歩20分	[B][T](s)[W][P](先着順)[C][Q] 鈴鹿サーキットへ車10分
松葉屋	26	60	—	—	44～	386-0143	白子駅歩5分	[和][W][P] コインランドリー、鈴鹿サーキットへ5.5km
大富旅館	20	40	63	53	43	386-0386	白子駅車5分	[和][B][T][W][P] 大浴場、ショッピングセンター隣
プチポンシエル大富	12	12	63	53	43	〃	〃	[B][T][W][P] キッチン付、ウィークリーマンション
旅館魚要	10	35	65～	40～	35～	386-0313	白子駅車5分	[和][W][P] ビジネス長期向き、堤ヶ浦海水浴場へ歩5分
(四日市周辺) map▶112ページ						(059)		
第一船員会館	21	48	[ii]56.65～	[ii]41.25	[ii]35.2	352-5211	JR四日市駅歩10分	[和][W][P]一般·学生·団体·長期歓迎、四日市港近く
スーパーホテル四日市駅前	80	110	—	サービス	S55～	354-9000	近鉄四日市駅歩1分	[B][T](s)[W][P][C]
四日市アーバンホテル	141	141	—	サービス	S61	355-3232	近鉄四日市駅歩1分	[B][T](s)[W][P][C]
東横INN近鉄四日市駅北口			—	サービス	S78～	350-1045	近鉄四日市駅歩2分	[B][T](s)[W][P](先着順)[C][Q]
ホテルエコノ四日市	144	144	—	サービス	S42～205	350-0311	近鉄四日市駅歩3分	[B][T](s)[W][P](先着順)[C][Q] 朝食はプチバイキング
トウエイホテル	73	85	—	サービス	S70～80	351-5833	近鉄四日市駅歩4分	[B][T](s)[W][P](先着順)[C][Q]
スーパーホテル四日市·国道1号沿	105	230	—	サービス	S68～	355-9002	近鉄四日市駅歩7分	[B][T](s)[W][P][C] 天然温泉(男女入替制)
ホテルキャッスルイン四日市	108	135	—	朝食8	S58	354-2200	近鉄四日市駅歩13分	[B][T](s)[W][P][C][Q]
太田館	9	50	88～	66	55	345-3165	近鉄四日市駅車10分	[和][W][P][C]24h風呂、合宿·長期·学生割引
ホテルルートイン四日市	137	181	レストラン	サービス	S70～	330-7020	川原町駅歩7分	[B][T](s)[W][P](先着順)[C][Q] 大浴場
第二船員会館	26	56	[ii]56.65～	[ii]41.25	[ii]35.2	364-2369	近鉄富田駅車5分	[和][W][P]一般·学生·団体·長期歓迎、国道23号沿い
民営国民宿舎 湯の山ロッジ	18	75	[ii]87～	[ii]76～	[ii]65～	392-3155	湯の山温泉駅車5分	[和][W][P][C][Q] 大浴場
(桑名周辺) map▶112ページ						(0594)		
B.H.ビーエル	55	77	夕食14	—	S45～	23-5593	在良駅歩3分	[和][B][T][W][P][Q] [男]大浴場·サウナ
スーパーホテル桑名駅前	97	160	—	サービス	S70～	22-9000	桑名駅歩3分	[B][T](s)[W][P](要予約)[C]
四日市屋旅館	6	15	70	60	53	22-2022	桑名駅歩7分	[和][P] ビジネス向き、人数により割引
セントラルホテル	66	80	—	サービス	S68～	23-5115	桑名駅歩8分	[B][T](s)[W][P](先着順·2t以上有料)[C][Q] 朝食バイキング
エスバリュー桑名	88	100	—	サービス	S62.7	25-2223	桑名駅車10分	[B][T](s)[W][P][C] 大浴場、アメニティ完備
料理旅館すし清	12	20	70～	50	40	22-0166	桑名駅車10分	[和][W][P] 割烹旅館、宴会可、町屋川沿い
ファミリーロッジ旅籠屋湾岸長島店	14	56	—	軽朝食	[ii]49.5～	45-2858	湾岸長島I.C.2km	[B][T](s)[W][P]
ファミリーロッジ旅籠屋名阪長島店	12	48	—	軽朝食	[ii]49.5～	42-3858	長島I.C.6分	[B][T](s)[W][P]EV車充電可
(亀山周辺)						(0595)		
旅人宿石垣屋	2	9	自炊可	自炊可	35	080-6261-3603	関駅歩10分	[相][W][P] 築130年の建物、個室有、全館禁煙
亀山第一ホテル	85	88	—	—	S53	83-1111	亀山駅歩5分	[B][T](s)[W][P][C] セミダブルサイズベッド
ホテルルートイン亀山インター	188	225	—	サービス	※S63～	84-7611	亀山駅車7分	[B][T](s)[W][P](先着順)[C][Q] 大浴場 ※団体優先
ホテルルートイン第2亀山インター	207	264	—	サービス	S63～	84-7611	亀山駅車7分	[B][T](s)[W][P](先着順) 大浴場

Map 津周辺 四日市周辺 桑名周辺 松阪周辺

【ひとくちメモ】 アジア初、日本初の木製とスチールを融合したハイブリッドコースター"白鯨"やうつぶせのまま最高速度90km/hで空中を滑走するジェットコースター"アクロバッド"、4Dスピンコースター"嵐"などアトラクション充実の「ナガシマスパーランド」。大型屋根で雨天も安心の小さい子供専用アトラクションもあり。夏には日本最大級のジャンボ海水プールがオープン。遊園地パスポート:大人5,800円、小学生4,400円。ワイドパスポート(遊園地パスポート+プール):大人7,500円、小学生5,500円。湾岸長島I.C.下車。☎0594-45-1111 https://www.nagashima-onsen.co.jp

…《三重》… ★お申し込み時「全国安い宿情報を見た」と言ってね!

中部

お得情報は187ページを見てね!

〈→つづき〉 Ⓑ→全室バス付／Ⓑ→一部バス付／Ⓣ→全室トイレ付／Ⓣs→全室シャワートイレ＝ウォシュレット付／Ⓣ→一部トイレ付／
Ⓦ→全室Wi-Fi可／Ⓦ→一部Wi-Fi可／Ⓟ→有料駐車場／Ⓟ→無料駐車場／送→送迎有／身→身体障害者への対応可〔要問〕／
Ⓒ→一部クレジットカード決済可／Ⓠ→paypay等の一部QR決済可／24h→24時間／特記事項は"※"印、又は"（ ）"括弧書きにて説明

名　称	室数	定員	1名分宿泊料金（単位/百円）2食付	朝食付	素泊	電話	交通	特徴・備考
（伊賀上野～名張周辺）						（0595）		
B.H.ウィークリー・オーエヌ	26	32	自炊可	自炊可	S48	23-6116	上野市駅車5分	ⒷⓉⓌⓅⒸ キッチン・食器付
ヒルホテルサンピア伊賀	35	88	S125.5～	S79.5～	S66.5～	24-7000	上野市駅車10分	ⒷⓉ(s)ⓌⓅⒸⓆ 天然温泉（露天有）
ホテルルートイン伊賀上野	111	151	―	サービス	S66～	26-1818	伊賀上野駅車7分	ⒷⓉ(s)ⓌⓅ※先着順ⒸⓆ 大浴場・セルフコーヒーサービス
ファミリーロッジ旅籠屋伊賀店	14	56	―	軽朝食	ⓣ49.5～	45-6858	上柘植I.C.1.5km	ⒷⓉ(s)ⓌⓅ 国道25号沿い
ホテルルートイン名張	207	264	※レストラン	サービス	S64.5～	67-3330	桔梗が丘駅車5分	ⒷⓉ(s)ⓌⓅ※中型車専用予約ⒸⓆ 大浴場・※印四桁
スマイルホテル名張	83	96	―	朝食8	S38～	63-0011	名張歩1分	ⒷⓉ(s)ⓌⓅⒸ※20台先着順 コインランドリー
HOTEL AZ三重名張店	58	82	―	サービス	S51.8～	42-8188	名張歩10分	ⒷⓉ(s)ⓌⓅⒸ
（松阪周辺） map▶112ページ						（0598）		
グリーンライフ山林舎	8	32	71.5～	60.5	55	47-0326	松阪駅バス（東行）120分	ⓌⓅⒸ 陶芸など体験可！要予約、椎田川上流
東横INN伊勢松阪駅前	151	160	―	サービス	S71～	22-1045	松阪駅歩1分	ⒷⓉ(s)ⓌⓅ※先着順ⒸⓆ 伊勢神宮へ30分
エースイン松阪	111	113	―	サービス	S58～	25-2311	松阪駅歩1分	ⒷⓉ(s)ⓌⒸⓆ
B.H.マルヤマ	31	48	―	サービス	S41～50	52-0333	松阪駅歩2分	ⒷⓉ(s)ⓌⓅⒸⓆ 冷蔵庫付
ホテルルートイン松阪駅東	180	213	―	サービス	S66～	50-3900	松阪駅歩7分	ⒷⓉ(s)ⓌⓅ※先着順ⒸⓆ 大浴場
スーパーホテル松阪	88	88	―	サービス	S54～	53-9900	松阪駅歩15分	ⒷⓉ(s)ⓌⓅⒸ 大型車有料ⒸⓆ
B.H.松　阪	39	54	S52～60	S42～50	S37～45	51-5095	松阪駅車5分	ⒷⓉⓌⓅⒸ 大浴場
ファミリーロッジ旅籠屋伊勢松阪店	12	48	―	軽朝食	ⓣ49.5～	55-4488	松阪I.C.18km	ⒷⓉ(s)ⓌⓅ 国道23号測道沿い
笑旅～NicoRi～	2	6	57	48	43	090-7643-6772	松阪駅バス30分	相ⓌⓅ 平日みな個室可。煮物好評
つつじの里荒滝	6	30	82.5～	55	44	46-0166	松阪駅バス60分	相ⓝⓌⓅ コテージ有、つつじの名所、島ヶ原室山口車10分
（伊勢市周辺） map▶113ページ						（0596）		
民宿潮騒	7	25	70～	45	39	43-2172	二見浦駅車2分	相Ⓟ 選べる料理、海の眺め良い、夫婦岩へ歩3分
B.H.山　本	13	33	―	―	S66～	23-5101	伊勢市駅歩3分	相ⒷⓉⓌⓅ 伊勢神宮外宮へ歩3分
東横INN伊勢市駅	121	141	―	サービス	S71～	20-1045	伊勢市駅歩12分	ⒷⓉ(s)ⓌⓅ※先着順ⒸⓆ
ホテルキャッスルイン伊勢	217	336	レストラン	朝食12	S69	29-2111	宇治山田駅車10分	ⒷⓉ(s)ⓌⓅⒸⓆ 展望大浴場、露天風呂※印四桁、女E.D
倉野屋旅館	10	35	74～120	62	50	22-1110	JR宮川駅歩1分	相ⓝⓌⓅⒸⓆ 料理に自信を持っています
民宿ヤマト	12	40	75～	55～	45～	43-2215	二見浦駅歩1分	相ⓝⓌ 夫婦岩へ歩20分、二見海水浴場へ歩10分
やわらの湯民宿まるや	19	50	110～	82.5～	55～	43-0800	二見浦駅歩3分	相ⓝⓌ ※127ページ参照、温泉民宿、天然温泉「まるや」、パラダイス車3分
げすとはうす伊勢志摩	20	59	―	―	39.6～	65-6989	二見浦駅歩7分	男女利用カプセルⓌⓅ シャワーのみ
ホテルキャッスルイン伊勢夫婦岩	92	204	レストラン	朝食14.3	S69	43-1818	二見浦駅歩12分	ⒷⓉ(s)ⓌⓅⒸⓆ 大浴場、貸切風呂

お得情報は187ページを見てね！

【ひとくちメモ】　日本人の心のふるさととして古くから信仰を集める伊勢神宮。正式には単に「神宮」と呼び、日本人の総氏神、天照大御神（あまてらすおおみかみ）を御祭神とした「皇大神宮（こうたいじんぐう／内宮）」と、衣食住・産業の神、豊受大御神（とようけのおおみかみ）を御祭神とした「豊受大神宮（とようけだいじんぐう／外宮）」及び別宮など125社神社の総称となる。参拝の順路は、まず外宮からというのが古来からのならわし。外宮は伊勢市駅から徒歩7分。内宮は外宮からバスで15分程。☎0596-24-1111　https://www.isejingu.or.jp

P113

★お申し込み時「全国安い宿情報を見た」と言ってね！

宿泊料金は基本的に「**1名分**、消費税10%込み」表示（単位：百円） ※宿泊税別／[ii]→1室2名利用／[iii]→1室3名利用／[複]→1室4名以上利用／B.H.→ビジネスホテル／P.→ペンション／Y.H.→ユースホステル／Y.G.H.→ユースゲストハウス／[会]→YH会員料金／[相]→相部屋＝ドミトリー／S→シングルルーム／[地]→地下鉄／[男]→男性専用／[女]→女性専用／[和]→全室和室／[和]→和室有（全室ではない） 《→右へ》

	名称	室数	定員	1名分宿泊料金（単位/百円） 2食付	朝食付	素泊	電話	交通	特徴・備考
	（伊勢市周辺） map▶113ページ						(0596)		
	民宿アサヒ	12	40	88～	58～	45～	43-2157	二見浦駅歩12分	[和][P]夫婦岩へ歩5分
	（伊勢志摩・鳥羽市周辺） map▶113ページ						(0599)		
P114	海女の宿ひょうすけ	10	50	110～	66	55	33-6205	鳥羽駅車30分	[W][P][送][C][Q]女将自ら潜って取ったアワビやサザエの残酷焼
	旅館ありそ	9	35	143～	77～	66～	33-6780	鳥羽駅車30分	[W][P]貸切露天風呂、新鮮な魚料理
	（伊勢志摩・志摩市周辺） map▶113ページ						(0599)		
P115	伊勢志摩Y.H.	19	95	[会]62.15～	[会]45.65～	[会]37.4～	55-0226	穴川駅歩10分	[相][W][P]家族で1室利用可、スペイン村へ車5分
P113	賢島・ホテルベイガーデン	29	70	—	—	S52～	44-5000	賢島駅歩3分	[和][B][T](s)[W][P][C][Q]大浴場
	ステーションホテル磯部	22	40	S70	S55	S50	56-0050	志摩磯部駅歩1分	[B][T][W][P][C][Q]スペイン村へ車10分
	中日B.H.	20	60	—	—	S30～54	43-2828	鵜方駅歩2分	[和][B][T][W][P][C]大浴場、スペイン村へ車15分
	P.グーグー	5	15	99～	68.2～	55	43-2495	鵜方駅車7分	[W][P][Q]ペット連れ可、スペイン村へ車15分
	ともやま公園野外活動センター	14	100	—	—	30～	72-4636	鵜方駅車20分	[P]各スポーツ施設、原則10日前迄の予約
	湯快リゾート 志摩彩朝楽	100		[ii]91.4～	—	—	26-2728	賢島駅車5分	[T](s)[P]天然温泉（入湯税別）、屋外プール（夏）
	民宿旅館まるみつ	6	20	110～	51.7	44	85-0379	賢島駅船25分	[和][W][P][送]（和具港） 新鮮な魚介類の食事
	パールグルメイン竹正	11	40	122～	88～	77～	85-4147	賢島駅船25分	[B][T][W][P]和具、天然温泉（入湯税別）、新鮮な海の幸
	新和具荘	13	55	[ii]150～	[ii]90～	[ii]70～	85-0765	賢島駅船25分	[W][P][送]（和具港）[C][Q]白浜海水浴場車15分、あずり浜海水浴場車10分
	味の隠れ宿活鮮旅館志摩半島	12	50	[ii]110～	[ii]65～	[ii]55～	85-0524	賢島駅船25分	[W][P][送]（和具港車5分） 鵜方駅から260号を車30分
	民宿旅館高曽	13	40	154～	49.5	44	88-3550	賢島駅船25分	[和][P][送]（和具港車10分） 白浜海水浴場へ歩1分
	民宿もりげん	10	40	77～	55～	45～	88-3136	鵜方駅バス50分	[和][P]白浜海水浴場へ歩4分
	民宿やまや	11	35	85～	55	50	88-3022	鵜方駅バス50分	[和][P]白浜海水浴場へ歩8分

中部

お得情報は187ページを見てね！

【ひとくちメモ】 古くからの海女道具や釣り、網などの漁具、養殖用具、クジラモリ、潜水艇…等々。海女や漁、木造船、海の祭りなど、海に関わるあらゆるもの約6万点（6879点は国指定重要有形民俗文化財）の民俗資料を所蔵する「海の博物館」。「海民」と呼ばれる漁師、海女、船乗り、海辺の住民たちが、海と親しく付き合ってきた歴史と現在、未来を伝える。鳥羽駅から車20分。開館：9～17時（12～2月は16時半迄）、6/26～30・12/26～30休館。入館料：大人800円、大学生以下400円。☎0599-32-6006 http://www.umihaku.com

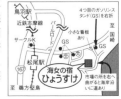

（→つづき）Ⓑ→全室バス付／Ⓑ→一部バス付／Ⓣ→全室トイレ付／Ⓣⓢ→全室シャワートイレ＝ウォシュレット付／Ⓣ→一部トイレ付／Ⓦ→全室Wi-Fi可／Ⓦ→一部Wi-Fi可／Ⓟ→有料駐車場／Ⓟ→無料駐車場／送→送迎有／障→身体障害者への対応可（要問）／Ⓒ→一部クレジットカード決済可／Ⓠ→paypay等の一部QR決済可／24h→24時間／特記事項は「※」印、又は「（ ）」括弧書きにて説明

名　称	室数	定員	1名分宿泊料金（単位/百円）2食付	朝食付	素泊	電話	交通	特徴・備考
（伊勢志摩・志摩市周辺） map▶113ページ						（0599）		
民宿ニューさざ波	10	30	85〜	—	—	88-3052	鵜方駅バス50分	和Ⓟ部屋食
漁士民宿かねきん	8	25	90〜	65〜	55〜	88-3326	賢島駅船25分	和Ⓟ送(和島見) 白浜海水浴場へ歩4分
海女と漁師の宿一葉	7	20	77〜	50	45	88-3253	賢島駅船25分	和Ⓟ送(和島見) 夕食に手こね寿司サービス
（南伊勢周辺）						（0599）		
三　代　喜　屋	5	25	110〜	55	44	69-2041	鵜方駅バス30分	和⒲Ⓟ 天然の魚介類の食事
						（0596）		
か わ ち や 旅 館	8	30	88〜	55	44	76-0050	伊勢市駅バス90分	和⒲ⓅⒸ 新鮮な魚料理、神前漁港近く
寿 し 友 旅 館	12	40	120〜	75	60	78-0311	伊勢市駅バス120分	和⒲ⓅⒸⓆ 新鮮な魚料理、釣客人気、古和浦漁港近く
（尾鷲周辺） map▶113ページ						（0597）		
B.H.フェニックス	31	40	—	S63、68	S57、62	22-8111	尾鷲駅歩5分	ⒷⓉ(ⓢ)ⓌⓅⒸ
民宿イワナの里	8	30	110〜	66〜	44〜	22-8106	尾鷲駅車10分	和Ⓟ送Ⓦⓐ イワナ塩焼き料理、熊野古道へ車15分
勝 三 屋	10	40	80	45	40	27-2182	賀田駅車5分	ⒷⓉ送ⓌⓅ送 新鮮な魚料理、釣客人気、梶賀港前
旅館ロッジ山水	11	25	77	55	50	32-0573	相賀駅歩15分	ⒷⓉⓌⓅ送 牡蠣の自家養殖、いかだ釣り、白石湖畔
（熊野周辺）						（0597）		
B.H.みはらし亭	27	50	Ⓣ69.5〜	Ⓣ55〜	Ⓣ48〜	89-1211	熊野市駅歩3分	和ⒷⓉⓌⓅⒸⓆ 海岸3分、熊野古道15分
旅の宿はるさめ	7棟	26	—	—	42〜58	85-2627	熊野市駅車5分	ⒷⓉ(ⓢ)ⓌⓅⒸⓆ 冷暖房付、コテージタイプ
B.H.七里ヶ浜	13	30	S75.9〜	S57.6〜	S50.6〜	89-1711	熊野市駅車7分	ⒷⓉ(ⓦ)ⓅⒸ 釣り可、七里御浜へ歩3分、松林の遊歩道近く

伊勢志摩
公共の宿
伊勢志摩ユースホステル

☎**0599-55-0226**
【HP】https://glad.jp【mail】ise@jyh.gr.jp
〒517-0213三重県志摩市磯部町穴川
1219-82
【交通】近鉄穴川駅から徒歩12分
伊勢西I.C.から車30分

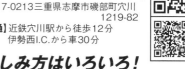

お得情報

楽しみ方はいろいろ！
どう過ごすかはあなた次第♪

　ドミトリーあり！個室あり！自炊室で調理OK（無料）。"BBQひろば" 無料開放（要予約）。ロビーには、旅・鉄道・山の本多数。前庭から的矢湾の眺望抜群！希望者はミニ鉄道に無料で乗車可。車で志摩スペイン村へ5分。鳥羽水族館・おかげ横丁へ25分。伊勢志摩の観光基地に最適！シャッター付駐輪場完備。

【料金】（YH会員料金）1泊2食付¥6,215〜
　　　　朝食付¥4,565〜、素泊¥3,740〜
【客室】19室　【定員】95名
【設備】ミニ鉄道（無料で1周乗車可）、和室、ツイン、Wi-Fiフリー、大浴場、自炊室有（ガスコンロ・炊飯器・冷蔵庫・電子レンジ・ポット完備）、食堂、飲食物持込可、自動販売機、コインランドリー

【ひとくちメモ】　スペイン語で"スペイン公園"を意味する名の通り、スペインの街並みや本格的なフラメンコショーやパレードなどスペインの魅力が満載の「志摩スペイン村パルケエスパーニャ」。闘牛コースターなどのスリル満点のジェットコースターやスペイン童話の世界に入ったような小さい子供向けのアトラクションなど随所にスペインを感じることができる。鵜方駅から直通バス13分。9:30〜17:00（季節・曜日により変動）。1日パスポート大人5,700円、中高生4,600円、幼児・小学生・シニア3,800円。☎0599-57-3333　https://www.parque-net.com

近
畿

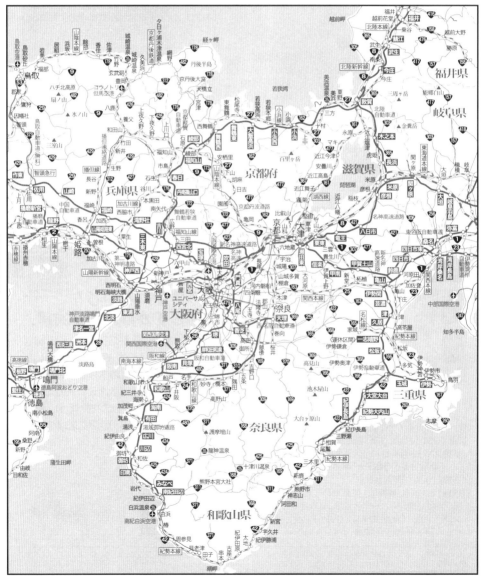

滋賀

宿泊料金は基本的に「**1名分、消費税10%込み**」表示(単位:百円) ※宿泊税別
[ツ]→1室2名利用／[トリ]→1室3名利用／[複]→1室4名以上利用
B.H.→ビジネスホテル／P.→ペンション／Y.H.→ユースホステル／Y.G.H.→ユースゲストハウス／[会]→YH会員料金／[相]→相部屋=ドミトリー／S→シングルルーム
[和]→全室和室／[和]→和室有(全室ではない)／[B]→全室バス付／[B]→一部バス付
[T]→全室トイレ付／[T](s)→全室シャワートイレ=ウォシュレット付／[T]→一部トイレ付
[W]→全室Wi-Fi可／[W]→一部Wi-Fi可／[P]→有料駐車場／[P]→無料駐車場
[送]→送迎有／24h→24時間／[地]→地下鉄／[障]→身体障害者への対応可(要問)
[男]→男性専用／[女]→女性専用／特記事項は"※"印、又は"( )"括弧書きにて説明
[C]→一部クレジットカード決済可／[Q]→paypay等の一部QR決済可

名称	室数	定員	1名分宿泊料金(単位/百円) 2食付	朝食付	素泊	電話	交通	特徴・備考
(大津周辺) map▶117ページ						(077)		
スーパーホテル大津駅前	80	115	—	サービス	S64〜	522-9000	大津駅歩4分	[B][T](s)[W][P](予約制)[C]
東横INN京都琵琶湖大津	142	284	—	サービス	S71〜	510-1045	大津駅歩10分	[B][T](s)[W][P](先着順)[C][Q]京阪浜大津駅歩5分
ホテルブルーレーク大津	95	130	—	S65〜	S55〜	524-0200	びわ湖浜大津駅歩1分	[B][T](s)[P](要予約)[C][Q]大津駅歩10分、大津港歩3分
近江勧学館	4	30	—	—	[複]49.5〜	524-3905	大津京駅歩20分	[和][W][P]近江神宮境内の宿、団体可
アーブしが(滋賀県青年会館)	22	110	—	—	55〜	537-2753	石山駅歩15分	[和][B][T][W][P][C]大浴場
スマイルホテル大津瀬田	94	119	—	朝食9	S60〜	543-2511	瀬田駅歩1分	[B][T](s)[W][P]京都駅へ乗換ナシで18分
(琵琶湖大橋周辺) map▶117ページ						(077)		
民営国民宿舎ビューロッジ琵琶	18	70	[ツ]108〜	[ツ]65〜	[ツ]53〜	572-1317	堅田駅車5分	[B][T][W][P](夏有料) 湖岸近く、BBQ可、スキー場15分
宿屋きよみ荘	11	40	[トリ]115〜	[トリ]75〜	[トリ]65〜	573-7111	堅田駅車5分	[和][W][P](7・8月有料)[C][Q]琵琶湖目の前、ペット可
石楠花山荘	9	30	88〜110	66〜	49.5〜	599-2345	堅田駅車30分	[和][P]冬は鍋、公共温泉へ車15分、明王院近く
びわ湖千鳥荘	20	80	74.8〜	52.8〜	46.2〜	594-0035	和迩駅歩15分	[和][W][P][送]学生合宿人気、琵琶湖畔
(草津〜野洲周辺) map▶117ページ						(077)		
B.H.ひばり	33	50	—	—	S54〜70	562-0618	草津駅歩7分	[和][B][T][W][P][C]
東横INN琵琶湖南草津駅西口			—	サービス	S72〜	561-1045	南草津駅西口歩3分	[B][T](s)[W][P](先着順)[C][Q]
守山アートホテル	86	120	要問	要問	S60〜	581-1700	守山駅車6分	[B][T](s)(独立型)[W][P][C]広い客室
野洲シティホテル	23	31	—	—	S58〜62	586-0951	野洲駅歩1分	[B][T][W][P](4台要予約・5台目から有料)[C]
セントラルホテル野洲	104	122	—	朝食7	S69.5〜	588-0101	野洲駅北口歩2分	[B][T](s)[W][P](27台先着順)[C][Q]コインランドリー
B.H.タカラ	67	76	S71.3	S58.3	S53	587-2456	野洲駅歩13分	[B][T][W][P][C][Q]VOD対応
(八日市周辺) map▶117ページ						(0748)		
ビジネス旅館はざま(本館)	17	25	[ツ]68.5	[ツ]54.5	[ツ]48	22-2488	八日市駅歩7分	[B][T](分離型)[W][P][C]素泊S¥5700
太平楼	10	30	80.3〜	60.5〜	55〜	22-0168	八日市駅車10分	[和][W][P][C]しゃぶしゃぶ人気(別料金)、長期割引
コンフォートイン八日市	77	189	—	サービス	S53〜	24-1220	八日市駅車10分	[B][T](s)[W][P][C][Q]八日市I.C.1分
B.H.山水	15	26	レストラン	S59.6〜	S51〜	88-5500	甲賀駅歩5分	[B][T][W][P][C][Q]コインランドリー
(近江八幡周辺) map▶118ページ						(0748)		
コンフォートイン近江八幡	116	200	—	サービス	S55〜197	36-0001	近江八幡駅歩2分	[B][T](s)[W][P](先着順)[C][Q]
第一ホテル	51	63	夕食11〜	サービス	S51〜61	32-2003	近江八幡駅歩5分	[B][T](s)[W][P](先着順)[C]大浴場
B.H.シェル	30	33	レストラン	朝食4〜	S58	37-8451	近江八幡駅車10分	[B][T][W][P][C][Q]ステーキハウス
近江八幡Y.H.	6	30	[会]59〜	[会]47〜	[会]39〜	32-2938	近江八幡駅バス15分	[相][W][P][C][Q]明治時代築の登録有形文化財、近江牛ステーキ別注
休暇村近江八幡	95	338	※[複]140〜	—	—	32-3138	近江八幡駅バス30分	[W][P][送][C]天然温泉(入湯税別)、※平日5名利用
(彦根・米原周辺) map▶118ページ						(0749)		
東横INN彦根駅東口			—	サービス	S68〜	21-1045	彦根駅歩3分	[B][T](s)[W][P](先着順)[C][Q]
ホテルルートイン彦根	206	263	※レストラン	サービス	S70〜	21-2551	彦根駅車12分	[B][T](s)[W][P](先着順)[C][Q]大浴場 ※日祝休
南彦根ステーションホテル	80	100	—	—	S47	26-0755	南彦根駅目の前	[B][T][W][P][C]
スーパーホテル南彦根駅前	95	124	—	サービス	S50〜	24-9000	南彦根駅歩3分	[B][T](s)[W][P](51台先着順)[C]

Map　大津周辺　琵琶湖大橋周辺　草津・野洲周辺　八日市周辺

【ひとくちメモ】　奈良時代、伝教大師最澄により開かれた天台宗総本山「比叡山延暦寺」は、法然、親鸞、道元、日蓮などの傑僧を輩出し、1200年もの間、日本仏教を支えてきたその歴史と伝統が評価され、平成6年に世界文化遺産に登録された。山内では敷地が広いため、シャトルバスが運行している。／諸堂巡拝料:(東塔・西塔・横川共通券)大人1,000円、中高生600円、小学生300円。(国宝殿拝観料)大人500円、中高生300円、小学生100円。坂本比叡山口駅からバス+ケーブルカー+徒歩28分。☎077-578-0001　https://www.hieizan.or.jp/

★お申し込み時「全国安い宿情報を見た」と言ってね！

お得情報は187ページを見てね！

宿泊料金は基本的に「**1名分**、消費税10%込み」表示(単位:百円) ※宿泊税別／⊕→1室2名利用／⊕→1室3名利用／⊕→1室4名以上利用／B.H.→ビジネスホテル／P.→ペンション／Y.H.→ユースホステル／Y.G.H.→ユースゲストハウス／⑳→YH会員料金／⑱→相部屋=ドミトリー／S→シングルルーム／㉘→地下鉄／⑱→男性専用／⑫→女性専用／⑲→全室和室／⑳→和室有(全室ではない) 〈右へ〉

《滋賀・京都》…★お申し込み時「全国安い宿情報を見た」と言ってね！お得情報は187ページを見てね！

名称	室数	定員	1名分宿泊料金(単位/百円)			電話	交通	特徴・備考
			2食付	朝食付	素泊			
(彦根・米原周辺) map▶118ページ						(0749)		
B.H.くらま	31	60	S78、81	S62、65	S55、59	28-2555	河瀬駅車5分	⑧⑦W⑫C⑨⑱中浴場
ファミリーロッジ旅籠屋彦根店	14	56	—	軽朝食	S49.5〜	42-4285	彦根I.C.12km	⑧⑦ⓢW⑫ 国道8号沿い
東横INN米原駅新幹線西口	142	284	—	サービス	S72〜	80-0045	米原駅1分	⑧⑦ⓢW⑫先着順 C⑨
ホテルナレッジイン	12	18	—	—	S60	52-3769	米原駅西口歩1分	⑧⑦ⓢW⑫ C⑨wowwow対応、居酒屋隣接
民泊近江屋	4	8	—	—	⑱55〜	52-0027	米原駅東口歩8分	⑲⑦W⑫Q 旧中山道沿いの閑静な宿、長期歓迎
グリーンパーク山東	7	34	⑬77〜	⑬60.5〜	⑬44〜	55-3751	近江長岡駅バス10分	⑲⑧⑦W⑫⑨ 飲水風呂大浴場、露天風呂、サウナ
(長浜・高月周辺) map▶118ページ						(0749)		
B.H.いずみ	43	61	—	—	S43〜	62-3417	長浜駅5分	⑧⑦W⑫ 大型車有料 C
ホテルルートイン長浜インター	247	355	※レストラン	サービス	S72〜	68-2030	長浜駅10分	⑧ⓢW⑫先着順 C⑨ 大浴場 日祝休
北近江観音坊乙高庵	11	47	※⑬148.5〜	※⑬104.5〜	※⑬93.5〜	82-6020	木ノ本駅車13分	⑲⑦P⑫C⑨ 離れ和室有、薬草風呂・露天風呂 ※5名
ウッディパル余呉	11棟	90	夕食37.4〜	朝食9.9	1棟192.5〜	86-4145	木ノ本駅バス20分	⑧⑦P C⑨ 貸コテージ、総合レジャー施設
まさご旅館	4	10	75〜	55〜	50〜	88-0855	近江塩津駅歩2分	⑲P 釣り客人気
(近江今津周辺) map▶118ページ						(0740)		
ウェストレイクホテル可以登楼	20	27	S87	S74	S65	32-2588	安曇川駅歩1分	⑧⑦ⓢW⑫C⑨Q 宴会場、チャペルウェディング
ホテル可以登	34	85	S85.8〜	S68.8〜	S60〜	22-5111	近江今津駅歩1分	⑲⑧⑦ⓢW⑫C⑨ レストラン、宴会場、大浴場
丸茂旅館	13	60	82.5〜	60.5〜	49.5〜	22-1915	近江今津駅歩7分	⑲⑦W⑫C⑨ 大浴場、アットホーム感、1人旅可
丸三旅館	30	100	77〜	63〜	57〜	32-1339	安曇川駅歩12分	⑲⑦W P⑫ 24h大浴場
恵美寿荘	10	60	77〜	66〜	55〜	36-0012	近江高島駅歩3分	⑲⑦W P C⑨ 湖畔の宿、すき焼きしゃぶしゃぶ人気

Map

| 近江八幡周辺 | | 彦根・米原周辺 | | 長浜周辺 | | 近江今津周辺 | |

◇京都◇

(京都市内は宿泊税別途200円)
※宿泊代20,000円未満の場合

名称	室数	定員	2食付	朝食付	素泊	電話	交通	特徴・備考
(京都駅周辺) map▶118ページ						(075)		
京都ホワイトホテル	36	100	—	—	40〜	351-5511	京都駅歩3分	⑲⑧⑦P(2台予約) 展望風呂、洗濯無料
R&Bホテル京都駅八条口	223	223	—	朝食5	S60〜	693-2121	京都駅八条口歩3分	⑧⑦ⓢW
ホテルリブマックスBUDGET京都駅前	54	156	—	—	58〜	354-7100	京都駅歩5分	⑧⑦W VOD、電子レンジ、ミニキッチン、洗濯機
藤家旅館	6	13	要問	要問	45〜	351-3894	京都駅歩5分	⑲⑦W C⑨ 猫女将リリーがお出迎え
RYOKAN SHIMIZU	12	30	—	66〜	55〜	371-5538	京都駅歩7分	⑲⑧⑦W⑫ 門限制
わじま屋旅館	7	20	—	—	77〜	351-7873	京都駅歩7分	⑲⑦W C 東本願寺前、1人旅歓迎
京都ゲストハウス御旅庵(おたびあん)	3	10	—	—	45〜	644-7027	京都駅八条西口歩9分	W⑫Q ドミトリー¥3,500、シャワー、東寺近く
たき川旅館本館	14	60	99〜	77〜	55〜	351-1782	京都駅歩10分	⑲⑦W P C⑨ 東本願寺へ歩10分
ゲストハウス時遊人	10	25	自炊可	自炊可	S40〜	708-5177	京都駅歩20分	W ㉘五条駅歩2分

Map

| 京都駅周辺 | | 京都・洛中周辺 | | 京都・洛東周辺 | | 京都・洛西周辺 | |

【ひとくちメモ】 ひこにゃんのキャラクターが全国的にも有名な「彦根城」。1622年築城で、姫路城、松本城、犬山城、松江城とともに国宝に指定されている。3階3重の屋根で構成されている天守、重要文化財の各櫓、整備の行き届いた庭園・玄宮園、内堀・中堀等、保存状態も良い。2024年は耐震対策工事により天守内部への入場停止時期あり。彦根駅から徒歩15分。入城料(2024年10月〜):一般1,000円、小中学生300円。彦根城+博物館観覧料(2024年10月〜):一般1,500円、小中学生550円。☎0749-22-2742 https://hikonecastle.com

〈→つづき〉Ⓑ→全室バス付／Ⓑ→一部バス付／Ⓣ→全室トイレ付／Ⓣs→全室シャワートイレ＝ウォシュレット付／Ⓣ→一部トイレ付／
Ⓦ→全室Wi-Fi可／Ⓦ→一部Wi-Fi可／Ⓟ→有料駐車場／Ⓟ→無料駐車場／送→送迎有／身→身体障害者への対応〔要問〕／
Ⓒ→一部クレジットカード決済可／Ⓠ→paypay等の一部QR決済可／24h→24時間　特記事項は"※"印、又は"（ ）"括弧書きにて説明

名称	室数	定員	2食付	朝食付	素泊	電話	交通	特徴・備考
（京都・洛中） map▶118ページ						（075）		
P119 五条IVY	9	18	自炊可	自炊可	30.75～	255-9009	地五条駅歩8分	ⒷⓉⓌⒸⓆ キッチン付
P119 一条IVY	11	14	自炊可	自炊可	30.75～	255-9009	地今出川駅歩10分	ⒷⓉⓌⒸⓆ キッチン付
P119 西陣IVY	3	15	自炊可	自炊可	30.75～	255-9009	地今出川駅歩15分	ⒷⓉⓌⒸⓆ キッチン付
P119 一条PREMIUM	1棟		自炊可	自炊可	1室142.5～	255-9009	地今出川駅歩12分	ⒷⓉⓌ 高断熱仕様2LDK、レンタサイクル無料
P119 三条PREMIUM	1棟		自炊可	自炊可	1室142.5～	255-9009	地二条城駅歩4分	ⒷⓉⓌ 日本庭園付3LDK、レンタサイクル無料
スマイルホテル京都烏丸五条	108	242	—	朝食10	60～	330-9700	地五条駅歩1分	ⒷⓉ(s)ⓌⓅ先着順
東横INN京都五条烏丸			—	サービス	S70～	344-1045	地五条駅歩3分	ⒷⓉ(s)ⓌⒸⓆ
ホテルリブマックスBUDGET京都五条	46	82	—	—	70～	341-1173	地五条駅歩10分	ⒷⓉⓌⓅ VOD、電子レンジ
東横INN京都五条大宮			—	サービス	S64～	352-1045	丹波口駅歩10分	ⒷⓉ(s)ⓌⓅ先着順ⒸⓆ
オレンジ・イン	5	31	—	—	要問	313-4320	京都駅バス10分	Ⓦ 桂離宮・西本願寺へ歩15分
東横INN京都四条烏丸			—	サービス	S71～	212-1045	地四条駅歩0分	ⒷⓉ(s)ⓌⒸⓆ
安心お宿京都四条烏丸店	180	180	ご飯サービス	ご飯サービス	40～	03-6746-4751	地四条駅歩90秒	男女利用カプセルⓌⒸⓆ 大浴場、ミストサウナ
スマイルホテル京都四条	144	200	S50～	—	S40～	371-0941	地烏丸駅歩5分	ⒷⓉ(s)Ⓦ ビジネス・観光に
東横INN京都四条大宮			—	サービス	S67～	803-1045	大宮駅歩1分	ⒷⓉ(s)ⓌⓅ予約制ⒸⓆ
東横INN京都二条城南			—	サービス	S72～	213-1045	地二条城駅歩6分	ⒷⓉ(s)ⓌⓅ予約制ⒸⓆ
ゲストハウス金魚家	3	10	—	朝食10	30～	411-1128	二条バス20分	相Ⓦ 個室有、町家、乾隆校バス停歩5分
トミーリッチイン京都	12	50	❶42.5～	❶35～		255-0137	地烏丸御池駅歩7分	ⓌⓅ 24h風呂、本能寺歩2分
ゲストハウス糸屋	7	19	自炊可	自炊可	30～55	441-0078	地今出川駅歩17分	相Ⓦ 個室有、西陣の京町家
京都イン加茂川	10	23	—	—	❶70.5～	256-2681	地鞍馬口駅歩6分	ⒷⓉⓅ 洋室・和室（3～4名）で低料金
ゲストハウス月光荘	3	7	居酒屋	—	40	080-6924-8131	地鞍馬口駅歩20分	相Ⓦ 船岡温泉向い、金閣寺・大徳寺近く

京都市 デイリーアパート 京都IVY

☎075-255-9009
http://ivy.free-d.jp
ご予約はWEBサイトからのみの受付となります

伏見IVY（伏見区）…近鉄伏見駅歩1分
五条IVY（下京区）…市バス「西本願寺前」バス停
一条IVY（上京区）…市バス「一条戻り橋」バス停徒歩1分
西陣IVY（上京区）…市バス「智恵光院中立売」バス停徒歩1分
一条PREMIUM（上京区）…市バス「一条戻り橋停」徒歩2分
三条PREMIUM（中京区）…地下鉄「二条城前駅」歩4分

京都での滞在に…

必要な時に必要な期間だけ借りられる賃貸住宅。家具・家電・寝具や調理具も完備していて、身の回り品だけで気軽にお泊り頂けます。マンションや一戸建などの一般住宅を利用していて、フロントも無く、チェックイン後は、自宅の様に、直接お部屋に出入り出来るので、他のお客様やスタッフと交わることがありません。京都IVYは、あなたのセカンドハウスです。

【1室当たりの1泊料金】
（京都市宿泊税別）

シングル（1名利用）	¥3,075～¥4,400
ツイン・セミダブル（2名利用）	¥4,200～¥5,900
大部屋（5名利用）	¥9,375～¥12,500
一戸建（5名利用）	¥14,250～¥21,000

【ひとくちメモ】　京都市街を表す時、右京区、左京区、下京区、北区などの"区"とは別に、洛北、洛東、洛中、洛西、洛南といった区分けをよく目にすると思います。本誌でも行政の"区"ではなくこの"洛"の方を使用していますが、実際は明確な境界の基準はないんだそうです。ただ全般的に、豊臣秀吉が当時京都の町に張り巡らせた「お土居」の内を"洛中"として紹介しているものが多く、本誌でもそれに倣って、北大路通から北を"洛北"、高野川・鴨川から東を"洛東"、西大路通から西を"洛西"、九条通から南や伏見・宇治辺りまでを"洛南"と設定しています。

宿泊料金は基本的に「**1名分**、消費税10％込み」表示（単位：百円） ※宿泊税別／[ツ]→1室2名利用／[トリ]→1室3名利用／[複]→1室4名以上利用／B.H.→ビジネスホテル／P.→ペンション／Y.H.→ユースホステル／Y.G.H.→ユースゲストハウス／[会]→YH会員料金／[相]→相部屋＝ドミトリー／S→シングルルーム／[地]→地下鉄／[男]→男性専用／[女]→女性専用／[和]→全室和室／[和]→和室有（全室ではない） 《→右へ》

名称	室数	定員	1名分宿泊料金（単位/百円）			電話	交通	特徴・備考
			2食付	朝食付	素泊			
（京都・洛東） map▶118ページ						(075)		
五条ゲストハウス	5	20	カフェ	朝食6～	25～	525-2299	清水五条駅歩5分	[相][W][C][Q]ツイン別料金、1Fカフェ、外国人多い、別館有
アメニティホテル	18	63	—	—	S54～	525-3900	清水五条駅歩20分	[B][T][W][C][Q]
京都白川季楽INN	7	18	—	—	S35～65	202-4132	祇園四条駅歩8分	[相]（女性のみ¥2500～）[W][C]個室有
京都町家ゲストハウス雅順	5	20	—	サービス	38～	708-8573	[地]東山駅歩5分	[相][W][C][Q]個室有、銭湯パック無料、八坂神社近く
ゲストハウスこばこ	3	10	—	—	55～	080-3829-9343	[地]東山駅歩15分	[W][C]シャワーのみ、平安神宮歩1分
京都トラベラーズイン	78	200	—	朝食13.2	[ツ]55～	771-0225	京都駅バス30分	[B][T][W][P][C][Q]大浴場、平安神宮歩5分
旅館丸家	15	85	—	—	※[複]50～	761-3161	神宮丸太町駅歩5分	[和][B][T][W][C]京都大学近く、※5名利用
ゲストハウス和楽庵	7	22	—	—	44～	080-6360-0775	神宮丸太町駅歩10分	[W]シャワーのみ、平安神宮近く
ゲストハウストンボ	3	15	—	—	25～35	200-5725	出町柳駅歩1分	[相][W]個室有、鴨川のほとり
P.北白川	20	50	—	—	[ツ]46.2～	721-5290	京都駅バス40分	[B][T][W][P][Q]銀閣寺へ歩10分
（京都・洛西） map▶118ページ						(075)		
宇多野Y.H.	41	170	55～	42.5～	34.5～	462-2288	京都駅バス45分	[相][W][P][C]大浴場
宿坊東林院	8	20	66	55	49.5	463-1334	花園駅歩8分	[和][P]自家菜園野菜中心の精進料理
民宿わらびの里	8	35	65～	50	40	871-4169	嵯峨嵐山駅歩20分	[P]米・野菜類は自家生産、合宿可、大覚寺歩15分、北嵯峨
（京都・洛北）						(075)		
コンドミニアムイルヤ	1棟	6	自炊可	自炊可	40	781-3567	修学院駅歩15分	[P]和風コンドミニアム
四季倶楽部 京都加茂川荘	12	33	夕食33～	朝食11	[ツ]57.5～	050-3310-5930	[地]北大路駅歩2分	[和][T](s)大浴場
（京都・洛南） map▶120ページ						(075)		
P119 伏見IVY	9	18	自炊可	自炊可	30.75～	255-9009	近鉄伏見駅歩1分	[B][T][W]キッチン付
（亀岡～京丹波周辺）						(0771)		
B.H.サンロイヤル	62	88	—	S57.2～	S49.5～	24-8188	亀岡駅車5分	[和][B][T][W][P]（大型車有料）[C][Q]
民宿みやま	17	90	88～	71.5～	60.5～	75-0535	園部駅バス40分	[和][W][P][C][Q]各種合宿人気
芦生山の家	8	32	95～	要問	—	77-0290	日吉駅バス90分	[W][P][C]芦生原生林入口、由良川源流
民宿ほその	7	30	99～	77	55	88-0130	下山駅バス20分	[和][W][P][C][Q]ぼたん鍋人気（別料金）
美山ハイマートY.H.	4	13	夕食13	朝食7.5	[会]57～	75-0997	和知駅バス20分	[W][P][Q]茅葺屋根の宿
（福知山周辺） map▶120ページ						(0773)		
セイワ・ホテル	32	60	—	—	S59	24-1010	福知山駅歩7分	[和][B][T][W][P][C]
ホテルつかさ福知山	102	180	—	—	S55～	22-1701	福知山駅歩12分	[B][T][W][P][C]大浴場、国道9号沿い
福知山サンホテル	47	51	S77、86	S64、73	S59、68	23-6161	福知山駅車5分	[B][T](s)[W][P]別館有（長期向き）
（天橋立周辺） map▶120ページ						(0772)		
波路荘	6	20		休業中		22-0734	宮津駅歩6分	[和][P]24h人工温泉、室内禁煙、天橋立へ車5分
天橋立Y.H.	8	48	48.5～	38～	31.5～	27-0121	天橋立駅バス20分	[相][W][P][C][Q][会]¥320引、バス停から歩10分
福寿亭	6	18	※88～	—	—	27-0545	天橋立駅車20分	[P]魚屋ならではの美味しい魚料理 ※冬季カニ別料金
P.自給自足	6	21	60～	50～	35～	27-1741	天橋立駅車45分	[W][P][Q]手打ちそば（要予約）人気

Map
京都・洛南 伏見周辺　福知山周辺　天橋立周辺　丹後半島周辺

【ひとくちメモ】 祇園・八坂神社のすぐそばにある日本初の漢字ミュージアム「漢検 漢字博物館・図書館」。明るく清潔な館内1階には清水寺で発表される「今年の漢字」の大書、48席のシアター、30mの「漢字歴史絵巻」などを展示。2階ではタッチパネルのゲームやマグネットボードなど、手や体を動かして遊びながら漢字に親しめる。日本語や漢字についておよそ5,000冊を閲覧できる図書館もある。祇園四条駅徒歩5分。9:30～17:00（月曜・年末年始休館）。入館料：大人800円、高大生500円、小・中学生300円。☎075-757-8686 https://www.kanjimuseum.kyoto/

★お申し込み時「全国安い宿情報を見た」と言ってね！

お得情報は187ページを見てね！

〈→つづき〉　Ⓑ→全室バス付／Ⓑs→一部バス付／Ⓣ→全室トイレ付／Ⓣs→全室シャワートイレ＝ウォシュレット付／Ⓣ→一部トイレ付／
Ⓦ→全室Wi-Fi可／Ⓦ→一部Wi-Fi可／Ⓟ→有料駐車場／Ⓟ→無料駐車場／送→送迎有／身→身体障害者への対応可（要問）／
Ⓒ→一部クレジットカード決済可／Ⓠ→paypay等の一部QR決済可／24h→24時間　特記事項は※印、又は（）括弧書きにて説明

名　称	室数	定員	1名分宿泊料金（単位/百円）			電話	交通	特徴・備考
			2食付	朝食付	素泊			
（舞鶴周辺）						（0773）		
シーサイドホテルパルコ	78	102	S83、85	サービス	S68、70	64-1081	東舞鶴駅歩15分	ⒷⓉⓌⓅⒸ レストラン
大江山青少年グリーンロッジ	12	82	夕食19.8～	朝食8.8	46.2～	56-0095	大江山口内宮駅車10分	Ⓟ 大江山登山人気、博物館
（丹後半島周辺） map▶120ページ						（0772）		
なかむらや旅館	7	35	71.5～	58.3	49.5	64-2339	京丹後大宮駅歩2分	和ⓌⓅ カニ料理別料金、天橋立へ車20分
シティーホテル峰山	98	105	※S69～	サービス	S60～	69-5100	峰山駅車8分	ⒷⓉsⓌⓅⒸ ※要予約
ニュー丸田荘	8	25	130.5～	70～	50～	72-5716	網野駅車7分	和ⓌⓅⒸⓆ カニ料理別料金、琴引浜海水浴場歩3分
民宿島田荘	11	40	133.5～	78.5～	67.5～	72-4110	網野駅10分	和ⓌⓅⒸⓆ 天然温泉（露天有）、舟盛り料理別途
瑠　景　楼	9	50	133.5～	78.5～	67.5～	83-1520	小天橋駅歩5分	和ⓌⓅ 日本海一望の天然温泉展望風呂
味宿きぬや	8	30	要問	58.5～	44～	83-0065	小天橋駅歩5分	和ⓌⓅ送Ⓠ 小天橋海水浴場へ歩3分

◇大　阪◇

（大阪府内は宿泊税別途100円）
※宿泊代7,500円～15,000円未満の場合

名　称	室数	定員	2食付	朝食付	素泊	電話	交通	特徴・備考
（大阪駅・梅田周辺） map▶122ページ						（06）		
セカンドイン梅田	128	148	—	—	S58～	6346-1177	大阪駅歩7分	Ⓦ提供Ⓟ 全室シャワーのみ、シンプルな造り、ツイン有
丸一ホテル	40	70	—	朝食4	S50～	6312-0621	大阪駅歩10分	和ⒷⓉⓌⒸⓆ
サウナ＆カプセル大東洋	298	298	レストラン	朝食5.9～6.05～	男32～	6312-7522	大阪駅歩10分	男女利用カプセルⓌⓅⒸⓆ サウナスパ、大浴場
R&Bホテル梅田東	218	218	—	朝食5	S59～	6311-4141	地東梅田駅歩5分	ⒷⓉsⓌ
東横INN大阪天満橋六丁目			—	サービス	S69～	6486-1045	地天神橋筋六丁目駅歩3分	ⒷⓉsⓌⓅ予約制ⒸⓆ
東横INN梅田中津1	170	200	—	サービス	S78～	6376-1045	地中津駅歩1分	ⒷⓉsⓌⓅ先着順ⒸⓆ 阪急梅田駅歩5分
東横INN梅田中津2			—	サービス	S69～	7660-1045	地中津駅歩6分	ⒷⓉsⓌⓅ先着順ⒸⓆ
ファーストキャビン西梅田	147	147	—	サービス	41、51	6345-8424	福島駅歩2分	男女別キャビンⓌ 大浴場、アメニティ、cafe&bar
東横INN大阪JR野田阪神前	215	251	—	サービス	S80～	6444-1045	野田駅歩5分	ⒷⓉsⓌⓅ先着順ⒸⓆ USJへ15分
スーパーホテル梅田・肥後橋	80	108	—	サービス	S80～	6448-9000	地肥後橋駅7番出口歩2分	ⒷⓉsⓌⓅ TEL予約可
スマイルホテル大阪中之島	124	248	—	朝食12	朝60～	6447-7755	地肥後橋駅2番出口歩5分	ⒷⓉsⓌ コインランドリー
東横INN淀屋橋駅南	376	429	—	サービス	S78～	6222-1045	地淀屋橋駅歩4分	ⒷⓉsⓌⓅ先着順ⒸⓆ
東横INN大阪梅田東	241	302	—	サービス	S72～	6313-1045	地南森町駅歩3分	ⒷⓉsⓌⓅ先着順ⒸⓆ
東横INN京阪桜ノ宮			—	サービス	S68～	6242-1045	桜ノ宮駅西口歩8分	ⒷⓉsⓌⓅ予約制ⒸⓆ
くずのは旅館	9	15	—	—	60	6921-0903	地都島駅歩3分	和ⒷⓉⓌ 大阪市立医療センター前
（大阪城周辺） map▶122ページ						（06）		
東横INN大阪谷四交差点	195	220	—	サービス	S70～	6946-1045	地谷町四丁目8番出口目の前	ⒷⓉsⓌⓅ予約制ⒸⓆ
スーパーホテル地下鉄谷町四丁目6号口	74	150	—	サービス	S55～	6942-9000	地谷町四丁目駅歩5分	ⒷⓉsⓌⓅ予約制Ⓒ
東横INN天満橋大手前	119	160	—	サービス	S68～	6966-1045	地天満橋駅歩7分	ⒷⓉsⓌⓅ予約制ⒸⓆ
（大阪港周辺） map▶122ページ						（06）		
ファミリーロッジ旅籠屋大阪港店	14	56	—	軽朝食	朝49.5～	6572-3858	地大阪港駅500m	ⒷⓉsⓌⓅ EV車充電可
シンプルハートホテル大阪	91	136	—	サービス	S62～	4804-6000	安治川口駅歩3分	ⒷⓉsⓌⓅ予約制Ⓒ USJへ歩15分
（京セラドーム周辺）						（06）		
東横INN大阪弁天町			—	サービス	S75～	6585-1045	弁天町駅歩7分	ⒷⓉsⓌⓅ予約制ⒸⓆ
東横INN大阪ドーム前			—	サービス	S78～	6584-1045	大正駅歩7分	ⒷⓉsⓌⓅ予約制ⒸⓆ

…《京都・大阪》…　★お申し込み時「全国安い宿情報を見た」と言ってね！

近畿

お得情報は187ページを見てね！

【ひとくちメモ】 2025年4月13日～10月13日の184日間、大阪・夢洲（ゆめしま）にて「大阪万博」が開催される。「いのち輝く未来社会のデザイン」をテーマとして、IoT（物のインターネット）、AI（人工知能）、ロボティクス、ビッグデータ、バイオテクノロジーといった技術により様々な地球規模の課題が解決される社会、SDGsの達成を目指し、最先端技術など世界の英知が結集し新たなアイデアを創造発信することが期待されている。大阪メトロ中央線のコスモスクエア～夢洲が延伸され、夢洲駅が新設される予定。https://www.expo2025.or.jp/

宿泊料金は基本的に「**1名分**、消費税10%込み」表示(単位:百円) ※宿泊税別／⯅→1室2名利用／⯅→1室3名利用／⯅→1室4名以上利用／B.H.→ビジネスホテル／P.→ペンション／Y.H.→ユースホステル／Y.G.H.→ユースゲストハウス／⯅→YH会員料金／⯅→相部屋=ドミトリー／S→シングルルーム／⯅→地下鉄／⯅→男性専用／⯅→女性専用／⯅→全室和室／⯅→和室有(全室ではない) (→右へ)

《大阪》 ★お申し込み時「全国安い宿情報を見た」と言ってね！

近畿 お得情報は187ページを見てね！

名　称	室数	定員	1名分宿泊料金(単位/百円)			電話	交通	特徴・備考
			2食付	朝食付	素泊			
(心斎橋周辺) map▶122ページ						(06)		
変なホテル東京 心斎橋	88	176	—	⯅102~	—	050-5576-8350	地心斎橋駅歩3分	BTⓈWPCQ
スマイルホテル大阪四ツ橋	151	302	—	朝食6	S56~	6556-9400	地四ツ橋駅1-A出口すぐ	BTⓈWP ビジネス・観光に
東横INN心斎橋西	143	153	—	サービス	S78~	6536-1045	地四ツ橋駅4番出口歩1分	BTⓈWP 予約制 CQ
FON-SU BED&BREAKFAST	10	23	—	朝食10~	35~	6556-6586	地西長堀駅歩3分	地WCQ 個室風、デザイナーズホテル、シャワーのみ
ホテルモーニングボックス大阪心斎橋	90	90	—	朝食11	50~	6243-0777	地長堀橋駅歩1分	TWCQ 大浴場
東横INN大阪船場1	96	112	—	サービス	S70~	6125-1045	地堺筋本町駅歩4分	BTⓈWP 予約制 CQ 道頓堀へ歩20分
東横INN大阪船場2			—	サービス	S74~	7669-1045	地堺筋本町駅歩5分	BTⓈWP 先着順 CQ
東横INN大阪船場東	188	218	—	サービス	S68~	4790-1045	地堺筋本町駅歩5分	BTⓈWP CQ 谷町四丁目駅歩6分
Hotel atarayo Osaka	126	126	—	—	35~	6241-7770	地堺筋本町駅歩7分	男女共カプセルWCQ キャビン個室有,男女フロア別
HOTEL THE ROCK	98	108	—	軽朝食	30~	6539-1169	本町駅23番歩5分	男女共カプセルWCQ バンクベッド有,ラグジュアリー
ホテルオクウチ大阪	86	156	—	—	S50	6448-5000	地阿波座駅歩1分	和4名~ BTⓈWP USJへ20分
ホテルルートイン大阪本町	346	432	※レストラン	サービス	S91~	6534-8211	地阿波座駅1番出口歩2分	BTⓈWP 先着順・車体制限有 CQ 大浴場 ※日祝休
(難波周辺) map▶123ページ						(06)		
ナインアワーズなんば駅	165	165	—	休業中	—	03-6721-5963	地なんば駅直結	男女利用カプセルW 地なんば駅歩3分
ファーストキャビン難波	59	71	—	—	54~	6631-8090	地なんば駅直結	男女別キャビンWP 大浴場・サウナ 女 アメニティ
東横INN大阪なんば			—	サービス	S84~	7711-1045	地なんば駅歩1分	BTⓈWP 予約制 CQ
サウナ&カプセル アムザ	590	590	レストラン	レストラン	32~	6633-1000	地なんば駅歩3分	男カプセルWPCQ 大浴場、サウナ
東横INN大阪なんば西	142	187	—	サービス	S75~	4397-1045	地なんば駅歩5分	BTⓈWP 予約制 CQ 大阪府立体育館へ歩3分
B.H.ニッセイ	131	160	—	サービス	S40~83	6632-8111	地なんば駅歩10分	BTⓈWP 予約制 CQ
東横INN大阪日本橋文楽劇場前			—	サービス	S75~	7668-4045	地日本橋駅歩2分	BTⓈWP CQ
大和屋本店	39	178	和143~	和66~	⯅44~	6211-3587	地日本橋駅歩3分	BTWPCQ 大浴場、夕食に雑仏鍋、源泉暖簾別
ウィークリー翔ホテルなんば	40	53	—	—	※S19~	6632-3345	地日本橋駅歩8分	和BWQ 個室禁煙、大浴場 ※7泊単価
スマイルホテルなんば	88	92	—	朝食8	S58~	6561-1155	阪神桜川駅2番出口歩1分	BTⓈWP 大浴場、京セラドーム近く
ホテルリブマックスBUDGETなんば	51	105	—	—	74~	6567-6111	地桜川駅歩4分	TWCQ 電子レンジ、ズボンプレッサー
ウィークリーグリーンINなんば	73	106	自炊可	自炊可	※S50~65	6647-3719	地大国町駅歩3分	和TWCQ キッチン付、和2~3(宿泊時1泊当たり)
東横INN大阪なんば日本橋			—	サービス	S74~	7668-1045	地恵美須町駅歩5分	BTⓈWP 先着順 CQ
(新今宮・天王寺周辺) map▶123ページ						(06)		
来　山　北　館	110	120	—	—	S26~	6647-2193	新今宮駅歩2分	W 大浴場、サウナ
来　山　南　館	110	130	—	—	S26~	6647-2195	新今宮駅歩2分	WP 大浴場、サウナ、USJへJR15分
ホ テ ル ピ ボ ッ ト	130	150	—	—	S39.8~	6647-7561	新今宮駅歩2分	TWCQ シャワー、ツイン有、女性専用フロア有
ホテル中央セレーネ	93	110	—	朝食4.1~	S45~	6647-2758	新今宮駅歩2分	BTⓈWP (予約制)C
ホテル中央オアシス	108	135	—	朝食4.1~	S45~	6647-6130	新今宮駅歩3分	BTⓈWP (予約制)C
ホ テ ル み か ど	97	110	—	—	S26~	6647-1355	新今宮駅歩3分	WP 大浴場(男女入替制)
ホテル中央クラウン	116	116	—	朝食4.1~	S45~	6632-0870	地動物園前3番出口すぐ	BTⓈWC コンビニ併設
ホテル中央ブリッジ	154	162	—	朝食4.1~	S45~	6634-2131	地動物園前2番出口歩2分	BTⓈWC
B．H．太　洋	100	200	—	—	S25~40	6631-0802	地動物園前駅歩1分	WCQ アウトバス 女フロア有、通天閣歩8分
東横INN大阪通天閣前			—	サービス	S73~	7662-1045	地動物園前駅歩5分	BTⓈWP CQ
ゲストハウス松	5	35	自炊可	自炊可	30~	6658-0202	天下茶屋駅歩7分	地WCQ 個室有、カフェ併設、国際色豊か、柴犬がいる
旅 の 宿 葆 光 荘	13	30	60.5~70.5	55~65	—	6771-7242	天王寺駅北口歩1分	和築100年の建物、ビジネス・家族可
グリンヒルホテル	36	40	レストラン	レストラン	S49.5~	6773-0077	天王寺駅歩4分	BTWPC

Map

大阪駅・梅田周辺	大阪城周辺	大阪港周辺	心斎橋周辺

【ひとくちメモ】 フィギュアメーカー「海洋堂」による「海洋堂フィギュアミュージアムミライザ大阪城」では、フィギュアに馴染みのない国内外の方でも楽しめることを意識して、特撮モノ、洋画、マンガ・アニメ、美少女、食玩、恐竜・動物、仏像等…、40年以上に渡り手掛けた様々な分野のフィギュアから選りすぐりの3,000点以上を10のエリアに分けて展示している。JR森ノ宮駅、大阪城公園駅、天満橋駅、いずれの駅からも徒歩15分。入館料:大人1,000円、小人500円。☎06-6940-0835 https://www.ryuyukan.com/miraiza

〈→つづき〉　Ⓑ→全室バス付／Ⓑ→一部バス付／Ⓣ→全室トイレ付／Ⓣs→全室シャワートイレ＝ウォシュレット付／Ⓣ→一部トイレ付／
Ⓦ→全室Wi-Fi可／Ⓦ→一部Wi-Fi可／Ⓟ→有料駐車場／Ⓟ→無料駐車場／送→送迎可／㊟→身体障害者への対応可(要問)／
Ⓒ→一部クレジットカード決済可／Ⓠ→paypay等の一部QR決済可／24h→24時間　特記事項は"※"印、又は"( )"括弧書きにて説明

名　称	室数	定員	2食付	朝食付	素泊	電話	交通	特徴・備考
(新今宮・天王寺周辺) map▶123ページ						(06)		
スマイルホテル大阪天王寺	101	274	—	朝食10	60〜	7636-8800	天王寺駅歩7分	ⒷⓉsⓃⓌ大浴場(男女入替制)、コインランドリー
東横INNあべの天王寺			—	サービス	S76〜	7659-1045	天王寺駅歩8分	ⒷⓉsⓌⓅ先着順ⒸⓆ
(大阪市南部周辺)						(06)		
大阪市立長居Y.H.	16	100	※夕食11	※朝食7	34	6699-5631	鶴ヶ丘駅歩5分	㊟ⓌⒸ個室・大部屋有、長居公園内 ※団体がいる場合
(大阪市東部周辺)						(06)		
東横INN大阪鶴橋駅前	16	35		サービス	S73〜	6766-1045	鶴橋駅歩4分	ⒷⓉsⓌⒸⓆ
今里旅館				朝食8	50〜	6971-1664	今里駅歩5分	和ⒷⓉⓌⓅⒸⓆ
(新大阪周辺) map▶123ページ						(06)		
ホテルリブマックスBUDGET新大阪	25	60	—	—	72〜	6990-5556	新大阪駅歩3分	和ⒷⓉⓌⓅ 電子レンジ
東横INN新大阪中央口本館	202	240		サービス	S74〜	6305-1045	新大阪駅歩6分	ⒷⓉsⓃⓌⓅ先着順ⒸⓆ
東横INN新大阪中央口新館	101	120		サービス	S77〜	6303-1045	新大阪駅歩6分	ⒷⓉsⓌⓅ身障者用のみ㊟ⒸⓆ
新大阪Y.H.	23	126	57	46	39	6370-5427	新大阪駅歩7分	㊟ⓌⓅ㊟外国人多い
東横INN新大阪駅東口				サービス	S67〜	6160-1045	新大阪駅歩8分	ⒷⓉsⓌⓅ先着順ⒸⓆ
新大阪サニーストンホテル	232	400	S67〜	S58〜		6390-0001	西中島南方駅歩3分	和ⒷⓉⓈⓌⓅ先着順ⒸⓆ
スマイルホテル新大阪	197	394		朝食12	60〜	6309-7755	西中島南方駅歩3分	ⒷⓉsⓃⓌⓅ先着順 コインランドリー
東横INN新大阪東三国駅前				サービス	S74〜	6398-1045	東三国駅歩1分	ⒷⓉsⓌⓅ先着順ⒸⓆ
東横INN大阪阪急十三駅西口1	275	400		サービス	S72〜	6302-1045	十三駅西口歩5分	ⒷⓉsⓌⓅ先着順ⒸⓆ繁華街に位置
東横INN大阪阪急十三駅西口2				サービス	S69〜	6101-1045	十三駅西口歩5分	ⒷⓉsⓌⓅ予約制ⒸⓆ繁華街に位置
(豊中周辺) map▶123ページ						(06)		
ホテルリブマックスBUDGET江坂	54	110			69〜	6337-6666	江坂駅歩1分	ⒷⓉsⓌⓅ 電子レンジ
スーパーホテル御堂筋線江坂	108	145		サービス	S60〜	4861-9000	江坂駅歩5分	ⒷⓉsⓌⒸ ワイドベッド
B.H.つじ井	40	55		朝食5、8	S53〜	6841-2612	蛍池駅歩1分	ⒷⓉⓌⓅ要予約㊟伊丹空港ヘ5分
東横INN大阪伊丹空港	131	155		サービス	S81〜	6842-1045	蛍池駅歩15分	ⒷⓉsⓌⓅ先着順ⒸⓆ
ホテルA.P	131	155	S65、69	S59、63		6843-2561	蛍池駅歩8分	ⒷⓉsⓌⓅ(2以上有)送伊丹空港ⒸⓆ休前日割増
(池田〜北部周辺)						(072)		
Y.H.玉泉寺	17	60	※会48.2	※会38.3	※会32	734-0844	山下駅車20分	㊟ⓅⓆ宿坊、個室別料金、テニスコート※￥700増
(枚方・茨木周辺)						(072)		
ファミリーロッジ旅籠屋大阪枚方店	14	56	—	軽朝食	⒕49.5〜	868-9858	八幡京田辺I.C.2km	ⒷⓉsⓌⓅEV車充電可
ホテルクレストいばらき	165	167	S72.6〜	S64.8〜		620-2020	茨木駅歩1分	ⒷⓉsⓌⓅⒸ男大浴場・露天風呂
(守口・門真周辺) map▶124ページ						(06)		
東横INN門真市駅前				サービス	S70〜	6916-1045	門真市駅歩3分	ⒷⓉsⓌⓅ予約制ⒸⓆ
ビジネス旅館錦荘	12	30	食事持込可	食事持込可	35、45	6908-4666	門真市駅歩5分	和ⓌⓅ(要予約) 電子レンジ、コインランドリー
(東大阪〜藤井寺周辺) map▶124ページ						(072)		
B.H.みやこ	20	40	夕食11	朝食4.95	S42.9〜	982-3853	新石切駅歩10分	和ⒷⓉⓌⓅ展望風呂、石切神社近く

Map

難波周辺	天王寺周辺	新大阪周辺	豊中周辺

【ひとくちメモ】　大阪・ミナミのシンボル「通天閣」。「黄金の展望台(87.5m)」から階段を上って屋外へ出ると、通天閣の最上部、特別展望台「天望パラダイス(94.5m)」がある。そこから横に突き出した跳ね出し展望台「TIP THE TSUTENKAKU (92.5m)」では先端部がシースルーフロアになっており空中浮遊しているかのよう。また、中間展望台3階(22m)からはEV塔外周を1周半して地下1階まで約10秒で一気に滑り降りるタワースライダーをオープン(大人1,000円、中学生以下500円)。恵美須町駅から徒歩3分／一般展望台料金：大人900円、中学生以下400円／☎06-6641-9555 https://www.tsutenkaku.co.jp/

宿泊料金は基本的に「**1名分**、消費税10％込み」表示(単位:百円) ※宿泊税別／⊕→1室2名利用／⊕→1室3名利用／⊕→1室4名以上利用／B.H.→ビジネスホテル／P.→ペンション／Y.H.→ユースホステル／Y.G.H.→ユースゲストハウス／会→YH会員料金／S→シングルルーム／地→地下鉄／男→男性専用／女→女性専用／全室和室／和→和室有(全室ではない)／(→右へ)

《大阪・和歌山》　★お申し込み時「全国安い宿情報を見た」と言ってね！

近畿

お得情報は187ページを見てね！

名称	室数	定員	2食付	朝食付	素泊	電話	交通	特徴・備考
(東大阪～藤井寺周辺) map▶124ページ						(072)		
旅館山清荘	7	15	—	62.7	55	922-2218	八尾駅歩4分	和WP 24hr風呂、ビジネス・家族・女性1名可
成楽旅館	12	30	—	55	50	955-1009	道明寺駅歩3分	和WP ビジネス向き、道明寺天満宮前
旅館千成家	14	30	団体のみ	団体のみ	S50~	955-0126	藤井寺駅歩1分	和BTWP(3台首都) 全館軟水使用
春日屋旅館	10	20	—	—	50	955-0446	藤井寺駅歩5分	和P ビジネス向き
(堺～高石周辺) map▶124ページ						(072)		
コンフォートホテル堺	119	130	—	サービス	S76~	233-7111	堺駅歩3分	BT(s)WCQ
ホテルサンプラザ堺本館	125	180	—	S44~87.5	S39~82.5	222-0818	堺駅歩5分	BTWPCQ 大浴場
スーパーホテル堺マリティマ	99	99	—	サービス	S63~	227-9000	堺駅歩5分	和BTWP要※ C 天然温泉大浴場
B.H.ニュー大浜	244	351	S60.1~	S49.3~	S42.8~	221-2515	堺駅歩8分	BTWPC 大浴場、関西空港へ40分
東横INN堺東駅	111	128	—	サービス	S81~	282-1045	堺東駅歩8分	BT(s)WP先着順 CQ
ホテルアストンプラザ大阪堺	103	146	ご飯味噌汁	S70	S60	223-0077	堺東駅歩12分	BT(s)WPC 冷蔵庫付、禁煙ルーム有
臨海ホテル北店	257	543	S45~55	—	—	247-1111	湊駅歩5分	BTWPC 男大浴場
臨海ホテル石津店	141	223	—	S64、66	—	244-0115	石津川駅歩3分	和(1室4名)BTWPC
大阪国際Y.H.	40	214	会56.5~	会45.5~	会38~	265-8539	羽衣駅歩15分	相WCQ 個室有、合宿可、体育館有
プライベートゲストハウスそら	4	8	自炊可	自炊可	35	090-8886-0501	北野田駅歩2分	BTWP(4台要予約) キッチン付、洗濯機
(河内長野周辺)						(0721)		
ビジネスinn翠月	6	18	S71	S59	S54	34-2235	滝谷不動駅歩13分	和BT(s)WPQ コインランドリー
(関西空港周辺) map▶124ページ						(072)		
ホテルシーガル	63	100	—	—	S66~	464-1188	井原里駅歩7分	BTWPC(前日迄要予約)CQ 関西空港へ車20分
関空オレンジハウスY.H.	3	12	—	休業中	—	424-1006	泉佐野駅歩10分	和WP(2名要予約)CQ 関空に一番近いY.H.
ホテルニューユタカ	61	91	夕食13.2~	朝食8.8	S55~	461-2950	泉佐野駅車5分	和BTWP要予約 CQ 関西空港へ車20分
ホテルユタカウイング	54	92	—	休業中	—	465-0022	吉見ノ里駅歩7分	BTWPC(要送迎のみ)関西空港車15分)
関空ホテルサンプラス	83	110	夕食13.2~	朝食8.8	S60~	461-2911	りんくうタウン駅車8分	和BTWP要予約CQ 関西空港へ車30分
ファーストキャビン関西空港	153	153	—	—	70、90	456-5526	関西空港駅直結	男女別キャビンW 大浴場・アメニティ、エアロプラザ3F
竜宮館	8	40	⊕132~	⊕88~	⊕77~	494-3011	淡輪駅歩10分	和WPCQ 新鮮な魚介類中心の食事
かどや	10	10	65	47	38	492-2005	深日港駅歩1分	和PQ アウトバス、洗濯機、長期割引

Map

門真周辺 　東大阪周辺 　堺周辺 　関西空港周辺

◇和歌山◇

名称	室数	定員	2食付	朝食付	素泊	電話	交通	特徴・備考
(和歌山市周辺) map▶125ページ						(073)		
B.H.みやま	26	63	—	S39~52	S33~50	428-1169	和歌山駅歩13分	和BTWPC ビジネスと観光の拠点に
東横INN JR和歌山駅東口			—	サービス	S77~	476-1045	和歌山駅歩4分	BT(s)WP先着順 CQ
シティinn和歌山	169	200	—	レストラン S60~76	S48~64	423-2366	和歌山駅歩5分	BTWP要予約CQ 男大浴場
巴館	11	20	—	52	45	431-2405	和歌山駅歩7分	和WP 中心街に位置、アットホーム

P125

【ひとくちメモ】　堺市の「百舌鳥」、羽曳野市・藤井寺市の「古市」からなる「百舌鳥・古市古墳群(もずふるいちこふんぐん)」。4世紀後末から6世紀にかけて200基を超える古墳が造られたといわれており、現在は44基が残っている。クフ王ピラミッド、始皇帝陵と並ぶ世界3大墳墓で全長約486mの日本最大の前方後円墳"仁徳天皇陵"があり、北側の"反正天皇陵古墳"、南側の"履中天皇陵古墳"と合わせて百舌鳥三陵と呼ばれている。2019年、世界遺産に登録された。仁徳天皇陵へは、JR阪和線百舌鳥駅から徒歩8分。堺市役所☎072-233-1101

〈→つづき〉 Ⓑ→全室バス付／Ⓑ→一部バス付／Ⓣ→全室トイレ付／Ⓣs→全室シャワートイレ＝ウォシュレット付／Ⓣ→一部トイレ付／
Ⓦ→全室Wi-Fi可／Ⓦ→一部Wi-Fi可／Ⓟ→有料駐車場／Ⓟ→無料駐車場／㊋→送迎有／㊱→身体障害者への対応可(要問)／
Ⓒ→一部クレジットカード決済可／Ⓠ→paypay等の一部QR決済可／24h→24時間／特記事項は※印、又は( )括弧書きにて説明

名　称	室数	定員	1名分宿泊料金(単位/百円)			電話	交通	特徴・備考
			2食付	朝食付	素泊			
(和歌山市周辺) map▶125ページ						(073)		
スマイルホテル和歌山	165	237	—	朝食12	S52〜	432-0109	和歌山市駅歩12分	ⒷⓉ(s)ⓌⓅ※時間制限有 和歌山城近く
ビジネスイン紀州路	41	50	49.5〜	45〜	38〜	452-3090	和歌山市駅車10分	ⒷⓉⓌⒸⓆ 長期歓迎、東松江駅歩3分
ビジネス旅館みどり	25	70	40〜	34〜	30〜	451-2299	和歌山市駅車10分	⒫Ⓠ 日本製鉄前門近、合宿歓迎、別館有
民営国民宿舎新和歌ロッジ	14	80	㊗87〜	㊗62〜	㊗54〜	444-9000	和歌山駅バス15分	Ⓦ⒫ⒸⓆ 天然温泉(入湯税別)、片男波海水浴場近く
紀三井寺ガーデンホテルはやし	110	350	S88〜	S63.8	S55	444-1004	紀三井寺駅歩7分	ⒷⓉⓌ⒫Ⓒ 天然温泉大浴場(入湯税別)
Ｂ.Ｈ.シンプソン	10	30	54〜66	42〜52	37〜47	483-1115	海南駅歩3分	⒫ 民宿風ビジネス旅館
美里の湯かじか荘	14	65	㊗116.1〜	㊗72.1〜	㊗52.3〜	498-0102	海南駅車35分	Ⓦ⒫ⒸⓆ 大浴場、露天、サウナ
休暇村紀州加太	72	222	㊗140〜			459-0321	加太駅バス10分	Ⓦ⒫ⒸⓆ 天然温泉(入湯税別)
(高野山周辺) map▶125ページ						(0736)		
高野山ゲストハウスKokuu	11	16	夕食16	朝食8	41〜	26-7216	高野山駅バス20分	Ⓦ⒫Ⓠ カプセル&個室、シャワーのみ
ホテルルートイン橋本	148	201	居酒屋	サービス	S83〜	050-5847-7400	橋本駅歩7分	ⒷⓉ(s)Ⓦ⒫㊱有ⒸⓆ 大浴場
旅館かつらぎ	7	25	77〜	55〜	49.5〜	22-6660	妙寺駅歩1分	㊥Ⓦ スポーツ合宿人気、国道24号沿い
亀屋旅館	5	16	—	56〜	48〜	22-0111	妙寺駅歩2分	㊥Ⓦ 静かな環境、高野山へお参り車50分
きくや旅館	7	22	77〜	60.5〜	49.5〜	22-0405	妙寺駅歩5分	㊥Ⓦ⒫ ビジネス向き、冬は全部屋こたつ
丸浅旅館	13	70	92.4〜	79.2	72	73-2246	粉河駅歩10分	Ⓦ⒫ アットホーム、粉河寺前
Ｂ.Ｈ.岩出	14	18		サービス	55	61-6611	岩出駅歩5分	ⒷⓉⓌ⒫
大池荘	12	70	110〜	66	55	64-2076	大池遊園駅歩2分	㊥⒫ 池の上にうかぶ宿、桜がキレイ
(有田川町周辺)						(0737)		
山荘アオ	4棟	60	—	—	33〜	22-0101	藤並駅バス40分	Ⓣ(和式)⒫ 有田I.C.30分
森のコテージ	6棟	39	自炊可	自炊可	1棟176	25-1059	藤並駅バス60分	⒫ 貸別荘タイプ(キッチン付)
山の家やすけ	1棟	20	自炊可	自炊可	※㊥33〜	〃	藤並駅バス60分	⒫ ※大人10名以上利用棟料金 古い民家体験、いろり
山の家左太夫	1棟	15	自炊可	自炊可	※㊥33〜	〃	藤並駅バス60分	⒫ ※大人9名以上利用棟料金 古い民家体験(キッチン付)
(箕島・湯浅周辺) map▶125ページ						(0737)		
民宿ヤマギワ&有田オレンジY.H.	8	20	88〜㊗52.8	58.㊗41.8	47.㊗35.2	62-4536	湯浅駅車6分	㊱(Y.H.利用の場合)Ⓦ⒫ⒸⓆ
民営国民宿舎くろ潮	12	56	㊗130〜		㊗55〜	83-3198	箕島駅車10分	㊥Ⓦ⒫Ⓒ 大浴場、有田みかん海道近く
湯浅温泉湯浅城	26	150	99.4〜	67.5〜	60.9〜	63-6688	湯浅駅車10分	Ⓦ⒫Ⓒ 天然温泉大浴場、お城のような外観、スポーツ施設区々

P125

【ひとくちメモ】 1200年の歴史が息づく山上の聖地『高野山』。平安初期、弘法大師によって開かれた日本仏教の一大聖地で、2004年には「紀伊山地の霊場と参詣道」として世界文化遺産に登録され、日本国内はもとより世界各国から数多くの参拝者が訪れる。高野山真言宗の総本山「金剛峯寺」、国内最大級の石庭「蟠龍庭(ばんりゅうてい)」、「壇上伽藍(だんじょうがらん)」、「根本大塔(こんぽんだいとう)」などが有名。JR和歌山線橋本駅→(南海高野線)→極楽橋駅→(ケーブルカー・5分)→高野山駅。☎0736-56-2011　https://www.koyasan.or.jp/

お申し込み時「全国安い宿情報を見た」と言ってね！

★お申し込み時「全国安い宿情報を見た」と言ってね！

近畿

お得情報は187ページを見てね！

宿泊料金は基本的に「**1名分**、消費税10％込み」表示(単位：百円) ※宿泊税別／⓫→1室2名利用／⓬→1室3名利用／⓭→1室4名以上利用／B.H.→ビジネスホテル／P.→ペンション／Y.H.→ユースホステル／Y.G.H.→ユースゲストハウス／☎→YH会員金／ⓓ→相部屋(ドミトリー)／S→シングルルーム／ⓢ→地下鉄／ⓜ→男性専用／ⓦ→女性専用／ⓣ→全室和室／ⓦ→和室有(全室ではない)／〈→右へ〉

名　称	室数	定員	1名分宿泊料金(単位／百円)			電話	交通	特徴・備考
			2食付	朝食付	素泊			
(由良・御坊周辺) map▶125・126ページ						(0738)		
美 奈 都	15	50	93〜	58〜	52〜	66-0052	紀伊由良駅車6分	和ⓦP 真下が海、磯釣り
白崎シーサイドハイツ白崎荘	9	54	135〜	89〜	78〜	65-1007	紀伊由良駅車8分	和ⒺBTⓦPC キッチン付、白崎海岸
旅館あやめ	8	15	—	—	47〜	22-0449	紀伊御坊駅目の前	ⒺBTⓦP
フォレストイン御坊	107	130	レストラン	朝食8	⓫49〜	32-3111	御坊駅車10分	ⒺBTⓢⓦPⒶ 素泊S¥8000
料理宿橋本荘	10	46	⓫121〜	⓫63.8〜	⓫49.5〜	64-2157	御坊駅車15分	和ⓟPCQ クエ鍋や河豚有/産直海水浴場近く
きのくに中津荘	9	40	75.2〜	62〜	52.5〜	54-0082	御坊駅バス30分	Tⓢⓦ送要予約 ⒸＣ天然温泉
美山温泉愛徳荘	19	76	100.5〜	65.3	56.5	57-0241	御坊駅バス90分	ⓦPC 天然温泉、バスを乗り継ぎ・椿山ダム近く
かわべ天文公園	12	56	69.3〜	66〜	60.5〜	53-1120	和佐駅歩20分	ⓦPC 大浴場
かわべテニス公園	14	65	69.3〜	58.3〜	—	53-0234	和佐駅歩15分	ⓦP 大浴場、テニスコート、天文公園隣接
(田辺周辺) map▶126ページ						(0739)		
美吉屋旅館	16	35	70〜	42〜	35〜	22-3448	紀伊田辺駅歩3分	和P(7台) アットホーム、1人旅歓迎
ホテルTERAMOTO	16	20	—	S70〜	S66〜	25-2551	紀伊田辺駅歩5分	ⒺBTⓦPCQ ツイン有
B.H.花 屋	27	36	—	S70	S60	22-3877	紀伊田辺駅歩5分	ⒺBTⓦPCQ 熊野古道入口
B.H.サンシャイン	23	27	S72〜	S60	S55	25-3719	紀伊田辺駅歩15分	ⒺBTⓢⓦPC 冷蔵庫付、洗濯機・乾燥機無料
国民宿舎紀州路みなべ	60	228	87.3〜	65.3〜	56.5〜	72-3939	南部駅車5分	TⓦPC 天然温泉大浴場・露天
(白浜周辺) map▶126ページ						(0739)		
民宿かつ家	8	12	—	—	35〜40	42-3814	白浜駅バス20分	和ⓦP 温泉、国際民宿
湯快リゾート 白浜御苑	159	538	⓫125.35〜	—	—	43-2468	白浜駅バス10分	TⓢP 白浜温泉(露天入湯税別)、プール(夏)
湯快リゾート ホテル千畳	145	638	⓫114.43〜	—	—	43-2468	白浜駅バス10分	TⓢP 白浜温泉(露天入湯税別)、プール(夏)
国民宿舎しらら	15	70	80〜	60	50	42-3655	白浜駅バス15分	和ⓦPC 天然温泉大浴場(入湯税別)、名勝しらら浜目の前
グランパスイン白浜	41	100	85〜	65〜	55〜	42-2102	白浜駅バス20分	ⓦPC 天然温泉大浴場(入湯税別)、露天風呂
民宿国民宿舎ベイリリィしらゆり荘	27	70	⓫118〜	⓫65〜	⓫53〜	42-3050	白浜駅車10分	ⒺBTⓦPCQ 天然温泉(入湯税別)、ペット可
た つ の や	12	60	99〜	60〜	50〜	52-2244	紀伊日置駅歩8分	和ⓦPCQ 天然温泉桧風呂、海近く、宴会可
(新宮〜串本周辺) map▶126ページ						(0735)		
ホテル光洋イン	18	40	—	—	30〜50	22-2653	新宮駅歩1分	和ⒺBTⓦPCQ 中浴場、部屋きれい
B.H.美 郷	12	22	—	※1F喫茶店6	S48	21-2211	新宮駅歩1分	BTⓢⓦPC ※日曜休
ステーションホテル新宮	80	117	レストラン	朝食7	S54〜64	21-2200	新宮駅歩3分	ⒺBTⓦPCQ
B.H.紀 州	15	25	—	—	S40	22-6599	新宮駅歩8分	ⒺBTⓦP 布団タイプ
サンシャインホテル	43	53	—	サービス	S65〜	23-2580	新宮駅歩8分	ⒺBTⓦPC
高砂民宿	20	30	75.9	57.2	49.5	22-3656	新宮駅車7分	和ⓦP 大浴場、活魚料理人気、国道168号沿
休暇村南紀勝浦	50	173	⓫140〜	要問	要問	54-0126	紀伊勝浦駅バス20分	ⓦPⒶ要予約Ⓒ天然温泉大浴場、露天風呂、入湯税別
国民宿舎あらふねリゾート	34	139	⓫95.5〜	⓫51.5〜	⓫43.5〜	74-0124	紀伊田原駅歩15分	ⒺBTⓦPC 天然温泉、田原海水浴場前
みさきロッジ西田	9	40	110〜	65〜	55〜	62-1474	串本駅バス15分	ⓦPQ 新鮮な魚介類の特別料理(別料金)
(本宮周辺)						(0735)		
旅の宿よしのや	9	20	⓫118.8〜	⓫77〜	⓫66〜	42-0101	新宮駅バス60分	ⓦPC 天然温泉露天入湯税別、温泉しか湯近日帰り
民宿立石	10	25	100.5〜	67.5	56.5	42-0266	新宮駅バス60分	和ⓦPCQ 天然温泉、川湯温泉

Map

御坊周辺 　　田辺周辺 　　白浜周辺 　　新宮周辺

【ひとくちメモ】　ジャイアントパンダのくつろぐ様子を見たり、オープン型2階建てバスなどで草食・肉食動物に間近に迫ったり…。また、キリンやゾウ、サイのエサやり体験、イルカやアシカのショー、カヌーに乗ってのイルカとのふれあい、白馬ライド、エレファントライドなど、海と陸の動物たちと沢山ふれあえる「アドベンチャーワールド」。屋内外対応の遊園地もあり、とても1日では遊び尽くせない。南紀白浜空港から車5分。
1日入園券：大人5,300円、中高生4,300円、4〜11歳3,300円。遊園地フリーパスは別途。☎0570-06-4481　http://www.aws-s.com/

◇奈 良◇

〈→つづき〉 Ⓑ→全室バス付／ⓑ→一部バス付／
Ⓣ→全室トイレ付／Ⓣⓢ→全室シャワートイレ＝ウォシュレット付／
Ⓣ→一部トイレ付／Ⓦ→全室Wi-Fi可／Ⓦ→一部Wi-Fi可／
Ⓟ→有料駐車場／Ⓟ→無料駐車場／➡→送迎有／
⑬→身体障害者への対応可（要問）／24h→24時間／
Ⓒ→一部クレジットカード決済可／Ⓠ→paypay等の一部QR決済可／特記事項は"※"印、又は（ ）括弧書きにて説明

★お申し込み時「全国安い宿情報を見た」と言ってね！

名　称	室数	定員	1名分宿泊料金（単位/百円）			電話	交通	特徴・備考
			2食付	朝食付	素泊			
（奈良市周辺） map▶127ページ						（0742）		
スマイルホテル奈良	175	198	レストラン	朝食10	S42〜	25-2111	JR奈良駅東口歩2分	ⒷⓉⓈⓌⓅ先着順 マンガレンタル
奈　良　Y.H.	32	200	団体のみ	会39.6	会33	22-1334	JR奈良駅バス10分	⑬ⓌⓅⒸ団体可、一般¥600増、合宿研修に最適
東横INN近鉄奈良駅前			—	サービス	S69〜	85-1045	近鉄奈良駅歩2分	ⒷⓉ⒮Ⓦ
白　鳳　旅　館	20	50	—	—	ⓘ60〜	26-7891	近鉄奈良駅歩5分	⑲ⒷⓉⓌ 人工温泉大浴場、食事・酒持込可
スーパーホテル奈良新大宮駅前	97	195	—	サービス	S60〜	35-9000	新大宮目の前	ⒷⓉⓈⓌⓅⒸ
東横INN奈良新大宮駅前	139	176	—	サービス	S69〜	36-1045	新大宮歩2分	ⒷⓉⓈⓌⓅ先着順ⒸⓆ
山　翠　旅　館	3	20	—	—	35	45-0138	菖蒲池駅歩3分	⑬Ⓟ（要予約）純日本風、西大寺隣、大和文化会館近く
（天理・郡山周辺） map▶127ページ						（0743）		
ビジネス旅館やまべ	12	35	65〜	40〜	35〜	63-4730	天理駅歩1分	ⓌⓅⒸⓆ24h風呂(貸切可)、山の辺の道近く
東横INN天理駅前			—	サービス	S72〜	68-1045	天理駅歩2分	ⒷⓉ⒮ⓌⓅⒸⓆ
ホテル喜楽荘	15	40	36〜56	30〜50	—	62-1668	天理駅歩12分	ⒷⓉⓌⒸ 山の辺の道近く
スーパーホテル奈良大和郡山	92	184	—	サービス	S66〜	57-9800	郡山駅歩5分	ⒷⓉⓌⓅ 天然温泉
ファミリーロッジ旅籠屋奈良針店	14	56	—	軽朝食	ⓘ49.5〜	82-2858	針I.C.1.5km	ⒷⓉⓌⓅ 国道369号沿い
（王寺・平群周辺） map▶127ページ						（0745）		
東横INN奈良王寺駅南口			—	サービス	S74〜	34-1045	王寺駅歩3分	ⒷⓉ⒮ⓌⓅ先着順ⒸⓆ
玉　蔵　院	40	200	⑲99〜	—	—	72-2881	王寺駅車15分	⑳ⓌⓅ 風光明媚な宿坊、信貴山中腹
亀の井ホテル大和平群	34	103	ⓘ99〜	—	—	45-0351	元山上口駅歩10分	⑳ⒷⓉⓌⓅⒸ 天然温泉cos薬露天
千　光　寺	8	30	57	43	35	45-0652	東山駅車10分	⑳ⓌⓅ 囲炉裏を囲んで料理、YH併設
（桜井・橿原周辺） map▶127ページ						（0744）		
観光旅館大和屋	5	9	ⓘ85〜	—	—	47-7402	長谷寺駅歩20分	⑳ⓌⓅ アメニティ完備、岩風呂、長谷寺歩3分
とみやま旅館	8	30	82〜	57	45	42-2810	桜井駅隣	⑳ⓌⓅ 奈良観光の拠点に、コンビニ隣
皆　花　楼	7	25	80〜105	63〜	55〜	42-2016	桜井駅歩2分	⑳ⓌⓅ 純和風庭園、落ち着いた環境
ときわ旅館	4	10	—	—	44	42-2029	桜井駅歩3分	⑳Ⓟ ビジネス・観光に便利
料理旅館大正楼	12	50	ⓘ132〜	ⓘ82.5〜	ⓘ66〜	42-6003	三輪駅歩5分	⑳ⓌⓅ 山辺の道近く
ビジネス観光ホテル河合	26	40	—	50〜	46〜	23-7777	大和八木駅歩7分	⑳ⒷⓉⓌⓅⒸⓆ
半　九　旅　館	6	10	—	—	55	22-2850	大和八木駅歩5分	⑳Ⓟ 全館禁煙、アットホーム
ビジネス旅館錦竜	7	25	—	—	42	22-2177	八木西口駅西出口1分	⑳ⓌⓅ 昔ながらの宿
（榛原周辺） map▶128ページ						（0746）		
ふ　る　さ　と　村	9	80	62〜	38	30	43-0413	榛原駅バス乗継80分	ⓌⓅ やはた温泉近く（500円）、北部台高山系登山可
						（0745）		
民宿むろう	4	15	ⓘ165〜	ⓘ88〜	ⓘ55〜	93-2118	室生口大野駅バス20分	ⓌⓅⒸ 囲炉裏のある囲炉で食事、特別料理(別料金)、要予約で昼食可
（御所周辺） map▶128ページ						（0745）		
国民宿舎葛城高原ロッジ	17	70	110〜	—	60〜	62-5083	御所駅バス15分	葛城山山頂(登山or ロープウェーで行く／6月頃運休

近畿

お得情報は187ページを見てね！

Map

奈良市周辺	天理・郡山周辺	王寺周辺	桜井周辺

【ひとくちメモ】　大仏で知られる奈良時代の代表的な寺院「東大寺」。国宝建造物の大仏殿は世界最大の木造建築物で、天平15年（743）に聖武天皇が盧舎那大仏（るしゃなだいぶつ）建立の勅願を発令し、その大仏を安置する寺として国力を挙げて造営された。焼失等により、鎌倉時代と江戸時代に2度再建。我が国最大の山門、南大門と仁王像も有名。奈良駅から市内循環バス「大仏殿春日大社前」下車徒歩5分又は近鉄奈良駅から徒歩20分、入堂料：大仏殿・三月堂・戒壇院・東大寺ミュージアムでそれぞれ大人800円。☎0742-22-5511　https://www.todaiji.or.jp

宿泊料金は基本的に「**1名分**、消費税10%込み」表示(単位:百円)　※宿泊税別／⓶→1室2名利用／⓷→1室3名利用／⓸→1室4名以上利用／B.H.→ビジネスホテル／P.→ペンション／Y.H.→ユースホステル／Y.G.H.→ユースゲストハウス／㑹→YH会員料金／相→相部屋=ドミトリー／S→シングルルーム／㊙→地下鉄／男→男性専用／女→女性専用／和→全室和室／和→和室有(全室ではない)　〈→右へ〉

《奈良・兵庫》…★お申し込み時「全国安い宿情報を見た」と言ってね！

名称	室数	定員	1名分宿泊料金(単位/百円) 2食付	朝食付	素泊	電話	交通	特徴・備考
(五條〜天川周辺) map▶128ページ						(0747)		
民宿福寿荘	5	15	77〜	49.5〜	44〜	33-0652	五条駅車15分	和WP 天然温泉(貸切可・循環式)、アメニティ完備
柏荘	7	28	81.4〜	59.4	52.8	32-0019	五条駅バス25分	WP ビジネス向き
(下北山村周辺)						(07468)		
下北山スポーツ公園	21	123	⓶82.5〜	⓶55〜	⓶44〜	5-2711	大和上市駅車90分	和WPCQ レストラン温泉施設へ歩2分、七重の滝へ車30分
(吉野〜川上村周辺) map▶128ページ						(0746)		
一龍	5	24	66	55	45	32-2886	大和上市駅車15分	和WP 津風呂湖畔、釣り人気
(十津川村周辺)						(0746)		
民宿ニューつり橋	8	41	104.5〜			68-0210	五条駅車60分	P 東洋一のつり橋(297.7m)近く

Map　榛原周辺 　御所周辺 　五條周辺 　吉野〜川上村周辺

◇兵庫◇

近畿

お得情報は187ページを見てね！

名称	室数	定員	2食付	朝食付	素泊	電話	交通	特徴・備考
(神戸周辺) map▶128ページ						(078)		
神戸サウナ&スパ/レディースススパ	244	244	レストラン	サービス	52〜58	322-2255	三宮駅歩5分	男女利用カプセルWPC 天然温泉大浴場、露天風呂、サウナ
サンサイドホテル	100	120	—	要問	⓶45〜	232-3331	三宮駅歩5分	BTWCQS ¥6000〜
二宮旅館	7	20	—		S42	221-0736	三宮駅歩5分	和W 昔ながらの旅館、交通の便良い
スーパーホテル神戸	87	108	—	サービス	S65〜	261-9000	三宮駅歩7分	BT(S)WPC 焼きたてパンの朝食
神戸クアハウス	127	127	リニューア	ルに向け	休館中	222-3755	三宮駅歩8分	
東横INN神戸三ノ宮1	134	175	—	サービス	S69〜	271-1045	三宮駅歩10分	BT(S)WP 予約制 CQ
グリーンヒルホテルアーバン	102	120	—	朝食9.9,12.1	※S50〜	222-1221	三宮駅歩10分	BTWP 2台共用駐車 CQ ※土・休前日除く
東横INN神戸三ノ宮駅市役所前			—	サービス	S76〜	222-1045	相三宮・花時計前駅歩5分	BT(S)WP 予約制 CQ
スマイルホテル神戸元町	47	59	—	朝食5	S58〜	334-1515	元町駅歩2分	BT(S)W 南京町西門通りに面し居留地近く
R&Bホテル神戸元町	174	174	—	朝食5	S57〜	334-6767	元町駅歩3分	BTW
東横INN JR神戸駅北口			—	サービス	S75〜	569-1045	神戸駅歩5分	BTWP 予約制 CQ
エスカル神戸	51	97	77.5〜	64.5〜	57〜	341-0112	相大倉山駅東口1番目の前	和BTWPC 大浴場、門限無
ホテルリブマックスBUDGET神戸	69	142	—		60〜	575-6061	新開地駅歩1分	BT(S)W 電子レンジ、コインランドリー
かどや旅館	25	27	—		S41〜	575-1132	新開地駅歩3分	W 貸切風呂、繁華街、神戸駅歩15分
東横INN神戸湊川公園	127	137	—	サービス	S74〜	512-1045	新開地駅歩7分	BTWP 予約制 CQ 湊川公園歩2分
神戸ゲストハウス	18	70	—		35〜	707-2133	垂水駅歩8分	P 明石大橋の展望良い部屋有、アウトレットモール近く

Map　神戸周辺 　尼崎周辺 　三木・三田周辺 　明石周辺

【ひとくちメモ】　神戸の中心地・三宮と元町から徒歩15分の北野異人館街は、港町神戸ならではのお洒落で異国情緒且つ明治期の建物が約20軒程集まったレトロな町並み。「風見鶏の館」は明治42年築、貿易商トーマス氏の自邸でレンガの外壁と尖塔の風見鶏が特徴的。現在は国の重要文化財に指定されている(入館料:大人500円)。イギリス人が住み続けた「英国館(イングランド館)」は、日本初の公式「シャーロックホームズの部屋」があり、帽子とインバネスケープを着て写真撮影もできる(入館料:880円)。北野観光案内所☎078-251-8360 https://www.kobeijinkan.com/

（→つづき）　Ⓑ=全室バス付／Ⓑ=一部バス付／Ⓣ=全室トイレ付／Ⓣⓢ=全室シャワートイレ=ウォシュレット付／Ⓣ=一部トイレ付／
Ⓦ=全室Wi-Fi可／Ⓦ=一部Wi-Fi可／Ⓟ=有料駐車場／Ⓟ=無料駐車場／送=送迎有／障=身体障害者への対応可（要問）／
Ⓒ=一部クレジットカード決済可／Ⓠ=paypay等の一部QR決済可／24h=24時間／特記事項は※印、又は（　）括弧書きにて説明

名　称	室数	定員	1名分宿泊料金（単位/百円）			電話	交通	特徴・備考
			2食付	朝食付	素泊			
（神戸周辺） map▶128ページ						(078)		
ファミリーロッジ旅籠屋神戸須磨店	12	48	—	軽朝食	📺49.5〜	731-8848	若宮I.C.1.5km	ⒷⓉⓈⓌⓅEV車充電可
（尼崎周辺） map▶128ページ						(06)		
東横INN阪神尼崎駅前	164	253	—	サービス	S79〜	6416-1045	尼崎駅歩1分	ⒷⓉⓈⓌⓅ予約制 ⒸⓆ
ホテルリブマックスBUDGET尼崎	48	100	—	—	70〜	6412-8001	阪神尼崎駅歩3分	ⒷⓉⓈⓌⓅ（車椅子限定）電子レンジ
竹家荘旅館	13	22	—	—	49.5〜60.5	6411-2525	出屋敷駅歩1分	和Ⓦ アウトバス、ビジネス出張・長期歓迎
（宝塚周辺）						(0797)		
ホテルカレント宝塚	6	12	—	38〜65	—	87-4466	宝塚駅歩7分	女ⓌⓆコンビニ近く、宝塚大劇場歩3分
プチハウス	9	37	—	50〜60	—	84-8753	宝塚南口駅歩7分	民宿ⒷⓉⓌⒸ宝塚大劇場歩3分
（猪名川町周辺）						(072)		
Y.H.猪名川山荘	7	15	休業中			751-3565	畝滝駅歩7分	Ⓟ宝塚大劇場へ30分、人数多い時相部屋
P.きのこ園	6	20	66〜	44	44	769-0760	日生中央駅車20分	ⓌⓅⓆ大野山ふもとのログハウス、コテージ有
（三木・三田周辺） map▶128ページ						(0794)		
といや旅館	11	38	要問	要問	要問	72-0027	三田駅車15分	和Ⓟ ゴルフ場近く、吉川I.C.3分
藤多旅館	9	28	60	44	38.5	72-0024	三田駅車15分	和Ⓟよかたん温泉歩5分、吉川I.C.3分
（明石周辺） map▶128ページ						(078)		
西明石ホテル	55	68	—	S65〜80	S55〜70	928-0246	西明石駅歩2分	ⒷⓉⓈⓌⓅ先着順 ⒸⓆ
スマイルホテル西明石	106	137	—	朝食5	S58〜	925-5555	西明石駅歩2分	ⒷⓉⓈⓌⓅ予約制 大浴場、コインランドリー
ビジネス明石家旅館別館	21	46	📺77〜	📺62.7〜	📺52.8〜	927-4141	西明石駅歩3分	和ⓌⓅⒸⓆ宴会可、コインランドリー、長期可
ホテルキャッスルプラザ	198	238	レストラン	朝食15	S80,100	927-1111	西明石駅歩6分	ⒷⓉⓈⓌⓅⒸⓆ宴会場、レストラン4店舗
明石キャッスルホテル	83	114	—	サービス	S80	913-1551	明石駅歩3分	ⒷⓉⓌⓅ提携Ⓒ
旅館権現荘	7	20	—	—	43、53	923-1230	明石駅歩15分	和ⓌⓅⓆビジネス・観光・合宿歓迎、西新町駅歩3分
（淡路島） map▶130ページ						(0799)		
アワジツーリストトロフィーハウス	6	22	46	34	28	090-3263-5174	北淡I.C.車20分	ⓌⓅ個室、バイクコレクション有
観潮荘	11	40	130〜	65	50	39-0372	淡路島南I.C.車3分	和ⓉⓌⓅ天然温泉（入湯税別）、鳴門海峡に一番近い宿
休暇村南淡路	81	250	※📺155〜	※📺125〜	※📺105〜	52-0291	淡路島南I.C.車15分	ⓌⓅⒸ天然温泉（入湯税別）、天体観測、※平日料金
国民宿舎慶野松原荘	40	178	133.5〜	80.7〜	69.7〜	36-3391	西淡三原I.C.3.7km	ⓌⓅ（無料バス有）ⒸⓆ天然温泉、露天 インクラインの丘近く

【ひとくちメモ】　日本の船として初めて太平洋を横断した蒸気帆船・咸臨丸をモデルに復元した観潮船。大型遊覧船『咸臨丸』（定便便）と『日本丸』（臨時便）で、鳴門海峡の『うずしお』を間近に見ることができる約1時間のうずしおクルーズ。船内には咸臨丸の船長・勝海舟ゆかりの品々や、航海記を展示する資料館があり乗船中は自由に見学することができる。尚、うずしおの期待できない時間帯で乗客が10名に満たない場合は出港しないこともあるので事前確認を。淡路島・福良港より出港。料金:大人2,500円　📞0799-52-0054　https://www.uzu-shio.com/

★お申し込み時「全国安い宿情報を見た」と言ってね！

宿泊料金は基本的に「**1名分**、消費税10%込み」表示(単位:百円) ※宿泊税別／[ツ]→1室2名利用／[ト]→1室3名利用／[複]→1室4名以上利用／B.H.→ビジネスホテル／P.→ペンション／Y.H.→ユースホステル／Y.G.H.→ユースゲストハウス／[会]→YH会員料金／[相]→相部屋=ドミトリー／S→シングルルーム／[地]→地下鉄／[男]→男性専用／[女]→女性専用／[和]→全室和室／[和]→和室有(全室ではない) 《→右へ》

名称	室数	定員	1名分宿泊料金(単位/百円) 2食付	朝食付	素泊	電話	交通	特徴・備考
(姫路周辺) map▶130ページ						(079)		
B.H.みゆき	35	50	S60	S55	S50	245-6784	白浜宮駅歩7分	[和][W][P]大浴場、アットホームな真心サービス
ホテルリブマックス姫路駅前	92	184	—	—	75〜	282-4400	姫路駅歩3分	[B][T](s)[W][P]電子レンジ、一部ミニキッチン
ホテルクラウンヒルズ姫路	257	350	※サービス	S69〜	S62〜	222-8000	姫路駅歩7分	[B][T](s)[W][P](50台先着順)[C]※平日のみ限定数
星の子館	14	100	※83〜	※64	※55	267-3050	姫路駅バス20分	[和][P][障][C]天体観測、90cm反射望遠鏡、大浴場※年齢により割引
B.H.ハートワン	31	50	S62.7	※サービス	S55	246-6970	八家駅歩7分	[W][P][C]大浴場、別館有、※日曜休
(網干周辺)						(079)		
B.H.くろがね旅館	34	50	79.5〜	67.5〜	62〜	236-0800	広畑駅歩5分	[B][T][W][P][C]
かもめ	14	80	88〜	66〜	55〜	322-0028	山陽網干駅車15分	[和][W][P][送](団体)大浴場、合宿歓迎、海目の前
(竜野〜赤穂周辺) map▶130ページ						(0791)		
国民宿舎志んぐ荘	61	333	[ツ]105〜	[ツ]64〜	[ツ]50.8〜	75-0401	播磨新宮駅歩15分	[B][T][W][P][障][C]大浴場
二葉旅館	10	30	—	63〜	58〜	63-2300	本竜野駅歩15分	[和][B][T][W][P]揖保川近く
ファミリーロッジ旅籠屋たつの店	14	56	—	軽朝食	[ツ]49.5〜	62-1858	本竜野駅600m	[B][T](s)[W][P]EV車充電可
東横INN相生駅新幹線口	203	230	—	サービス	S68〜	24-0044	相生駅歩1分	[B][T](s)[W][P](先着順)[C][Q]
東横INN播州赤穂駅前	224	270	—	サービス	S68〜	46-1045	播州赤穂駅直結	[B][T](s)[W][P](先着順)[C][Q]
西畑旅館	12	33	77〜	55〜	44〜	42-2740	播州赤穂駅歩7分	[和][W][P]千種川ほとり、ハーモニーホール歩2分
ホテルニュー浦島	37	60	—	—	S53	43-6980	播州赤穂駅歩12分	[B][T](s)[W][P][C]大石神社近く
民宿レストラン初音	16	55	S77〜	S57〜	S50〜	42-1331	播州赤穂駅車6分	[和][W][P][C][Q]アメニティ完備
(山崎周辺) map▶130ページ						(0790)		
ホテル日新会館	27	60	—	サービス	S64.9	62-7001	姫路駅バス40分	[B][T][W][P][C]桧風呂、山崎I.C.すぐ
川辺の宿菊水	14	50	S85〜	S70〜	S60〜	62-1120	姫路駅バス60分	[W][P][C]和食レストラン有、山崎I.C.2分
若鮎荘	10	30	71.5〜	49.5〜	41.8〜	78-0048	播磨徳久駅歩1分	[W][P][C][Q]夏天然アユ料理(別注)、宴会・ビジネス可
(加西・福崎周辺) map▶130ページ						(0790)		
美香荘	15	30	58	45	38	22-0140	福崎駅車7分	[和][W][P]ビジネス向き、福崎I.C.7分
(柏原周辺)						(0795)		
丹波悠遊の森	5棟	60	レストラン	レストラン	1棟200〜	72-3285	柏原駅車10分	[B][T][W][P][C][Q]貸コテージタイプ、キッチン付、キャンプ場
フジヤホテル	12	26	S81.4	S62.7	S55	74-0029	黒井駅歩3分	[和][B][T][W][P][Q]大浴場、特別料理(別料金)
(生野〜和田山周辺) map▶130ページ						(079)		
B.H.てつや	18	30	—	—	S54	672-3335	和田山駅歩3分	[B][T](s)[W][P]安心・低料金
有斐軒	11	30	93.5〜	77	66	672-2059	和田山駅歩5分	[和][W][P][C][Q]カニ料理・但馬牛(別料金)
ビジネスインアサゴ	42	56	—	S60.6	S55	672-5814	和田山駅車10分	[B][T][W][P][C]国道312号沿い

Map 淡路島周辺 姫路周辺 竜野〜赤穂周辺 山崎〜福崎周辺

Map 和田山周辺 豊岡周辺 香住周辺 浜坂周辺

近畿

お得情報は187ページを見てね！

【ひとくちメモ】 築城以来400年、この地に砦が築かれてからでは600年を超える歴史があり、数多くの国宝、重要文化財などを有する姫路市のシンボル「姫路城」。法隆寺とともに日本で初めてユネスコの世界文化遺産に登録された。5層7階の華麗な大天守と東、西、乾(北西)の3つの小天守などから成る「連立式天守閣」、白漆喰総塗籠造の城壁などは「白鷺城」とも呼ばれる美しい景観を生み出している。城内は巧妙な「螺旋式縄張り」が施され、要塞としても機能性も高い。入城料:大人1,000円 ☎079-285-1146 https://www.city.himeji.lg.jp/castle/

名称	室数	定員	2食付	朝食付	素泊	電話	交通	特徴・備考
（ハチ高原周辺）						**(079)**		
ロッヂヤングハウスNARAYA	10	45	87.6〜	65〜	59〜	667-7218	八鹿駅バス50分	⒲Ⓟ冬期週末料制、ハチ高原、(冬)カニ料金¥14600〜
朝　日　屋	20	80	85〜	57	50	667-8307	八鹿駅バス50分	和ⓌⓅⓆハチ高原、カニ料理(別料金)
（神鍋周辺）						**(0796)**		
お　お　が　み	11	60	85〜	51〜	45〜	45-0020	江原駅バス20分	ⓅBBQ
旅館神鍋亭	34	160	Ⓑ110〜	Ⓑ77〜	—	45-0124	江原駅バス25分	⒲Ⓟ天然温泉、ゲレンデ目の前、リンゴ狩り(8/20〜11/末)
ロッヂユートピア	14	60	90〜	61〜	51〜	45-0039	江原駅バス25分	ⓌⓅ(リフト券発行時有料)Ⓒリフト乗場目の前
旅館神鍋屋	7	50	—	50	43	45-0017	江原駅バス25分	和Ⓟバス停前、カニ料理¥8,000〜(2食付)
し　な　の　や	7	30	80	66	50	45-0065	江原駅バス25分	和Ⓟカニ料理(別料金)
旅館みやま荘	15	80	88〜	58	52	45-0707	江原駅バス25分	和ⓌⓅ但馬ドーム近く
旅館西村屋	15	65	90〜	72	55	45-0048	江原駅バス30分	和ⓌⓅカニ料理(別料金)、奥神鍋スキー場近く
（豊岡周辺） map▶130ページ						**(0796)**		
O（オー）ホテル豊岡	113	124	—	サービス	S60〜	29-1111	豊岡駅歩2分	ⒷⓉsⓌⓅⒸ分煙
ビジネスふじい旅館	9	28	65〜	48	38	22-5027	豊岡駅歩7分	和ⓌⓅ静かな環境
ビジネスイン全但	14	28	—	—	34、39	23-2112	豊岡駅歩20分	和ⒷⓉⓌⓅ市民会館前、国道312号沿い
P.ウインブルドン	36	120	Ⓑ77〜	Ⓑ55〜	Ⓑ44〜	52-2871	豊岡駅バス30分	⒲Ⓟ天然温泉(露天有･入湯税別)、手打ちそば屋
（日本海沿岸） map▶130ページ						**(0796)**		
とうじの宿	5	20	自炊可	自炊可	32.5〜	82-3116	浜坂駅車5分	和Ⓟ近くの天然温泉施設利用、ペット可
民宿長四郎	12	40	88〜	77	66	36-2440	香住駅歩3分	和ⓌⓅ憩いの宿、冬期などに料理別料金
英　　祥	7	28	165〜	77〜	66〜	36-0610	香住駅車5分	Ⓟ送新鮮な魚介類、炭焼、カニ(別料金)
民宿なぎさ	7	30	155.5〜	84	73	36-0764	香住駅車5分	和ⓌⓅ送天然温泉、冬期などに料理別料金
梅　乃　家	4	25	143〜	66	55	36-2941	香住駅歩8分	和ⓌⓅ送冬期など料理別料金
源　　助	11	40	151〜	55〜	50〜	38-0775	佐津駅歩8分	和ⓅⒸ冬期などに料理別料金、天然温泉(入湯税別)、禁煙
休暇村竹野海岸	48	154	Ⓑ160〜	—	—	47-1511	竹野駅バス5分	ⓌⓅ送Ⓒ天然温泉(展望大浴場･入湯税別)
かにの宿網元	9	36	143〜	77	69.3	82-0733	浜坂駅歩10分	ⓌⓅ送天然温泉(入湯税別)、冬期などに料理別料金
浜坂温泉保養荘	23	80	Ⓑ75〜	Ⓑ47.5〜	Ⓑ36.5〜	82-3645	浜坂駅車5分	和Ⓟ送障害者専用駐車場、身体障害者料金、Ⓠ入浴可、天然温泉(露天風呂)
旅館七釜荘	17	60	101.5〜	81.5〜	76.5〜	82-2458	浜坂駅車5分	和ⓌⓅ送(露天有)Ⓠ天然温泉、(露天･お湯)、冬などに別料金
湯快リゾート三好屋	65		Ⓑ87.55〜			92-1212	浜坂駅バス30分	ⓉsⓌⓅ湯村温泉(露天有･入湯税別)、プール(夏)

宿コラム　風待ち、潮待ち港「諸寄港」

2018年5月、文化庁が認定する日本遺産「荒波を越えた男たちの夢が紡いだ異空間〜北前船寄港地・船主集落」に諸寄を含む27市町が認定されました。西方に向かう際の水の補給地や避難港として貴重な場所にあった諸寄港。地区内には、廻船問屋や船宿などの建物、船の係留施設跡など、日本遺産の構成文化財が多くあります。また、当時活躍した教育者や歌人、日本画家なども多数輩出しており、顕彰する石碑がみられます。ぜひ散策してみてはいかがでしょうか。【文／とうじの宿　岡】

お得情報は187ページを見てね！

【ひとくメモ】　「山陰海岸ジオパーク館」では、山陰海岸ジオパークや日本海周辺の大型のジオラマ模型を通して、プレートテクトニクスによる大地の成り立ちや日本海周辺の立体的な地形などを紹介。また、日本列島形成に至る様々な時期の岩石・化石を展示しており、実物に接しながら実験したり、自然について楽しく学ぶことができる。シアタールームでは200インチの大型スクリーンで「ドローンから見た山陰海岸ジオパーク」の映像を常時放映している。JR浜坂駅から徒歩20分。☎0796-82-5222　https://sanin-geoparkkan.jp

中国・四国

中国・四国

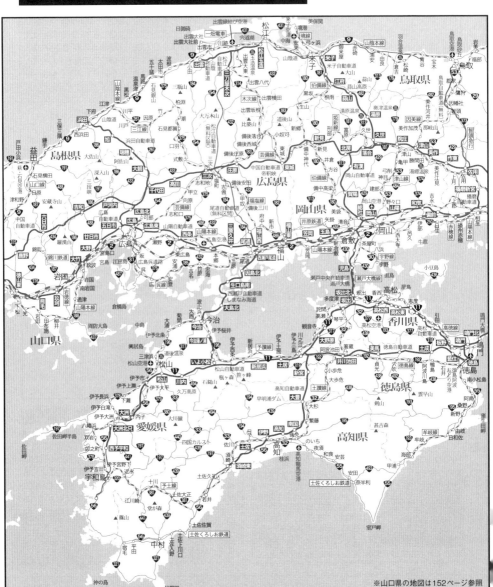

※山口県の地図は152ページ参照

岡　山

宿泊料金は基本的に「**1名分、消費税10％込み**」表示（単位：百円）※宿泊税別
[ii]→1室2名利用／[iii]→1室3名利用／[複]→1室4名以上利用
B.H.→ビジネスホテル／P.→ペンション／Y.H.→ユースホステル／Y.G.H.→ユースゲストハウス／[会]→YH会員料金／[相]→相部屋＝ドミトリー／S→シングルルーム
[和]→全室和室／[和]→和室有（全室ではない）／[B]→全室バス付／[B]→一部バス付
[T]→全室トイレ付／[T](s)→全室シャワートイレ＝ウォシュレット付／[T]→一部トイレ付
[W]→全室Wi-Fi可／[W]→一部Wi-Fi可／[P]→有料駐車場／[P]→無料駐車場
[送]→送迎有／24h→24時間／[地]→地下鉄／[障]→身体障害者への対応可（要問）
[男]→男性専用／[女]→女性専用／特記事項は“※”印、又は“（ ）”括弧書きにて説明
[C]→一部クレジットカード決済可／[Q]→paypay等の一部QR決済可

名称	室数	定員	1名分宿泊料金（単位/百円） 2食付	朝食付	素泊	電話	交通	特徴・備考
（岡山市周辺） map▶133ページ						(086)		
東横INN岡山駅西口広場	178	195	—	サービス	S73～	251-1045	岡山駅西口歩2分	[B][T](s)[W][P]（予約制）[C][Q]
東横INN岡山駅東口			—	サービス	S73～	224-1045	岡山駅歩3分	[B][T](s)[W][P]（先着順）[C][Q]
B．H．新　子	36	60	—	—	S50～	222-4213	岡山駅歩5分	[B][T](s)[W][P] 空気清浄機、冷蔵庫付
東横INN岡山駅西口右	216	254	—	サービス	S69～	253-1045	岡山駅西口歩5分	[B][T](s)[W][P]（先着順）[C][Q]
岡山グリーンホテル	39	100	—	要問	S59～	225-7211	岡山駅歩5分	[和][B][T](s)[W][P]（20台先着順）[C] 低反発マット有
ピュアリティまきび	29	61	S90～	※朝食8.5	S63.04～	232-0511	岡山駅歩7分	[和][B][T][W][P][C] ※サンドイッチ
駅前ユニバーサルホテル	183	272	48.9～	48.9～	48.9～	232-2600	岡山駅歩10分	[B][T](s)[W][P] 禁煙室有
B.H.岡山サンシャイン	69	80	—	S55～73	S50～68	232-3481	岡山駅歩10分	[B][T](s)[P][C] 冷蔵庫付、禁煙ルーム
ベネフィットホテル岡山	40	45	—	サービス	S54～	222-8833	岡山駅歩10分	[B][T][C][Q] 長期可
スマイルホテル岡山	141	282	—	朝食11	50～	223-5577	岡山駅歩13分	[B][T](s)[W] 岡山電気軌道・郵便局前駅歩1分
ホテルエクセル岡山	89	118	S86.7～	S68～	S58～	224-0505	岡山駅歩20分	[B][T](s)[W][P][C][Q]
岡山スクエアホテル	60	75	—	—	S49.8～	232-1101	岡山駅車5分	[B][T][W][P][C] 禁煙ルーム、無料ドリンクバー
岡山ユニバーサルホテル	136	220		休館中		226-2300	岡山駅車5分	[B][T](s)[P] 禁煙室有
岡山ユニバーサルホテル別館	125	150	48.9～	48.9～	48.9～	221-4100	岡山駅車5分	[B][T](s)[P][C] 禁煙室有
岡山ユニバーサルホテル第二別館	333	500	48.9～	48.9～	48.9～	224-6200	岡山駅車5分	[B][T](s)[P][C] 禁煙室有
岡山ユニバーサルイン	171	174		休館中		234-1101	岡山駅車5分	[B][T](s)[P] 禁煙室有
B．H．なかみ	39	50	—	S50～	S45～	223-9147	岡山駅車5分	[B][T][W][P]（要予約・トラック有料）[C] 郊外の静かな宿
B．H．ウェル	43	56	—	S61、63.8	S59	233-1800	岡山駅車10分	[B][T][W][P]（2t迄） アットホーム
岡山県青年館	11	50	夕食20	朝食10	[iii]80～	254-7722	法界院駅歩3分	[W][P] 岡山大学・運動公園近く、合宿向き
ファミリーロッジ旅籠屋岡山店	14	56	—	軽朝食	[ii]49.5～	287-8854	岡山総社I.C.2km	[B][T](s)[W][P] EV車充電可、備中高松駅200m
布都美林間学校	11	55	自炊可	自炊可	15.2	958-2565	瀬戸駅車40分	[P] ドイツの森・天文台近く、キャンプ場隣接
（倉敷周辺） map▶133ページ						(086)		
東横INN倉敷南口	154	165	—	サービス	S69～	430-1045	倉敷駅歩3分	[B][T](s)[W][P]（先着順）[C][Q]
倉敷ステーションホテル	111	155	要問	S66～	S55～	425-2525	倉敷駅歩3分	[B][T](s)[W][P]（提携）[C][Q] 大浴場
みやけ旅館	12	40	65～	55～	43～	422-0617	倉敷駅歩5分	[和] 浴衣・歯ブラシ・ドライヤー貸出
倉敷駅前ユニバーサルホテル	179	261	54.6～	54.6～	54.6～	434-0111	倉敷駅歩15分	[B][T][W][P][C] 禁煙室有
ホテル1-2-3倉敷	140	183	—	サービス	S66～	430-3939	倉敷駅歩15分	[B][T](s)[W][P][C][Q]
倉敷Y．H．	11	40	[会]52.8～	[会]40.7～	[会]33～	422-7355	倉敷駅バス15分＋歩10分	[相][W][P][Q] 美観地区歩10分、一般¥600増
スーパーホテルinn倉敷水島	152	160	—	サービス	S58～	444-9000	倉敷駅車20分	[B][T](s)[W][P][C] 加湿器、天然温泉大浴場、禁煙室
すし幸旅館	30	30	60.5	49.5	44	444-8966	倉敷駅車20分	[男][W][P][C][Q] ボリュームある日替り料理、水島駅歩2分
B.H.フロンティア	10	10	—	S49	S44	444-0808	倉敷駅車20分	[B][T](s)[W][P] 水島工業地帯近く
国民宿舎良寛荘	20	86	[ii]134～	[ii]68～	[ii]55～	522-5291	新倉敷駅車15分	[B][T][W][P] 大浴場、瀬戸内の好眺望
ベッセルホテル倉敷	120	144	—	サービス	※S74.1～	461-0101	中庄駅歩12分	[B][T](s)[W][P] ※60才以上割引
（児島周辺） map▶133ページ						(086)		
こふじ旅館	7	15	69.3	58.3	46.2	472-5253	児島駅歩13分	[W][P][C] コンビニ・野崎邸へ歩5分
もとや	15	30	60.5～	55～	49.5～	475-0830	児島駅車10分	[B][T][P] 洗濯機無料、家庭的な宿
P．てふてふ	9	25	110	71.5	55	473-0411	児島駅車10分	[W][P] ハーブ料理、瀬戸内海に面している

Map
岡山市周辺　倉敷周辺　児島周辺　総社周辺

【ひとくちメモ】　慶長2年（1597）、豊臣家五大老の一人・宇喜多秀家築城の「岡山城」。三層六階の堂々たる天守閣は織田信長の安土城天守閣を模して築かれたと伝えられ、全国的にも珍しい不等辺五角形の天守台に、旭川の流れを変え本丸の北面～東面を巡らせた天然の堀としている。対岸は日本三名園の一つ岡山後楽園で、共通入場券もある。豊臣秀吉の大坂城、毛利輝元の広島城と並んで近世城郭の魁となり、黒い下見板張りの外観から別名「烏城（うじょう）」と呼ばれている。入場料：大人400円。☎086-225-2096　https://okayama-castle.jp

★お申し込み時「全国安い宿情報を見た」と言ってね！

お得情報は187ページを見てね！

中国・四国

お得情報は187ページを見てね！

宿泊料金は基本的に「**1名分**、消費税10%込み」表示(単位:百円) ※宿泊税別／⓶→1室2名利用／⓷→1室3名利用／⓸→1室4名以上利用／B.H.→ビジネスホテル／P.→ペンション／Y.H.→ユースホステル／Y.G.H.→ユースゲストハウス／ⓨ→YH会員料金／相→相部屋=ドミトリー／S→シングルルーム／地→地下鉄／男→男性専用／女→女性専用／全→全室和室／和→和室有(全室ではない) 《→右へ》

名 称	室数	定員	2食付	朝食付	素泊	電話	交通	特徴・備考
(総社周辺) map▶133ページ						(0866)		
ステーションプラザホテル池田屋	33	45	—	サービス	S66	92-0530	総社駅目の前	ツイン¥12100〜
ビジネス旅館総社	17	50	⓶60〜	⓶52〜	⓶45〜	92-8990	総社駅歩10分	天然水の掛け流し風呂、洗濯乾燥機有
国民宿舎サンロード吉備路	39	113	155〜	—	—	90-0550	総社駅車10分	天然温泉、倉敷I.C.10分
サントピア岡山総社	53	198	⓶130.7〜	⓶96.4〜	⓶85.8〜	95-8811	総社駅車15分	大浴場(ジャグジー・サウナ)、フロント前にPC
(笠岡周辺) map▶134ページ						(0865)		
鴨方グリーンホテル	30	40	69.3	朝食5.5	53.9	44-0011	鴨方駅3分	鴨方I.C.3分、倉敷・笠岡へ約20分
白石島旅館華大樹	20	80	120〜	88.5〜	80〜	68-3553	笠岡港40分	新鮮な魚介類の食事、オーシャンビュー、白石島
ゲストハウスしらいし	6	18	予約制	朝食7	35	090-8086-8371	笠岡港40分	オーシャンビュー、白石島
さんちゃん	4	12	予約制	朝食7	35	68-3169	笠岡港40分	地元の海の幸料理、白石島
島 宿 三 虎	8	30	148.5〜	—	—	68-3515	笠岡港高速船45分	魚介料理、露天風呂、真鍋島
天 野 屋 旅 館	6	40	125〜	—	66	68-2019	笠岡港船50分	新鮮な魚料理、大広間有、釣り、北木島
(井原周辺)						(0866)		
ファミリーロッジ旅籠屋井原店	14	56	—	軽朝食	⓶49.5〜	67-9858	いずえ駅1km	EV車充電可
(高梁周辺)						(0866)		
B.H.高 梁	16	32	—	—	S50	22-6766	備中高梁駅歩3分	商店街近くで便利
B.H.落 合	16	25	—	—	S50	22-5869	備中高梁駅車4分	
(真庭・蒜山周辺) map▶134ページ						(0867)		
クリエイト菅谷	15棟	100	自炊可	自炊可	※40〜	56-2044	中国勝山駅車40分	※定home利用時、バンガローコテージは民家有
湯快リゾート輝乃湯	62	192	⓶82.55〜	—	—	62-2131	中国勝山駅バス30分	湯原温泉(露天有・入湯税別)
ゆばらの宿米屋	16	60	132〜	80〜	55〜	62-3777	中国勝山駅バス30分	源泉掛け流し露天風呂、入湯税込露天有
旅 館 菊 乃 家	11	30	132〜	80〜	—	62-3754	中国勝山駅バス30分	源泉掛け流し露天風呂、入湯税込露天有
た ね や 旅 館	5	15	休館中			62-2201	中国勝山駅バス40分	天然100%かけ流し温泉
津 黒 高 原 荘	29	90	99.5〜	77.5〜	59.5〜	67-2221	中国勝山駅バス40分+6km	バス停有・要予約、天然温泉
休暇村蒜山高原	132	492	⓶146.5〜	要問	要問	66-2501	根雨駅バス40分	要予約、天然テラス温泉、蒜山高原好展望
(新見周辺)						(0867)		
民宿しらたき	6	10	65〜	55〜	45〜	72-2465	新見駅車10分	高梁川沿い、ビジネス向き
神郷温泉緑の館	7	21	89.8〜	56.8〜	45.8〜	93-5106	新見I.C.車2分	温泉3種、露天外来¥800、バンガローコテージ8棟有
(久米南町周辺)						(086)		
遊民宿 旅のあしあと	3	10	61.6〜	50.6〜	44〜	728-0318	誕生寺駅歩12分	個室有、屋根付駐輪場
(津山周辺) map▶134ページ						(0868)		
ホテルα-1津山	296	331	レストラン	レストラン	S66〜74	24-7733	津山駅西隣	ツイン¥13200〜
津山グランドホテル	45	64	—	—	S48〜	23-4435	津山駅歩4分	冷蔵庫付、禁煙室有
千 石 荘	12	36	—	—	40〜	23-5252	津山駅歩3分	閑静、長期割引対応相談
新 月 荘	14	20	—	—	40	22-2576	津山駅歩4分	家庭的な宿、長期歓迎、ビジネス向き
花 月 旅 館	14	30	66〜	55〜	44〜	22-9177	津山駅歩8分	アットホーム、ビジネス向き

Map

笠岡周辺 　高梁周辺 　真庭・蒜山周辺 　津山周辺

【ひとくちメモ】 白壁の蔵屋敷、なまこ壁、倉敷川沿いの柳並木など、趣ある景観が楽しめる倉敷美観地区。江戸時代、幕府の直轄地「天領」として栄えた商人の町で、伝統的な建物が作り出す街並みやレトロモダンな風景が人々を魅了する。かつて物資を積んだ川舟の往来で賑わった倉敷川の風情を味わえる「くらしき川舟流し」が運行されている。チケットは倉敷館観光案内所にて(当日販売のみ)。料金／大人700円、子ども350円(当日販売のみ)。運行時間9:30〜17:00の間30分おきに出発。倉敷館観光案内所☎086-422-0542　https://www.kurashiki-tabi.jp/

〈→つづき〉Ⓑ→全室バス付／Ⓑ→一部バス付／Ⓣ→全室トイレ付／Ⓣ(s)→全室シャワートイレ＝ウォシュレット付／Ⓣ→一部トイレ付／
Ⓦ→全室Wi-Fi可／Ⓦ→一部Wi-Fi可／Ⓟ→有料駐車場／Ⓟ→無料駐車場／送→送迎有／障→身体障害者への対応可（要問）／
Ⓒ→一部クレジットカード決済可／Ⓠ→paypay等の一部QR決済可／24h→24時間　特記事項は“※”印、又は“（）”括弧書きにて説明

名　称	室数	定員	1名分宿泊料金（単位/百円）2食付	朝食付	素泊	電話	交通	特徴・備考
（津山周辺） map▶134ページ						**(0868)**		
小田垣旅館	6	20	71.5	57.2	44	23-6739	津山駅歩8分	和ⓌⓅ商店街近く、長期歓迎
みやま荘	7	25	Ⓑ88〜	Ⓑ66〜	Ⓑ55〜	52-0409	津山駅車40分	和ⒹⓉⓅ天然温泉(入浴税別)、温泉施設有、院庄IC20分
コテージハウス恩原	5棟	25	自炊可	自炊可	1棟110	44-2153	津山駅車50分	Ⓟエアコン・調理器具完備、GW〜10月営業
佐良苑	12	38	68〜	53〜	46〜	28-1641	津山口駅歩15分	和ⓌⓅ長期可、洗濯機有、院庄IC10分
ファミリーロッジ旅籠屋津山店	14	56	—	軽朝食	Ⓑ49.5〜	28-8859	院庄I.C.500m	ⒷⓉ(s)ⓌⓅEV車充電可
八木旅館	10	30	73	56	48	42-2872	美作加茂駅歩15分	和ⓅⒹ24h風呂、長期歓迎
ウッディハウス加茂	7	28	Ⓑ120	Ⓑ65	Ⓑ51	42-4466	美作加茂駅車6分	ⓌⓅⒸ天然温泉、プール・体育館近く
（美作周辺）						**(0868)**		
岡出屋旅館	7	25	79.2	62.7	55	38-3228	勝間田駅歩3分	和Ⓦ送Ⓟ純和風、体験農場施設近く
リゾートイン湯郷	20	80	94.6〜	61.6〜	52.8〜	72-4019	林野駅歩10分	ⓌⓅ送障天然温泉(入浴税別)、美作I.C.10分
大芦高原温泉雲海	19棟	130	自炊	自炊	1棟226.1〜	74-2585	和気駅車30分	Ⓟ天然温泉(入浴税別)、コテージタイプ、スポーツ満載
（備前周辺）						**(0869)**		
P.おやじの海	9	30	Ⓑ110〜	Ⓑ71.5〜	Ⓑ60.5〜	72-1728	日生駅車10分	ⓌⓅ送(バス停)ⒸⓆ頭島(橋を渡っていく)

◇◇広島◇◇

名　称	室数	定員	2食付	朝食付	素泊	電話	交通	特徴・備考
（広島市周辺） map▶135ページ						**(082)**		
京橋旅館	16	40	—		35〜	261-7668	広島駅南口歩8分	ⓌⓅ(2名以上無料)アルコール・食品持込可
ホテルニュー三笠	15	30	—		S50〜	261-4330	広島駅歩1分	ⒷⓉⓌⓅ新幹線口から歩1分
寄本旅館	17	40	70〜	58〜	50〜	261-7786	広島駅歩3分	和ⒹⒷⓉⓌⓅⒸTV・冷暖房完備
東横INN広島駅新幹線口1	189	230	—	サービス	S82〜	506-1045	広島駅歩4分	ⒷⓉ(s)ⓌⓅ先着順ⒸⓆ
東横INN広島駅前大橋南			—	サービス	S78〜	568-1045	広島駅歩4分	ⒷⓉ(s)ⓌⓅ先着順ⒸⓆ
広島駅ユニバーサルホテル新幹線口右	301	450	S54.6〜	S54.6〜	S54.6〜	263-2300	広島駅歩6分	ⒷⓉ(s)ⓅⒸ大浴場・サウナ、禁煙室有
天竜旅館	14	30	59〜	47〜	41〜	263-1358	広島駅南口歩7分	和ⒹⒷⓉⓌⓅⓆ
東横INN広島駅南口右	176	231	—	サービス	S79〜	502-1045	広島駅歩10分	ⒷⓉ(s)ⓌⓅ先着順ⒸⓆ
カプセル&スパ グランドサウナ広島	238	238	レストラン	レストラン	25〜50.6	246-2626	広島駅歩20分	男カプセルⓌⒸⓆ屋上露天風呂
ビジネス旅館はらだ	39	50	71.5〜104.5	朝食6.6	49.5〜82.5	231-2976	広島駅車10分	ⒷⓉⓌⓅⒸ送大浴場、禁煙、原爆ドームへ歩5分
カプセルホテルCUBE広島	200	200	—	—	30〜	511-3306	市電銀山町駅目の前	男女利用カプセルⓌ提供ⒸⓆ個室有
スーパーホテル広島	105	136	—	サービス	S65〜	504-9000	市電銀山町駅歩7分	ⒷⓉ(s)ⓌⓅⒸ禁煙室有、広島駅車5分
東横INN広島平和大通	255	306	—	サービス	S79〜	504-1045	市電銀山町駅歩7分	ⒷⓉ(s)ⓌⓅ先着順ⒸⓆ
サウナ&カプセルニュージャパン	166	166	レストラン	レストラン	39〜	243-0227	市電銀山町駅歩7分	男カプセルⓌ提供ⒸⓆサウナ、岩盤浴別料金
（個室）	6	6	レストラン	レストラン	55〜	243-0227	市電銀山町駅歩7分	男ⓌⓅ提供ⒸⓆ
スマイルホテル広島	160	320	—	朝食11	60〜	240-4000	市電八丁堀駅歩8分	ⒷⓉ(s)ⓌⓅコインランドリー、ビジネス・観光に

Map

広島市周辺	宮島周辺	東広島周辺	三原周辺

【ひとくちメモ】　昭和20年(1945)8月6日午前8時15分、広島は世界で初めて原子爆弾による被害を受けた。街はほとんどが破壊され多くの人々の生命が奪われた。かろうじて生き残った人も、心と体に大きな痛手を受け、多くの被爆者が今なお苦しんでいる。「広島平和記念資料館」は、原子爆弾による被害の実相を世界の人々に伝え、ヒロシマの心ある核兵器廃絶と世界恒久平和の実現に寄与することを目的に開館。被爆者の遺品や被爆の惨状を示す写真や資料を展示している。入館料：大人200円、中学生以下無料　☎082-241-4004　http://hpmmuseum.jp/

中国・四国　お得情報は187ページを見てね！

★お申し込み時「全国安い宿情報を見た」と言ってね！

宿泊料金は基本的に「**1名分、消費税10％込み**」表示（単位：百円） ※宿泊税別／[ツ]→1室2名利用／[ト]→1室3名利用／[複]→1室4名以上利用／B.H.→ビジネスホテル／P.→ペンション／Y.H.→ユースホステル／Y.G.H.→ユースゲストハウス／[会]→YH会員料金／[相]→相部屋＝ドミトリー／S→シングルルーム／[地]→地下鉄／[男]→男性専用／[女]→女性専用／[和]→全室和室／[和]→和室有（全室ではない） 《→右へ》

名称	室数	定員	1名分宿泊料金（単位/百円）2食付	朝食付	素泊	電話	交通	特徴・備考
（広島市周辺） map▶135ページ						(082)		
パークサイドホテル広島平和公園前	91	120	—	—	S55～	244-7131	市電紙屋町駅歩3分	[B][T][W][P][C][Q]全館禁煙、平和公園歩5分
春日旅館	12	25	—	—	43～	241-5482	市電中電前駅歩1分	[和][W][P]平和公園・官庁近く
セジュールフジタ	129	140	レストラン	レストラン	S60	296-6511	市電土橋駅歩3分	[B][T](s)[W][P][C][Q]キッチン付有
B.H.みやぢ	57	100	65.5～	51.7～	46.2～	823-4715	矢野駅歩10分	[和][B][T][W][P][C][Q]まごころサービス
民宿寺西荘	6	20	45～	40～	35～	854-0203	矢野駅バス10分	[和][P]家庭料理、熊野筆の里工房近く
ファミリーロッジ旅籠屋広島店	14	56	—	軽朝食	[ツ]49.5～	847-0858	アストラムライン上安駅歩6分	[B][T](s)[W][P]禁煙室有
（可部周辺）						(082)		
ホテル小田亀	16	30	—	—	S50	815-7788	中島駅歩2分	[B][T](s)(分離型)[W][P](2t以上有料)ミニキッチン・冷蔵庫付
B.H.リッチ	16	30	—	—	S45	815-7778	中島駅歩8分	[B][T][W][P]ミニキッチン・冷蔵庫付
（宮島周辺） map▶135ページ						(0829)		
おおの屋旅館	5	15	70～	52～	45～	56-0222	宮島口駅歩1分	[W][P][Q]観光・ビジネスに便利、家庭的な宿
Simple Stay宮島	18	60	持込可	持込可	20～	50-1140	宮島口駅歩3分	[相][W][Q]電子レンジ、個室有、屋根付駐輪場
ファミリーロッジ旅籠屋宮島SA店	14	56	—	軽朝食	[ツ]49.5～	38-7858	宮島SA内（上り）	[B][T](s)[W][P]禁煙室有
県立もみのき森林公園	24	170	団体のみ	団体のみ	60～	77-2011	吉和I.C.車10分	[T][P]総合型レジャー施設、2024年4月リニューアル
国民宿舎湯来ロッジ	21	80	※[複]108～	—	—	85-0111	五日市駅バス70分	[T][W][P][C][Q]湯来温泉（入湯税別）、露天、※平日5名利用時
						(0827)		
マスヤB.H.	28	30	※夕食12.5	※朝食6.2	S34.9～	52-2446	大竹駅歩2分	[B][T][W][P](10台先着順)[C]長期割引、コインランドリー ※要予約
（呉周辺）						(0823)		
大蔵屋	7	30	110	—	44	65-2860	仁方駅車30分	[P]海の前、下蒲刈島
オレンジハウス	7	14	60.5～	43.1	38.5	66-4020	広駅バス50分	[W][P]大崎下島（橋が繋がっている）、竹原港から船
国民宿舎野呂高原ロッジ	25	81	74.7～	52.7～	41.7～	87-2390	安芸川尻駅車20分	[B][T][P][C]瀬戸内海国立公園内野呂山の山頂
（東広島周辺） map▶135ページ						(082)		
ベッセルホテル東広島	126	145	要問	サービス	S73～	426-2222	東広島駅目の前	[B][T][W][P](6m以上有料)[C]禁煙室
東横INN東広島駅前	188	228	—	サービス	S70～	426-2045	東広島駅歩1分	[B][T](s)[W][P](先着順)[C][Q]
東横INN東広島西条駅前	132	170	—	サービス	S78～	422-1045	西条駅歩1分	[B][T](s)[W][P](先着順)[C][Q]
広島西条駅前Y.H.	4	25	自炊可	自炊可	[会]32	495-5306	西条駅歩1分	[相][W][P]談話室キッチン、一般¥600増
ホテルKAMO	124	160	—	サービス	S56～	422-1101	西条駅車5分	[B][T](s)[W][P](大型車有料)[C][Q]温泉・アミューズメント施設隣接
（竹原周辺）						(0846)		
大広苑	62	122	S85～	S73～	S65～	22-2970	竹原駅歩15分	[B][T][W][P]大浴場、サウナ
いづみ旅館	30	65	72.5～	60.5～	55～	65-2140	竹原駅、港船25分＋車5分	[和][W][P][送](港まで)大崎上島、活魚料理（別料金）
（三原周辺） map▶135ページ						(0848)		
三原ステーションホテル	48	58	—	—	S40～66	63-8181	三原駅歩1分	[B][T][W][P](16台先着順)冷蔵庫付、港近く
ホテルリブマックスBUDGET三原駅前	40	60	—	—	50～	81-0090	三原駅歩1分	[B][T](s)[W][P]電子レンジ、VOD
ホテルTODAI	25	31	—	—	S47	63-1015	三原駅歩4分	[B][T](s)[W][P][C][Q]コインランドリー、港へ歩5分
山根旅館	13	35	提携先有	45～	35～	62-2656	三原駅歩5分	[W][P](5台)純和風
うたげホテル	14	28	—	—	32.8～42.8	63-4848	三原駅車3分	[B][T](s)[W][P]コンビニ隣
星野旅館	12	30	[ツ]83.6～	[ツ]61.6～	[ツ]52.8～	86-2038	本郷駅目の前	[W][P][C][Q]大浴場、和室洋室各6
（尾道周辺）						(0848)		
ホテル港屋	8	12	—	—	S48	22-3708	尾道駅歩2分	[和][B][T][W]
尾道第一ホテル	43	65	予約制	[ツ]71.5～	[ツ]60.5～	23-4567	尾道駅歩3分	[B][T](s)[W][P][C][Q]観光・ビジネスの拠点に

【ひとくちメモ】 推古元年（593年）の創建と伝えられる「嚴島神社」は、海を敷地とした大胆で独創的な配置構成で、平安時代の寝殿造りの粋を極めた建築美で知られる日本屈指の名社。廻廊で結ばれた朱塗りの社殿は、潮が満ちてくるとあたかも海に浮かんでいるよう。海面にそびえる高さ16mの大鳥居は、耐久性、耐水性、防虫効果の高いクスノキで作られており、現在は明治8年に再建された9代目。根元は海底に埋められているのではなく、松材の杭を打って地盤を強化し、箱型の島木の中に石を詰めて加重し鳥居の重みだけで立っている。昇殿料：大人300円。☎0829-44-2020 https://itsukushima.jp

お得情報は187ページを見てね！

〈→つづき〉 **B**→全室バス付／**B**→一部バス付／**T**→全室トイレ付／**T**(s)→全室シャワートイレ＝ウォシュレット付／**T**→一部トイレ付／
W→全室Wi-Fi可／**W**→一部Wi-Fi可／**P**→有料駐車場／**P**→無料駐車場／**送**→送迎可／**障**→身体障害者への対応可（要問）／
C→一部クレジットカード決済可／**Q**→paypay等の一部QR決済可／24h→24時間／特記事項は「※」印、又は「（ ）」括弧書きにて説明

名　称	室数	定員	1名分宿泊料金（単位/百円）			電話	交通	特徴・備考
			2食付	朝食付	素泊			
（尾道周辺） map▶137ページ						（0848）		
ホテルα-1尾道	196	220	レストラン	朝食10〜	S72〜99	25-5600	尾道駅歩5分	**BT**(s)**WPC** 冷蔵庫付、禁煙室有
ビュウホテルセイザン	21	34	レストラン	S64.9〜	S53.9〜	23-3313	尾道駅歩15分	**BTWP** 夕食は本場タイ料理
旅館　浦島	18	60	75〜	58〜	50〜	48-0143	尾道駅車15分	**WPC** 天然温泉大浴場、サウナ
大田屋ホテル	11	25	S88	S74.8	S66	46-0602	東尾道駅歩15分	**和BT**(s)**WPCQ** コインランドリー
（生口島・因島） map▶137ページ						（0845）		
民宿皇船荘	20	30	55〜	45	35	27-0406	尾道駅バス50分	**P** レモン風呂、イオン水使用、活魚料理人気、生口島
民宿旅館ひよし	9	20	71.5〜	52.8〜	47.3〜	27-2181	尾道駅バス50分	**P** 耕三寺平山郁夫美術館近く（生口島出身）生口島
瀬戸田垂水温泉	11	31	68	55	48	27-3137	尾道駅バス50分	**W P送**（夜間16:00まで）ビーチ近く、ラドン温泉、生口島
ホテルみやじま	52	114	72〜	55.5〜	50〜	22-1450	尾道駅バス50分	**BTWPC** 冷蔵庫付、因島
民宿国民宿舎ホテルいんのしま	27	65	**団**126.5〜	**団**90.2〜	**団**77〜	22-4661	土生港車5分	**TWP送** 要予約 **CQ** 大浴場、因島
（府中周辺）						（0847）		
富　士　旅　館	11	30	70〜	54.5〜	48	41-2295	府中駅歩1分	**和WPQ** アットホーム、家庭料理
大　吉　旅　館	8	20	71.6〜	56.8〜	50.5〜	41-2268	府中駅歩5分	**和WPCQ** 循環風呂、季節料理人気
自然の森M.G.Y.H.	7	24	**会**63	**会**48	**会**40	62-3244	備後矢野駅歩5分	**和W P** 天然温泉、上下駅車6分、全土日営業
すずらんホテル木原	12	32	S78〜	S63〜	S55〜	22-0160	新尾道駅車30分	**和BTWPCQ** 大浴場
（福山周辺） map▶137ページ						（084）		
ベッセルイン福山駅北口	117	135	—	朝食14	**団**42〜	991-1000	福山駅北口目の前	**BT**(s)**WPC** S6900円〜
福山ステーションイン	58	72	—	※S60〜	S55〜	925-3337	福山駅歩1分	**BT**(s)**WPC** 喫煙室有、※弁当
ホテル1-2-3福山	202	450	—	サービス	S63〜	932-3939	福山駅歩3分	**BT**(s)**WCQ**
サンホテル福山	126	139	—	S67〜	S55〜	925-8111	福山駅歩3分	**BT**(s)**WP PC** シングルはセミダブルベッド使用
カプセル＆サウナ日本	110	110	—	—	40〜	921-2886	福山駅歩3分	**男** カプセル **WP**（提携）**CQ** 大浴場、サウナ
B．H．コ　ム	45	45	—	—	S39.8	931-3836	福山駅歩3分	**BTWPC**
東横INN福山駅新幹線南口			—	サービス	S72〜	916-1045	福山駅歩4分	**BTWP** 先着順 **CQ**
ベネフィットホテル福山	64	84	—	サービス	S53.9〜	924-6280	福山駅歩10分	**BTWPC** 禁煙室有
あ　お　い　B．H．	28	50	—	—	S55〜66	923-3981	福山駅歩10分	**BTWPC** 全館禁煙
グ　リ　ー　ン　B．H．	16	20	—	—	S40〜	923-1126	福山駅歩15分	**BTWP** 全室羽布団、エアコン完備
ビジネスイン福山	39	60	—	S51〜	S48〜	924-1573	福山駅歩20分	**BTWP** 2t〜有料 **CQ**
ベッセルホテル福山	121	139	—	サービス	**団**46.5〜	920-0101	福山駅車5分	**BT**(s)**WPC** S6600円〜、禁煙室
ルートイングランティア福山SPA RESORT	158	220	※レストラン	朝食11	S69〜	922-5511	福山駅歩10分	**BTWP** 先着順 **CQ** 天然温泉大浴場、※土日祝休
福山ロイヤルホテル	46	52	S81〜	S67〜	S58〜	921-5630	福山駅歩10分	**BTWP** 先着順 **CQ** ショッピングセンター近く
魚　康　旅　館	36	80	55〜	45〜	40〜	953-5605	福山駅歩10分	**W P送**（10名以上）大広間
福山センチュリーホテル	120	145	—	—	S55	945-5566	東福山駅歩10分	**BTWPC** 禁煙室、国道2号沿い
B．H．大　善	30	55	S65〜	S52.5〜	S45〜	939-5600	松永駅歩2分	**BTWP** ボリュームの食事、鞆駅歩3分、福山港へ車2.0km
シティホテル松永	16	21	—	—	S60	933-4080	松永駅歩4分	**和BTWPC** 閑静、禁煙室有
（三次周辺） map▶137ページ						（0824）		
ホテルα-1三次	216	252	レストラン	朝食10〜	S75〜84	63-3200	三次駅歩10分	**BT**(s)**WP** お泊まり有料 **C** 全室無料ルームシアター
白　鳥　荘	14	30	58.3〜	47.3〜	38.5〜	66-3110	三次駅車10分	**和WPCQ** 大浴場、洗濯機、県立三次公園近く
滝見家旅館	9	25	77	55	49.5	55-2038	三次駅バス50分	**和P** 滝百選の常清滝近く

尾道周辺　　生口島周辺

福山周辺

三次周辺

【ひとくちメモ】　「福山自動車時計博物館」は、"のる・みる・さわる・写真を撮る"ことのできる体験型博物館として、年中無休で毎日オープン。戦前に作られたフォードT型やダットサン、"バタンコ"と呼ばれ親しまれた三輪トラックや軽三輪車等、国内外の往年の名車が所狭しと並び、江戸〜明治にかけて作られた和時計や欧米の塔時計等の時計類、蝋人形、蓄音機、オルゴール、自動演奏ピアノ、古き良き昭和レトロな生活用品・電化製品なども多数展示している。JR福山駅北口徒歩12分。入館料：大人900円、中高生600円、小人300円。☎084-922-8188　http://blognews.facm.net/

（右欄・縦書き）

《広島》… ★お申し込み時「全国安い宿情報を見た」と言ってね！

中国・四国　お得情報は187ページを見てね！

宿泊料金は基本的に「**1名分**、消費税10％込み」表示(単位:百円) ※宿泊税別／❶→1室2名利用／❷→1室3名利用／❸→1室4名以上利用／B.H.→ビジネスホテル／P.→ペンション／Y.H.→ユースホステル／Y.G.H.→ユースゲストハウス／🅖→YH会員料金／🅐→相部屋＝ドミトリー／S→シングルルーム／🅼→地下鉄／🅜→男性専用／🅕→女性専用／🅝→全室和室／🅦→和室有(全室ではない) 《→右へ》

★お申し込み時「全国安い宿情報を見た」と言ってね！

名　称	室数	定員	1名分宿泊料金(単位:百円)			電話	交通	特徴・備考
			2食付	朝食付	素泊			
(東城周辺)						(08477)		
リバーサイドホテルヨナゴ	13	30	77	58	50	2-3006	東城駅歩5分	🅦WP バス・トイレ共同、宴会可
(北広島周辺)						(0826)		
京 屋 旅 館	11	23	68〜	48〜	40〜	72-2250	広島駅バス45分	🅝WPCQ長期滞在向け、神楽の里のやすらぎ宿
民 宿 野 川	5	20	93.5〜	77〜	66〜	28-1077	広島駅バス60分	🅝WP 高速バス停・道の駅戸河内歩5分
民宿あるぺん屋	4	10	105〜	77〜	66〜	37-0226	広島駅車90分	WPQ スーパーウォッチング登山に便利、益田駅車40分
民 宿 岡 杖	5	15	82.5〜	66〜	50〜	35-0833	浜田駅車80分	P スキーシーズンのみ営業、戸河内I.C.60分

◇鳥　取◇

名　称	室数	定員	2食付	朝食付	素泊	電話	交通	特徴・備考
(鳥取市周辺) map▶139ページ						(0857)		
ホテル ナショナル	96	140	―	朝食4	51〜	24-7511	鳥取駅歩3分	BT(s)WP
スーパーホテル鳥取駅前	92	150	―	サービス	S68〜	22-9000	鳥取駅歩2分	BT(s)WP 先着順 C 2019年7月リニューアル
ホテルレッシュ鳥取駅前	88	112	―	朝食12	S71.5〜	29-1111	鳥取駅歩2分	BT(s)WPCQ 大浴場
鳥取グリーンホテルモーリス	213	253	S72.6〜	S66〜	22-2331	鳥取駅歩3分	BT(s)WPC 大浴場・サウナ
東横INN鳥取駅南口	103	127	―	サービス	S67〜	36-1045	鳥取駅歩3分	BT(s)WP 先着順 CQ 禁煙室有
スーパーホテル鳥取北口	91	130	―	サービス	S68〜	36-9000	鳥取駅歩4分	BT(s)WPC 天然温泉男女交替制、禁煙室有
ホテルα-1鳥取	224	232	S64〜100	S54〜90	29-9188	鳥取駅歩5分	BT(s)WPC 冷蔵庫付
ホテルユニオンプラザ	25	75	―		S48	27-1177	鳥取駅歩15分	BTWPC トレーニングセンター近く
松屋荘和風ホテル	15	50	―		40	22-4891	鳥取駅歩10分	WP 団体・長期割引、コインランドリー、門限無し
民営国民宿舎ニュー砂丘荘	30	110	93.5〜	66〜	55〜	26-2728	鳥取駅バス20分	WP 天然温泉(24h可)、鳥取砂丘駅、子供の国隣接
福 田 屋 旅 館	5	12	122.5〜	要問	要問	57-0038	鳥取駅バス20分	WP かけ流し天然温泉、カニ料理要予約、1日2組限定
B.H.いわた	38	86	―		30〜38	24-0765	鳥取駅車4分	🅦BTWP ビジネス・観光OK
山 政 家	8	25	82.5〜	52.8	41.8	75-2722	鳥取駅車15分	🅝P 観光梨園、冬期カニ料理別注
北 川 旅 館	7	28	110〜	―	―	57-0023	鳥取駅車20分	🅝WPC 天然温泉(24h可、入湯税別)
田 中 屋	7	28	130	85	65	57-0003	鳥取駅車25分	🅝WP 天然温泉(入湯税別)
川 戸 家 民 宿	7	20	75.9〜	53.9	55	28-1274	鳥取駅車25分	🅝P 魚料理、海・空港へ車10分
国民宿舎山紫苑	34	140	94〜	72〜	59〜	84-2211	浜村駅車10分	🅝WP 天然温泉、霧不、浜村I.C.5分
シーサイドうらどめ	11	56	93.5〜	55〜77	44〜66	73-1555	岩美駅車5分	🅦WPCQ 冬はカニ料理別料金、浦富海水浴場前
ビーチインたけそう	6	25	99〜	66〜	52.8〜58.3	73-1231	岩美駅バス10分	🅦WPQ 冬はカニ料理別注、浦富海水浴場目の前
(八頭町周辺)						(0858)		
谷 口 旅 館	7	20	80	70	50	84-3045	丹比駅歩5分	🅝P ビジネス向き、家庭料理

【ひとくちメモ】　鳥取駅からバス20分の「鳥取砂丘」は、日本海に広がる美しい海岸砂丘で、観光できる砂丘として日本最大級の広さを誇る。起伏の大きさを象徴する「馬の背」は、真下から眺めると高さ約47mあり、急斜面の砂の壁は迫力満点。また、日本海の風が作り出す砂の模様"風紋"は、刻々と表情を変えていき、風が織りなす繊細な芸術品と言われている。砂丘では、らくだ乗り、砂像作り、砂絵、サンドボード、パラグライダー、ファットバイク、セグウェイ、ヨガなど各種体験ができる。☎0857-22-0021　https://www.sakyu-vc.com/jp/

《→つづき》 🅑→全室バス付／Ⓑ→一部バス付／🅣→全室トイレ付／🅣(s)→全室シャワートイレ＝ウォシュレット付／Ⓣ→一部トイレ付／🅦→全室Wi-Fi可／Ⓦ→一部Wi-Fi可／🅟→有料駐車場／Ⓟ→無料駐車場／(送)→送迎有／(障)→身体障害者への対応可(要問)／🄲→一部クレジットカード決済可／🅀→paypay等の一部QR決済可／24h→24時間／特記事項は"※"印、又は"( )"括弧書きにて説明

名　　称	室数	定員	1名分宿泊料金(単位/百円)			電　話	交　通	特徴・備考
			2食付	朝食付	素　泊			
(倉吉周辺) map▶139ページ						(0858)		
大阪屋旅館	15	26	67	52	44	26-3731	倉吉駅歩10分	(和)🅦Ⓟ庭園有、長期可、ビジネス向き
国民宿舎ブランナールみささ	42	175	(ii)132～	(ii)88～	(ii)77～	43-2211	倉吉駅バス25分	Ⓣ🅦Ⓟ天然温泉(入湯税別)
ビジネスインたけのや	18	32	68	60	56	22-2727	倉吉駅車10分	🅑🅣🅦Ⓟ🄲白壁土蔵群近く、合宿・長期歓迎
松風荘旅館	15	30	—	—	58～	22-6363	倉吉駅車10分	🅦Ⓟ(2t・大型可)🄲🅀倉吉未来中心・白壁土蔵群近く
旅館水郷	12	64	(ii)120～	(ii)88～	(ii)55～	35-3521	倉吉駅車10分	🅦Ⓟ🄲温泉(入湯税150円)
旅荘扶美	8	20		休業中		35-2800	倉吉駅車10分	(和)Ⓟはわい温泉(岩風呂・入湯税150円)
油屋	10	20	自炊	自炊	50～	43-0657	倉吉駅車15分	(和)Ⓟ3泊以上の方のみ、キッチン有、温泉
ファミリーロッジ旅籠屋鳥取倉吉店	14	56	—	軽朝食	(ii)49.5～	24-4858	倉吉駅3km	🅑🅣(s)🅦ⓅEV車充電可
(米子周辺) map▶139ページ						(0859)		
米子ユニバーサルホテル	332	700	49.9～	49.9～	49.9～	23-5000	米子駅歩2分	🅑🅣(s)Ⓦ🅟🄲禁煙室有
東横INN米子駅前	220	300	—	サービス	S68～	36-1045	米子駅歩2分	🅑🅣(s)🅦🅟(先着順)🄲🅀禁煙室有
スーパーホテル米子駅前	134	180	—	サービス	S51～155	32-9000	米子駅歩2分	🅑🅣(s)🅦🅟🄲天然温泉大浴場(男女入替制)、禁煙室有
ホテル真田	30	40	—	サービス	S38	34-0007	米子駅歩2分	🅑🅣🅦🅟🄲🅀ツイン¥6980、ダブル¥6580
ホテルα-1米子	198	218	レストラン	朝食10～	S63～90	23-1122	米子駅歩4分	🅑🅣(s)🅦Ⓟ🄲禁煙室有
ホテルビジネスインよなご	20	20	—	—	S30	22-3200	米子駅歩5分	🅦🅟バス・トイレ共同、24h大浴場
グリーンホテル米子	21	25	—	—	S45	22-0771	米子駅歩5分	🅑🅣(s)🅦🅟(先着順) 羽毛布団
グッドブレスガーデン サウナ&ステイ	52	52	食事処	—	(男)35～(女)30～	21-9996	米子駅歩15分	キャビンタイプ🅦Ⓟ(高さ制限有)🄲🅀大浴場・サウナ、複合施設内
米子ニューアーバンホテル	36	50	S85	S69.8	S60	23-2211	米子駅車5分	🅑🅣(s)🅦Ⓟ🄲門限なし、チェックアウト12時
ホテルわこう	100	129	—	—	S55～	33-1621	米子駅車10分	(和)🅑🅣(s)🅦Ⓟ(2t以上有料)🄲🅀コインランドリー
湯快リゾート かいけ彩朝楽	81	409	(ii)80.05～	—	—	22-4141	米子駅車15分	🅣(s)Ⓟ皆生温泉大浴場(入湯税別)
B.H.オーシャン	24	35	—	サービス	S55～	23-6500	米子駅車15分	🅦Ⓟ🄲🅀天然温泉隣接(宿泊者に入浴券付)
観光B.H.皆生温泉	20	22	—	—	S50～65	22-1000	米子駅バス19分	🅦Ⓟ(大型車有料) 天然温泉、米子I.C.10分
ホテルカクバン	36	44	S80.5～	S55.5～	S50～	35-0010	富士見町駅歩5分	🅑🅣(s)🅦Ⓟ🄲🅀高島屋近く
スマイルホテル米子	116	144	—	朝食10	S42～	33-0911	富士見町駅歩10分	🅑🅣(s)🅦Ⓟ米子南I.C.10分
ファミリーロッジ旅籠屋境港店	14	56	—	軽朝食	(ii)49.5～	47-0858	境港駅2.1km	🅑🅣(s)🅦ⓅEV車充電可
ホテルエリアワン境港マリーナ	66	150	—	朝食15	S70～	45-3111	中浜駅歩15分	🅑🅣(s)🅦Ⓟ🄲🅀
(大山周辺) map▶139ページ						(0859)		
喜らく旅館	9	15	65～	45	38	53-3283	大山口駅目の前	🅦Ⓟ🅀サーフィンスポット近く、大山I.C.2分
大山ユートピア	4	10	121～	—	—	52-2437	米子駅車30分	Ⓟペット可、天然素材創作料理、冬は車は入れない(要問)
緑水園	5	108	85.8～	56.1	46.2	66-5111	米子駅車30分	🅦Ⓟ🄲🅀バンガロー7棟、緑水湖畔、自然の中の癒しの宿
沖村P.	6	18	(ii)90～	(ii)60	(ii)50	68-3723	米子駅車30分	🅦Ⓟ🄲人工温泉、外国人の方歓迎
民営国民宿舎大山ビューハイツ	19	80	(ii)84.7～	(ii)68.2～	(ii)55～	52-2518	米子駅バス50分	🅣🅦Ⓟ(送)(バス停から)🄲🅀大浴場、大山の好眺望
宮本旅館	8	20	80	60	50	52-2146	米子駅バス50分	(和)Ⓟ自家製そばが好評
みせん荘	5	20	102.3～	77～	55～	52-2948	米子駅バス50分	(和)🅦Ⓟ🅀大山一望の部屋有、冷暖房・空気清浄機完備
P.わごんぼーい	7	17	—	60～65	50～55	68-3871	岸本駅車10分	Ⓟ木造白木校倉造、ペット可
P.アップリケ	7	21	90～	70～	—	68-3883	岸本駅車10分	🅦Ⓟ家族向け
P.クッキーサーカス	4	12	130～	100～	70～	52-2081	伯耆溝口駅車15分	🅦Ⓟ貸切陶器風呂、コテージ有
日野町交流センターリバーサイドひの	6	26	82.5	70.4	60.5	77-0333	根雨駅車5分	🅦Ⓟ🄲🅀鮎釣り・カヌー・オシドリ見学に最適

Map 鳥取市周辺 倉吉周辺 米子周辺 大山周辺

【ひとくちメモ】 米子市観光協会では、米子が誇る産業の現場を直に見て"商都・米子"を体感してもらう「大人達の社会見学」を行っている。「陸上自衛隊・米子駐屯地」では駐屯地内各施設の見学。展示戦車等と記念撮影も可(無料)、「株式会社稲田本店」では日本酒の製造工程の見学・試飲など(有料・無料)、「お菓子の壽城」は米子城をモデルに築城した建物で和菓子の製造工程の見学(無料)、「境漁港見学ツアー」では水揚げや入札の様子を見学(有料)等、多数あり。詳細は米子市観光協会まで。☎0859-37-2311http://www.yonago-navi.jp/

お得情報は187ページを見てね！

★お申し込み時「全国安い宿情報を見た」と言ってね！

◇島　根◇

宿泊料金は基本的に「**1名分**、消費税10%込み」表示（単位：百円）※宿泊税別／[Ⅱ]→1室2名利用／[Ⅲ]→1室3名利用／[複]→1室4名以上利用／B.H.→ビジネスホテル／P.→ペンション／Y.H.→ユースホステル／Y.G.H.→ユースゲストハウス／[会]→YH会員料金／[相]→相部屋＝ドミトリー／S→シングルルーム／[地]→地下鉄／[男]→男性専用／[女]→女性専用／[和]→全室和室／[和]→和室有（全室ではない）　《→右へ》

名称	室数	定員	1名分宿泊料金（単位/百円） 2食付	朝食付	素泊	電話	交通	特徴・備考
（松江周辺）map▶140ページ						(0852)		
松江ユニバーサルホテル本館	316	900	55～	55～	55～	25-0001	松江駅歩30秒	[B][T](s)[W][P][C] 禁煙室有
松江ユニバーサルホテル別館	170	340		休館中		25-8100	松江駅歩30秒	[B][T](s)[P] [男]大浴場・サウナ、禁煙室有
松江駅前ユニバーサルホテル	781	1180		休館中		28-3000	松江駅歩30秒	[B][T](s)[P] 大浴場・サウナ、禁煙室有
松江プラザホテル	186	206	レストラン	S60～	S50～	26-6650	松江駅歩30秒	[B][T](s)[W][P][C] 冷蔵庫付、禁煙室有
ホテルα-1第2松江	160	178	—	朝食10	S90、95	26-7800	松江駅歩1分	[B][T](s)[W][P][C] 禁煙室有
東横INN松江駅前	189	200	—	サービス	S67～	60-1045	松江駅歩2分	[B][T](s)[W][P](先着順)[C][Q]
松江アーバンホテル	115	135	—	朝食12.1	S68.2～	22-0002	松江駅歩3分	[B][T](s)[W][P][C][Q] 全室禁煙、男女利用カプセル有
おおさこ旅館	12	36	—	75～	65～	22-0035	松江駅歩3分	[和]家庭的、繁華街の中
ホテルα-1松江	197	214	居酒屋	朝食10	S90～99	31-2200	松江駅歩5分	[B][T](s)[W][P][C] 禁煙室有
松江アーバンホテルレークイン	44	48	—	サービス	S56.1～	21-2424	松江駅歩7分	[B][T](s)[W][P][C][Q] 冷蔵庫付、禁煙室有
ホテルルートイン松江	199	289	—	サービス	S70～	20-6211	松江駅歩12分	[B][T](s)[W][P](先着順) 天然温泉大浴場、松江城近く
松江シティーホテル本館	45	90	—	※S66～	S63～	25-4100	松江駅歩15分	[B][T](s)[W][P][C][Q] 全室天然温泉付、上階から宍道湖一望※弁当
松江シティーホテル別館	51	102	—	※S66～	S63～	25-4100	松江駅歩15分	[B][T](s)[W][P][C][Q] 全室天然温泉付、アンティーク調※弁当
松江ニューアーバンホテル本館	66	100	夕食50～	朝食19.8	65～	23-0003	松江駅バス10分	[B][T](s)[W][P] 全館禁煙、別館に温泉大浴場、宍道湖畔
松江ニューアーバンホテル別館	101	127	夕食50～	朝食19.8	66～	23-0003	松江駅バス10分	[B][T](s)[W][P] 全館禁煙、温泉大浴場（入湯税別）、宍道湖畔
B.H.ルート9	66	70	夕食9.8	—	※43～90	52-3359	揖屋駅車5分	[B][T][W][P](トラック有料)[C] [男]サウナ付大浴場 ※平日
福間館	18	75	121～	88～	77～	73-0011	境港駅車15分	[W][P][送](要予約)[C][Q] 離れ4棟有、自炊可、長期歓迎
（安来周辺）						(0854)		
旅館朝日館	7	24	120～	70～	60～	22-2348	安来駅歩1分	[W][P][C] 家庭的、長期割引、足立美術館へ便利
日野旅館	4	12	—	55～60	45～50	22-2477	安来駅歩3分	[和][P] グループ・長期歓迎
（出雲周辺）map▶140ページ						(0853)		
P140 ゑびすや民営ホステル	7	28	65	50	40	53-2157	出雲大社前駅歩1分	[P] 出雲大社前、家庭的、海水浴場近く
ファミリーロッジ旅籠屋出雲大社店	14	56	—	軽朝食	[Ⅱ]49.5～	53-6858	出雲大社前駅歩2分	[B][T](s)[W][P]
東横INN出雲市駅前	136	174	—	サービス	S72～	25-1044	出雲市駅歩1分	[B][T](s)[W][P](先着順)[C][Q]

縁結びの神・出雲大社

縁結びの神・福の神として名高い『出雲大社』は、日本最古の歴史書といわれる古事記にその創建が記されているほどの古社で、主祭神は『大国主大神（おおくにぬしのおおかみ）』。近年パワースポットとしても注目され、年間200万人の参拝者が訪れる。国宝の本殿は1744年（延享元年）に再建され、厚い桧皮葺き屋根の棟の上に長さ7.9mの二組の千木が交差しているのが特徴的。平成の大遷宮で大屋根や千木などは新装されている。旧暦10月10日に日本全国の八百万の神々が出雲に参集される神迎祭が行われるため、この地域では10月の事を"神無月（かんなづき）"ではなく"神在月（かみありつき）"と呼ぶ。拝礼は「二拝、四拍手、一拝」。出雲大社前駅から徒歩7分。

☎0853-53-3100　https://www.izumooyashiro.or.jp

Map　松江周辺　出雲周辺　木次周辺　浜田周辺

お得情報は187ページを見てね！

【ひとくちメモ】　これまで発見された遺跡や資料を元に、古代出雲を様々な角度からのぞくことができる「島根県立古代出雲歴史博物館」。展示室は「出雲大社と神々の国のまつり」「出雲国風土記の世界」「青銅器と金色の大刀」の3つのテーマに分かれ、古代出雲の謎に迫る。中央ロビーでは、2000年に出雲大社境内から発見された「宇豆柱（うづばしら）」を展示している。出雲大社前駅から徒歩7分。
開館：9～18時（冬季17時迄）、第3火曜休／観覧料：常設展一般620円、小中高生200円。☎0853-53-8600　https://www.izm.ed.jp

〈→つづき〉 Ⓑ→全室バス付／Ⓑ→一部バス付／Ⓣ→全室トイレ付／Ⓣⓢ→全室シャワートイレ＝ウォシュレット付／Ⓣ→一部トイレ付／Ⓦ→全室Wi-Fi可／Ⓦ→一部Wi-Fi可／Ⓟ→有料駐車場／Ⓟ→無料駐車場／送→送迎有／身→身体障害者への対応可(要問)／Ⓒ→一部クレジットカード決済可／Ⓠ→paypay等の一部QR決済可／24h→24時間　特記事項は※印、又は(　)括弧書ききで説明

名　　称	室数	定員	1名分宿泊料金(単位/百円)			電話	交通	特徴・備考
			2食付	朝食付	素泊			
(出雲周辺) map▶140ページ						(0853)		
スーパーホテル出雲駅前	121	164	—	サービス	S70〜	21-9000	出雲市駅歩1分	ⒷⓉⓢⓌⓅⒸ
ホテルリッチガーデン	32	36	レストラン	—	S49〜	25-3356	出雲市駅車5分	ⒷⓉⓌⓅⒸⓆ女岩盤浴
ホテルサンヌーベ	50	100	S57.2〜	S49.5〜		20-2777	西出雲歩3分	ⒷⓉⓢⓌⓅ身ⒸⓆ 禁煙室有
湖畔の温泉宿くにびき	23	66	Ⓑ132〜	Ⓑ82.5〜	Ⓑ66〜	43-2211	江南駅30分	ⓌⓅ要予約ⒸⓆ天然温泉、露天、神西湖畔
平田メイプルホテル	80	100	要問	S68.5	S60.5	62-0770	電鉄雲州平田駅歩8分	ⒷⓉⓢⓌⓅⒸⓆバリアフリー1室、小型犬要予約
(木次周辺) map▶140ページ						(0854)		
松　江　館	6	15	88〜	66〜	55〜	42-0051	木次駅歩5分	和ⓌⓅⓆ朝刊サービス、洗濯機有料
国民宿舎清嵐荘	24	86	Ⓑ115.5〜	Ⓑ71.5〜	Ⓑ55〜	75-0031	木次駅車20分	和ⓌⓅⓆ天然温泉、露天(入湯税別)
奥出雲町サイクリングターミナル	14	48	複88〜	複60.5〜	複55〜	54-2100	出雲三成駅歩3分	ⒷⓉⓌⓅ奥出雲町中心
曽　田　旅　館	10	35	80〜	70〜	55〜	54-1018	出雲三成駅歩10分	和ⓌⓅ山菜料理、長期可、洗濯機、製氷機有
ふくろや旅館	6	22	93.5〜	72.6〜	63.3〜	52-1021	出雲横田駅歩1分	和ⓌⓅⒸビジネス向き、洗濯機
浪　花　旅　館	8	25	85.8〜	70.4〜	56.1〜	52-1014	出雲横田駅歩1分	和ⓌⓅⒸ全館禁煙、手作り料理、長期割引応相談
(大田周辺)						(0854)		
民営ホステル城福寺ユースハウス	5	15	47	37	32	88-2233	仁万駅歩20分	ⓌⓅ世界一の砂時計・鳴き砂・石見銀山近く
(江津・浜田周辺) map▶140ページ						(0855)		
高見屋旅館	3	9	82.5〜	66	60.5	65-2012	温泉津駅歩2分	和ⓌⓅ鮮魚料理、長期割引、洗濯機
旅の宿輝雲荘	14	50	複144.5〜	複100.5〜	Ⓑ66〜	65-2008	温泉津駅車4分	ⓌⓅ要予約ⒸⓆ天然温泉、離れ有
広島屋旅館	4	12	110〜	82.5〜	60.5〜	65-2017	温泉津駅歩5分	和ⓅⒸ天然温泉(洞窟風呂)、入湯税別、鮮魚料理
国民宿舎千畳苑	31	107	Ⓑ99〜	Ⓑ71〜	Ⓑ55〜	28-1255	下府駅歩15分	ⓌⓅ夏可ⒸⓆ大浴場、国府海水浴場目の前
Ｂ．Ｈ．浜　一	32	41		休業中		23-0511	浜田駅歩5分	ⒷⓉⓌⓅⒸⓆ冷蔵庫付、禁煙室有
しろつの荘	15	40	88〜	60〜	55〜	45-0255	浜田駅車30分	和ⓌⓅ天然温泉、旭I.C.5分
民　宿　石　橋	5	10	75〜	50〜	45〜	85-0038	浜田駅車60分	Ⓟトイレ風呂共用、山里の自然の中、浜田道瑞穂I.C.2分
(益田・津和野周辺)						(0856)		
アネックス益田	38	38	—	—	33〜	25-7121	益田駅歩3分	男女利用可カプセル男 個室有女フロア(キッチン・バス)
多田温泉白竜館	12	32		※51.7〜	44〜	22-1626	益田駅歩8分	ⓌⓅⒸ冷鉱泉大浴場 ※月〜金
星　旅　館	5	28	99〜	77	63.8	72-0136	津和野駅歩1分	和ⓌⓅⒸⓆ昭和8年創業、昔ながらの建物
若さぎの宿	6	15	84.7〜	55	44	72-1146	津和野駅車5分	和ⓌⓅ送要予約

名　　称	室数	定員	1名分宿泊料金(単位/百円)			電話	交通	特徴・備考
			2食付	朝食付	素泊			
(山口周辺) map▶142ページ						(083)		
柳　井　旅　館	13	55	77〜	62.7〜	50.6〜	922-1667	山口駅歩7分	ⓌⓅ新鮮食材の家庭料理
太　陽　堂　旅　館	13	30	70〜	55〜	45〜	922-0897	山口駅歩7分	和Ⓟ(4台先着順)官公庁近く、商店街アーケード内
(湯田温泉周辺) map▶142ページ						(083)		
スーパーホテル山口湯田温泉	130	151	—	朝食12	S69〜	921-9000	湯田温泉駅歩7分	ⒷⓉⓢⓌⓅ提携Ⓒ天然温泉大浴場

【ひとくちメモ】「石見(いわみ)銀山」は、1526年に発見されて以来、約400年にわたって採掘された日本を代表する鉱山で、2007年に国内では14件目、鉱山遺跡としてはアジアで初めて世界遺産に登録された。16世紀半ばから17世紀前半の全盛期には、石見銀山で産出された銀をはじめとする日本銀が、世界産銀量の約3分の1を占めたといわれる。「石見銀山世界遺産センター」では、模型、映像、レプリカ、再現品を中心に石見銀山について紹介している。大田市駅からバス運行。／観覧料：一般400円／☎0854-89-0183 http://ginzan.city.ohda.lg.jp/

…《島根・山口》… ★お申し込み時「全国安い宿情報を見た」と言ってね！

中国・四国 お得情報は187ページを見てね！

宿泊料金は基本的に「**1名分**,消費税10%込み」表示(単位:百円) ※宿泊税別/**⑫**→1室2名利用/**⑬**→1室3名利用/**⑭**→1室4名以上利用/B.H.→ビジネスホテル/P.→ペンション/Y.H.→ユースホステル/Y.G.H.→ユースゲストハウス/☎→YH会員料金/⊕→相部屋=ドミトリー/S→シングルルーム/**Ⓢ**→地下鉄/**Ⓜ**→男性専用/**Ⓕ**→女性専用/**㊥**→全室和室/**㊥**→和室有(全室ではない) 〈→右へ〉

名　称	室数	定員	1名分宿泊料金(単位/百円)			電話	交通	特徴・備考
			2食付	朝食付	素泊			
(湯田温泉周辺) map▶142ページ						(083)		
Ｂ．Ｈ．うえの	92	119	※レストラン	S72.6〜	S63.8〜	922-6600	湯田温泉駅歩15分	ＢＴ(s)ⓅＣＱ 天然温泉大浴場、※日曜休
パルトピアやまぐち	14	59	レストラン	S63.8	S55	923-6088	湯田温泉駅車10分	㊥ＢＴⓌＰＣ 共同浴場、研修可
(小郡周辺)						(083)		
ロイヤルイン新山口駅前	44	70	—	朝食5	S38〜	973-2300	新山口駅目の前	ＢＴⓌＰ 16台先着順 ＣＱ
東横INN新山口駅新幹線口	199	260	—	サービス	S70〜	973-1045	新山口駅新幹線口1分	ＢＴ(s)ⓌＰ 提供㊥ ＣＱ
ホテルα-1小郡	161	176	—	朝食10	S64〜89	973-3131	新山口駅歩2分	ＢＴ(s)ⓌＰ 70台先着順 ＣＱ
長沢ガーデン	11	40	レストラン	—	40〜50	32-0140	四辻駅車5分	ⓌＰ 湖畔の宿、山口南I.C.車3分
(防府周辺) map▶142ページ						(0835)		
スーパーホテル防府駅前	90	140	—	サービス	S63〜	38-9000	防府駅目の前	ＢＴ(s)ⓌＰ 54台先着順 Ⓒ 天然温泉(男女入替制)
ホテルルートイン防府駅前	207	253	※レストラン	サービス	S70〜	20-1100	防府駅歩3分	ＢＴ(s)ⓌＰ 先着順 ＣＱ 禁煙室、大浴場、※日曜休
ホテルサン防府	83	100	レストラン	S60	S55	38-3855	防府駅歩5分	ＢＴ(s)ⓌＰ
佐波Ｂ．Ｈ．	10	15	—	S30	S25	22-2012	防府駅歩5分	ＢＴ(s)ⓌＰＣ サウナ付大浴場、車6年半能休館 ㊥ Ｐ
ホテルα-1防府	176	209	—	サービス	S80	25-5500	防府駅歩7分	ＢＴ(s)ⓌＰＣＱ 防府東I.C.5分、防府西I.C.6分
Ｂ．Ｈ．みやま	123	128	レストラン	レストラン	S55	22-9611	防府駅歩10分	ＢＴ(s)ⓌＰ
防府市サイクリングターミナル	14	80	夕食13〜	朝食5.5	35.6	38-4488	防府駅バス10分	ⓌＰ 防府天満宮歩10分、合宿可
(徳山周辺) map▶142ページ						(0834)		
東横INN徳山駅新幹線口	219	253	—	サービス	S72〜	32-1045	徳山駅新幹線口歩1分	ＢＴ(s)ⓌＰ 先着順 ＣＱ
東横INN徳山駅北口	114	149	—	サービス	S74〜	27-1045	徳山駅みゆき口歩2分	ＢＴ(s)ⓌＰ 先着順 ＣＱ
ホテルルートイン徳山駅前	188	228	※レストラン	サービス	S71〜	27-1117	徳山駅歩3分	ＢＴ(s)ⓌＰ 先着順 ＣＱ 禁煙室、展望大浴場、※日曜休
HOTEL AZ山口徳山店	123	141	S63.5〜	サービス	S52.8	32-5511	徳山駅歩3分	ＢＴ(s)ⓌＰＣ 禁煙室、100円ショップ
旅館湊家	7	15	—	—	37〜41	32-0334	徳山駅歩4分	㊥ⓌＰ 長期可、コインランドリー
みぎた旅館	30	80	50	35	30	21-3697	徳山駅歩10分	㊥ＢＴ(s)ⓌＰ 大部屋有、割烹料理、洗濯機
Ｂ．Ｈ．青柳	41	41	S73.7	S60.5	S53.9	62-3087	新南陽駅歩5分	ＢＴ(s)ⓌＰ 冷蔵庫付、長期応相談
(下松・光周辺)						(0833)		
国民宿舎大城	37	121	**⑫**133.5〜	**⑫**100.5	—	52-0138	下松駅車15分	笠戸島㊥ⓌＰＣ 天然温泉、露天風呂
ホテル23(トニス)	58	70	—	サービス	S57〜	72-2323	光駅目の前	ＢＴ(s)ⓌＰＣ
(柳井周辺)						(0820)		
柳井シティホテル	33	36	—	S55	S50	23-0111	柳井駅歩5分	ＢＴ(s)ⓌＰＣＱ ビジネスに便利
柳井ステーションホテル	21	30	—	S55	S55	22-2628	柳井駅歩5分	ＢＴⓌＰＣ 洗濯機有、大型商業施設近く
民宿かわい寿司	6	20	116.6〜	75.9	64.9	78-0011	大畠駅車20分	ⓌＰ 活魚料理、合宿可、道の駅近く、屋代島
(岩国周辺) map▶142ページ						(0827)		
ビジネス旅館白鷺	14	30	**⑫**58.3〜	**⑫**44〜	**⑫**36.3〜	21-1902	岩国駅歩5分	ⓌＰTV・エアコン・洗濯機無料
岩国ウィークリーマンション	20	22	キッチン	キッチン	S45	22-5255	岩国駅歩2分	ＢＴⓌＰ 長期利用で低料金
シティホテル安藤	62	83	—	S58〜	S52〜	22-0110	岩国駅歩3分	ＢＴ(s)ⓌＰ 15台先着順 ＣＱ 禁煙室
東横INN岩国駅西口			—	サービス	S68〜	29-1045	岩国駅歩5分	ＢＴ(s)ⓌＰ 先着順 ＣＱ

山口市・湯田温泉周辺

防府周辺

徳山周辺

岩国周辺

【ひとくちメモ】 日本三名橋、日本三奇橋の「錦帯橋」は、山口県最大の錦川(川幅200m)に架かる5連の木造橋で、1673年(延宝元)の創建。翌年、梅雨の洪水によりあえなく流出したが、10月末に完成した二代目は276年間不落を誇った。その後、昭和25年のキジア台風により2度目の流出をし、橋脚に近代工法を取り入れた三代目が完成。以来、半世紀に渡って人々を渡し続けてきたが、腐朽による傷みが見られるようになったため、「平成の架替」に取り組み、平成16年に四代目が完成した。入橋券:大人310円。☎0827-29-5107 http://kintaikyo.iwakuni-city.net/

〈→つづき〉 Ⓑ→全室バス付／Ⓑ→一部バス付／Ⓣ→全室トイレ付／Ⓣs→全室シャワートイレ=ウォシュレット付／Ⓣ→一部トイレ付／
Ⓦ→全室Wi-Fi可／Ⓦ→一部Wi-Fi可／Ⓟ→有料駐車場／Ⓟ→無料駐車場／送→送迎可／身→身体障害者への対応(要問)／
Ⓒ→一部クレジットカード決済可／Ⓠ→paypay等の一部QR決済可／24h→24時間／特記事項は"※"印、又は( )括弧書きにて説明

名称	室数	定員	1名分宿泊料金(単位/百円) 2食付	朝食付	素泊	電話	交通	特徴・備考
(岩国周辺) map▶142ページ						(0827)		
HOTEL AZ山口岩国店	514	621	S62.4	サービス	S52.8	23-3301	岩国駅車5分	ⒷⓉⓈⓌⓅ(大型有料)Ⓒ
(萩周辺) map▶143ページ						(0838)		
萩 Y.H.	25	88	会45〜	会35〜	会29.5〜	22-0733	玉江駅歩15分	相ⓌⓅ個室も、萩城跡入口バス停下車1分
山内旅館	17	40	74.8〜	60	50	23-2139	東萩駅、浜崎港船70分	和⑨見島、ウニ飯・活魚料理人気
(須佐・江崎周辺)						(08387)		
好月旅館	10	30	99〜	60.5	49.5	6-2011	須佐駅歩1分	和ⓌⓅ活魚料理人気、仏活造り要予約(別途)
小室屋	4	12	104.5〜	77〜	66〜	2-0041	江崎駅歩10分	ⓌⓅⒸⓆ活魚料理人気、海近く、釣りに便利
(長門市周辺) map▶143ページ						(0837)		
朝日屋旅館	8	15	55〜	44〜	38.5〜	22-2546	長門市駅歩5分	和ⓌⓅアットホーム、ビジネス向き、洗濯機
ファミリーロッジ旅籠屋長門店	14	56	—	軽朝食	和49.5〜	22-8855	長門市駅歩4分	ⒷⓉⓈⓅEV車充電可
グラン・ジュテ	24	66	—	—	43〜58	22-2204	長門市駅歩15分	ⒷⓉⓌⓅ和風・洋風ファミリーコテージ
一福旅館	10	30	88〜	60〜	50〜	25-3914	長門湯本駅歩10分	和ⓅⓆ天然温泉(入湯税別)、家庭的、おふくろの味
(俵山温泉周辺)						(0837)		
さくま旅館	7	15	80〜	50	40	29-0145	小月駅バス50分	和ⓌⓅ天然温泉(外湯)、入湯料¥530
明治屋旅館	8	15	—	サービス	55〜	29-0055	小月駅バス50分	和ⓌⓅ天然温泉(外湯)、入湯料¥530、全館禁煙
西田旅館	8	16	—	—	36.75	29-0602	小月駅バス50分	Ⓟ天然温泉(外湯)、入湯料¥530、湯治向き、洗濯機
(秋吉台周辺)						(0837)		
秋吉台ユースビレッジ	30	100	—	—	和55	62-0341	新山口駅車30分	Ⓟ秋芳洞徒歩圏内
(宇部周辺) map▶143ページ						(0836)		
B.H.アクセス	48	60	—	S56	S50	35-3939	宇部新川駅目の前	ⒷⓉⓈⓌⓅ(15〜翌12時)ⒸⓆ禁煙室
ビジネス旅館駅前	33	40	—	休館中	S50	32-5555	宇部新川駅目の前	和ⓌⓅ大浴場、ビジネスに便利
B.H.山田屋	28	60	—	休館中	—	31-2222	宇部新川駅歩2分	和Ⓟ(2台以上有料)手作り料理
B.H.新川	64	73	S76〜	S62	S58	34-2411	宇部新川駅歩3分	ⒷⓉⓌⓅⒸⓆⒷS無料、食事付は要相談
国際ホテル宇部	102	157	レストラン	S79.75〜	S66〜	32-2323	宇部新川駅歩5分	ⒷⓉⓈⓌⓅⒸⓆ和洋レストラン・鉄板焼
スーパーホテル宇部天然温泉	108	113	—	サービス	S62〜	22-9000	宇部新川駅歩5分	ⒷⓉⓈⓌⓅⒸ冷蔵庫・空気清浄機付
フレスパランド カッタの湯	30	30	38〜	サービス	33〜	37-2626	宇部新川駅バス12分	男カプセルⓌⓅ温浴施設併設
B.H.宇部	49	70	夕食10	朝食6	S55	33-5544	琴芝駅歩5分	和ⒷⓉⓌⓅⒸⓆコーヒーサービス、コンビニ近く
ロイヤルシティーホテル	51	56	—	S66	S58.3	35-0001	東新川駅歩2分	ⒷⓉⓌⓅⒸ宇部空港近く
スマートプラスホテル山口宇部	20	22	—	—	S50	32-2177	東新川駅歩5分	ⒷⓉⓈⓌⓅ(4t〜¥1000)ⒸⓆ
小野田オリエンタルホテル	76	114	レストラン	S59〜66	S52〜59	83-9111	小野田駅歩3分	ⒷⓉⓈⓌⓅⒸⓆ禁煙ルーム
(下関周辺) map▶143ページ						(083)		
下関火の山Y.H.海峡の風	12	62	—	朝食7	35.6〜	222-3753	下関駅バス15分	相ⓌⓅⒸⓆ要身分証明書
スマイルホテル下関	128	181	—	朝食10	S55〜	233-0111	下関駅歩2分	ⒷⓉⓈⓌⓅ海峡ゆめタワーへ歩5分
プリンスホテル下関	48	64	—	軽朝食	S55	232-2301	下関駅歩2分	和ⒷⓉⓌⓅⒸ
グリーンホテル下関	41	55	—	—	S55	231-1007	下関駅歩3分	ⒷⓉⓌⓅ予約制ⒸⓆ

★お申し込み時「全国安い宿情報を見た」と言ってね！

中国・四国

お得情報は187ページを見てね！

Map

萩市周辺 　長門市周辺 　宇部周辺 　下関周辺

【ひとくちメモ】 風のない日の潮溜まり(潮が引いた後に残る水たまりのようなもの)に、鏡のような水面に空や夕陽が映り込み、幻想的な景色が広がり「ウユニ塩湖みたい」とSNS映えスポットとしても注目されている宇部の「キワ・ラ・ビーチ」。リゾート地のような美しい風景が広がる絶景写真スポットとなっている。日本有数の広大な砂州は幅2.0km、奥行き700mあり、歩いて渡ることが出来る。遠浅の穏やかな海は泳ぎやすく、夏は海水浴場、4月下旬〜5月上旬頃は潮干狩りの名所として人気。JR宇部線岐波駅下車徒歩10分。宇部市観光交流課☎0836-34-8353

宿泊料金は基本的に「**1名分**、消費税10％込み」表示(単位:百円) ※宿泊税別／❷→1室2名利用／❸→1室3名利用／❹→1室4名以上利用／B.H.→ビジネスホテル／P.→ペンション／Y.H.→ユースホステル／Y.G.H.→ユースゲストハウス／⑥→YH会員料金／相→相部屋=ドミトリー／S→シングルルーム／地→地下鉄／男→男性専用／女→女性専用／全→全室和室／和→和室有(全室ではない)／(→右へ)

名　称	室数	定員	1名分宿泊料金(単位/百円)			電話	交通	特徴・備考
			2食付	朝食付	素泊			
(下関周辺) map▶143ページ						(083)		
東横INN下関海峡ゆめタワー前	129	150	—	サービス	S64〜	234-1045	下関駅歩8分	BT(S)WP先着順CQ
スカイハートホテル下関	109	130	—	S69.3〜	S60.5〜	232-0001	下関駅歩7分	BT(S)WP(37台先着順)CQ
唐戸セントラルホテル	41	48	—	サービス	S73.5	231-5235	下関駅車10分	BT(S)WPC朝食好評、禁煙室有
国民宿舎海峡ビューしものせき	42	156	❷137.5〜	❷99〜	❷82.5〜	229-0117	下関駅バス16分	BTWP和展望大浴場、関門橋の好眺望
ファミリーロッジ旅籠屋壇之浦PA店	14	56	—	軽朝食	❷49.5〜	222-8888	壇之浦PA直結	BTWPCQ冷蔵庫付
HOTEL AZ山口下関店	198	223	—	サービス	S52.8〜	245-3301	長府駅車5分	BT(S)WPC禁煙室有、100円ショップ有

◇香　川◇

名　称	室数	定員	1名分宿泊料金(単位/百円)			電話	交通	特徴・備考
			2食付	朝食付	素泊			
(高松周辺) map▶144ページ						(087)		
高松パールホテル	45	60	—	—	S50	822-3382	高松駅歩1分	BT(S)WPCQ駅右斜め向かい
万　喜　屋	20	25	—	45〜55	—	822-3366	高松駅歩3分	和BT(S)Pビジネス向き、長期割引
B.H.ニュー月光園	11	11	—	—	40〜50	822-0953	高松駅歩5分	和BT(S)Wビジネス・観光に便利
パレス高松	63	75	—	—	S60〜70	851-3232	高松駅歩5分	BT(S)WP予約CQ32型TV・VOD清浄機付
東横INN高松兵庫町	149	220	—	サービス	S80〜	821-1045	高松駅歩8分	BT(S)WP先着順CQ
B.H.ジャパン	14	25	—	—	S50〜	851-8689	高松駅歩15分	BTWP(2台先着順)ネット予約のみ
B.H.東宝イン高松	166	184	—	S67	S60	823-1000	高松駅歩15分	BT(S)WPVOD・空気清浄機付
ゴールデンタイム高松	84	100	レストラン	—	33〜	897-3177	高松駅歩15分	男カプセルWPCQ大浴場、サウナ
B.H.シャトーエスト高松	64	74	—	—	S36〜	823-8100	高松駅歩20分	BT(S)WPCQ
ホテルパールガーデン	144	220	S120〜	S83〜	S70〜	821-8500	高松駅車8分	BT(S)WPCQ
ホテルマリンパレスさぬき	32	60	—	—	S70〜	851-6677	高松駅車8分	BT(S)WPCQ2020年12月リニューアル
B.H.プリンス	39	50	S83.6	S68.2	S61.6	861-9565	高松駅車15分	BTWPCQ冷蔵庫付、コミック多数
四国高松温泉ニューグランデみまつ	51	350	S77〜	S66	S55	851-3507	琴電片原町駅歩2分	(S)WP先着順CQ(高松市街地一の天然温泉い湯桜園)
スーパーホテル高松禁煙館	68	136	—	サービス	S49〜	833-9000	琴電瓦町駅歩3分	BT(S)WP天然温泉(男女入替制)、全館禁煙
スーパーホテル高松・田町	136	272	—	サービス	S60〜	897-9000	琴電瓦町駅歩5分	BT(S)WP天然温泉(男女入替制)
ホテルNO.1高松	215	230	—	朝食10	S60〜71	812-2222	琴電瓦町駅歩6分	BT(S)WPC屋上温泉露天風呂サウナ付
ゲストハウス若葉屋	4	16	—	—	40〜	070-5683-5335	花園駅歩7分	WP(予約制)バス・トイレ共用
B.H.パークサイド高松	116	138	—	S61.5	S53	837-5555	栗林公園北口駅歩7分	BT(S)WPCVOD・空気清浄機付
サンシャイン高松	86	98	—	朝食7	S60〜	837-6161	栗林駅歩1分	BT(S)WPVOD・空気清浄機付
イーストパーク栗林	42	48	—	—	S47.5〜	861-5252	琴電栗林公園駅歩7分	BT(S)WPCVOD・空気清浄機付
ファミリーロッジ旅籠屋高松店	14	56	—	軽朝食	❷49.5〜	867-8858	高松中央I.C.4km	BT(S)WP国道193号沿い
魚　虎　旅　館	8	30	88〜	55〜	49.5〜	893-0121	高松駅車50分	WPQビジネスお遍路さんプラン有、貸切風呂

Map | 高松周辺 | 小豆島 | 坂出周辺 | 丸亀周辺

【ひとくちメモ】 国の特別名勝に指定されている庭園の中で最大の広さを誇り、6つの池と13の築山が巧みに配された江戸時代初期の回遊式大名庭園「栗林公園」。春のウメ・サクラ、夏のハナショウブ・ハス、秋のカエデ、冬のツバキと四季折々の花々は、一歩一景といわれるほどの美しさ。富士山に見立てた「飛来峰」からの眺め、根上り五葉松、和船遊覧、抹茶(煎茶)セットを味わえる掬月亭など、見どころも沢山。JR栗林公園北口駅徒歩2分。ほぼ日の出から日没まで開園(年中無休)。入園料:大人410円、小人170円 ☎087-833-7411 https://www.my-kagawa.jp/ritsuringarden

中国・四国　お得情報は187ページを見てね！

〈→つづき〉／Ⓑ→全室バス付／Ⓑ→一部バス付／Ⓣ→全室トイレ付／Ⓣⓢ→全室シャワートイレ＝ウォシュレット付／Ⓣ→一部トイレ付／
Ⓦ→全室Wi-Fi可／Ⓦ→一部Wi-Fi可／Ⓟ→有料駐車場／Ⓟ→無料駐車場／Ⓢ→送迎有／Ⓖ→身体障害者への対応可（要問）／
Ⓒ→一部クレジットカード決済可／Ⓠ→paypay等の一部QR決済可／24h→24時間／特記事項は「※」印、又は（　）括弧書きにて説明

名　称	室数	定員	1名分宿泊料金（単位/百円）			電話	交通	特徴・備考
			2食付	朝食付	素泊			
（小豆島） map▶144ページ						（0879）		
ビジネス民宿マルセ	8	22	—	50〜	44〜	62-2385	土庄港歩1分	ⒷⓉⓌⓅ 地魚料理、高松港船60分
B.H.ニューポート	15	35	—	50〜	44〜	62-4620	土庄港歩1分	ⒷⓉⓌⓅ 冷暖房完備、※和朝食600円
田舎の迎賓館みさき	8	25	140〜	—	—	82-1332	坂手港歩2分	Ⓟ 新鮮な地魚料理が自慢
小豆島オリーブY.H.	20	123	🅗61	🅐46	🅢39	82-6161	土庄港車30分	相ⓌⓅⒸⓆ
国民宿舎小豆島	28	100	🅗115.5〜	🅗71.5〜	🅗55〜	75-1115	池田港車3分	ⓌⓅ（池田港へ）ⒸⓆ オリーブ温泉、瀬戸内一望
（直島周辺）						（087）		
直島九龍	3	12	自炊可	自炊可	55〜	090-7974-2424	宮浦港歩1分	ⓌⒸⓆ 共同キッチン/シャワーのみ（寝室に銭湯）
志おや旅館	10	10	80	67	60	892-3050	宇野港船20分	相ⓉⓌⓅ 新鮮な魚料理、宮浦港へ歩2分
（坂出周辺） map▶144ページ						（0877）		
坂出グランドホテル	119	160	S110〜	S71.5〜	S60.5〜	44-1000	坂出駅車7分	ⒷⓉⓢ ⓌⓅⒸⓆ 近くに温浴施設有
ホテル入浜	124	250	S61.5〜	S50.5〜	S45〜	45-1112	坂出駅車7分	ⒷⓉⓌⓅⒸⓆ 坂出北I.C.500m
坂出プラザホテル	59	150	—	S46.4〜	S39.8〜	45-6565	坂出駅車7分	ⒷⓉⓌⓅⒸ
ホテルルートイン坂出北インター	135	171	—	サービス	S68〜	59-1110	坂出駅車10分	ⒷⓉⓢ ⓌⓅ先着順 大浴場、坂出I.C.15分
（丸亀周辺） map▶144ページ						（0877）		
東横INN丸亀駅前			—	サービス	S78〜	58-1045	丸亀駅歩1分	ⒷⓉⓢ ⓌⓅ 予約割 ⒸⓆ
丸亀ゲストハウス ウエルかめ	6	20	—	—	25〜	080-1997-3983	丸亀駅歩1分	相Ⓦ 個室¥3500〜、銭湯至近
ホテルα-1丸亀	115	138	—	朝食7	S70〜	24-4422	丸亀駅歩2分	ⒷⓉⓢⓅⒸTV・冷蔵庫付
丸亀プラザホテル	57	85	—	サービス	S63	23-1391	丸亀駅歩5分	ⒷⓉⓌⓅⒸⓆ ビジネス拠点に
ホテルルートイン丸亀	150	183	※レストラン	サービス	S71〜	58-2011	丸亀駅車8分	ⒷⓉⓢⓌⓅ先着順ⒸⓆ 大浴場、不定休
四国健康村	28	41	夕食/レストラン	—	49.5	49-2600	宇多津駅車20分	男女利用カプセルⓅⒸⓆ 個室有、温泉施設併設
B.H.うたづ	30	40	—	S48	S43	49-4146	宇多津駅車2分	和ⒷⓉⓌⓅ 長期割引有
（善通寺周辺） map▶145ページ						（0877）		
お遍路宿風のくぐる	5	16	—	—	36〜	63-6110	善通寺駅歩13分	相ⓌⓅ 個室有
善通寺グランドホテル	43	54	要問	S64〜	S55〜	63-2111	善通寺駅歩5分	ⒷⓉⓢ ⓌⓅⒸⓆ 善通寺I.C.5分

道の駅・小豆島 オリーブ公園

瀬戸内海を見下ろす小高い丘に、約2,000本のオリーブ畑が広がる道の駅。園内には、オリーブの歴史に触れるオリーブ記念館、地中海を思わせるギリシャ風車、約120種のハーブを栽培する「花と香りのガーデン」など、オリーブとハーブを五感で楽しむことができる。古代ギリシャを思わせるモニュメントやイベント広場、映画「魔女の宅急便」のグーチョキパン屋のロケセットそのままの雑貨店、温泉施設、レストランなどもある。季節に応じたクラフト体験や無料貸出OKの「魔法のほうき」にまたがり、キキになりきって空飛ぶ写真撮影も楽しめる。☎0879-82-2200　https://olive-pk.jp/

中国・四国
お得情報は187ページを見てね！

《香川》
★お申し込み時「全国安い宿情報を見た」と言ってね！

Map

善通寺・琴平周辺	観音寺周辺	さぬき市周辺	三本松周辺

【ひとくちメモ】　総本山善通寺は、弘法大師空海が生まれた地で、四国八十八ヶ所霊場の75番札所。また京都の東寺、和歌山の高野山とならぶ弘法大師三大霊跡のひとつとして、古くから篤い信仰を集めている。総面積約45,000m²に及ぶ広大な境内は、金堂、五重塔などが建ち並ぶ「伽藍」と称される東院、御影堂を中心とする「誕生院」と称される西院の東西二院に分かれている。善通寺ICより車で約10分。戒壇めぐり拝観料（戒壇めぐり、宝物拝観）大人500円。☎0877-62-0111　https://zentsuji.com/

★お申し込み時「全国安い宿情報を見た」と言ってね！

宿泊料金は基本的に「**1名分**、消費税10%込み」表示(単位:百円) ※宿泊税別／[II]→1室2名利用／[III]→1室3名利用／[複]→1室4名以上利用／B.H.→ビジネスホテル／P.→ペンション／Y.H.→ユースホステル／Y.G.H.→ユースゲストハウス／[会]→YH会員料金／[相]→相部屋＝ドミトリー／S→シングルルーム／[地]→地下鉄／[男]→男性専用／[女]→女性専用／[和]→全室和室／[和]→和室有(全室ではない) 《→右へ》

名称	室数	定員	1名分宿泊料金(単位/百円)			電話	交通	特徴・備考
			2食付	朝食付	素泊			
(琴平周辺) map▶145ページ						(0877)		
温泉旅館宝屋	30	80	[III]115	[III]98.5	[III]65	75-5195	琴平駅歩3分	[W][P]温泉(入湯税¥150)
こんぴら温泉湯元八千代	68	250	132～	88～	66～	75-3261	琴平駅歩7分	[P]天然温泉(展望露天風呂、入湯税別)、門前町中心で参拝便利
虎丸旅館	14	50	88～	—	49.5	75-2161	琴平駅歩15分	[W][P][C]天然温泉(入湯税¥150)、金刀比羅宮近く
(観音寺周辺) map▶145ページ						(0875)		
白梅旅館	4	10	—	—	48～	25-9891	観音寺駅歩1分	[和][W][P]
一富士旅館	9	15		休業中		25-3310	観音寺駅歩1分	[和][P]アットホーム、お遍路さん歓迎
藤川旅館	7	18	55	45	40	25-3548	観音寺駅歩10分	[和][W][P]海近く、長期滞在可、洗濯機
若松家本館	14	44	79～	71.5～	62.7～	25-4501	観音寺駅歩10分	[B][T][W][P][C][Q]下町の人情味あふれる宿
ファミリーロッジ旅籠屋讃岐観音寺店	14	56	—	軽朝食	[II]49.5～	25-1858	観音寺駅700m	[B][T](s)[W][P]
一富士旅館	6	20	65	50	45	62-2036	本山駅歩15分	[和][P]洗濯機無料、霊場本山寺前
(さぬき市周辺) map▶145ページ						(087)		
P146 たいや旅館	7	17	—	45～	38～	894-0038	志度駅歩3分	[和][W][P]冷暖房付、洗濯機無料
(三本松周辺) map▶145ページ						(0879)		
大磯旅館	6	20	68.2	57.2	49.5	25-2204	三本松駅歩10分	[和][P]長期可
ゆーとぴあみろく温泉	8	42	[II]80.3～	[II]58.3～	[II]49.5～	43-5200	神前駅車10分	[和][W][P][Q]鉱泉大浴場

さぬき map▶

たいや旅館

☎087-894-0038

〒769-2101 香川県さぬき市志度547-3

上がり三ヶ寺起点のお宿

四国88ケ所第86番札所「志度寺」へ徒歩7分、平賀源内旧邸まで徒歩5分。

サイクリストおもてなしサポーター

【料金】1泊朝食付**¥4,500～**、素泊**¥3,800～** **【特徴】**和洋各室有、個室利用可、家族風呂有、ランドリー無料、駐車場無料 **【交通】**JR志度駅・琴電志度駅から徒歩3分、志度I.C.から2.5km

平賀源内記念館 江戸時代の発明家として有名な「平賀源内」は、さぬき市志度の出身。発明の才に富み、エレキテル、燃えない布・火浣布、量程器(万歩計)、磁針器等多くの発明をした。その他、本草学者として薬品会(博覧会)を開催したり、人気作家として戯作浄瑠璃作品を発表したり、西洋画や源内焼を広めたりと多才な業績を残したものの、封建社会の壁に遮られ江戸の獄中で52年の生涯を閉じた。その源内が残した多くの発明品や著作品を「平賀源内記念館」で見ることができる。記念館から約550m西には、源内の旧邸が残されており、その南側には源内ゆかりの薬草園がある。入館料:一般500円
☎087-894-1684 https://hiragagennai.com/

◇徳　島◇

(徳島市周辺) map▶147ページ						(088)		
東横INN徳島駅前	139	160	—	サービス	S73～	657-1045	徳島駅歩5分	[B][T](s)[W][P](先着順)[C][Q]
スマイルホテル徳島	138	217	—	朝食13	S55～	626-0889	徳島駅歩5分	[B][T](s)[W][P](提携)あわぎんホール近く
B.H.アバンティ	22	50	—	—	S45	654-5550	徳島駅歩7分	[B][T][W][P][C]阿波踊り会館近く

【ひとくちメモ】 人形浄瑠璃の演目「傾城阿波の鳴門」のゆかりの場所にて、国の重要無形文化財「阿波人形浄瑠璃」を毎日上演している「徳島県立阿波十郎兵衛屋敷」。展示室では阿波人形浄瑠璃の特色や木偶人形を展示。JR徳島駅から車15分。所要時間:60～80分程度(定期上演の鑑賞35分含む)。定期上演:11:00、14:00(8/12～15・1日4上演)[上演は、平日…人形座のみ、音響は録音。土日祝…人形座、太夫、三味線が出演]。開館時間:9時半～17時／入場料:一般410円、高・大学生310円、小・中学生200円。☎088-665-2202 http://joruri.info/jurobe/

中国・四国

お得情報は187ページを見てね！

〈→つづき〉　Ⓑ→全室バス付／Ⓑ→一部バス付／Ⓣ→全室トイレ付／Ⓣ(s)→全室シャワートイレ＝ウォシュレット付／Ⓣ→一部トイレ付／Ⓦ→徳島Wi-Fi可／Ⓦ→一部Wi-Fi可／Ⓟ→有料駐車場／Ⓟ→無料駐車場／⊠→送迎有／杖→身体障害者への対応可（要問）／Ⓒ→一部クレジットカード決済可／Ⓠ→paypay等の一部QR決済可／24h→24時間／特記事項は※印、又は「( )」括弧書きにて説明

★お申し込み時「全国安い宿情報を見た」と言ってね！

名　称	室数	定員	1名分宿泊料金(単位/百円) 2食付	朝食付	素泊	電話	交通	特徴・備考
(徳島市周辺) map▶147ページ						(088)		
丸　徳　旅　館	6	18	65	50	45	623-3385	徳島駅歩7分	和Ⓟ家庭料理、水際公園前
剣　山　ホ　テ　ル	32	70	―	S58～	S50～	654-3331	徳島駅歩8分	ⒷⓉⓌⓅⒸコインランドリー、コンビニ歩4分
東横INN徳島駅眉山口	208	273	―	サービス	S65～	626-1045	徳島駅歩9分	ⒷⓉ(s)ⓌⓅ先着順ⒸⓆ
ホテルサンシャイン徳島	100	200	夕食33～	朝食11	S66～	622-2333	徳島駅歩13分	ⒷⓉ(s)ⓌⓅⒸ
Ｂ．Ｈ．みづほ	40	56	S88～	S61.6～	S55～	654-4151	徳島駅車5分	ⒷⓉⓌⓅⒸ冷蔵庫・空気清浄機付
ホテルキャッスルCV	23	50	夕食11	朝食7	S42～	625-2334	徳島駅車15分	ⒷⓉⓌⓅⒸⓆ
徳　島　Ｙ．Ｈ．	12	65	夕食10.5	朝食6.3	会29.4	663-1505	徳島駅バス30分	相ⓌⓅ海辺の宿、※一般¥600増
(小松島周辺)						(0885)		
み　ど　り　旅　館	10	25	85.8～	63.8～	55～	32-3633	南小松島駅歩10分	ⓌⓅⒸ大浴場、魚料理、門限22時半
(鳴門周辺)						(088)		
ファミリーロッジ旅籠屋鳴門駅前店	14	56	―	軽朝食	民49.5～	686-8857	鳴門駅斜め前	ⒷⓉ(s)ⓌⓅ
国民宿舎大谷荘	14	55	88～	66～	55～	685-4121	鳴門駅車5分	和ⓌⓅⒸⓆ大型有料⊠鳴門海峡～淡路島を一望
旅人の宿道しるべ	6	19	60	49.5	44	672-6171	板野駅歩20分	ⓌⓅⒸⓆ畳ふたつの設計室、バイク自転車の方割引
(吉野川周辺) map▶147ページ						(0883)		
ふ　い　ご　温　泉	6	25	115.3～	71.3	66	42-4700	阿波山川駅車5分	Ⓟ鉱山の涌き水を沸かした良湯、渓谷の中
Ｂ．Ｈ．マ　ツ　カ	60	80	―	S64～	S56～	52-1555	穴吹駅歩15分	ⒷⓌⓅⒸ徳島と香川の県境
土柱どんどん	10	50	68～88	55	50	35-3808	穴吹駅車15分	ⒷⓉⓌⓅⒸⓆ人工温泉
つるぎの宿岩戸	10	24	110～	82～	70～	67-2826	貞光駅車30分	ⓌⓅ天然温泉、山の幸料理、国道438号沿い
ファミリーロッジ旅籠屋吉野川SA店	14	56	―	軽朝食	民49.5～	88-8500	吉野川S.A.内	ⒷⓉ(s)ⓌⓅEV車充電可
(阿波池田周辺) map▶147ページ						(0883)		
大歩危祖谷阿波温泉あわの抄	35	150	民110～	サービス	民65～	0120-018-081	阿波池田駅車10分	ⓌⓅⒸアルカリ美肌泉大浴場
阿波池田Ｙ．Ｈ．	3	14	会49.5	会38.5	会33	72-5277	阿波池田駅歩15分	相ⓌⓅ個室可、山の中 ※一般¥600増
吉　田　旅　館	7	15	70～	50～	40～	88-2843	阿波池田駅車60分	和ⓉⓌⓅ手打ちそば、郷土料理
ゲストハウスモモンガビレッジ	5	20	キッチン有	キッチン有	民60～	86-2334	阿波川口駅車10分	ⓌⓅ1日1組限定、吉野川ラフティング
民宿平家荘	6	20	70～	50	33	88-2848	大歩危駅車30分	和ⓌⓅ郷土料理ひらら焼、祖谷そば、干し山菜が人気村料理
旅の宿奥祖谷	14	45	93.5～	72.6～	66～	88-2045	大歩危駅バス30分	和ⓌⓅⓆ大浴場、宴会宿泊割引有
(阿南周辺) map▶147ページ						(0884)		
Ｂ．Ｈ．丸の内	27	50	レストラン	レストラン	45	23-0668	阿南駅歩1分	和ⒷⓉⓌⓅⒸ禁煙室有
スマイルホテル阿南	101	157	レストラン	朝食12	S55～	23-2222	阿南駅歩8分	ⒷⓉ(s)ⓌⓅⒸ大浴場、コインランドリー
Ｐ．北漁火	3	10	要問	民51.7～	民44～	23-0035	阿南駅車10分	ⒷⓉⓌⓅ長期割、BBQ可、コテージ有
お宿なみおと	11	40	要問	51.7～	44～	28-7355	見能林駅歩20分	ⓌⓅ大浴場(要問)、団体可、長期応相談
椿　自　然　園	6	34	民130	民71.5	民60.5	33-1127	阿波橘駅車25分	和ⓌⓅ大浴場、夕食部屋食、魚料理自慢
ゆ　　り　　野	7	15	82.5	66	60.5	62-1289	桑野駅車30分	和ⓌⓅⒸⓆ

中国・四国　お得情報は187ページを見てね！

Map

徳島市周辺	吉野川周辺	阿波池田周辺	阿南周辺

【ひとくちメモ】　鳴門市にある「大塚国際美術館」は、およそ1万坪という日本最大級の常設展示スペースを誇る陶板名画美術館。厳選された古代壁画から、世界26ヶ国、190余の美術館が所蔵する至宝の西洋名画1,000余点を、特殊技術によってオリジナル作品と原寸大の陶板に複製。「モナ・リザ」「最後の晩餐」「ゲルニカ」など、日本に居ながら原画に近い形で鑑賞できる。JR鳴門駅からバス15分。開館：9:30～17:00（月曜休館）。入館料：大人3,300円、大学生2,200円、小中高生550円。☎088-687-3737　https://www.o-museum.or.jp/

★お申し込み時「全国安い宿情報を見た」と言ってね！

◇愛　媛◇

宿泊料金は基本的に「**1名分**、消費税10%込み」表示（単位：百円）※宿泊税別／[ii]→1室2名利用／[iii]→1室3名利用／[複]→1室4名以上利用／B.H.→ビジネスホテル／P.→ペンション／Y.H.→ユースホステル／Y.G.H.→ユースゲストハウス／[会]→YH会員料金／[相]→相部屋＝ドミトリー／S→シングルルーム／[地]→地下鉄／[男]→男性専用／[女]→女性専用／[和]→全室和室／[和]→和室有（全室ではない）　《→右へ》

	名称	室数	定員	1名分宿泊料金(単位/百円) 2食付	朝食付	素泊	電話	交通	特徴・備考
	（松山周辺）map▶148ページ						(089)		
P148	松山Y.H.	22	60	46.2～	35.2～	29.7～	933-6366	松山駅市電19分+歩8分	[相][W][P]潜在能力開発講座開催、お遍路さん歓迎
	B.H.あかやね松山駅前店	30	43	—	朝食8	S48～	909-4450	松山駅歩1分	[B][T](s)[W][P][Q] [相]2500円～
	B.H.美町	25	30	—	—	S38.5～	921-6924	松山駅歩1分	[和][B][T][W][P]長期応相談、ビジネス・観光に便利
	ホテルカジワラ	75	85	—	朝食9	S48～	941-0402	松山駅歩3分	[B][T][W][P](21台予約制)[C][Q]禁煙室有
	ホテル松山ヒルズJR駅前店	55	76	—	サービス	S50	947-0811	松山駅歩5分	[B][T](s)[W]禁煙室有、低反発枕使用
	TabistB.H.末広松山	32	52	—	—	S50～	921-1913	松山市駅歩2分	[B][T][W][P][C][Q]コインランドリー、シガーバー
	えひめ共済会館	45	58	71～	40.8～	36.3～	945-6311	松山市駅歩5分	[B][T](s)[W][P][C]繁華街近く、官公庁近く
	松山ニューグランドホテル	150	184	—	朝食9.5	S58～	933-3661	松山市駅歩15分	[B][T][W][P][C][Q]天然温泉大浴場
	ビジネス民宿松山	13	40	持込可	持込可	[複]20～	924-8386	松山駅車5分	[和][W][P]和風民芸調
	ホテルNO.1松山	315	353	レストラン	朝食10	S63～	921-6666	松山駅車10分	[B][T](s)[W][P][C]屋上温泉露天風呂サウナ付
	ホテルチェックイン松山	270	330	—	朝食8	S44～55	998-7000	松山駅車10分	[B][T](s)[W][P][C]天然温泉、露天風呂
	ホテル三番町	44	70	—	S53～	S45～	913-2000	松山駅車10分	[B][T](s)[W][P][C]天然温泉、洗濯機・浴室乾燥機付有
	B.H.泰平別館	103	135	—	S57～	S47～	921-3515	市電清水町駅歩3分	[W][P]本館の温泉利用700円別途
	B.H.泰平本館	138	200	—	S61～	S54～	943-5000	市電清水町駅歩5分	[W][P]奥道後温泉引き湯大浴場
	サンガーデン松山	45	56	—	サービス	S45、50	926-4411	市電清水町駅歩5分	[B][T][W][P](先着順)[C]貸自転車
	東横INN松山一番町	216	255	—	サービス	S72～	941-1045	市電勝山町駅歩1分	[B][T](s)[W][P](先着順)[C][Q]
	スマイルホテル松山	97	131	—	59～	50～	915-0011	市電勝山町駅歩1分	[B][T](s)[W][P](34台先着順、大型車不可)
	Hotel TOPINN	81	100	—	朝食5.5	S39.6～	933-3333	市電勝山町駅歩2分	[B][T](s)[W][P][C][Q]ワイドサイズベッド
	B.H.勝山	116	133	S84～	S65～	S55～	947-0561	市電勝山町駅歩3分	[B][T][W][P][C]朝食バイキング、国道11号沿い
	スーパーホテル松山	94	94	—	サービス	S53.8～	932-9000	市電勝山町駅歩5分	[B][T](s)[W][P][C]
	ホテルエコ道後	8	60	—	—	30～	908-5444	市電道後温泉駅歩4分	[相][W][P][C]個室有、道後温泉本館へ歩1分
	B.H.さくら	20	36	—	—	S43～59	932-4438	市電道後温泉駅歩5分	[B][T][W][P][C]道後温泉本館すぐ、お遍路さん歓迎
	どうごや	7	39	—	[ii]99～	[ii]70～	934-0661	市電道後温泉駅歩5分	[W][P]源泉かけ流し温泉(入湯税別)、全館禁煙
	エスポワール愛媛文教会館	11	35	夕食25～	朝食8	S49.5～	945-8644	市電道後温泉駅歩10分	[W][P]天然温泉大浴場、サウナ、山手の静かな環境
	ファミリーロッジ旅籠屋松山店	12	48	—	軽朝食	[ii]49.5～	909-8848	梅津寺駅すぐ	[B][T](s)[W][P]
	長珍屋	43	180	88～	69.3～	60.5～	963-0280	松山駅車35分	[和][B][T][W][P][C]大浴場、八十八ケ所巡礼の宿

中国・四国

道後温泉全館営業再開

約3000年の歴史を誇り、日本書紀にも登場する我が国最古といわれる道後温泉。「道後温泉本館」屋根にはシンボルとして白鷺を構えた振鷺閣（しんろかく）があり刻太鼓が鳴り響く。昭和天皇がお使いになった又新殿（ゆうしんでん）もあり、平成6年12月に公衆浴場で初めて国の重要文化財に指定された。平成31年から営業しながら保存修理工事に着手しているが、令和6年12月までの工事完了予定に先立って令和6年7月11日に休憩室を含めた全館での営業を再開する。周辺には別館として飛鳥乃湯泉や椿の湯がある。JR松山駅から路面電車で25分。［道後温泉本館］神の湯階下（60分）大人700円、小人350円／神の湯二階席（60分）大人1,300円、小人650円／霊の湯二階席（60分）大人2,000円、小人1,000円／他、貸切有。☎089-921-5141　https://dogo.jp/

Map　松山周辺　北条周辺　今治周辺　西条周辺

お得情報は187ページを見てね！

【ひとくちメモ】　松山市の中心部、標高132mの山頂にそびえ立つ「松山城」は、加藤嘉明が1602年（寛永4年）から約26年の歳月をかけて創設。攻守の機能に優れた日本一の連立式天守をかまえた平山城といわれている。1784年（天明4年）の落雷によって天守閣等を焼失したが、その後1854年（安政元年）に再建。三重三階地下一階の層塔型天守で、江戸時代最後の完全な城郭建築。江戸時代以前に建造された天守が現代まで残っている「現存12天守」の1つ。料金：観覧券大人520円、ロープウェイ・リフト往復券大人520円。☎089-921-4873　https://www.matsuyamajo.jp

〈→つづき〉　Ⓑ→全室バス付／Ⓑ→一部バス付／Ⓣ→全室トイレ付／Ⓣ(s)→全室シャワートイレ＝ウォシュレット付／Ⓣ→一部トイレ付／
Ⓦ→全室Wi-Fi可／Ⓦ→一部Wi-Fi可／Ⓟ→有料駐車場／Ⓟ→無料駐車場／迎→送迎有／障→身体障害者への対応可（要問）／
Ⓒ→一部クレジットカード決済可／Ⓠ→paypay等の一部QR決済可／24h→24時間　特記事項は"※"印、又は"（ ）"括弧書きにて説明

名　称	室数	定員	1名分宿泊料金（単位/百円） 2食付	朝食付	素泊	電話	交通	特徴・備考
（北条周辺） map▶148ページ						（089）		
太田屋旅館	9	30	85〜	55〜	47〜	993-0021	伊予北条駅歩8分	ⓌⓅⒸⓆ 海鮮料理・鯛飯、お遍路さん学生歓迎
ふたみ潮風ふれあいの館	6	44	自炊可	自炊可	37.5	986-1559	伊予上灘下車5分	Ⓟ 風呂トイレ・キッチン共同、夕日がキレイ
よろいや旅館	5	15	82.5	60.5	49.5	997-0027	旧高浜港高速船30分	迎Ⓟ 中島、釣り人気、新鮮な魚料理
（今治周辺） map▶148ページ						（0898）		
今治アーバンホテル	120	140	—	サービス	S62〜	22-5311	今治駅歩1分	ⒷⓉ(s)ⓌⓅⒸⓆ
サウナ＆スパホテル喜助の宿	30	30	食事処	食事処	38〜	22-0026	今治駅歩1分	男女利用カプセルⓌⓅⒸⓆ 温泉施設/大浴場・サウナ
米長旅館	9	20	67.5〜	53.5	46	32-0554	今治駅歩15分	和Ⓟ 家庭料理、海目の前
サンライズ糸山	19	70	レストラン	レストラン	Ⓣ33〜	41-3196	波止浜駅歩30分	ⓌⓅ障ⒸⓆ 今治北I.C.5分
ホテル バリ・イン	67	100	—	S54	S50	33-0909	伊予富田駅歩12分	和ⒷⓉⓌⓅ 大型Ⓣ付ⒸⓆ 空気清浄機付
あさひや旅館	9	18	65〜	55	44	53-2032	大西駅目の前	Ⓟ アットホーム、お遍路さんも歓迎
（西条周辺） map▶148ページ						（0897）		
ホテルオレール西条	62	62	—	軽朝食	S55	55-2440	伊予西条駅隣	ⒷⓉ(s)ⓌⓅⒸⓆ 空気清浄機付、禁煙室
西条アーバンホテル	88	110	S80.8〜	S72〜	S72〜	53-5311	伊予西条駅目の前	ⒷⓉ(s)ⓌⓅ先着順 展望浴場、朝食バイキング
ホテル玉の家	30	60	朝食6.6	S55〜	S55〜	55-3149	伊予西条駅1分	ⒷⓉ(s)ⓌⓅⒸⒸ 名水使用
エクストールイン西条駅前	111	129	—	サービス	S54〜84	56-4800	伊予西条駅歩2分	和ⒷⓉⓌⓅ先着順Ⓒ
B.H.アネックスあかやね	20	36	要問	要問	S36.3	56-3990	伊予西条駅歩1分	ⒷⓉⓌⓅ
ビジネスステーションあかやね	60	60	43.45		25	56-4229	伊予西条駅歩10分	ⓌⓅ
ホテルルートイン伊予西条	168	220	—	サービス	S65〜	52-1100	伊予西条駅車3分	ⒷⓉ(s)ⓌⓅ先着順ⒸⓆ 禁煙室、大浴場
石鎚ふれあいの里	6棟	38	自炊可	自炊可	Ⓣ35〜	59-0203	伊予西条駅車30分	ⒷⓉⓅ キッチン付、キャンプ場（1人500円）
国民宿舎 石鎚	25	130	Ⓣ88〜	Ⓣ66〜	Ⓣ55〜	53-0005	松山駅バス210分	和ⓅⓆ 石鎚山中腹（スカイライン終点/登山口）
（新居浜周辺） map▶149ページ						（0897）		
東横INN新居浜駅前	175	215	—	サービス	S65〜	39-1045	新居浜駅歩1分	ⒷⓉ(s)ⓌⓅ先着順 ⒸⓆ
ホテルルートイン新居浜	175	215	※レストラン	サービス	S71〜	31-2511	新居浜駅車5分	ⒷⓈ(s)ⓌⓅ先着順ⒸⓆ 禁煙室、大浴場 ※日中休
ホテルα-1新居浜	190	217	—	サービス	S53〜59	37-5000	新居浜駅車5分	ⒷⓉ(s)ⓅⒸ 羽毛布団、禁煙室有
B.H.MISORA	20	38		S58	S53	41-7822	新居浜駅歩7分	ⒷⓉⓌⓅ 冷蔵庫付、新居浜I.C.3分
ニューグランドホテル	52	70	—		S33〜	33-1323	新居浜駅歩10分	ⒷⓉⓅ 禁煙室
マリンパーク新居浜	9	88	要問	要問	36	46-4100	新居浜駅歩10分	ⓌⓅ 研修施設、海水浴場有（7・8月）
ファミリーロッジ旅籠屋新居浜店	14	56	—	軽朝食	Ⓣ49.5〜	33-6858	新居浜駅1.3km	ⒷⓉ(s)ⓌⓅ EV車充電可
（四国中央市周辺）						（0897）		
ホテルリブマックスBUDGET伊予三島	112	229	—	あり	60〜	23-2011	伊予三島駅歩1分	ⒷⓉⓌⓅ 電子レンジ、禁煙室有
						（0896）		
スーパーホテル四国中央	100	130	—	サービス	S66.8〜	22-9000	伊予三島駅車10分	ⒷⓉ(s)ⓅⒸ 天然温泉[男女入替制]
Y.H.新長谷寺	7	30		休館中		25-0202	伊予寒川駅歩30分	相Ⓟ 一般￥4000
（久万高原周辺） map▶149ページ						（0892）		
やすらぎの宿でんこ	13	40	95	70	60	21-0092	松山駅車60分	ⓌⓅⓆ 松山I.C.30分、高原リゾート
国民宿舎古岩屋荘	32	70	81.5〜	61.5〜	52.5〜	41-0431	松山駅車70分	ⓌⓅⒸ 冷鉱泉、新緑・紅葉が素晴らしい
プチホテルガーデンタイム	20	70	67〜78	52〜63	44〜55	21-0005	久万高原駅歩1分	ⒷⓉⓌⓅⒸⓆ

 新居浜周辺 　久万高原周辺 　八幡浜周辺 　宇和島周辺

【ひとくちメモ】　愛媛県と高知県の県境、東西約25km、標高1,000mから1,500mに連なる四国カルストは、日本三大カルストの1つに数えられる壮大な景勝地。白い岩肌の石灰岩、緑の草原、放牧された牛たちが織りなす牧歌的な風景は「日本のスイス」とも称される。四国カルスト東端の天狗高原にある「カルスト学習館」では、カルストの成り立ちやそこに咲く高山植物・花火や生き物など、パネルや映像で分かりやすく紹介している（入館無料）。久万高原町観光協会☎0892-21-1192　https://kuma-kanko.com/

★お申し込み時「全国安い宿情報を見た」と言ってね！

中国・四国　お得情報は187ページを見てね！

宿泊料金は基本的に「**1名分**、消費税10％込み」表示（単位：百円） ※宿泊税別／[Ⅱ]→1室2名利用／[Ⅲ]→1室3名利用／[複]→1室4名以上利用／B.H.→ビジネスホテル／P.→ペンション／Y.H.→ユースホステル／Y.G.H.→ユースゲストハウス／[会]→YH会員料金／[相]→相部屋＝ドミトリー／S→シングルルーム／[地]→地下鉄／[男]→男性専用／[女]→女性専用／[和]→全室和室／[和]→和室有（全室ではない） 《→右へ》

名称	室数	定員	1名分宿泊料金(単位/百円) 2食付	朝食付	素泊	電話	交通	特徴・備考
（久万高原周辺） map▶149ページ						(0892)		
民宿狩場苑	5	28	79	59	47	41-0550	久万高原駅バス15分	[W][P][C][Q] ゴルフ場・ふるさと旅行村・天体観測館近く
（大洲・内子周辺）						(0893)		
松楽旅館	15	30	60	50	45	24-4143	伊予大洲駅バス5分	[和][W][P][C][Q] 人工温泉(24h可)
（八幡浜周辺） map▶149ページ						(0894)		
ポートサイドホテルせと	30	40	77～	59.4～	52.8～	22-0264	八幡浜駅歩15分	[B][T](s)[W][P] 禁煙室有、魚市場近く
三和B.H.	22	40	S68～	朝食7	S49～	24-3838	八幡浜駅車5分	[B][T][W][P][Q] フェリー乗り場から歩1分
富士廼家旅館	11	45	82.5～	52.7～	49.5	62-0050	卯之町駅歩2分	[和][W][P] 味自慢の宿、西予I.C.7分
第一B.H.松屋	20	23	S77～	S66	S60.5	62-3232	卯之町駅歩7分	[B][T][W][P][C][Q] 重要文化財・開明学校近く
民宿大岩	21	100	132～137.5	77～82.5	60.5～66	56-0070	八幡浜駅車70分	[P][C][Q] 四国最西端の民宿、展望浴場、佐田岬
（宇和島周辺） map▶149ページ						(0895)		
宇和島ターミナルホテル	39	100	—	朝食6	S52～55	22-2280	宇和島駅目の前	[B][T](s)[W][P][C] 冷蔵庫付、コインランドリー
ホテルイシバシ	25	30	S75	S57	S50	22-5540	宇和島駅歩10分	[B][T](s)[W][P][C][Q] 大部屋有、ビジネス便利
三好旅館	12	45	77～	55	45	32-2107	宇和島駅バス20分	[和][P] 猪・ふぐ・スッポン料理(別料金要予約)
一本松温泉あけぼの荘	9	30	食堂	[Ⅱ]45～62	[Ⅱ]38～55	84-3260	宇和島駅バス90分	[和][W][P] 温泉、お遍路さん・釣りに便利

◇高　知◇

名称	室数	定員	2食付	朝食付	素泊	電話	交通	特徴・備考
（高知市周辺） map▶151ページ						(088)		
ホテルタウン駅前	75	88	—	49～	47	884-0066	高知駅歩3分	[B][T](s)[W][P][C] 禁煙室有、お遍路さん歓迎
ホテルタウン錦川	87	98	—	—	45～48	825-1811	高知駅歩10分	[B][T][W][P][C] 冷蔵庫付、お遍路さん歓迎
高知B.H.別館	40	53	—	—	27～39	875-3121	高知駅車10分	[和][B][T][W][P][C] 長期可、お遍路さん歓迎
プチホテル高知	66	132	—	S65	S59	826-8156	高知駅歩3分	[B][T](s)[W][P](先着順)[C]
高知龍馬ホテル	50	80	—	S74～	S66～	882-5557	高知駅歩3分	[和][B][T](s)[W][P][C][Q]
スーパーホテル高知天然温泉	120	150	—	サービス	S70～	802-9000	高知駅歩4分	[B][T](s)[W][P](先着順)[C] 天然温泉(男女入替制)
ホテルロスイン高知	100	150	S89～	朝食8	S66～	884-1110	高知駅歩5分	[B][T](s)[W][P][C] 家族風呂、禁煙ルーム有
B.H.港屋	95	120	—	S71～	S64～	883-6000	高知駅歩5分	[和][B][T](s)[W][P][C][Q] [男]サウナ付大浴場、コインランドリー
高知さくらホテル	19	21	S98～	朝食8	S75～	882-5021	高知駅歩7分	[B][T][W][P](先着順) 禁煙室有、土曜のみ営業
タウンセンターホテル	59	120	—	サービス	S50	824-1800	高知駅歩8分	[和][B][T][W][P][C] エアコン完備
セブンデイズホテル	80	81	—	S65～	S61～	884-7100	高知駅歩10分	[B][T](s)[W][P][障][C][Q] 禁煙室有
セブンデイズホテルプラス	75	85	—	S72～	S67～	884-7111	高知駅歩10分	[B][T](s)[W][P][障][C][Q] 禁煙室有
B.H.土佐	15	27	—	—	33～44	825-3332	高知駅歩10分	[B][T][P](予約制) はりまや橋歩2分
ファミリーロッジ旅籠屋高知店	14	56	—	軽朝食	[Ⅱ]49.5～	872-8858	高知駅歩10分	[B][T](s)[W][P] EV車充電可
高知共済会館	46	74	—	S88.66～	S79.86～	823-3211	高知駅路面電車15分	[和][B][T][W][P][C][Q]
ホテルNO.1高知	221	245	—	朝食10	S63.8	873-3333	高知駅車5分	[B][T](s)[W][P](先着順)[C] 屋上露天風呂
ホテルタウン本町	109	149	—	—	S46～48	825-0055	高知駅車8分	[B][T][W][P][C]

【ひとくちメモ】 高知市内には坂本龍馬ゆかりの地がたくさんある。／**龍馬の生まれたまち記念館**…坂本龍馬が生まれた高知市上町にあり、龍馬誕生から脱藩までの少年時代を中心に、家族や生まれ育った町の歴史や文化などを模型や映像で紹介。入館料大人300円。☎088-820-1115 https://ryoma-hometown.com/／**坂本龍馬記念館**…桂浜の高台に建ち、直筆の手紙（真物、複製）や薩長同盟の裏書（複製）、ピストルの模型などの貴重な資料を展示。入館料大人700円。☎088-841-0001 https://ryoma-kinenkan.jp/

お得情報は187ページを見てね！

〈→つづき〉　Ⓑ→全室バス付／Ⓑ→一部バス付／Ⓣ→全室トイレ付／Ⓣ(s)→全室シャワートイレ＝ウォシュレット付／Ⓣ→一部トイレ付／
Ⓦ→全室Wi-Fi可／Ⓦ→一部Wi-Fi可／Ⓟ→有料駐車場／Ⓟ→無料駐車場／送→送迎有／身→身体障害者への対応(要問)／
Ⓒ→一部クレジットカード決済可／Ⓠ→paypay等の一部QR決済可／24h→24時間　特記事項は"※"印、又は"( )"括弧書きにて説明

名称	室数	定員	2食付	朝食付	素泊	電話	交通	特徴・備考
(高知市周辺) map▶151ページ						(088)		
旅館海老庄	5	10	66	49.5	44	847-0268	高知駅バス20分	Ⓦ Ⓟ 31・32番札所の間、桂浜近く
ホテル土佐路たかす	52	60	—	S66	S60	882-7700	高知駅車20分	Ⓑ Ⓣ Ⓦ Ⓟ Ⓒ Ⓠ 禁煙室化、30・31番札所の鳳、貸自転車
英光旅館	10	50	75〜	60	50	842-2164	高知駅車30分	身 Ⓦ Ⓟ 桂浜・33番雪蹊寺近く、長期歓迎
高知Y.H.	10	25	—	会43	会37	823-0858	円行寺口駅歩5分	Ⓦ Ⓟ 一般¥500増、日本酒体験
(土佐町周辺)						(0887)		
富士見館	9	10	63	46	40	82-0026	大杉駅バス20分	身 Ⓟ 早明浦ダム近く
(香南市〜奈半利周辺) map▶151ページ						(0887)		
香南市サイクリングターミナル海の癒しお宿	16	55	70.4〜	52.8〜	42.9〜	55-3196	夜須駅バス20分	Ⓦ Ⓟ Ⓒ Ⓠ レンタサイクル、釣り、ゴルフ場近く
高知黒潮ホテル	103	147	S111〜	S86〜	S75〜	56-5800	のいち駅歩10分	Ⓑ Ⓣ(s) Ⓦ Ⓟ Ⓒ 温泉隣接、高知空港10分
うまじ温泉	16	64	身108〜	身73〜	身64〜	44-2026	安田駅バス30分	Ⓦ Ⓟ Ⓒ Ⓠ 天然温泉大浴場(加温)、山菜・柚鍋料理
旅の宿美園	3	10	夕食10〜	朝食5	20〜45	38-2224	田野駅歩5分	Ⓟ 新築一般住宅の建物に、自炊可、温泉近く
ホテルなはり	51	86	レストラン	S50〜92	S45〜80	38-5111	奈半利駅歩15分	Ⓑ Ⓣ Ⓦ Ⓟ Ⓒ 大浴場(桧、露天)
(室戸岬周辺) map▶151ページ						(0887)		
ファミリーロッジ旅籠屋室戸店	14	56	—	軽朝食	身49.5〜	23-0858	奈半利駅22km	Ⓑ Ⓣ(s) Ⓦ Ⓟ EV車充電可
室戸荘	9	30	身73	身46	身40	22-0409	奈半利駅バス40分	Ⓦ Ⓟ 室戸岬の先端、海近く
ホテル竹乃井	17	50	65	48	42	22-1624	高知駅バス120分	Ⓦ Ⓟ カツオのタタキ料理が自慢、室戸市
大田旅館	14	30	72〜	55	48	22-0004	高知駅バス120分	身 Ⓟ 新鮮な魚料理、室戸市
民宿いくみ	10	25	68〜	45〜	38〜	24-3838	甲浦駅車5分	身 Ⓦ Ⓟ
(天狗高原周辺)						(0889)		
星ふるヴィレッジTENGU	26	82	身140.4〜	身92.4〜	身77〜	62-3188	須崎駅車90分	Ⓑ Ⓣ Ⓦ Ⓟ Ⓒ Ⓠ 大浴場、四国カルスト東端
(中村・土佐清水周辺) map▶151ページ						(0880)		
福田旅館	10	30	91.3〜	59.5	49.5	35-4108	中村駅歩15分	和 Ⓑ Ⓣ Ⓦ Ⓟ 四万十川へ歩2分、釣り人気、ペット可
宿坊岩本寺	10	50	88〜	66〜	55〜	22-0376	窪川駅歩10分	身 Ⓦ Ⓟ 風呂21時迄、朝のお勤め自由参加
ファミリーロッジ旅籠屋四万十店	14	56	—	軽朝食	身49.5〜	22-4858	窪川駅2.5km	Ⓑ Ⓣ(s) Ⓦ Ⓟ EV車充電可
(宿毛周辺) map▶151ページ						(0880)		
ホテルマツヤ	74	98	レストラン	S58〜66	S50〜58	63-1185	宿毛駅歩10分	Ⓑ Ⓣ Ⓦ Ⓟ Ⓒ Ⓠ さわち料理(要予約)
秋沢ホテル	42	131	S73〜	S57〜	S49〜	63-2129	宿毛駅歩15分	和 Ⓑ Ⓣ Ⓦ Ⓟ Ⓒ Ⓠ お遍路に便利
金沢旅館	7	25	夕食付58〜	—	38〜40	65-8125	宿毛駅車5分	身 Ⓟ 焼肉&和食、10〜2月だるま夕日が見える
ホテルあさひ	45	60	夕食12	朝食8	S48〜52	65-6707	宿毛駅車5分	和 Ⓑ Ⓣ Ⓦ Ⓟ Ⓒ Ⓠ
宿毛リゾート椰子の湯	24	100	身144.1〜	身111.1〜	—	65-8185	宿毛駅歩10分	Ⓑ Ⓣ(s) Ⓦ Ⓟ Ⓒ 2種類の露天風呂有
幡多郷(はたご)	4	12	夕食20	—	25	73-1324	宿毛駅歩15分	身 Ⓟ 新鮮な海の幸
望洋館澤近	10	30	77、88	68、73	63、68	69-1121	宿毛駅片島港船80分	和 チャーター船30分、釣り&海水浴便利、沖の島

Map	高知市周辺	香南市〜室戸岬周辺	中村周辺	宿毛周辺

【ひとくちメモ】　四国最南端の足摺岬(足摺岬灯台)は、黒潮本流が直接ぶつかる全国で唯一の場所。展望台からは270°の視界が広がり、行き交う巨大な船や彼方にのぞむ水平線がアーチ状に見え、地球が丸いことを実感できる。土佐清水市内には、ジョン万次郎資料館(☎0880-82-3155　https://www.johnmung.info/)や高知県立足摺海洋館 SATOUMI(☎0880-85-0635　https://www.kaiyoukan.jp/)などがある。土佐清水市へは土佐くろしお鉄道中村駅からバス55分。土佐清水市観光協会☎0880-82-3155　https://www.shimizu-kankou.com/

九州

九州

◇福岡◇

名称	室数	定員	2食付	朝食付	素泊	電話	交通	特徴・備考
(福岡県内は宿泊税別途200円)※宿泊代20,000円未満の場合								
(博多周辺) map▶154ページ						(092)		
山本旅館	17	50	—	78	70	291-1176	⮶祇園駅2番出口歩1分	和ⓌPCQ 中心街に位置
東横INN博多駅バスターミナル前	142	169	—	サービス	S88〜	437-1045	博多駅歩2分	BT(s)ⓌP CQ
サンB.H.	39	46			S58〜300	411-1155	博多駅歩2分	BT(s)ⓌP CQ
ハカタB.H.	38	55		S75〜	S68〜	431-0737	博多駅歩2分	BT(s)ⓌPC 全館禁煙
東横INN博多口駅前	257	310	—	サービス	S83〜	451-1045	博多駅歩3分	BT(s)ⓌCQ
博多駅前S.Bホテル	102	106		朝食8〜	S60〜80	411-1171	博多駅歩3分	BT(s)ⓌCQ
R&Bホテル博多駅前	166	166		朝食5	S60〜	473-9898	博多駅歩4分	BT(s)Ⓦ
スマイルホテル博多駅前	118	139		S65〜	S55〜	431-1500	博多駅歩5分	BT(s)Ⓦ 博多駅東I.C.8分
アコードホテル	104	134			S58〜178	434-1850	博多駅歩5分	BT(s)ⓌP C
東横INN博多駅南	199	253	—	サービス	S75〜	475-1045	博多駅歩13分	BT(s)ⓌP CQ
ホテルルートイン博多駅前	128	162		サービス	S75〜	473-4123	博多駅歩15分	BT(s)ⓌP CQ 大浴場
ベニキアカルトンホテル福岡天神	130	159		朝食10	S57〜	522-4980	博多駅車10分	BT(s)ⓌP CQ 朝食バイキング
東横INN博多駅前祇園	173	217		サービス	S79〜	281-1045	⮶祇園駅6番出口すぐ	BT(s)ⓌP CQ
スカイハートホテル博多	159	185		朝食14.3	S77〜	262-4400	⮶祇園駅歩3分	BT(s)ⓌCQ キャナルシティ歩5分
スーパーホテルinn博多	54	54		サービス	S65〜	282-9000	⮶呉服町駅歩3分	BT(s)ⓌP CQ 空気清浄機
ナインアワーズ中洲川端駅	127	127	—		35〜	283-8755	⮶中洲川端駅直結	男女利用カプセルⓌ
ファーストキャビン博多	120	120			37、43	260-1852	⮶中洲川端駅直結	男女別キャビンⓌ 大浴場
アメニティホテルin博多	72	72		サービス	S78〜198	282-0041	⮶中洲川端7番出口歩2分	BT(s)ⓌP C
グリーンランド中洲	162	162	レストラン	レストラン	44〜	291-9000	⮶中洲川端駅歩3分	男カプセルⓌCQ 大浴場、サウナ、マッサージ
変なホテル福岡 博多	102	242		S109.6〜	S76.2〜	050-5576-8380	⮶中洲川端駅歩3分	BT(s)ⓌCQ
東横INN博多西中洲	260	320	—	サービス	S85〜	739-1045	⮶中洲川端駅歩10分	BT(s)ⓌCQ
ホテルエトワス天神	84	84		朝食15	S70〜	737-3233	⮶天神駅歩5分	BT(s)ⓌP C
平和台ホテル天神	102	155		朝食11	S88〜	737-1000	⮶天神駅歩8分	BTⓌPCQ ツイン⮾¥7700
東横INN福岡天神	153	209	—	サービス	S80〜	725-1045	⮶天神駅歩10分	BT(s)ⓌP CQ 天神南駅歩4分
浜の町病院前S.Bホテル	150	150		朝食8	S45〜80	717-6600	⮶天神駅歩10分	BT(s)ⓌCQ
ホテルニューガイア薬院	90	118			S60〜200	534-4126	西鉄薬院駅歩2分	BT(s)ⓌP C 最上階に大浴場
ニッセイホテル福岡	62	120			S68〜128	732-0900	⮶赤坂駅歩5分	BT(s)ⓌCQ
平和台ホテル荒戸	72	100	団体のみ	サービス	S55〜	761-1361	⮶大濠公園駅歩3分	和BTⓌPCQ
平和台ホテル大手門	55	65	団体のみ	サービス	S55〜	741-4422	⮶大濠公園駅歩6分	BTⓌPCQ ツイン有
平和台ホテル5(ファイブ)	72	120	団体のみ	朝食11	S82.5〜	732-5000	⮶唐人町駅2番出口歩2分	BTⓌPCQ 素泊ツイン⮾¥7150〜

宿泊料金は基本的に「**1名分**、消費税10％込み」表示(単位:百円) ※⊕→宿泊税別／⊕→1室2名利用／⊕→1室3名利用／⊛→1室4名以上利用／B.H.→ビジネスホテル／P.→ペンション／Y.H.→ユースホステル／Y.G.H.→ユースゲストハウス／㊂→YH会員料金／相→相部屋=ドミトリー／S→シングルルーム／⊕→地下鉄／⊕→男性専用／⊛→女性専用／⊕→全室和室／㊋→和室有(全室ではない) 〈→右へ〉

《福岡》

★お申し込み時「全国安い宿情報を見た」と言ってね！お得情報は187ページを見てね！

名称	室数	定員	2食付	朝食付	素泊	電話	交通	特徴・備考
(博多周辺) map▶154ページ						**(092)**		
博多の宿旅館まいだし	15	40	夕食16.5	朝食8.8	㊂65~	651-1822	吉塚駅歩6分	BTWPCQ長期町,スポーツ団体人気,福岡I.C.15分
福岡シェアホテル	35	85	—	朝食10	33~	645-0088	吉塚駅車10分	相要予約 ツイン有,コインシャワーのみ
ベッセルホテル福岡貝塚	126	145		サービス	S79~	642-0101	貝塚駅歩7分	BT(S)WP大型車有料C
ウィークリーイン南福岡	43	50	—		要問	581-0300	南福岡駅歩6分	BT(S)分離型WPCQミニキチン付,雑餉隈駅も近い
HOTEL AZ福岡金の隈店	255	347	S62.4~	サービス	S52.8	513-3301	南福岡駅車8分	BTWPC福岡空港車13分,大野城ランプ3分
(福岡市北部周辺)						**(092)**		
HOTEL AZ福岡和白店	506	612	S62.4~	サービス	S52.8	605-3301	西鉄和白駅歩7分	BTWPC飲食店充実
休暇村志賀島	74	236	⊕140~			603-6631	西戸崎駅バス20分	WPC温泉(入湯税別),志賀島
(糸島市周辺)						**(092)**		
HOTEL AZ福岡糸島店	257	368	S62.4~	サービス	S52.8	330-8301	糸島高校前駅歩3分	BTWPC
(春日市周辺)						**(092)**		
バジェットホテル博多南	53	100	—	S67~	S60~	592-0033	博多南駅歩7分	BT(S)WPC
(太宰府周辺)						**(092)**		
ルートイングランティア太宰府	129	263	居酒屋	朝食11	S86~	925-5801	太宰府駅車3分	BT(S)WP先着順CQ天然温泉大浴場
B.H.ウィークリーイン二日市	30	36	—	—	要問	929-3696	二日市駅歩2分	BT(S)分離型WPCQミニキチン,BS視聴可
HOTEL AZ福岡夜須店	121	157	S62.4	サービス	S52.8	919-0301	西鉄筑紫駅車5分	BTWP
(篠栗周辺)						**(092)**		
山王屋旅館	9	30	77~	66~	60.5	947-0475	篠栗駅車5分	和P自家栽培の食材,山王寺近く,手打ちそば
宿坊大日屋旅館	8	70	⊕85~	⊕60~	⊕50~	947-0418	筑前山手駅歩7分	和WPCQ寺と仏閣,鳴淵ダム近く
HOTEL AZ福岡篠栗店	198	223	S62.4	サービス	S52.8	947-3310	門松駅歩6分	BTWPC福岡I.C.5分
(飯塚周辺) map▶154ページ						**(0948)**		
B.H.大和屋	10	30	S74.8	S55	S49.5	22-2544	新飯塚駅歩1分	和WP アウトバス,24h風呂,家庭料理
B.H.センチュリー	40	56		S62	S55	29-2515	新飯塚駅歩2分	BTWPC
あけぼの館	8	20	75~	63~	55	22-1708	新飯塚駅歩2分	和WPCQ長期・1人旅歓迎
新飯塚ステーションホテル	168	182	—	朝食6	S63.8,67.1~	26-1300	新飯塚駅歩5分	BT(S)WPC
ホテルニューガイア飯塚	42	59	—	朝食8.5	S66~	26-2500	新飯塚駅車5分	BT(S)WP3台先着順C大浴場
(田川周辺) map▶154ページ						**(0947)**		
田川第一ホテル	18	30	—	—	35	42-1356	田川伊田駅歩3分	和BTWPCQ
B.H.田川オリエンタル	13	15	レストラン	S53	S48	46-3101	田川伊田駅歩3分	BTP コインランドリー
(若宮周辺)						**(0949)**		
ホテルルートイン若宮インター	207	256	※レストラン	サービス	S63~	52-0023	赤間駅車20分	BT(S)WPCQ大浴場,若宮I.C.1分,北方車30分,8田景勝
ルートイングランティア若宮	107	257	レストラン	朝食13	S72~	54-0305	赤間駅車25分	BT(S)WP先着順CQ天然温泉大浴場

Map

博多周辺	飯塚周辺	田川周辺	北九州周辺

【ひとくちメモ】 地図情報の最大手・ゼンリンによる地図の博物館「ゼンリンミュージアム」。16~20世紀に作られた西洋製の日本地図や、伊能図をはじめとする国内製の地図の変遷を歴史とともに紹介。古くから人類が作り上げてきた地図には、当時の営みや世界観、すなわち「歴史」が克明に映し出されている。1枚の地図の先に広がる物語を知ることで更なる地図の面白さが見えてくる。小倉駅より徒歩10分。10:00~17:00(月曜休館)。入館料1,000円。☎093-592-9082 https://www.zenrin.co.jp/museum/

九州

《→つづき》　Ｂ→全室バス付／Ⓑ→一部バス付／Ｔ→全室トイレ付／Ｔ(s)→全室シャワートイレ＝ウォシュレット付／Ⓣ→一部トイレ付／
Ⓦ→全室Wi-Fi可／Ⓦ→一部Wi-Fi可／Ｐ→有料駐車場／Ⓟ→無料駐車場／送→送迎有／障→身体障害者への対応可(要問)／
Ｃ→一部クレジットカード決済可／Ｑ→paypay等の一部QR決済可／24h→24時間／特記事項は"※"印、又は"( )"括弧書きにて説明

名称	室数	定員	1名分宿泊料金(単位/百円)			電話	交通	特徴・備考
			2食付	朝食付	素泊			
(福岡・宗像周辺)						(0940)		
HOTEL AZ福岡宗像店	256	333	S62.4～	サービス	S52.8	38-3301	東郷駅車5分	ⒷⓉⓌⓅⒸ 若宮I.C.15分
(北九州市周辺) map▶154ページ						(093)		
東横INN小倉駅南口	189	246	—	サービス	S75～	511-1045	小倉駅南口歩4分	ⒷⓉ(s)ⓌⓅ先着順 ⒸⓆ
東横INN小倉駅新幹線口	144	165	—	サービス	S65～	541-1045	小倉駅歩5分	ⒷⓉ(s)ⓌⓅ先着順 ⒸⓆ
リコホテル小倉	170	220	—	※サービス	S40～	521-4444	小倉駅歩5分	ⒷⓉ(s)ⓌⓅ先着順 Ⓒ ※限定数先着順
東横INN小倉駅北口	189	230	—	サービス	S74～	513-1075	小倉駅北口歩6分	ⒷⓉ(s)ⓌⓅ先着順 ⒸⓆ
スーパーホテル小倉駅南口	108	135	—	サービス	S61～	541-9000	小倉駅歩7分	ⒷⓉ(s)Ⓦ提供 Ⓒ 人工温泉(男女入替制)
スマイルホテル小倉	106	210	—	70～	60～	330-6550	小倉駅南口歩7分	ⒷⓉ(s)Ⓦ 博多駅東I.C.8分
アーバンプレイスイン小倉	103	116	—	—	S60～	551-7331	小倉駅歩12分	ⒷⓉ(s)Ⓦ
HOTEL AZ北九州小倉店	514	621	S62.4	サービス	S52.8	562-3311	小倉駅車10分	ⒷⓉⓌⓅⒸⓆ
サンスカイホテル小倉	165	200	レストラン	—	S50～	521-0123	小倉駅車7分	ⒷⓉ(s)Ⓟ(2I～有料) ⒸⓆ
HOTEL AZ北九州新門司港店	89	123	S62.4～	サービス	S52.8	483-1301	門司車20分	ⒷⓉⓌⓅⒸ 新門司I.C.10分
ホテルルートイン門司港	140	210	※レストラン	サービス	S77～	322-1111	門司港駅車4分	ⒷⓉ(s)ⓌⓅ有料 大浴場 ※日祝休
Ｂ.Ｈ.千望荘	11	30	72	61	55	871-6991	戸畑駅車4分	和ⒷⓉ(s)ⓌⓅⒸⓆ 全室禁煙
ホテルルートイン北九州若松駅東	187	230	—	サービス	S82～	752-0301	若松駅歩5分	ⒷⓉ(s)ⓌⓅ先着順 ⒸⓆ 天然温泉大浴場
Ｂ.Ｈ.帆柱	35	109	夕食13.2	S63.8	S55	671-2250	八幡駅歩1分	和ⒷⓉ(s)(分煙式) Ⓟ
HOTEL AZ北九州八幡店	351	427	S62.4～	サービス	S52.8	663-3301	八幡駅歩5分	ⒷⓉⓌⓅ先着順 Ⓒ
ファミリーロッジ旅籠屋北九州八幡店	14	56	—	軽朝食	Ⓣ49.5～	691-9858	折尾駅2km	ⒷⓉ(s)ⓌⓅ
国民宿舎マリンテラスあしや	30	120	送99～	—	—	223-1081	折尾駅バス30分	ⒷⓉⓌⓅ障要問 ⒸⓆ オーシャンビュー・芦屋海水浴場まで5分
東横INN北九州空港	239	270	カレーサービス	サービス	S58～	472-1042	朽網駅バス20分	ⒷⓉ(s)ⓌⓅ先着順 ⒸⓆ 北九州空港まで9分
ホテルルートイン苅田駅前	153	175	※レストラン	サービス	S78.5～	435-3711	苅田駅歩1分	ⒷⓉ(s)ⓌⓅ先着順 大浴場 ※日祝休
ベッセルホテル苅田北九州空港	128	146	S77～	サービス	S68～	435-2525	苅田駅歩12分	ⒷⓉ(s)ⓌⓅ大型車有料 Ⓒ ツイン¥11200～
(行橋周辺)						(0930)		
ホテルルートイン行橋	144	164	—	サービス	S68～	26-8711	行橋駅歩6分	ⒷⓉ(s)ⓌⓅ先着順 大浴場
サイクル&Ｂ.Ｈ.ベル	30	40	—	—	S49.5～	25-5887	行橋駅歩5分	ⒷⓉ(s)ⓌⓅⒸⓆ サイクリストにもオススメ
(宇島周辺)						(0979)		
宇島汐湯旅館	10	20	68～	55	48	82-1231	宇島駅歩10分	和ⓌⓅⒸ 魚介類の食事
(甘木周辺) map▶155ページ						(0946)		
肥前屋旅館	11	25	60～	45～	35～	22-2034	西鉄甘木駅歩10分	和Ⓟ 寛永時代の創業、長期歓迎
甘木観光ホテル甘木館	12	60	143～	79.2～	66～	22-3344	西鉄甘木駅歩10分	ⒷⓉⓌⓅ障 大浴場、バリアフリー設計
HOTEL AZ福岡甘木インター店	255	337	S62.4～	サービス	S52.8	21-3301	馬田駅歩15分	ⒷⓉⓌⓅⒸ 甘木I.C.1分
(久留米周辺) map▶155ページ						(0942)		
クルメターミナルホテル	51	64	—	朝食4	※S50～57	39-4111	西鉄久留米駅歩1分	ⒷⓉⓌⓅ提供 ⒸⓆ ※宿泊税込
東横INN西鉄久留米駅東口	200	270	—	サービス	S70～	35-1045	西鉄久留米駅歩3分	ⒷⓉ(s)ⓌⓅ先着順 ⒸⓆ
ホテルニュープラザ久留米	266	350	—	※S68～	S57～	33-0010	西鉄久留米駅歩7分	ⒷⓉ(s)ⓌⓅⒸⓆ 軽朝食無料
ビジネスインシーガル	40	44	—	※S57	※S47	38-4111	花畑駅歩3分	ⒷⓉⓌⓅ15分先着順 ⒸⓆ ※現金払い
旅館錦水	15	40	91.9～	70.4～	57.2～	43-7325	久留米大学前駅歩10分	和ⒷⓉⓌⓅⒸⓆ 料亭旅館ならではの日本料理

Ｍａｐ

甘木周辺	久留米周辺	柳川周辺	大牟田周辺

《福岡》... ★お申し込み時「全国安い宿情報を見た」と言ってね！お得情報は187ページを見てね！

九州

【ひとくちメモ】　西日本最大級の規模を誇る「いのちのたび博物館」。生命の歴史をたどりながら、全長約35mのディプロドクスやティラノサウルス、ステゴサウルスなどの骨格標本が並んだり、中生代・白亜紀の北九州を再現したジオラマの中で恐竜ロボットたちがリアルに動いたりと、エンターテインメント性を持って壮大なスケールで展示している。弥生時代の復元住居や昭和30年代の一般家庭の様子まで原寸大で再現。スペースワールド駅から徒歩5分。常設展観覧料：大人600円、小中学生240円。☎093-681-1011　https://www.kmnh.jp/

宿泊料金は基本的に「**1名分**，消費税10％込み」表示(単位：百円) ※宿泊税別／**⊞**→1室2名利用／**⊞**→1室3名利用／**⊞**→1室4名以上利用／B.H.→ビジネスホテル／P.→ペンション／Y.H.→ユースホステル／Y.G.H.→ユースゲストハウス／**会**→YH会員料金／**相**→相部屋＝ドミトリー／S→シングルルーム／**地**→地下鉄／**男**→男性専用／**女**→女性専用／**全**→全室和室／**和**→和室有(全室ではない) 《→右へ》

名称	室数	定員	1名分宿泊料金(単位：百円) 2食付	朝食付	素泊	電話	交通	特徴・備考
(八女周辺)						(0943)		
八女グリーンホテル	75	100	—	サービス	S58	22-2156	羽犬塚駅バス20分	BTWPCQ 展望風呂
明月荘	10	16	—	S60	S50	24-2121	羽犬塚駅バス20分	WP ビジネス向き、八幡宮目の前
太田旅館	5	12	—	—	50〜	42-0277	羽犬塚駅バス50分	和WP 日本一の大藤近く、黒木町
池の山荘	14	45	⊞101.3〜	⊞76.5〜	⊞63.5〜	52-2082	羽犬塚駅バス90分	WPCQ 天然温泉大浴場露天、星野支所近く
(羽犬塚周辺)						(0942)		
ホテルエルモント	68	75	—	※サービス	S59.4	53-2008	羽犬塚駅目の前	BT(S)WP 先着順 C ※和朝食¥880
(柳川周辺) map▶155ページ						(0944)		
さいふや旅館	5	20	98〜	66.2〜	48〜	72-2424	西鉄柳川駅歩10分	和WPCQ 有明の魚を使った郷土料理
スマイルホテル福岡大川	120	124	—	朝食8	S57〜	89-1311	西鉄柳川駅車15分	BT(S)WP 九州佐賀国際空港へ車30分
料亭旅館三川屋	7	50	⊞66〜	⊞49.5〜	⊞40.7〜	87-3155	西鉄柳川駅車15分	和WPC 大浴場、バラエティ豊かな郷土料理
松葉屋旅館	10	20	66	66	44	76-3212	西鉄中島駅歩1分	和WP 長期・ビジネス歓迎
(大牟田周辺) map▶155ページ						(0944)		
旅館白秀	14	45	長期のみ	55〜	48〜	54-2807	大牟田駅歩5分	和WPC 大浴場、1人旅ビジネス団体歓迎
B.H.わらじ家本館	24	60	夕食15	朝食6	S51.7	52-3184	大牟田駅歩10分	BTWPCQ
ビジネス&カプセルHわらじ家別館	43	50	—	—	27.5、44〜	54-0888	西鉄新栄町駅歩3分	男カプセルWPCQ 個室女性可 男大浴場・サウナ

◇佐賀◇

名称	室数	定員	2食付	朝食付	素泊	電話	交通	特徴・備考
(佐賀市周辺) map▶156ページ						(0952)		
東横INN佐賀駅前			—	サービス	S77	23-1045	佐賀駅歩1分	BT(S)WP 先着順 CQ
ホテルルートイン佐賀駅前	200	246	—	サービス	S70	27-7115	佐賀駅歩2分	BT(S)WP 先着順 CQ 大浴場
サンシティホテル1号館	62	74	—	サービス	S55	31-8888	佐賀駅歩1分	BTWPC コインランドリー
サガシティホテル	144	190	夕食15	朝食11	S47〜237	40-0100	佐賀駅歩4分	BT(S)WPCQ 大浴場、男サウナ
(カプセル)	48	48	夕食15	朝食11	25〜62	〃	〃	男カプセルWPCQ 大浴場、男サウナ
サンシティホテル2号館	55	66	—	サービス	S55〜	31-9999	佐賀駅歩5分	BTWPC ダブルベッド
グランデはがくれ	27	65	レストラン	朝食15	⊞70〜	25-2212	佐賀駅歩6分	和BT(S)WP 個室C
ビジネス旅館蘭	8	12	—	—	35	23-5262	佐賀駅歩7分	和PTV・エアコン付
B.H.一条	17	24	—	—	S42〜	24-0898	佐賀駅歩8分	BTWPC
佐賀県青年会館	38	110	72.6〜	61.6〜	55〜	31-2328	佐賀駅車4分	BTWP スポーツ施設近く
ちっちゃなお宿山水	7	20	⊞176〜	⊞110〜	—	58-2131	佐賀駅バス40分	和TWP 古湯温泉郷(入湯税別)
日の出屋旅館	8	20	55	40	35	86-3023	江北駅北口歩1分	和P 1人旅・ファミリー・ビジネス歓迎

Map

佐賀市周辺 　鳥栖周辺 　唐津周辺 　武雄温泉周辺

【ひとくちメモ】　神埼市と吉野ヶ里町にまたがり国の特別史跡に指定されている「吉野ヶ里遺跡」は、延長2.5kmの壕に囲まれた日本最大規模の弥生時代の環境集落跡。弥生時代全時期の多数の住居跡、高床倉庫群跡、3,000基を超えるかめ棺墓、弥生時代中期の王族の墓である墳丘墓などが発掘されている。吉野ヶ里歴史公園には、物見やぐら、竪穴住居、高床倉庫等が復元され、弥生時代の雰囲気を体験できる。JR長崎本線吉野ヶ里公園駅または神埼から徒歩15分。入場料／大人(15歳以上)460円。☎0952-55-9333　https://www.yoshinogari.jp/

（←つづき）　Ⓑ→全室バス付／Ⓑ→一部バス付／Ⓣ→全室トイレ付／Ⓣⓢ→全室シャワートイレ＝ウォシュレット付／Ⓣ→一部トイレ付／
Ⓦ→全室Wi-Fi可／Ⓦ→一部Wi-Fi可／Ⓟ→有料駐車場／Ⓟ→無料駐車場／送→送迎有／⊕→身体障害者への対応（要問）／
Ⓒ→一部クレジットカード決済可／Ⓠ→paypay等の一部QR決済可／24h→24時間　特記事項は※印、又は（　）括弧書きにて説明

名　称	室数	定員	1名分宿泊料金（単位/百円）			電話	交通	特徴・備考
			2食付	朝食付	素泊			
（鳥栖周辺） map▶156ページ						（0942）		
ホテルルートイン鳥栖駅前	153	184	―	サービス	S70～	050-5847-7760	鳥栖駅歩1分	ⒷⓉⓈⓌⓅ先着順 ⒸⓆ大浴場
サンホテル鳥栖	126	128	―	サービス	S65～	87-3939	鳥栖駅歩1分	ⒷⓉⓈⓌⓅⒸⓆ禁煙ルーム有
HOTEL AZ佐賀鳥栖店	198	223	S62.4～	サービス	S52.8	87-3301	田代駅歩10分	ⒷⓉⓌⓅⒸ鳥栖I.C.2分
（唐津周辺） map▶156ページ						（0955）		
ビジネス旅館みどり	10	28	―	―	44～	72-4961	唐津駅歩10分	和ⓉⓌⓅ コインランドリー
御　宿　海　舟	15	50	ⓘ143～	ⓘ99	ⓘ88	72-8101	唐津駅車5分	ⓌⓅⒸⓆ宝当神社の船着場へ歩10分
国民宿舎いろは島	25	105	送130～	―	―	53-2111	唐津駅車25分	和ⓅⒸ天然温泉大浴場（入湯税別）
唐　津　屋　旅　館	10	20	67.1～	56.1～	52.8～	52-6810	唐津駅車30分	和ⓌⓅ新鮮な魚介類の食事、呼子唐津漁港直送
鎮西町国民宿舎波戸岬	16	66	ⓘ115～	―	―	82-1511	唐津駅車40分	和ⒷⓈⓌⓅ送ⒸⓆ大浴場・サウナ、離れ有
尾の上Ryokan	22	75	ⓘ123～	ⓘ81～	ⓘ66～	82-3006	唐津駅バス30分	和ⓌⓅⒸⓆ 大浴場
清　力　旅　館	13	40	ⓘ140～	―	―	82-2311	西唐津駅歩20分	和ⓉⓌⓅⒸⓆ大浴場、海辺の宿
（伊万里周辺）						（0955）		
伊　万　里　ホ　テ　ル	24	77	―	軽朝食	S60～	22-3118	伊万里駅歩5分	ⒷⓌⓅⒸ大浴場・サウナ
伊万里グランドホテル	154	250	―	S76～	S66～	22-2811	伊万里駅歩7分	ⒷⓉⓈⓌⓅⒸ人工温泉大浴場、サウナ
Ｂ．Ｈ．みやこ	17	25	夕食15.5	朝食6.5	S35～41.8	23-2582	伊万里駅車3分	ⒷⓉⓌⓅⒸⓆ長期可
（武雄温泉周辺） map▶156ページ						（0954）		
パーソナルホテル遊	37	46	―	S71～	S62～	23-2007	武雄温泉駅歩7分	ⒷⓉⓌⓅ先着順ビジネス向き、公共温泉近く
武雄温泉Y.H.	14	80	―	サービス	会36.3～	22-2490	武雄温泉駅車5分	相ⓌⓅⓆ温泉
九州福祉雄養センターみな荘	7	33	67.5	51	45.5	23-6138	武雄温泉駅車10分	和ⓌⓅ天然温泉大浴場、県立宇宙科学館近く
一　休　荘　旅　館	7	15	99～	58.3～	49.5～	42-1315	武雄温泉駅バス30分	和ⓌⓅⒸ天然温泉（岩風呂入、入湯税別）
（鹿島周辺）						（0954）		
スカイタワーホテル	84	130	―	S61	S55	63-1188	肥前鹿島駅歩3分	和ⒷⓉⓈⓌⓅ⊕Ⓒ身障者用客室有
自然の館ひらたに	8	40	47	32.7	26.1	64-2579	肥前鹿島駅車30分	ⓌⓅ研修施設有、経ヶ岳登山口近く

…《佐賀・長崎》…★お申し込み時「全国安い宿情報を見た」と言ってね！お得情報は187ページを見てね！

◇長崎◇

（長崎市内は宿泊税別途100円）※宿泊代10,000円未満の場合

（長崎市周辺） map▶157ページ						（095）		
			2食付	朝食付	素泊			
長崎パールホテル	21	34	―	S52	S44	821-3500	長崎駅歩5分	和ⒷⓉⓌⓅⓆ ビジネス向き
MINATOカプセルイン	28	28	レストラン	レストラン	44	825-7503	長崎駅路面電車5分	男カプセルⓌⓅⒸⓆ大浴場、サウナ、手作り料理
Ｂ．Ｈ．三幸荘	24	42	―	―	S55～	821-3487	長崎駅車8分	和ⒷⓉⓌⓅ 思案橋そば

九州

 長崎市周辺

 諫早・大村周辺

 島原半島周辺

 佐世保周辺

【ひとくちメモ】　原爆落下の中心地にある「平和公園」は、悲惨な戦争を二度と繰り返さないという誓いと、世界平和への願いを込めてつくられた公園。園内には、長崎出身の彫刻家北村西望氏作の「平和祈念像」があり、高さ9.7m、重さ30tの青銅製で、神の愛と仏の慈悲を象徴し、天を指した右手は原爆の脅威を、水平に伸ばした左手は平和を、軽く閉じた瞼は原爆犠牲者の冥福を祈るという想いが込められている。毎年8月9日を「ながさき平和の日」と定め、この像の前で平和祈念式典がとり行なわれている。JR長崎駅前から路面電車で松山町下車、徒歩3分。☎095-829-1162

★お申し込み時「全国安い宿情報を見た」と言ってね！お得情報は187ページを見てね！

宿泊料金は基本的に「**1名分**、消費税10%込み」表示(単位:百円) ※宿泊税別／[2名]→1室2名利用／[3名]→1室3名利用／[4名]→1室4名以上利用／B.H.→ビジネスホテル／P.→ペンション／Y.H.→ユースホステル／Y.G.H.→ユースゲストハウス／[会]→YH会員料金／[相]→相部屋=ドミトリー／S→シングルルーム／[地]→地下鉄／[男]→男性専用／[女]→女性専用／[和]→全室和室／[和]→和室有(全室ではない) 《→右へ》

名称	室数	定員	1名分宿泊料金(単位/百円)			電話	交通	特徴・備考
			2食付	朝食付	素泊			
(長崎市周辺) map▶157ページ						(095)		
ファーストキャビン長崎	121	121	—	—	40、50	821-0077	観光通り駅歩1分	男女別キャビン[W] 大浴場、[女]アメニティ
B.H.和多屋	15	24	—	※サービス	S37.5	847-2105	浦上駅歩4分	[和][W][P][C][Q]大浴場、※平日のみ
(諫早周辺) map▶157ページ						(0957)		
諫早第一ホテル	45	60	S86～	S73～	S65～	23-1236	諫早駅歩9分	[B][T](s)[W][P](5m～有料)[C][Q]居酒屋風レストラン
諫早シティホテル	70	82	—	S61	S55	24-1180	諫早駅車7分	[B][T](s)[W][P][C]
B.H.大石	32	36	—	—	S52	22-3450	諫早駅車10分	[B][T][W][P][C]
ホテルルートイン諫早インター	189	251	※レストラン	サービス	S78～	49-8200	諫早駅車12分	[B][T](s)[W][P](先着順)[C][Q]大浴場、※土日祝休、諫早I.C.2分
(島原半島) map▶157ページ						(0957)		
松栄	6	25	71.5～	55	44	78-2719	神代町駅歩2分	[和][W][P] 大広間、ビジネス長期・合宿可
観月荘	10	30	88～	66	55	78-2027	多比良駅歩1分	[和][W][P][C][Q] ワーケーション、カニ料理(別料金)
民営国民宿舎青雲荘	63	267	[2名]149.5～	[2名]110～	[2名]99～	73-3273	諫早駅バス70分	[和][W][P][C] 温泉大浴場、露天風呂、雲仙ふもと
B.H.千鳥	28	57	レストラン	S57～	S50～	62-4845	雲丘神社体育館前駅歩1分	[B][T][W][P][C] 食事充実
(大村周辺) map▶157ページ						(0957)		
大村ヤスダオーシャンホテル	52	61	—	サービス	S50～	53-4125	大村駅歩15分	[B][T](s)[W][P][C] 空港車10分
(西彼杵半島周辺)						(0959)		
若潮	7	25	77	49.5	44	22-0222	早岐駅バス40分	[和][W][P] 新鮮な魚料理、宴会可、西海市
民宿かんこう	4	10	—	朝食14.3	57.2～	72-8788	長崎港高速船90分	[B][T][W][P][C] 五島列島・福江島、レンタカー割引
民宿緑楽	5	10	—	朝食14.3	59.4～	72-8788	長崎港高速船90分	[B][T][W][P][C] 五島列島・福江島、レンタカー割引
ゲストハウス海星(みそら)	8	30	—	—	[2名]57～、[相]35～	72-5540	長崎港高速船90分	[相][B][T][W][P][C] 五島列島・福江島、レンタカー割引
(佐世保周辺) map▶157ページ						(0956)		
東横INN佐世保駅前	272	377	—	サービス	S77～	42-1045	佐世保駅歩1分	[B][T](s)[W][P](先着順)[C][Q]
佐世保第一ホテル	84	118	—	サービス	S72.6～	22-7486	佐世保駅歩2分	[B][T](s)[W][P](先着順)[C]
千登世旅館	12	40	—	—	40	24-9000	佐世保駅歩5分	[和][P][Q] 昔ながらの宿、朝市へ歩5分
B.H.ビブロス	41	44	—	サービス	S58～	22-7717	佐世保駅車4分	[B][T][W][P][C]
スマイルホテル佐世保	131	165	—	朝食10	S55～	24-5931	佐世保駅車5分	[B][T](s)[W][P] コインランドリー、会議室
させぼパレスホテル	82	111	S78～	S63～	S53～	22-1310	佐世保駅車10分	[B][T](s)[W][P](25台先着順)[C][Q]
ホテルロータスハウス	82	130	—	S65～	S60～	24-5555	佐世保中央駅歩5分	[B][T][W][P][C] ヨーロッパ風建物
旅館潮音荘	30	80	64.9	52.8	47.3	58-3932	早岐駅歩7分	[和][W][P] ジャグジーバス、ハウステンボス車10分
(平戸周辺)						(0950)		
洋風民宿グラスハウス	14	40	夕食22	朝食11	[2名]55	57-1443	たびら平戸口駅歩20分	[W][P][C][Q] たびら教会へ車10分
スカイシーホテル	14	30	—	S59	S51	23-2400	たびら平戸口駅バス10分	[B][T][W][P]
民宿まつざき	6	15	77	50.4	44	57-0154	たびら平戸口駅車5分	[和][W][P]
B.H.平戸	41	64	—	サービス	S62	22-4477	たびら平戸口駅車10分	[B][T](s)[W][P][C]
(対馬・壱岐島)						(0920)		
宿坊対馬西山寺	7	18	—	朝食13	68～	52-0444	博多港フェリー4時間	[W][P][C][Q] 対馬空港へ車20分
国民宿舎壱岐島荘	21	80	[2名]139～	[2名]77.4～	[2名]73～	43-0124	博多港高速船70分	[和][W][P][C][Q] 天然温泉

【ひとくちメモ】 中世ヨーロッパの街並みを再現した日本一広いテーマパーク「ハウステンボス」。VRジェットコースターやVRラフティング、ARシューティングアトラクションなど、デジタルとアナログを融合させた体験型アトラクションが多数あったり、恐竜の森、天空の城など自然の中で遊べる「アドベンチャーパーク」、ミュージアム、エンターテインメントショーなど、1日では遊びきれない。長崎空港からバス50分。1DAYパスポート大人7,400円、中高生6,400円、小学生4,800円 https://www.huistenbosch.co.jp

◇大分◇

★お申し込み時「全国安い宿情報を見た」と言ってね！お得情報は187ページを見てね！

〈→つづき〉 Ⓑ→全室バス付／Ⓑ→一部バス付／
Ⓣ→全室トイレ付／Ⓣ(s)→全室シャワートイレ＝ウォシュレット付
Ⓣ→一部トイレ付／Ⓦ→全室Wi-Fi可／Ⓦ→一部Wi-Fi可
Ⓟ→有料駐車場／Ⓟ→無料駐車場／●→送迎有
⑱→身体障害者への対応可(要問)／24h→24時間／
Ⓒ→一部クレジットカード決済可／paypay等の一部QR決済可／特記事項は「※」印、又は「（）」括弧書きにて説明

名称	室数	定員	1名分宿泊料金(単位/百円) 2食付	朝食付	素泊	電話	交通	特徴・備考
（大分市周辺） map▶159ページ						(097)		
東横INN大分駅前	233	260	—	サービス	S75〜	534-1045	大分駅歩3分	ⒷⓉ(s)ⓌⓅ先着順ⒸⓆ
ホテルルートイン大分駅前	127	150	—	サービス	S67〜	513-5000	大分駅歩3分	ⒷⓉ(s)ⓌⓅ先着順ⒸⓆ大浴場
Tabistホテルスマートスリープス	29	29	—	—	36〜	576-9124	大分駅歩3分	男女利用カプセルⓌⓅ提携ⒸⓆ喫煙スペース有
ホテルクドウ大分	66	114	団体のみ	S49.1〜	—	532-3884	大分駅歩6分	●ⒷⓉ(s)ⓌⓅⒸⓆ天然温泉,国道10号近く
ホテル910	40	44	団体のみ	S49.1〜	—	532-3331	大分駅歩7分	ⒷⓉ(s)ⓌⓅ先着順ⒸⓆ
ラガール大分	65	70	—	サービス	S55	546-3000	大分駅歩7分	ⒷⓉⓌⓅⒸⓆ広めの部屋
B.H.ボストン	98	98	—	—	S55	548-5555	大分駅歩10分	ⒷⓉ(s)ⓌⓅⒸ禁煙ルーム有
ホテルクラウンヒルズ大分	204	210	—	サービス	S48〜	573-7558	大分駅車5分	Ⓑ温泉Ⓣ(s)ⓌⓅⒸ温泉大浴場,サウナ
ニューグロリア大分ホテル	95	110	—	要問	S55〜	534-6421	大分駅車5分	ⒷⓉ(s)ⓌⓅⒸⓆ天然温泉大浴場,サウナ●カプセル有
大分キャセイホテル	50	60	S75〜	S62〜	S55〜	549-2890	大分駅車15分	ⒷⓉⓌⓅⒸ
グッドイン大分	239	269	レストラン	レストラン	S52〜	504-8000	大分駅車20分	ⒷⓉ(s)ⓌⓅⒸアメニティ付,100円ショップ
a.suehiro hotel	95	130	—	サービス	⑱51.25〜	558-6881	高城駅歩5分	ⒷⓉ(s)ⓌⓅⒸ素泊S¥7250〜
グッドイン鶴崎	94	99	—	サービス	S52	521-0332	鶴崎駅歩1分	ⒷⓉⓌⓅⒸ冷蔵庫,アメニティ付,100円ショップ
グッドイン西鶴崎	123	135	—	サービス	S52〜	528-8100	鶴崎駅歩3分	ⒷⓉ(s)ⓌⓅⒸ現金払い実質4600,100円ショップ
鶴崎ホテル	106	145	S72〜	S59〜	S52〜	522-0711	鶴崎駅歩10分	ⒷⓉ(s)ⓌⓅ天然温泉,大浴場,サウナ,貸切露天,入湯税別
B.H.ニュー大在	28	50	50	42	39.5	522-4181	大在駅車5分	⑱和ⓌⓅ天然温泉
（別府周辺） map▶159ページ						(0977)		
海泉閣	5	15	—	—	42.5	22-3156	別府駅歩18分	⑱ⓉⓌⓅ温泉、木造2階建
B.H.スター	52	95	—	S55〜	S46〜	25-1188	別府駅歩1分	⑱和ⒷⓉ(s)ⓌⓅⒸコインランドリー
別府ステーションホテル	57	92	—	S57〜	S47〜	24-5252	別府駅歩1分	ⒷⓉ(s)ⓌⓅⒸⓆ温泉展望風呂
B.H.フジヨシ	135	170	—	※サービス	S54.3〜	23-3384	別府駅歩1分	⑱ⓉⓌⓅⒸ温泉展望大浴場※年間休
ホテルシーウェーブ別府	91	123	S99〜	S77〜	S66〜	27-1311	別府駅歩1分	ⒷⓌⓅⒸ温泉大浴場
B.H.はやし	63	80	—	—	S35〜43	24-2211	別府駅歩1分	ⒷⓉ(s)ⓌⓅⒸ天然温泉大浴場
グッドイン別府	210	268	—	—	S55〜	22-3001	別府駅車5分	ⒷⓉ(s)ⓌⓅ(s)Ⓒパチンコ・コンビニ近く
ホテルサンバリーアネックス	150	260	S156.5〜	朝食13.2〜	S88.3〜	26-6555	別府駅車15分	ⒷⓉ(s)ⓌⓅⒸⓆ
陽光荘	27	70	自炊可	自炊可	48	66-0440	別府駅バス25分	Ⓟ温泉蒸し湯、露天有、温泉の吹出しによる炊事
別府旅館湯元美吉	7	25	138〜	※118〜	※77〜	66-0328	別府駅バス20分	⑱詳細説湯治場療付け出し、露天、飲用可、入湯税別※平日のみ
民宿いさみ	3	6	—	—	30	66-0761	亀川駅歩20分	⑱ⓅPM6時〜AM8時、温泉、医療センター前
HOTEL AZ大分日出店	198	255	S62.4〜	サービス	S52.8	73-3301	日出I.C.車4分	ⒷⓉ(s)ⓌⓅⒸコインランドリー
（湯布院周辺）						(0977)		
湯布院カントリーロードY.H.	7	22	55〜60	42〜47	35〜40	84-3734	由布院駅歩40分	⑱和ⓌⓅⒸⓆ天然温泉、家族利用可
ゆの香湯布院	8	41	夕食33〜	朝食11	⑱63〜	050-3310-5930	由布院駅車7分	⑱和(s)ⓌⓅ天然温泉大浴場露天風呂(入湯税別)
（豊後中村周辺） map▶159ページ						(0973)		
泉水	14	50	111.5〜	56.5〜	51〜	79-2717	豊後中村駅車20分	⑱ⓅⒸ天然温泉(露天有、貸切可)
新清館	14	35	100.5〜	74.1〜	56.5	79-2131	豊後中村駅車20分	⑱和ⓌⓅ天然温泉(露天有)、キジ料理人気

九州

Map

大分市周辺　別府周辺　豊後中村周辺　中津周辺

【ひとくちメモ】 温泉天国別府に地獄絵図が降りてきたような『別府地獄めぐり』。様々なタイプの地獄が点在する。坊主頭のように灰色の熱泥が沸騰する『鬼石坊主地獄』。別名・ワニ地獄と呼ばれ同じく温泉熱を利用しワニを飼育する『鬼山地獄』。血の色にイメージ通りな赤い熱泥の『血の池地獄』。30〜40分間隔で101℃の噴気を噴出する間欠泉『龍巻地獄』。その他『海地獄』『かまど地獄』『白池地獄』もある。7地獄共通観覧券：大人2,200円(各地獄1回ずつ)／有効期間は購入日とその翌日／☎0977-66-1577　http://www.beppu-jigoku.com

宿泊料金は基本的に「**1名分**、消費税10％込み」表示(単位:百円) ※宿泊税別／❶→1室2名利用／❷→1室3名利用／❸→1室4名以上利用／B.H.→ビジネスホテル／P.→ペンション／Y.H.→ユースホステル／Y.G.H.→ユースゲストハウス／会→YH会員料金／相→相部屋＝ドミトリー／S→シングルルーム／地→地下鉄／男→男性専用／女→女性専用／全→全室和室／和→和室有(全室ではない) (←右へ)

左側縦書き：
… 《大分》 …
★お申し込み時「全国安い宿情報を見た」と言ってね！お得情報は187ページを見てね！

名　称	室数	定員	2食付	朝食付	素泊	電話	交通	特徴・備考
(豊後中村周辺) map▶159ページ						(0973)		
民宿ふるぞの	8	30	80	60	50	79-2813	豊後中村駅車20分	Ⓦ Ⓟ 天然温泉、露天貸切可、入浴税別、囲炉裏
飯田ヒュッテ	5	16	❶70〜	❶57〜	❶50〜	73-3823	豊後中村駅バス30分	Ⓦ Ⓟ 飯田高原、登山専門
貸別荘一山堂ムーミン	1棟	7	自炊可	自炊可	相77〜	090-3798-0325	九重I.C.30分	Ⓟ せせらぎの音が癒しの空間を演出
(日田周辺)						(0973)		
スマイルホテル大分日田	100	104	—	朝食10	S53〜	22-0303	日田駅歩8分	BⓉ(s)ⓌⓅ(50台先着順) コンビニ隣
福屋旅館	7	20	❶89.5〜	❶67.5	❶56.5	57-2205	天ケ瀬駅歩15分	和ⓌⓅ 天然温泉(露天有、貸切可)
(中津周辺) map▶159ページ						(0979)		
東横INN大分中津駅前	215	251	—	サービス	S65〜	25-1045	中津駅歩1分	BⓉ(s)ⓌⓅ 先着順 ⒸⓆ
スーパーホテル大分中津駅前	104	145	—	サービス	S64〜	23-9000	中津駅歩2分	BⓉ(s)ⓌⓅ 先着順 Ⓦ 天然温泉(男女入替制)
ホテルルートイン中津駅前	207	243	※レストラン	サービス	S77〜	85-0050	中津駅歩3分	BⓉ(s)ⓌⓅ 先着順 ⒸⓆ 大浴場・※日祝休
B.H.ナカツ	61	78	—	サービス	S42.8〜	24-1888	中津駅歩3分	BⓉ(s)ⓌⓅⒸ
中津サンライズホテル	140	148	—	要問	S38	24-3355	中津駅歩3分	BⓉ(s)ⓌⓅⒸ
山国屋旅館	15	50	80〜	50〜	40	52-2008	中津駅バス20分	相Ⓟ 個室、山国川沿いの宿
(宇佐周辺) map▶160ページ						(0978)		
ホテル清照	40	60	—	—	S39.6〜	24-1611	宇佐駅車10分	BⓉ Ⓦ Ⓟ
HOTEL AZ大分豊後高田店	114	159	S62.4〜	サービス	S52.8	23-1301	宇佐駅車11分	BⓉ ⓌⓅⒸ コインランドリー
HOTEL AZ大分安心院店	36	158	62.6〜	53〜	—	44-1850	宇佐駅車25分	和BⓉⓅⒸ 大浴場麺処、ジョイフル、安心庵電動自転車あり
ホテルパブリック21	96	142	サービス	サービス	S60〜	33-3355	柳ケ浦駅歩8分	BⓉ ⓌⓅⒸⓆ 国道10号近く
宇佐ホテルリバーサイド	21	45	—	—	S57.8〜	33-2222	柳ケ浦駅歩10分	BⓉ(s)ⓌⓅⒸ 宇佐神宮へ車11分
(国東半島周辺)						(0978)		
ホテルベイグランド国東	33	147	❶100.1〜	❶63.8〜	❶49.5〜	72-4111	杵築駅バス60分	BⓉ ⓌⓅ ⒸⓆ セラミック人工温泉・大浴場
真玉温泉山翠荘	16	60	❶89.5〜	❶56.5〜	❶45.5〜	53-4390	宇佐駅車25分	ⓌⓅⒸ 天然温泉(大浴場・露天)
(臼杵・津久見周辺) map▶160ページ						(0972)		
HOTEL AZ大分津久見店	127	192	S62.4〜	サービス	S52.8	85-0707	津久見駅歩4分	BⓉ(s)ⓌⓅⒸ レストラン
B.H.かねまん	15	20	S57〜	S46	S40	82-2067	津久見駅歩5分	BⓉ ⓌⓅ 津久見湾一望
(佐伯周辺) map▶160ページ						(0972)		
B.H.サンセイ	47	57	S74〜	S60	S55	22-2782	佐伯駅歩3分	BⓉ ⓌⓅⒸ
ホテル富杵荘	18	25	S65〜	S50	S45	22-0298	佐伯駅車7分	和BⓉ Ⓦ Ⓟ 24h大浴場
(豊後大野周辺) map▶160ページ						(0974)		
旅館橘屋	9	23	84〜	59	50	32-2026	犬飼駅車15分	和ⓌⓅ 国道10号沿い
斛の井旅館	33	86	—	朝食6〜	S48〜	22-1050	三重町歩2分	BⓉⓌ ⓅⒸⓆ 大浴場
もみ志゛や旅館	8	30		休業中		47-2038	緒方駅車50分	和Ⓟ 祖母山登山口、3食付¥8,000、登山者に人気

左下：**九州**

Map

宇佐周辺	臼杵・津久見周辺	佐伯周辺	豊後大野周辺

【ひとくちメモ】 「宇佐神宮」は全国に4万社あまりある八幡様の総本宮。八幡大神(応神天皇)・比売大神・神功皇后をご祭神に、725年に創建された。皇室も伊勢神宮につぐ第二の宗廟(そうびょう)として御崇敬になり、一般の人々にも鎮守の神として古来より広く親しまれてきた。八幡造(はちまんづくり)の国宝、本殿(上宮)は、左から一之御殿、二之御殿、三之御殿と並び、その順で参拝すると良い。また、片参りにならないよう下宮(御炊宮-みけみや-)も参拝する。二拝四拍手一拝。宇佐駅からバス10分。☎0978-37-0001 http://www.usajinguu.com/

161

《大分・熊本》・・・ ★お申し込み時「全国安い宿情報を見た」と言ってね！お得情報は187ページを見てね！

〈→つづき〉　Ｂ→全室バス付／Ⓑ→一部バス付／Ｔ→全室トイレ付／Ｔ⒮→全室シャワートイレ＝ウォシュレット付／Ⓣ→一部トイレ付／Ｗ→全室Wi-Fi可／Ⓦ→一部Wi-Fi可／Ｐ→有料駐車場／Ⓟ→無料駐車場／送→送迎有／身→身体障害者への対応可（要問）／Ｃ→一部クレジットカード決済可／Ｑ→paypay等の一部QR決済可／24h→24時間／特記事項は"※"印、又は"( )"括弧書きにて説明

名　称	室数	定員	1名分宿泊料金（単位:百円）			電話	交通	特徴・備考
			2食付	朝食付	素泊			
（竹田周辺）						（0974）		
Ｂ.Ｈ.つちや	19	35	S84	S68	S60	63-3322	豊後竹田駅歩10分	ＢＴ⒮ＷＰＣＱ 岡城跡へ車5分
トラベルイン吉富	16	30	75〜	61.5〜	55〜	62-3185	豊後竹田駅歩10分	和ＢＴＷＰＣＱ ビジネス向き
かじか庵	9	25	―	65〜	55〜	75-2580	豊後竹田駅車25分	和ＷＰＣＱ 天然温泉（露天・入湯税別）

◇熊　本◇

名　称	室数	定員	2食付	朝食付	素泊	電話	交通	特徴・備考
（熊本市周辺） map▶161ページ						（096）		
東横INN熊本駅前	332	390	―	サービス	S78〜	351-1045	熊本駅歩2分	ＢＴ⒮ＷＰ先着順 ＣＱ
ホテルルートイン熊本駅前	170	216	―	サービス	S69〜	325-6511	熊本駅歩3分	ＢＴ⒮ＷＰ先着順 大浴場、会議室
R&Bホテル熊本下通	221	221	―	朝食5	S53〜	356-7272	熊本駅市電10分	ＢＴ⒮Ｗ 辛島町電停歩5分
東横INN熊本新市街	220	260	―	サービス	S78〜	324-1045	熊本駅市電10分	ＢＴＷＰ先着順 ＣＱ辛島町電停歩2分
東横INN熊本桜町バスターミナル	152	177	―	サービス	S77〜	322-1045	熊本駅市電10分	ＢＴＷＰ先着順 ＣＱ辛島町電停歩1分
東横INN熊本通町筋	199	230	―	サービス	S77〜	325-1045	熊本駅市電15分	ＢＴＷＰ先着順 ＣＱ水道町電停目の前
スマイルホテル熊本水前寺	85	100	S70〜	―	S60〜	383-8410	新水前寺駅歩3分	ＢＴ⒮ＷＰＣ コインランドリー
熊　本Ｂ.Ｈ.	24	58	―	―	S58	384-1144	新水前寺駅歩5分	和ＢＴＷＰＣ
ユースピア熊本（熊本県青年会館）	14	60	―	―	45〜	381-6221	水前寺駅歩10分	和ＢＴＷＰ 大浴場、水前寺公園近く
HOTEL AZ熊本インター御領店	255	337	S62.4〜	サービス	S52.8	213-3301	熊本I.C.車3分	ＢＴ⒮ＷＰＣ
（熊本北部周辺）						（096）		
HOTEL AZ熊本合志北バイパス店	151	186	S62.4〜	サービス	S52.8	341-2221	新須屋駅歩8分	ＢＴ⒮ＷＰＣ
HOTEL AZ熊本北部店	89	123	S62.4〜	サービス	S52.8	275-2301	西里駅車6分	ＢＴ⒮ＷＰＣ 植木I.C.15分
（熊本空港周辺） map▶161ページ						（096）		
ホテルルートイン阿蘇くまもと空港駅前	207	243	※レストラン	サービス	S89〜	292-0611	肥後大津駅歩3分	ＢＴ⒮ＷＰ先着順 ＣＱ天然温泉、空港車10分、8日定休
HOTEL AZ熊本大津店	169	211	S62.4〜	サービス	S52.8	294-3301	肥後大津駅車5分	ＢＴ⒮ＷＰＣ 国道57号沿い阿蘇の麓
ベッセルホテル熊本空港	132	156	夕食8〜	サービス	S78〜	293-2323	肥後大津駅車5分	ＢＴ⒮ＷＰＣ 空港車15分、全館禁煙
ビジネス旅館松風	25	40	Ⓑ60.5〜	サービス	Ⓑ52.8〜	293-8577	肥後大津駅車10分	和ＷＰ TV・エアコン洗濯機無料、国道325号沿い
（荒尾・長洲周辺）						（0968）		
Ｂ.Ｈ.五十鈴荘	25	54	―	―	S55	63-2514	荒尾駅歩20分	和ＢＴ⒮ＷＰＣＱ
HOTEL AZ熊本荒尾店	255	337	S62.4〜	サービス	S52.8	65-3301	荒尾駅車5分	ＢＴ⒮ＷＰＣ グリーンランド車10分
（山鹿市・菊池市周辺）						（0968）		
朝日屋旅館	9	40	93.5	66	55	43-2565	熊本駅バス70分	和ＷＰ 合宿可、山鹿温泉
山鹿温泉恵荘	26	100	―	52.1	45.5	44-6284	玉名駅車30分	和ＷＰ 山鹿温泉（露天有）
平山温泉恵荘	29	120	Ⓑ77〜	Ⓑ66〜	Ⓑ66〜	44-0830	玉名駅車30分	和ＷＰ 平山温泉（大浴場・露天有、入湯税別）

Map

熊本市周辺	肥後大津周辺	阿蘇山北周辺	阿蘇山南周辺

【ひとくちメモ】 慶長12年（1607）、加藤清正によって築かれた日本三大名城の一つ・熊本城は、平成28年4月に発生した熊本地震によって、櫓や門など重要文化財に指定されている13の建築物全てで深刻な被害が出た。令和3年には天守閣全体の復旧が完了し、全面リニューアルした展示（築城から西南戦争での焼失、昭和35年の天守再建、平成28年熊本地震での被災と復旧までを模型と映像で分かりやすく解説）と最上階からの眺めが楽しめるようになった。入園料:高校生以上800円。☎096-223-5011　https://castle.kumamoto-guide.jp/

宿泊料金は基本的に「**1名分、消費税10％込み**」表示（単位：百円）　※宿泊税別／[ツ]→1室2名利用／[ト]→1室3名利用／[複]→1室4名以上利用／B.H.→ビジネスホテル／P.→ペンション／Y.H.→ユースホステル／Y.G.H.→ユースゲストハウス／[会]→YH会員料金／[相]→相部屋＝ドミトリー／S→シングルルーム／[地]→地下鉄／[男]→男性専用／[女]→女性専用／[和]→全室和室／[和]→和室有（全室ではない）　《→右へ》

名　称	室数	定員	1名分宿泊料金（単位/百円）			電　話	交　通	特徴・備考
			2食付	朝食付	素　泊			
（山鹿市・菊池市周辺）						(0968)		
菊鹿温泉旅館花富亭	18	150	[ツ]154～	—	—	48-3141	玉名駅車40分	[和][W][P][C]天然温泉（桧風呂・入湯税別）、一本松公園近く
旅館かどや	13	35	[ツ]126～	[ツ]106～	[ツ]96～	43-3203	玉名駅車50分	[和][W][P]平山温泉（大浴場、露天）
キクチB.H.	30	44	—	サービス	S52.8、48.4	24-3181	熊本駅バス70分	[B][T][W][P][C][Q]菊池渓谷へ車20分
（小国町周辺）						(0967)		
阿蘇鶴温泉ロッジ村	18	64	63.25～	サービス	35.75～	23-2288	豊後森駅車25分	[和][P]専用露天風呂（天然温泉・入湯税別）
ポーランの笛	3棟	12	109	71	60	44-0180	阿蘇駅バス50分	[W][P][C]全室離れのログハウス、九重登山に
阿蘇瀬の本Y.H.	9	30	60	50	42	44-0157	阿蘇駅車20分	[W][P]個室
ライダーはうすRipapa亭	1棟	6	45	—	—	42-1881	九重I.C.車30分	[相][W][P][Q]寝袋持参、トイレ・洗面有、温泉施設歩10分
（阿蘇山北部） map▶161ページ						(0967)		
五岳ホテル	35	70	S106～	S88	S77	32-1151	阿蘇駅車10分	[B][T][W][P][C][Q]温泉（大浴場、家族風呂・入湯税別）
P.ウィンディアンブレラ	8	25	125～	90～	75～	32-3951	内牧駅車5分	[W][P][C]展望ダイニング
P.ベルバード	13	36	—	—	[ツ]45～	32-4350	内牧駅車5分	[B][T][W][P][送]貸切風呂
P.あその時計台	7	30	—	朝食5.5	44～66	32-2236	内牧駅車5分	[W][P][送]（要問）楽器、テニスコート（有料）
P.スヌーピー	8	28	—	—	44～	32-4123	内牧駅車5分	[W][P]
P.もしもしピエロ	4	8	[ツ]144.5～	—	—	32-4112	内牧駅車5分	[W][P][送]天然温泉（岩風呂）
阿蘇YMCA	11	80	75～	57～	48～	35-0124	赤水駅車5分	[相][W][P][障]バリアフリー（本館）、予約制
（阿蘇山南部） map▶161ページ						(0967)		
阿蘇熊本リトルアジア	5	18	自炊可	自炊可	15、[ツ]20	67-2155	長陽駅歩30分	[相][W][P]
南阿蘇村ゲストハウス野わけ	5	8	—	—	40～55	67-0744	長陽駅歩25分	[W][P]シャワーのみ
村田家旅館	8	30	—	[ツ]59.4	[ツ]48.4	62-0066	高森駅歩10分	[W][P]YH併設
P.フラワーガーデン	6	15	レストラン	[ツ]68.2～	[ツ]56～	62-3021	高森駅車10分	[W][P]オーナー手作りの建物、石釜ピザ、季節により料金変動
高原の家ノア	5	12	—	—	[ツ]25～	62-3010	高森駅車10分	[W][P]熊本I.C.60分、全室禁煙、風呂無し
P.マチス	7	20		休業中		62-3139	高森駅車10分	[P]気泡風呂、本2000冊
休暇村南阿蘇	70	220	[複]125～	[複]115～	[複]110～	62-2111	高森駅車10分	[W][P][C]天然温泉（入湯税別）
P.根子岳山想	4	10	90～	70～	60～	62-3163	高森駅車15分	[B][T][W][P]小ホールで音楽会
P.アンジェリカ	7	20	160～	110～	—	62-2223	南阿蘇白川水源駅車5分	[W][P][送][C]
（松橋周辺） map▶162ページ						(0964)		
旅館一力	10	20	※S72～	S59	S52	32-0568	松橋駅歩3分	[和][B][T][W][P][男]大浴場、※前日迄の予約
ホテル華月園	17	40	45	※38	35	33-4411	松橋駅歩8分	[B][T][W][P]大浴場　※弁当
グッドイン松橋	51	51	—	—	S59～	46-1505	松橋駅歩10分	[B][T][W][P][C]アメニティ付、100均ショップ
中央旅館	8	16	66～	55	44	46-2089	松橋駅車25分	[和][W][P]国道218号沿い
（八代周辺） map▶162ページ						(0965)		
八代グランドホテル	73	118	団体のみ	朝食11	S58～	32-2111	八代駅歩12分	[B][T](s)[W][P](普通車)[C][Q]冷蔵庫付
ホテル大黒屋	28	36	S90～	S70～	S55～	34-0500	八代駅車5分	[和][B][T](s)[W][P][C][Q]
ホテルルートイン八代	207	255	—	サービス	S80～	53-0011	八代駅車5分	[B][T](s)[W][P](先着順)大浴場
ホテルウイング熊本八代	130	135	夕食11～	朝食9.5～	S62～	32-0711	八代駅車5分	[B][T](s)[W][P][C][Q]大浴場
東横INN新八代駅前	134	162	—	サービス	S72～	31-1045	新八代駅歩1分	[B][T](s)[W][P](先着順)[C][Q]

Map　松橋周辺　八代周辺　人吉周辺　水俣周辺

【ひとくちメモ】「阿蘇神社」は神武天皇の孫神で阿蘇を開拓した健磐龍命（たけいわたつのみこと）をはじめ家族神12神を祀り、孝霊天皇9年（紀元前282年）創立と伝えられる約2,300年の歴史を有する古社。阿蘇山火口をご神体とする火山信仰と融合し、肥後国一の宮として崇敬を集め、500社に及ぶ分社がある。阿蘇神社の社殿群は江戸時代後期に熊本藩の寄進によって再建されたもので、神殿や「日本三大楼門」の一つとも言われている九州最大規模の楼門などが国重要文化財に指定されている。JR豊肥線宮地駅徒歩15分。☎0967-22-0064　http://asojinja.or.jp/

★お申し込み時「全国安い宿情報を見た」と言ってね！お得情報は187ページを見てね！

〈〈つづき〉〉 B→全室バス付／Ⓑ→一部バス付／T→全室トイレ付／Ⓣs→全室シャワートイレ＝ウォシュレット付／Ⓣ→一部トイレ付／
W→全室Wi-Fi可／Ⓦ→一部Wi-Fi可／P→有料駐車場／Ⓟ→無料駐車場／送→送迎有／障→身体障害者への対応可（要問）／
Ⓒ→一部クレジットカード決済可／Q→paypay等の一部QR決済可／24h→24時間／特記事項は"※"印、又は"（ ）"括弧書きにて説明

名　称	室数	定員	1名分宿泊料金(単位/百円)			電話	交通	特徴・備考
			2食付	朝食付	素泊			
（八代周辺） map▶162ページ						(0965)		
HOTEL AZ八代宮原店	93	93	S60.5	サービス	S41.8	62-1300	有佐駅車5分	BⓉsⓌPⒸアメニティ付,セミダブルベッド
左座（ぞうざ）旅館	6	20	110～	サービス	44	67-5466	有佐駅80分	和Ⓟ菅原道真公ゆかりの地=王家荘(ごんしょ)
ひらやホテル	13	45	Ⓑ122.5～	Ⓑ89.5～	Ⓑ67.5	38-0015	日奈久駅歩10分	和ⒷPⒸQかけ流し温泉(檜風呂,岩風呂)
武士屋旅館	7	15		休業中		38-0207	日奈久駅歩15分	和Ⓟ源泉かけ流し天然温泉
（人吉周辺） map▶162ページ						(0966)		
B.H.人吉	16	21	—	—	S55	22-2131	人吉駅車6分	BTWPⒸQ国道219号近く,胸川沿い
三浦屋温泉B.H.	44	90	S66	S55	S50	23-5060	人吉駅歩20分	和WPⒸかけ流し天然温泉大浴場
B.H.千代鶴	25	36	—	—	S40	22-5215	人吉駅歩3分	BTWPⒸQ
松屋温泉B.H.	17	25	S62～	S52～	S46～	22-5588	人吉駅歩10分	TWPⒸQかけ流し天然温泉大浴場
永楽荘	19	24	55	44	33	24-0104	人吉駅歩5分	ⓌPビジネス向き
シンプルスリープ	18	18	—	—	35～	22-8833	人吉駅歩8分	個室型キャビンⓌPⒸQ共用シャワー
市房観光ホテル	7	35	100.5～	78.5～	67.5～	46-0234	人吉駅バス60分	和ⓌPⒸかけ流し天然温泉大浴場,地元の山の幸の食事
（水俣周辺） map▶162ページ						(0966)		
ビジネス旅館桂	7	18	—	—	35	63-2431	水俣駅目の前	和Ⓟ洗濯機無料
B.H.サンライト	35	50	—	—	S51	63-0045	おれんじ鉄道水俣駅歩3分	BTWPⒸQ
スーパーホテル水俣	93	105	—	サービス	S65～	63-9000	水俣駅歩8分	BⓉsⓌPⒸ予約制Ⓒ
鶴水荘	9	30	Ⓑ135～	Ⓑ100～	Ⓑ66～	68-0033	新水俣駅車20分	ⓌPⒸQかけ流し天然温泉,貸切風呂,入浴税別
（天草周辺）						(0969)		
秀丸荘	6	20	Ⓑ88	Ⓑ75	Ⓑ50	53-0104	熊本駅バス150分	Ⓟ四郎ヶ浜ビーチ・温泉センター近く,天草上島
民宿花月	22	80	55～	48.5～	43～	23-1459	熊本駅バス130分	ⓌP天草空港車10分,キリシタン館近く,天草下島
栄美屋旅館	12	45	88～	71.5～	62.7～	22-3207	熊本駅バス150分	和BTWPⒸQ繁華街中心,天草空港車10分,天草下島
松屋旅館	8	25	65～	45	40	22-2261	熊本駅バス150分	和Ⓟ繁華街中心,天草空港車8分,天草下島
花月旅館	12	39	55～	44～	38.5～	35-2121	熊本駅バス180分	ⓌP長崎方面から雲仙海水浴5分,雲仙海水浴場,天草下島
天草温泉旅館	3	10	71.5～	50	45	72-5121	熊本駅バス210分	ⓌP牛深温泉(岩風呂),天草空港車60分,天草下島
さつき荘	4	15	50	35	30	72-3773	熊本駅バス210分	ⓌP砂月海水浴場目の前,天草空港車60分,天草下島

★お申し込み時「全国安い宿情報を見た」と言ってね！お得情報は187ページを見てね！

宮　崎

宿泊料金は基本的に「**1名分**、消費税10%込み」表示（単位：百円）※宿泊税別／ツ→1室2名利用／ト→1室3名利用／複→1室4名以上利用／B.H.→ビジネスホテル／P.→ペンション／Y.H.→ユースホステル／Y.G.H.→ユースゲストハウス／会→YH会員料金／相→相部屋＝ドミトリー／S→シングルルーム／地→地下鉄／男→男性専用／女→女性専用／和→全室和室／和→和室有（全室ではない）　《→右へ》

名　　称	室数	定員	1名分宿泊料金（単位/百円）2食付	朝食付	素泊	電　話	交　通	特徴・備考
（宮崎市周辺） map▶164ページ						(0985)		
東横INN宮崎駅前	202	250	—	サービス	S70～	32-1045	宮崎駅目の前	BT(s)WP(先着順)CQ
B．H．鶴　富	15	30	S80.3～	S58.3～	S49.5～	22-3072	宮崎駅歩5分	和BTWPC ツイン有、中浴場
セルフサービス型ホテルリトルアリス	30	90	自炊可	自炊可	S38.5～	23-9200	宮崎駅歩10分	BTP キッチン・エアコン付、オートロック式
ホテルルートイン宮崎橘通	213	279	—	サービス	S63～	61-1488	宮崎駅歩14分	BT(s)WP(先着順) 展望大浴場
東横INN宮崎中央通	139	177	—	サービス	S70～	38-1045	宮崎駅歩15分	BT(s)WP(先着順)CQ
ホテルブリスベンズ	134	178	—	朝食7.7	S60～	32-8888	宮崎駅歩15分	BT(s)WPC
ホテルクレイン橘	82	102	—	—	S58.3～80.3	27-6868	宮崎駅歩15分	和BT(s)WP(先着順)C
ファミリーロッジ旅籠屋宮崎店	12	48	—	軽朝食	ツ49.5～	23-8858	宮崎駅2km	BT(s)WPEV車充電可
ホテルマリックス	374	433	居酒屋	S81.2～	S72～	28-6161	宮崎駅車5分	BT(s)WPC 男大浴場
宮崎ライオンズホテル	110	130	—	朝食11	S60～	22-6111	宮崎駅車5分	BTWP(予約制)CQ
宮崎ファイブシーズホテル	95	112	S79～	サービス	S59～	35-8807	宮崎駅車5分	BT(s)WPCQ 静かな環境
スーパーホテル宮崎天然温泉	124	158	—	サービス	S74.8～	61-9000	宮崎駅バス8分	BT(s)WPC 天然温泉、朝食バイキング
B．H．有　明	15	30	—	—	S60～	51-3888	南宮崎駅歩5分	和BTWP 男大浴場
お宿長日川	10	30	124～	91～	74.5～	86-1192	田野駅車5分	和WPC 露天風呂貸切可
P．青　島	9	27	—	—	30～	65-0678	子供の国駅歩6分	WP 青島海水浴場歩2分、巨人キャンプ地近く
ルートイングランティアあおしま太陽閣	153	293	レストラン	朝食16.5	S63～	65-1531	子供の国駅歩12分	BT(s)WP(先着順) 天然温泉大浴場、会議室
HOTEL AZ宮崎佐土原店	121	140	S62.4～	サービス	S52.8～	30-1131	佐土原駅歩1分	BTWPC レストラン
（綾町周辺） map▶164ページ						(0985)		
民宿山水	22	50	88～	50.6	44	77-1626	宮崎駅車40分	和WPC アユ料理人気(6～11月)、綾北川沿い
綾川荘	30	80	84～	66～	55～	77-1227	宮崎駅車40分	BTWP 体育館、バンガロー
（高鍋周辺） map▶164ページ						(0983)		
HOTEL AZ宮崎高鍋店	114	154	S63.8～	サービス	S52.8～	21-1200	高鍋駅車5分	BTWPC 国道10号沿い、ジョイフル・焼肉屋併設
高鍋第一ホテル	28	35	—	要問	S49.5～	23-0111	高鍋駅車7分	BTWPC
HOTEL AZ宮崎新富店	37	43	—	サービス	S52.8～	33-4181	日向新富駅車5分	BTWPC
高屋温泉	20	50	96.5	61.5	51.5	42-4283	佐土原駅車20分	和WPC 温泉大浴場、名物鯉料理、西都原古墳近く
亀屋旅館	7	20	65～	47～	40～	25-0022	都農駅歩2分	和WP 尾鈴山登山口へ車40分
大黒屋	5	9	—	—	37～	25-0223	都農駅歩15分	和P 都農役場近く、尾鈴山登山口へ車30分
（日向周辺） map▶164ページ						(0982)		
八潮旅館	3	15	—	—	40	52-2369	日向市駅車10分	和P 伊勢ヶ浜海水浴場目の前
松井旅館	6	15	66	45.8	39.5	66-2011	日向市駅車40分	和WP 美郷町役場近く、工事の方多い
きらく荘	5	30	72	50	42	63-1026	門川駅歩5分	和WP 門川中学校東門前、ビジネス向き
ファミリーロッジ旅籠屋日向門川店	12	48	—	軽朝食	ツ49.5～	63-8858	門川I.C.3分	BT(s)WPEV車充電可
（延岡周辺） map▶165ページ						(0982)		
ホテルルートイン延岡駅前	159	190	※レストラン	サービス	S81～	23-1300	延岡駅歩1分	BT(s)WP(先着順)CQ 大浴場※日祝休
旅館兼六園	18	55	67～	51～	45～	32-2442	延岡駅歩3分	WPCQ 観音大浴場、サウナ

九州

Map　宮崎市周辺　綾町周辺　高鍋周辺　日向周辺

【ひとくちメモ】　日本の初代天皇・神武天皇を御祭神とし、神武天皇の孫にあたる健磐龍命（たけいわたつのみこと＝阿蘇神社の御祭神）が、創祀したと伝えられる「宮崎神宮」。家内安全や夫婦和合、安産・子宝、必勝祈願、合格祈願にご利益があるとされる。現在の社殿は明治40年に建立されたもので、国内でも珍しい日向の名材・狭野杉が用いられている。五穀豊穣を祈る新嘗祭や流鏑馬など、年間を通じて古代を感じられる催しが行われている。JR宮崎神宮駅から徒歩10分。☎0985-27-4004　https://miuazakijingu.or.jp

〈→つづき〉 Ⓑ→全室バス付／Ⓑ→一部バス付／Ⓣ→全室トイレ付／Ⓣ⒮→全室シャワートイレ=ウォシュレット付／Ⓣ→一部トイレ付／
Ⓦ→全室Wi-Fi可／Ⓦ→一部Wi-Fi可／Ⓟ→有料駐車場／Ⓟ→無料駐車場／送→送迎有／身→身体障害者への対応(要問)／
Ⓒ→一部クレジットカード決済可／Ⓠ→paypay等の一部QR決済可／24h→24時間／特記事項は"※"印、又は"( )"括弧書きにて説明

名称	室数	定員	1名分宿泊料金(単位/百円) 2食付	朝食付	素泊	電話	交通	特徴・備考
（延岡周辺）map▶165ページ						(0982)		
延岡第一ホテル	84	94	S68〜	朝食7	S48〜	34-1181	延岡駅歩8分	ⒷⓉ⒮ⓌⓅⒸⓆ大浴場(休む場合有)
延岡ホテル	65	100	夕食11〜	朝食6.6	S52.8〜	34-2100	延岡駅車5分	ⒷⓉⓌⓅⒸⓆ※展望浴場・サウナ
ホテルエリアワン延岡	48	56	—	朝食15	S50〜	34-0505	延岡駅車10分	ⒷⓉⓌⓅⒸⓆ全室禁煙、市役所近く
須美江家族旅行村ケビン	12棟	60	自炊可	自炊可	1棟88	43-0201	延岡駅車25分	Ⓟキッチン付、海水浴場・水族館近く、ネット予約のみ
須美江家族旅行村本部管理棟	1棟	40	自炊可	自炊可	16.5	〃	延岡駅車25分	Ⓟ合宿用施設(20名以上)、小中学生¥1100、電話予約のみ
（高千穂周辺）map▶165ページ						(0982)		
国民宿舎ホテル高千穂	39	110	117〜	62〜	47〜	72-3255	延岡駅バス50分	ⒷⓉⓌⓅⒸⓆ大浴場、高千穂峡と高千穂神社中間
あさだや旅館	6	13	88	66	55	87-2551	延岡駅バス50分	和Ⓟ青葉の峠道近い、登山アユ釣り人気、長期歓迎
御宿若松屋	4	8	80	60	50	87-2127	延岡駅バス50分	和ⓌⓅ釣り・登山に人気、五ヶ瀬川沿い
B.H.かなや	23	45	団体のみ	朝食3	S52	72-3881	延岡駅バス50分	ⒷⓌⓅⒸⓆ※洗濯機有、長期可
旅館大和屋	18	32	153〜	—	—	72-2243	延岡駅バス60分	ⓉⓌⓅ観光神楽へ歩10分
花旅館岩戸屋	11	41	Ⓑ132〜	Ⓑ102〜	—	74-8118	延岡駅バス60分	和ⒷⓉⓌⓅⒸ大浴場、天の岩戸神社近く
高千穂Y.H.	8	20	—	休業中	—	72-3021	延岡駅バス60分	相和Ⓟ高千穂神社へ車10分
高千穂旅館	11	40	88〜	66	55	83-2825	延岡駅バス90分	和Ⓟ夏は登山、五ヶ瀬ハイランドスキー場近く
（椎葉村周辺）						(0982)		
二鶴旅館	5	15	82.5〜	60〜	44〜	67-2064	日向市駅車120分	和Ⓟ桧風呂、1人旅歓迎、鶴富屋敷近く
岩富旅館	7	20	80〜	60	50	67-5956	日向市駅車150分	和Ⓟ椎葉湖上流、釣り客人気
（小林・えびの周辺）map▶165ページ						(0984)		
えびの高原ホテル	38	130	Ⓑ117〜	Ⓑ72〜	Ⓑ57〜	33-0161	えびの駅車30分	ⒷⓉⓌⓅ天然温泉大浴場、露天、サウナ
亀の湯荘	6	10	自炊可	自炊可	20	37-1446	京町温泉駅車5分	和Ⓟ天然温泉、湯治向き
（都城周辺）map▶165ページ						(0986)		
ホテル中山荘	24	60	Ⓑ95〜	Ⓑ60〜	Ⓑ50〜	23-3666	西都城駅歩3分	和ⒷⓉⓌⓅⒸⓆ大浴場、結婚式、大宴会可
幸福温泉HAPPY YOU	12	50	—	—	31	23-2222	西都城駅歩3分	ⓌⓅⓆかけ流し天然温泉、サウナ、カプセル¥2600
ビジネス旅館マルミ	15	40	75.9〜	64.9〜	56.1〜	24-0303	西都城駅歩3分	和ⓉⓌⓅ24h大浴場、コンビニ近く
都城シティホテル	53	62	レストラン	S57	S47	25-6300	西都城駅歩5分	ⒷⓉ⒮ⓌⓅⒸ繁華街近く
ホテルα-1都城	273	312	—	朝食10	S90	21-3000	都城駅歩2分	ⒷⓉ⒮ⓌⓅⒸ
都城グリーンホテル	169	245	—	朝食10	S55〜	25-6111	都城駅車5分	ⒷⓉ⒮ⓌⓅⒸⓆ
都城サンプラザホテル	82	100	S90〜	S60〜	S55〜	25-7070	都城駅車5分	ⒷⓉ⒮ⓌⓅⒸⓆ※大浴場・サウナ ⑦岩盤浴・ヨガ
民宿都城荘	7	20	—	50	45	38-0022	都城駅車8分	和ⓌⓅビジネス・長期向き、コインランドリー
（日南・串間周辺）						(0987)		
旅館日南子	15	60	—	—	35〜	23-2115	油津駅歩3分	和ⓌⓅビジネス向き、周辺に食事処・コンビニ有
城戸荘	10	25	68.2	54.56	36.3	23-1011	油津駅車4分	和Ⓟ
B.H.中村荘	42	70	S83.6〜	S67.1〜	S59.4〜	72-0038	串間駅歩5分	和ⒷⓉ⒮ⓌⓅⒸⓆ串間市内唯一のビジネスホテル

Map

延岡周辺 　高千穂周辺 　小林周辺 　都城周辺

【ひとくちメモ】　日南海岸の絶景を見下ろす20haもの広大な敷地の「サンメッセ日南」。ラパ・ヌイ(イースター島)の長老会から世界で初めて正式に許可を得て、完全復刻されたモアイ像(アフ・アキビ)が7体並ぶ。巨大なモアイ像は高さ5.5m 重さ18〜20トンあり迫力満点。その他、世界の蝶や昆虫が展示された世界昆虫館、ユネスコ本部から認可を受けた43枚の世界遺産展示パネルなど見どころいっぱい。JR宮崎駅からバス80分。料金大人1,000円、中・高校生700円、4歳以上500円。☎0987-29-1900 https://www.sun-messe.co.jp/

九州

★お申し込み時「全国安い宿情報を見た」と言ってね！お得情報は187ページを見てね！

鹿児島

宿泊料金は基本的に「**1名分**、消費税10％込み」表示（単位：百円） ※宿泊税別／[ii]→1室2名利用／[iii]→1室3名利用／[複]→1室4名以上利用／B.H.→ビジネスホテル／P.→ペンション／Y.H.→ユースホステル／Y.G.H.→ユースゲストハウス／[会]→YH会員料金／[相]→相部屋＝ドミトリー／S→シングルルーム／[地]→地下鉄／[男]→男性専用／[女]→女性専用／[和]→全室和室／[和]→和室有（全室ではない） 《→右へ》

名称	室数	定員	1名分宿泊料金（単位/百円） 2食付	朝食付	素泊	電話	交通	特徴・備考
（鹿児島市周辺） map▶166ページ						(099)		
東横INN鹿児島中央駅西口	255	334	—	サービス	S73～	814-1045	鹿児島中央駅歩1分	[B][T](s)[W][P](先着順)[C][Q]
グッドイン鹿児島	101	142	レストラン	レストラン	S52～	285-1515	鹿児島中央駅歩1分	[B][T][W][C]冷蔵庫付、コインランドリー、100均ショップ
東横INN鹿児島中央駅東口	227	250	—	サービス	S73～	813-1045	鹿児島中央駅歩2分	[B][T](s)[W][P](先着順)[C][Q]
ホテルガストフ	48	97	—	S77～	S69～	252-1401	鹿児島中央駅歩3分	[B][T](s)[W][P][C][Q]アンティーク家具使用
B&Bパークホテル鹿児島	80	96	—	サービス	S58～	251-1100	鹿児島中央駅歩5分	[B][T](s)[W][P](高さ制限有)[C][Q]PC・プリンター有
シルクイン鹿児島	96	121	レストラン	朝食14	S73.8～	258-1221	鹿児島中央駅歩5分	[B][T](s)[W][P][C]天然温泉大浴場
鹿児島リトルアジア	9	36	自炊可	自炊可	16～	251-8166	鹿児島中央駅歩5分	[相][W][P]個室￥2700～
ホテルレクストン鹿児島アネックス	106	114	—	—	S50～、57～	223-3933	鹿児島中央駅市電5分	[B][T](s)[W][P][C][Q]高見馬場電停歩2分
東横INN鹿児島天文館1	120	165	—	サービス	S70～	219-1045	鹿児島中央駅市電5分	[B][T](s)[W][P](予約制)[C][Q]高見馬場電停歩2分
東横INN鹿児島天文館2	231	253	—	サービス	S70～	224-1045	鹿児島中央駅市電5分	[B][T](s)[W][P](予約制)[C][Q]高見馬場電停歩2分
APAホテルかごしま天文館	80	98	レストラン	朝食13	S50～252	224-3111	鹿児島中央駅市電8分	[B][T](s)[W][P](先着順)[C][Q]天文館電停歩4分
ホテルサンデイズ鹿児島	351	370	—	朝食11	S62～	227-5151	鹿児島中央駅市電10分	[B][T](s)[W][P][C][Q]高見馬場電停歩3分
ホテル鴨池プラザ	57	120	—	朝食7	S55～	251-7000	鹿児島中央駅市電15分	[B][T][W][P][C]鴨池電停目の前、大浴場、ペットホテル併設
B.H.薩摩	20	40	—	—	S39	226-1351	鹿児島中央駅車10分	[B][T][P]ツイン6300円～、共同浴室無
B.H.アトリエ	55	65	—	—	S40～	225-5151	鹿児島中央駅車10分	[B][T](s)[W][C][Q]
きしゃばB.H.	41	47	—	パン・コーヒー	S45～	259-1111	鹿児島中央駅車15分	[B][T][W][P][C][Q]冷蔵庫付、禁煙室有
鹿児島県社会福祉センター	7	18	—	—	30～34	251-3232	鹿児島中央駅車20分	[和][B][T][P][障]バリアフリー、身障者対応
かごしま第一ホテル鴨池店	134	163	レストラン	朝食8.8	S55～	256-2900	鹿児島中央駅バス20分	[B][T](s)[W][P](先着順)[C][Q]
ひらやま旅館	17	60	71.5	51.7	42.9	222-4489	鹿児島駅歩8分	[和][W][P]大浴場、長期可、市役所前
国民宿舎レインボー桜島	27	93	105～	78.5～	56.5～	293-2323	鹿児島港船15分	[B][T][W][P][C]マグマ温泉大浴場、眺望良い、桜島
（指宿周辺） map▶166ページ						(0993)		
白波荘	32	80	78.5～	67.5～	62～	22-3024	指宿駅歩7分	[和][B][T][P]温泉大浴場、ビジネス向き
湯の里Y.H.	4	20	[会]51.5	[会]39.5	[会]33	22-5680	指宿駅歩13分	[相][W][P]温泉、家族・グループ歓迎、個室可、一般600円増
休暇村指宿	56	165	[ii]130～	—	—	22-3211	指宿駅車10分	[T](s)[W][P][送](要予約)[C]天然温泉（入湯税別）
くり屋食堂旅館	40	140	食堂	[ii]35.5～	[ii]28～	34-0214	山川駅歩1分	[和][W][P]温泉大浴場（入湯税別）、名物かつおのたたき
（串木野周辺）						(0996)		
翠海荘	15	18	60	45	40	32-3035	串木野駅車5分	[和][W][P]岩風呂、ビジネス向き
ホテルアクシア串木野	39	117	[iii]96.5～	[iii]61.5～	[iii]51.5～	32-4177	串木野駅車10分	[B][T][W][P][障][C][Q]天然温泉大浴場、海目の前
（薩摩川内周辺） map▶166ページ						(0996)		
東横INN薩摩川内駅東口	149	190	—	サービス	S70～	22-1045	川内駅歩1分	[B][T](s)[W][P](先着順)[C][Q]
川内ホテル	97	120	レストラン	サービス	S59.4～	25-1000	川内駅歩2分	[B][T][W][P][C][Q]天然温泉大浴場

九州

Map
鹿児島市周辺
指宿周辺
薩摩川内周辺
出水周辺

Map
国分周辺
霧島温泉周辺
鹿屋市周辺
奄美大島

【ひとくちメモ】 鹿児島に来たなら、市内観光はもちろん桜島にも行きたいという方にオススメなのが、便利でお得な共通利用券「CUTE（キュート）」。鹿児島市内を巡る市電・市バス、主要観光スポットを巡る周遊バス・カゴシマシティビュー、桜島フェリー、桜島の観光スポットを巡る周遊バス・サクラジマアイランドビューが乗り放題となる。1日券（大人1,200円、小児600円）、2日券（大人1,800円、小児900円）があり、観光施設の割引パスポートも付いている。鹿児島中央駅総合案内所（☎099-253-2500）等、各観光案内所や観光施設にて販売。

〈→つづき〉 Ｂ→全室バス付／Ⓑ→一部バス付／Ｔ→全室トイレ付／Ｔ(s)→全室シャワートイレ＝ウォシュレット付／Ⓣ→一部トイレ付／
Ｗ→全室Wi-Fi可／Ⓦ→一部Wi-Fi可／Ｐ→有料駐車場／Ⓟ→無料駐車場／送→送迎有／身→身体障害者への対応可（要問）／
Ｃ→一部クレジットカード決済可／Ｑ→paypay等の一部QR決済可／24h→24時間　特記事項は※印、又は（ ）括弧書きにて説明

名称	室数	定員	1名分宿泊料金（単位/百円） 2食付	朝食付	素泊	電話	交通	特徴・備考
（薩摩川内周辺） map▶166ページ						（0996）		
ホテルルートイン薩摩川内	152	188	※レストラン	サービス	S78〜	25-5211	川内駅歩5分	ⒷⒷＴ(s)ⓌⓅ先着順 CQ 大浴場、祝祭日休
ホテルサテライト	33	33	—	サービス	S59.5〜	22-8585	川内駅歩5分	ＢＴⓌⓅ
ビジネスステイ	20	20	夕食12.5	朝食6	35〜	20-1077	川内駅歩8分	ＢＴⓌⓅ
ロイヤルイン川内	90	98	—	サービス	S65	20-7833	川内駅車5分	ＢＴ(s)ⓌⓅ園 CQ
民宿ちしき	25	50	66	49.5	44	22-3688	川内駅車5分	ⓌⓅＣ
旅館薩摩の里	20	80	150〜	70〜	60〜	38-1012	川内駅車20分	ⓌⓅＣかけ流し天然温泉大浴場入湯税別、露天
みどり屋旅館	8	20	67.5〜	45.5	35	38-0002	川内駅車20分	ⓌⓅかけ流し天然温泉大浴場、大宴会、与論祭子供広口
出水荘	13	60	65〜	53	30	53-0628	川内駅車25分	和ⓌⓅ学生合宿・長期工事歓迎
ちさと旅館	17	48	67	53.8	48.3	55-9079	川内駅車40分	和ⓌⓅＱかけ流し天然温泉大浴場、出水駅40分
（出水周辺） map▶166ページ						（0996）		
ロイヤルインステーションプラザ	100	108	—	サービス	S65	64-1100	出水駅目の前	ＢＴ(s)ⓌⓅ園 CQ
新亀屋旅館	12	40	60〜	43	38	62-1615	出水駅車4分	和ⓌⓅＣ大小宴会可、ビジネス・長期歓迎
ホテルキング	60	100	レストラン	S58,60	S50,52	62-1511	出水駅歩5分	和ＢＴⓌⓅ
しび荘	6	20	99〜	66	55	59-8001	出水駅車40分	和ⓌⓅＱ天然温泉露天、田舎料理人気、鶴田ダム車30分
（国分周辺） map▶166ページ						（0995）		
シティホテルイン国分	58	90	S78〜	S68	—	45-2111	国分駅車5分	和ⒷＴⓌⓅ 天然温泉（大浴場・露天有）
ロイヤルイン国分	71	73	—	サービス	S65	48-5881	国分駅西口歩1分	ＢＴ(s)ⓌⓅＣＱ
ホテル国分荘	15	40	S103.4〜	S70.4〜	S60.5〜	45-0130	国分駅歩10分	ＢＴ(s)ⓌⓅＣＱ ビジネス向き
ビジネス旅館森本	15	30	66〜	55〜	49.5〜	46-0860	国分駅歩10分	和ＢＴⓌⓅＣ家庭料理人気
サンホテル国分	120	125	—	サービス	S65	48-8000	国分駅歩15分	ＢＴ(s)ⓌⓅ 40名先着無料 Ｃ
アーバンホテル国分	74	100	—	S70〜	S65〜	46-5500	国分駅歩15分	ＢＴ(s)ⓌⓅＣＱ朝食バイキング
ステーションホテル隼人	29	40	—	—	S44	43-4141	隼人駅歩5分	ＢＴ(s)ⓌⓅ冷蔵庫付
グッドイン隼人	86	86	—	サービス	S49〜	44-9200	隼人駅歩5分	ＢＴⓌⓅＣアメニティ付、100均ショップ
楽園荘	20	40	自炊可	自炊可	Ⓣ58〜	77-2121	隼人駅車20分	和ⓌⓅＣＱ湯治専門、温泉付部屋有、空港へ15分
グッドイン加治木	86	86	レストラン	レストラン	S49	62-8811	加治木駅歩10分	ＢＴⓌⓅＣアメニティ付、100均ショップ
（霧島温泉周辺） map▶166ページ						（0995）		
霧島神宮前Y.H.	6	30	—	休業中	—	57-1188	霧島神宮駅車10分	租ⓌⓅＣＱ天然温泉、霧島神宮車5分
民宿みちや info	10	29	77	57	47	78-2883	霧島神宮駅車20分	和ⓌⓅ天然温泉入湯税別、人数により割引
民営国民宿舎 霧島新燃荘	6	20	Ⓣ155.5〜	—	—	78-2255	霧島神宮駅車30分	和Ⓟ天然温泉（露天有）
般若寺温泉	7	10	—	休業中	—	75-2334	吉松駅車4分	和Ⓟ天然温泉（湯治療養に最適）、湧水町

P167（左余白）

《鹿児島》… ★お申し込み時「全国安い宿情報を見た」と言ってね！お得情報は187ページを見てね！

国分・霧島 HP▶

シティホテルイン国分
☎0995-45-2111
〒899-4316 鹿児島県霧島市国分上小川4256番地

ビジネスホテルで温泉旅館の雰囲気
機能性のあるビジネスホテルでありながら、天然温泉の大浴場とサウナ・地下水の水風呂があり、温泉旅館の雰囲気も合わせ持ったホテル。自慢の温泉で疲れを癒します。
【料金】（シングル）1泊2食付￥7,800〜、朝食付￥6,800
【特徴】かけ流し天然温泉大浴場、地下水の水風呂、サウナ、全室バス・トイレ・インターネットWiFi完備【交通】JR国分駅から車5分、鹿児島空港から車25分【HP】http://www.chik.co.jp/

霧島アートの森　霧島連山の西、栗野岳中腹にある野外美術館「霧島アートの森」。霧島の雄大な景観の中で四季折々の変化を見せる野外展示空間には、草間彌生など国内外の著名な作家たちによる大小様々なユニークな作品が展示されている。石や鉄・プラスチック・ガラスなど、いろいろな素材で作られたこれらの作品は、地形や樹木を活かしてバランスよく展示され、約2kmの園路を散策しながら、じかに手で触れたりして鑑賞できる。屋内常設展示や様々な企画展も催される。
● JR栗野駅から車20分。開園：9時〜17時（月曜休園）。入園料：一般320円、高・大学生220円、小・中学生160円。
● ☎0995-74-5945　https://open-air-museum.org/

九州

【ひとくちメモ】鹿児島のシンボル・桜島は、北岳・南岳の2つが合わさる複合活火山で、今も噴煙を上げ灰を降らせている世界的に珍しい火山。高さ1,117m、周囲約52km、面積約80km²で、大正3年の噴火で大隅半島と地続きになった。桜島港から徒歩10分の「桜島ビジターセンター」では、桜島の歴史や自然、大噴火の歴史と地形の変化、大迫力の噴火映像などを紹介している。ハイビジョンシアターやジオラマなどによって生きた桜島を体感することができる。入館無料。9:00〜17:00、年中無休。☎099-293-2443　http://www.sakurajima.gr.jp/svc/

宿泊料金は基本的に「**1名分**、消費税10％込み」表示(単位：百円) ※宿泊税別／❶→1室2名利用／❷→1室3名利用／❹→1室4名以上利用／B.H.→ビジネスホテル／P.→ペンション／Y.H.→ユースホステル／Y.G.H.→ユースゲストハウス／会→YH会員料金／相→相部屋＝ドミトリー／S→シングルルーム／地→地下鉄／男→男性専用／女→女性専用／全→全室和室／和→和室有(全室ではない) 〈右へ〉

★ お申し込み時「全国安い宿情報を見た」と言ってね！お得情報は187ページを見てね！

九州

名称	室数	定員	1名分宿泊料金(単位/百円)			電話	交通	特徴・備考
			2食付	朝食付	素泊			
(志布志周辺)						(099)		
国民宿舎ボルベリアダグリ	30	106	126〜	70〜	60〜	472-1478	大隅夏井駅歩15分	BTWPC 大浴場、ダグリ岬先端
(大隅半島周辺) map▶166ページ						(0994)		
ファミリーロッジ旅籠屋鹿児島垂水店	14	56		軽朝食	❶49.5〜	32-8555	国分I.C.45km	BT(s)WP EV車充電可
B.H.しらさぎ	157	250	夕食14〜	朝食7	S51〜	43-5848	鹿児島空港バス90分	BTWPCQ 大浴場・サウナ、鹿屋市街地
かのや大黒グランドホテル	66	85	—	朝食8.8	S60〜64	44-5511	鹿児島空港バス100分	BTWPCQ かのばら園歩15分
小泉旅館	10	25	55〜	43〜	35〜	42-3674	鹿児島空港バス100分	和WP 長期歓迎、鹿屋市街地、佐多岬へ60分
ニューワールドホテル	88	104	—	—	S60.5〜	44-7000	鹿児島空港バス100分	BTWP
B.H.オルビス	11	30	S70.4	S57.2	S49.5	24-2115	鹿児島市街からバス40分	BTWPCQ 鹿屋大隅町中心地、佐多岬へ60分
錦江湾サウスロードY.H.	4	6	会48	会38	会32	24-5632	鹿児島市街からバス60分	WP 温泉近く、南大隅町
(種子島)						(0997)		
旅館美春荘	14	40	❶90〜	❶70〜	❶60〜	22-1393	西之表港歩10分	BTP サーフショップ、料理自慢
ホテルサンポスト	6	12			S88〜	27-2200	種子島空港車15分	BTWP
(屋久島)						(0997)		
民宿たけすぎ	15	40	❶82.5	❶60.5	❶49.5	42-0668	宮之浦港歩5分	P 洋室有、空港へ車15分
屋久島サウスビレッジ	8	26	食堂	食堂	※32.4〜	47-3751	宮之浦港車50分	相P ※3泊から宿泊可、個室1泊当たり¥3780〜
(徳之島・沖永良部島)						(0997)		
金見荘	20	40	93.5〜	49.5〜	38.5〜	84-9027	徳之島空港車20分	P 伊勢エビの長寿鍋、人数により割引
国民宿舎おきえらぶフローラルホテル	72	110	夕食22	朝食12.1	❶67.1〜	93-2111	沖永良部空港車25分	BTP 空港・要予約、展望風呂
(奄美大島) map▶166ページ						(0997)	(住所/奄美市)	
シティホテル奄美	34	55	—	朝食4.4	S39.9〜	52-7222	名瀬入船町3-1	BTP 夏は目前に花火が上がる
奄美Y.H.	2	5	夕食21	朝食6	会30〜	54-8969	名瀬知名瀬2380	WP(応相談) 食事は要予約
ホテルビッグマリン奄美	83	160	夕食25〜	朝食13.2〜	S61.6〜	53-1321	名瀬長浜町27-1	BTsWP(要予約) 郷土料理ランチバイキング
奄美ラッキーライフ1	20	20	82.5	69.3	57.2	58-8665	名瀬長浜町29	BT(s)WP 2019年2月オープン
奄美ラッキーライフ2	18	18	82.5	69.3	57.2	58-8665	名瀬長浜町29	BT(s)WP 2020年3月オープン
ホテルニュー奄美	181	210	—	朝食10	S59.8〜	52-2000	名瀬入船町9-2	BT(s)WP サウナ付大浴場 ※2名で
すみ旅館	12	15	—	—	27〜	52-0557	名瀬入船町6-8	BTWP 壁抗ウイルス対策済
奄美ポートタワーホテル	81	93	※T139〜	※T113〜	※T95〜	54-1111	名瀬塩浜町4-12	BTsWP 展望レストラン、※ツイン2名料金
ビジネス旅館畠山	18	30	58〜	—	42〜	52-0565	名瀬金久町13-6	BTWP
エコー奄美	6	20	43〜	—	23〜	54-8700	名瀬小宿278	WP(応相談) 郷土料理
いも〜れ奄美民泊村	6	19	夕食33	朝食11	77〜	57-1380	名瀬有良13	BTWP 海近くの小さな集落内
いやしの宿七福人	10	10	—	—	33	53-7776	名瀬柳町20-1	BTWP(港まで) アットホーム
民宿さんご	6	18	88	—	—	69-5525	住用町和瀬124	P 目の前が海
P.ブルーエンジェル	8	8	—	55〜	50〜	63-8941	笠利町土盛2152	BTWP 土盛海岸目の前
民宿ハイビスカス荘	7	20	50〜	40〜	30〜	63-1489	笠利町宇宿109-1	P(送空港まで) 海近く
伝泊赤木名ホテル	9	14	—	S83.5〜	S67〜	63-1910	笠利町里50-2	BTsWP レストラン、ショップ
伝泊ドミトリー&ランドリー	8	8	—	—	S38〜	63-1910	笠利町里50-2	T(s)WP カジュアルなリノベーションホテル
民宿塩崎荘	3	6	—	サービス	30	63-9075	笠利町用111	WP あやまる岬・笠利灯台近く
(奄美大島) map▶166ページ						(0997)	(住所/大島郡)	
喫茶工房民宿てるぼーず	1	3	75	57	50	55-8070	大和村国直73	BT(s)WP ふくぎ染め体験
民宿中村荘	5	10	60〜	—	40	57-2433	大和村国直69	WP 海目の前
民宿さんごビーチ	6	20	96.8	63.8	55	57-2580	大和村国直68	WP 名物女将の宿

【ひとくちメモ】 3万5千株のばらを有する日本最大級の「かのやばら園」。約8haの広い園内には、王族や貴族の名前がついたばらを集めた「ロイヤルガーデン」や、様々なばらの香りを楽しめる「香りのガーデン」などのテーマごとに分けられている。約400mの「ばらのトンネル」や「イングリッシュローズガーデン」、レストランでは、ばらの花びらを入れて作った薔薇カレーやばらのソフトクリームなども楽しめる。鹿児島バス停(鹿屋バスセンター跡)から15分。入園料：一般630円、小中高生110円。☎0994-40-2170 http://www.baranomachi.jp/

《→つづき》　🅑→全室バス付／Ⓑ→一部バス付／🅣→全室トイレ付／🅣(s)→全室シャワートイレ＝ウォシュレット付／Ⓣ→一部トイレ付／🅦→全室Wi-Fi可／Ⓦ→一部Wi-Fi可／🅟→有料駐車場／Ⓟ→無料駐車場／[送]→送迎有／[障]→身体障害者への対応可(要問)／[C]→一部クレジットカード決済可／[Q]→paypay等の一部QR決済可／24h→24時間／特記事項は“※”印、又は“( )”括弧書きにて説明

名　称	室数	定員	1名分宿泊料金(単位/百円) 2食付	朝食付	素泊	電話	交通	特徴・備考
(奄美大島) map▶166ページ						(0997)	(住所／大島郡)	
たつみ荘	10	38	74.8～	60.5～	49.5～	67-2015	宇検村田検12-1	ⒷⓉ🅦Ⓟ長期・団体割有
丸太旅館	6	16	70	50	40	67-2011	宇検村湯湾711-2	ⒷⓉⓅ宇検村役場近く
プチリゾートネイティブシー奄美	14	63	👥176～	👥132～	—	62-2385	龍郷町芦徳835	🅑🅣(s)🅦Ⓟ[送]全室オーシャンビュー
Le GRAND BLUE(ル・グランブルー)	5	18	—	—	50～	070-8333-5575	龍郷町芦徳71-3	🅑🅣(s)🅦Ⓟ全室オーシャンフロント、テラス付
民宿なべき屋	4	8	82～	55～	—	62-4427	龍郷町安木屋場2403	🅦Ⓟキッチン付コテージ有
サンフラワーシティホテル	21	36	—	👥58	👥51	72-0350	瀬戸内町古仁屋松江5-9	🅑🅣(s)🅦Ⓟ瀬戸内町市街地中心
堺ゲストハウス奄美	2	8	—	—	35～	090-1917-3968	瀬戸内町古仁屋松江1-5	🅑🅣🅦Ⓟ加計呂麻島行フェリー乗り場徒歩5分
ゲストハウスかんもーれ	2	6	—	—	40～	72-3117	瀬戸内町古仁屋松江17-15	🅦Ⓟ古仁屋港近く
ゲストハウスHUB a nice INN	2	8	—	応相談	35～	090-9488-4365	瀬戸内町阿木名482	🅦Ⓟ[送]移住者支援してます
(加計呂麻島)						(0997)	(住所／大島郡)	
INAハウス	3	6	—	—	55～	76-0385	瀬戸内町諸数スリ浜587	Ⓟ全室オーシャンビュー
ゲストハウスカムディ	3	10	—	—	50	090-9570-2646	瀬戸内町嘉入25	Ⓟ海へ10秒、詳しくはHPへ
民宿和の夢(かずのゆめ)	2	4	75	60	50	76-0231	瀬戸内町生間52-1	Ⓟ島唄のリクエストをすれば唄ってくれる
レンタルハウス マリンヴィレッジ	2棟	10	—	—	👥35～	090-4993-2837	瀬戸内町実久200	🅑🅣Ⓟ3泊以上連泊割引有
海宿5マイル	3	10	90～	—	50～	76-0585	瀬戸内町伊子茂437	🅦Ⓟ[送](瀬相港) 海まで10m、漁師の宿
(請島)						(0997)	(住所／大島郡)	
民宿みなみ	5	5	70	—	40	76-1233	瀬戸内町池地678	🅦Ⓟ[送](港間) 池地集落唯一の宿
(ヨロン島)						(0997)	(住所／大島郡)	
ホテル青海荘	46	80	72～	55～	45～	97-2046	与論町茶花46-4	🅑🅣🅦Ⓟ[送]銀座通り中央
ヨロン島ビレッジ	23	60	—	👥100～	—	97-4601	与論町茶花2904-6	🅑🅣🅦Ⓟ[送]レストラン有
汐見荘	14	35	75.9～	60.5～	55～	97-2167	与論町茶花2229-3	ⒷⓉⓅ[送]広い特別室有
南海荘	17	50	66～	55～	49.5～	97-2145	与論町茶花231	🅦Ⓟ[送]プライベートビーチ有
与州旅館	18	50	—	45	38	97-2168	与論町茶花211	🅦Ⓟ[送]共同冷凍・冷蔵庫有
旅館松園	16	40	66	—	—	97-3102	与論町茶花258-8	Ⓟ[送]役場まで徒歩2分
メーダフズユイホステル	10	26	—	44～	38.5～	85-1711	与論町茶花270	ⒷⓉ🅦Ⓟ[送]カフェレストラン併設
ゲストハウスKAI	5	9	—	—	40	070-5503-6971	与論町茶花2309	🅦Ⓟ[送](要予約) 全て個室
ドミトリー海	2	5	—	—	25	070-5503-6971	与論町茶花229-1	Ⓟ[送](要予約)[C][Q]相部屋無し
ビーチランドロッジ	14	30	68～	58～	48～	97-3706	与論町麦屋1022-1	🅦ⓘⓅボリューム満点の食事
旅館ムトウ	14	40	—	—	35	97-2140	与論町立長731	ⓘⓅ[送]オーシャンビュー
星砂荘	15	32	—	49.5～	38.5～	97-3710	与論町麦屋616-3	ⒷⓉ🅦Ⓟ[送]貸自転車(有料)
明星荘	6	20	—	75～	55～	050-3501-9453	与論町東区1659-2	🅦Ⓟ[送]庭で星空観賞
南風荘	14	30	—	55	45	97-3555	与論町東区1565-1	🅦Ⓟ[送]ビーチ徒歩10分
P.サンシャインヨロン	12	25	—	—	40～	97-3016	与論町東区1686-1	🅑🅣🅦Ⓟ[送]スーパー・食事処近く
海水館	10	30	—	50～	40～	97-3146	与論町東区774-1	Ⓟ[送]赤崎海岸へ徒歩3分
竹丸荘	12	28	—	48.5～	43.5～	97-2148	与論町東区177-1	ⒷⓉ🅦Ⓟ[送]庭から百合が浜が見える
マリナデルレイ	7	23	—	—	45～	97-3736	与論町東区965	🅑🅣🅦Ⓟ赤崎海岸へ徒歩7分
楽園荘	6	20	71.5～	60.5～	55～	97-3574	与論町古里1279	🅑🅣ⓘⓅ[送]百合が浜ツアー有
しらゆり荘	4	10	—	—	30	97-3769	与論町古里1614-2	Ⓟ[送]大金久海岸近く
百合が浜ビーチハウス	2	8	—	—	👥70～	85-1000	与論町古里79-1	🅑🅣(s)🅦Ⓟカフェ併設

【ひとくちメモ】　種子島東南端の海岸線に面し、総面積970m²に及ぶ日本最大のロケット発射場「種子島宇宙センター」。ロケットや宇宙環境などJAXAの宇宙開発における最先端研究をセンター内の「宇宙科学技術館」にて紹介している。事前予約制で見学無料（1時間毎の入れ替え制）。ロケット打ち上げ当日は、センターの外で半径3km以上離れた場所であれば自由に見学できる。見学場として、恵美之江展望公園、宇宙ヶ丘公園、長谷展望公園、前之峯グラウンドがある。☎0997-26-9244　https://fanfun.jaxa.jp/visit/tanegashima/

★お申し込み時「全国安い宿情報を見た」と言ってね！お得情報は187ページを見てね！

沖縄

沖縄本島はオールシーズン楽しめる！

沖縄本島

久米島　ケラマ諸島

渡嘉敷島のほとんどの宿はビーチが目の前！

とかしき　渡嘉敷島

シーフレンド

大東諸島

宮古諸島は海の色がどこも抜群にきれい！

ちゅらククル石垣島

宮古諸島

伊良部島　宮古島

民宿さわやか荘

民宿パイン館

多良間島

小浜島

竹富島　黒島

与那国島　石垣島

西表島　波照間島

いろんな島に日帰りでも行けて面白い八重山諸島！

小浜荘(竹富島)

八重山諸島

沖縄本島

沖縄フリーダム

辺戸岬　大石林山
茅打バンタ
道の駅ゆいゆい国頭
国頭村

古宇利オーシャンタワー
(世界遺産)今帰仁城跡
備瀬のフクギ並木
沖縄美ら海水族館
ハナサキマルシェ
古宇利島
屋我地島
大宜味村
タナガーグムイの植物群落
瀬底島
沖縄フルーツランド
水納島
本部町
東村
パークゴルフオキナワ
名護市
名護バスターミナル
オリオンハッピーパーク
慶佐次湾のヒルギ林
道の駅許田
ブセナ海中公園(海中展望塔・グラスボート)　許田I.C.
万座毛
58
恩納村
宜野座I.C.
残波岬
真栄田岬
屋嘉I.C.
むら咲むら
琉球村
石川I.C.
沖縄自動車道
金武I.C.
座喜味城跡
ビオスの丘
伊計島
東南植物園
宮城島
石垣I.C.
沖縄南I.C.
平安座島
海中道路
浜比嘉島
中城城跡
北中城I.C.
勝連城跡
那覇空港
330
329
西原I.C.
首里城公園
那覇I.C.
那覇市
沖堅島
南風原北I.C.
南風原南I.C.
331
斎場御嶽
名嘉地I.C.
豊見城・名嘉地I.C.
331
久高島
507
おきなわワールド文化王国玉泉洞
琉球ガラス村
331
平和祈念公園(平和の礎)
ひめゆりの塔

旅の宿らくちん

■各地の目安距離
(沖縄本島内)
那覇 ←（ 15km）→ 糸　満
那覇 ←（ 24km）→ 沖縄市
那覇 ←（ 30km）→ 読谷村
那覇 ←（ 70km）→ 名　護
那覇 ←（120km）→ 辺戸岬

(沖縄本島→離島)
那覇 ←（ 92km）→ 久米島
那覇 ←（290km）→ 宮古島
那覇 ←（430km）→ 石垣島
那覇 ←（360km）→ 南大東島

0　　10　　20km

沖縄県宿泊一覧表の見かた
（略記号の説明）

- Ⓑ…全室バス・トイレ付
- 🅐…一部バス・トイレ付
- （※無記号はバス・トイレ共同）
- ⦿…全室無料クーラー付
- ♬…一部クーラー付、例外方式
- 🎵…コインクーラー付
- 🌀…扇風機あり
- �Ⓦ…全室Wi-Fi使用可
- ⓘ…一部Wi-Fi使用可
- 🅒…クレジットカード利用可
- ⓟ…PayPay利用可
- Ⓙ…d払い利用可
- Ⓦ…全室温水洗浄便座完備
- 駐車場有…Ⓟ無料 Ⓟ有料
- 送…送迎有（予約時に必ず確認）
- Ⓓ…ダイビングサービス併設
- 募…アルバイト・ヘルパー募集有
- ★Sはシングル、Tはツイン利用2人分料金、Wはダブル2人分料金

沖縄

ひとくち memo 【沖縄では沖縄そばを食べてみよう】沖縄で最も食べてみたいのが「沖縄そば」。専門店も多数ある中、オススメは「金月(きんちち)そば」。国産小麦の麺を出すところは他にも存在するが、自社で小麦の栽培から製粉まで手がけるというのはここだけで、他に類を見ない(県産小麦の麺は数量限定だが、すべて国産小麦使用)。もちろん出汁も無化調。那覇市、読谷村、恩納村に4店舗。行く価値あり

姉妹誌「沖縄・離島情報2025」より転載しております。

★那覇市のホテル・コンドミニアムは全施設バス・トイレ付、クーラー付(バス・トイレ付、クーラー付の記号は省略しています)。
宿泊料金は税込表示。Sはシングル料金、Tはツインルーム2人分料金、Wはダブルルーム2人分料金、Trはトリプルルーム3人分料金をを掲載。

沖縄本島

名称	室数	定員	税込宿泊料金(単位/百円) 朝食付	素泊	電話	住所	特徴・備考
(那覇市のホテル)					(098)	(那覇市)	
KARIYUSHI LCH.Izumizaki 県庁前	58	58	—	S44～	868-2161	泉崎1-11-6	W 国際通り至近
KARIYUSHI LCH.2nd Izumizaki	25	50	—	S46.6～ W68.2～		泉崎1-11-8	W 国際通り至近
ホテルグランビュー沖縄	126	164	サービス	S63～ T130～	859-4890	赤嶺2-3-2	WP 赤嶺駅前
ホテル サン・クイーン	60	148	+11	S66～ T75～	869-6600	安里2-4-2-1	W (P)要予約 国際通り沿い
ホテルオーシャン那覇国際通り	93	278	S90～T95～	S75～ T80～	863-2288	安里2-4-8	朝食は沖縄料理
HOTEL AZAT	172	320	+16.5	S85～ T100～	863-0888	安里2-8-8	国際通り歩3分
ホテルwithサンリオキャラクターズ	66	195	+18	T100～	866-0011	安里1-2-25	W 国際通り沿い
東横イン那覇新都心おもろまち	203	332	サービス	S73～ T103～	863-1045	おもろまち1-2-27	WP おもろまち歩7分
東横イン那覇おもろまち駅前	149	273	サービス	S76～ T106～	862-1045	おもろまち1-6-6	WP おもろまち駅歩2分
HOTEL StoRK	130	150	—	S30～ セミW40～	941-2920	おもろまち2-6-40	WP 全個室ロフトタイプ
スーパーホテル那覇新都心	90	229	サービス	S60～ T80～	861-9000	おもろまち4-16-27	おもろまち駅5分
リブレガーデンホテル	113	149	+12.8	S77～ T97～	869-3333	おもろまち4-17-27	おもろまち駅3分
NAHA新都心HOTEL	47	123		S45～ T85～	894-8558	おもろまち1-2-25	WP おもろまち歩7分
チャビラホテル那覇	82	143	サービス	S66～ T118.8～	840-1000	金城5-11-1	WP 小禄駅歩2分
沖縄ナハナホテル&スパ	200	533	S120～ T135～	S105～ T105	866-0787	久米2-1-5	旭橋駅歩5分
東横イン那覇旭橋駅前	284	458	サービス	S80～ T115～	951-1045	久米2-1-20	WP 旭橋駅歩5分
ホテルピースランド久米	40	64	—	S60 T95 W80	860-6070	久米2-3-19	WP 県庁前歩5分
ホテルリブマックスBUDGET那覇	85	170	—	S50～ T55～	868-0111	久米2-2-7	WP 国際通り歩5分
スマイルホテル那覇シティリゾート	227	580	+13.2	S60～ T80～	869-2511	久米2-32-1	WP 県庁前歩10分
リッチモンドホテル那覇久茂地	225	366	+17	S68～ T107～	869-0077	久茂地2-23-12	WP 美栄橋駅歩5分
コンフォートホテル那覇県庁前	132	181	サービス	S62～ T87～ W72～	941-7311	久茂地1-3-11	WP 県庁前駅歩3分
ホテルサンパレス球陽館	70	140	S65～ T140～		863-4181	久茂地2-5-1	WP 県庁前駅歩3分
ホテルエアウェイ	81	81	サービス	S59	864-0511	久茂地2-14-5	W 美栄橋駅歩5分
ホテルアベスト那覇国際通り	108	343	+16	S60～ T100～	943-5800	久茂地3-1-10	WP 県庁前駅歩3分
ネストホテル那覇久茂地	120	307	W103～ T113～	W90～ T100～	975-7385	久茂地2-22-5	WP 空港車10分
那覇ビーチサイドホテル	161	293	+13	S75～ W90～ T140～	862-2300	辻3-2-36	WP 波の上ビーチ近く
旅の宿らくちん	22	55	S63～ T70～ Tr71～	S59～ T65～ Tr66～	868-6302	辻1-13-8	WP 大浴場有
ホテルプレシア	46	120	T82～	T76～	864-2111	辻2-6-1	WP 家族・グループに最適
HOTEL SANSUI NAHA	278	589	+23	W58～ T64～	860-7001	辻2-25-1	WP 天然温泉とプール
メルキュールホテル沖縄那覇	260	561	S105～ T120～	S90～ T90～	855-7111	壺川3-3-19	WP 壺川駅歩5分

沖縄

ひとくちmemo 【首里城公園】首里城は、9ヶ所の城跡などで構成される世界遺産「琉球王国のグスク及び関連遺産群」の中心的存在。2019年10月末、火災により正殿が消失した。首里城公園の中に同じ世界遺産の園比屋武御嶽石門(そのひゃんうたきいしもん〈見学自由〉)、またすぐ近くにやはり世界遺産の玉陵(たまうどぅん)があり、合わせて見学できます(玉陵は要入場料)。(場所は那覇市首里)

★お申し込み時「全国安い宿情報を見た」と言ってね！

★宿泊料金は税込表示1名の料金。Sはシングル料金、Tはツインルーム2人分料金、Wはダブルルーム2人分料金を掲載。
★和は和室、洋は洋室、個は個室、Rはルームチャージ、ドミはドミトリー、棟は一棟貸を表しています。

名称	室数	定員	税込宿泊料金（単位/百円）朝食付	素泊	電話	住所	特徴・備考
東急ステイ 沖縄那覇	199	454	+18	S100〜 T120〜	833-1090	壺川3-2-1	壺川駅歩5分
ホテルマリンウエスト那覇	42	72	サービス	S55〜 T94〜	863-0055	西1-8-15	（P先着順）
ホテルトリフィート那覇旭橋	136	356	T113 W105	T93 W85	860-6430	西1-11-19	ドリンクサービス有
ネストホテル那覇西	143	345	W98〜 T108〜	W85〜 T95〜	975-7385	西1-20-19	空港車10分
ホテルナハ港	45	110	サービス	S49.5〜 T88〜	868-2673	西1-22-1	団体様無料送迎有
ホテル・アンドルームス那覇ポート	236	715	S98.5〜 T127〜	S49.5〜 T88〜	868-2673	西2-23-1	ルーフトッププール有
ティサージホテル那覇	132	275	W88〜 T98〜	W75〜 T85〜	861-1122	西2-14-1	旭橋駅歩9分
ルートイングランティア那覇	120	258	+11	S60 T102	860-0771	西2-25-12	（P1泊無料、先着順）
ホテルユクエスタ旭橋	72	143	+15	S60〜 T160〜	866-0600	東町5-19	旭橋駅歩2分
GRGホテル那覇東町	139	188	S75〜 T100〜	S70〜 T90〜	862-7200	東町6-16	旭橋駅歩2分
ホテルルートイン那覇泊港	208	279	サービス	S65〜 T127〜	866-0700	前島2-12-5	美栄橋駅歩5分
ホテルリブマックスBUDGET那覇泊港	56	126	—	S50〜 T55〜	868-4100	前島2-23-12	泊港近く
ホテルよしだ	43	53	—	S39.8 T69.8	868-0161	前島3-4-18	（P要予約）泊港歩1分
沖縄オリエンタルホテル	51	62	—	S35 T44	868-0883	前島3-13-16	泊港歩1分
ホテルアクアチッタナハ	231	578	T110〜	T75〜	866-5000	前島3-2-20	シースループール有
スマイルホテル沖縄那覇	128	256	S52〜T86〜W66〜	—	866-8100	前島3-24-1	美栄橋駅歩4分
ホテル山の内	52	100	+11	S55 T99	862-5301	牧志1-3-55	美栄橋駅歩5分
ホテル ストレータ那覇	221	557	+15	W100〜	860-7400	牧志1-19-8	美栄橋駅歩30秒
東横イン那覇国際通り美栄橋駅	94	170	サービス	S78〜 W93〜	867-1045	牧志1-20-1	（P先着順）
サンキョービジネスホテル	38	48	—	S30 T48	867-5041	牧志2-16-9	フロントサービス無し
エナジックホテル山市	60	120	—	S55〜 T90〜	866-5421	牧志2-16-13	美栄橋駅歩2.3分
ホテルアートステイ那覇	89	184	+15	W80〜 T90〜	861-7070	牧志1-3-43	国際通り歩1分
南西観光ホテル	131	361	S71.5〜 T110〜	S66〜	862-7144	牧志3-13-23	牧志駅歩0分
ホテルランタナ那覇国際通り	162	330	S85〜 T110〜	S70〜 T80〜	862-4243	松尾1-4-10	国際通り中心
ホテルランタナ那覇松山	99	240	S80〜 T110〜	S60〜 T80〜	917-6106	松山1-13-20	美栄橋駅歩9分
ホテルタイラ	95	173	+12	S55 T80	868-4515	松山1-14-13	沖縄タイムス歩1分
ホテルロコイン沖縄	128	157	S75〜	S66〜	869-6511	松山1-27-11	（P先着順、台数制限有）
ホテルカクテルステイ那覇	100	222	+20	T68〜	860-7201	松山1-29-7	那覇空港車8分
エスティネートホテル那覇	79	167	+16.5	S60〜 T98〜	050-3188-9382	松山2-3-11	美栄橋駅歩5分
ホテルリブマックスBUDGET那覇松山	41	41	—	S50〜	862-0810	松山2-12-6	美栄橋駅歩8分
ホテルブライオン那覇	134	150	S75〜 W90〜	S70〜 W85〜	868-1600	松山2-15-13	（P先着順）
ソルヴィータホテル那覇	200	332	+13.2	S65〜 T80〜	863-1234	松山2-17-17	美栄橋、県庁前歩10分
ホテルパークスタジアム那覇	78	91	おにぎり、味噌汁サービス	S49.8〜 W60〜	859-9000	山下町10-2	（P要確認）
ビクトリアホテル那覇	48	103	要確認	S55〜 W76〜	868-0701	若狭2-2-12	（P要予約）国際通り歩12分

（那覇市のコンドミニアム） （098） （那覇市）

名称	室数	定員	税込宿泊料金（単位/百円）朝食付	素泊	電話	住所	特徴・備考
スマートコンド泊	25	50		素泊45〜（3連泊2名利用時1名料金）	988-3771	泊2-1-9	近隣にP多数有
かりゆしコンドミニアムリゾート那覇 スカイ・リビングホテル旭橋駅前	20			素泊 2名57〜	967-7112	東町9-14	1室2〜4名収容
かりゆしコンドミニアムリゾート那覇 グランステイ旭橋駅前	20			素泊 2名59〜	967-7112	泉崎1-17-2	1室2〜7名収容
かりゆしコンドミニアムリゾート那覇 龍神ホテル浮島	53			素泊 2名59〜	967-7112	松尾2-5-36	1室2〜5名収容

（那覇市のウィークリー・マンスリー　料金は素泊） （098） （那覇市）

名称	室数	定員	税込宿泊料金（単位/百円）朝食付	素泊	電話	住所	特徴・備考
ピースのウィークリー・マンスリーマンション	316	372	S7泊8日S385〜 T546〜（光熱費等込）		869-2113	那覇市内に14箇所	各モノレール駅近く
〃			マンスリーS580〜 T950〜（光熱費等込）		〃	〃	WiFi対応物件有
ウィークリーハーバービューマンション	74	1室1〜5	S7泊8日308〜（光熱費等込）		855-8111	泉崎2-101-3	レンタカー有
ルクソール松尾	19	24	1週間S253 T396（別途水道光熱費）		860-7107	松尾2-6-24	

ひとくちmemo 【おきなわワールド】国内最大級、全長5000メートル、天然記念物の鍾乳洞・玉泉洞（現在890メートルを公開）を中心とし、ハブ博物公園でハブの展示やショーを見たり、紅型や琉球ガラス、シーサー作りなど各種伝統工芸体験、作ってた地ビール（サンゴビール）を飲めたり、毎日4回開催されるスーパーエイサーも必見。一年中沖縄感を味わえる沖縄県最大のテーマパーク。（場所は沖縄本島南部の南城市）

★備考欄の記号…[B]→全室バス(またはシャワー)・トイレ付／[b]→一部バス(またはシャワー)・トイレ付部屋有／[ク]→全室無料クーラー付／[く]→一部クーラー付部屋有、有料方式など／[コ]→コインクーラー付／[扇]→扇風機有／[WiFi]→全室WiFi／[i]→一部WiFi使用可／[カード]→クレジットカード利用可／[PayPay]→PayPay利用可／[d払い]→d払い利用可／[W]→全室温水洗浄便座完備／[P]→無料駐車場有／[p]→有料 駐車場有／[送]→送迎有(予約時要確認)／[ダ]→ダイビングサービス併設／[募]→アルバイト、ヘルパー募集有／[停]→バス停名

名称	室数	定員	税込宿泊料金(単位/百円) 2食付	朝食付	素泊	電話	住所	特徴・備考
リファイン安里	33	53	1週間S275 T484(別途水道光熱費)			866-3224	安里2-6-24	[B][ク][WiFi][カード][W][p] 安里駅歩1分
エクセルコート安里	25	33	1週間S275 W374(別途水道光熱費)			863-5331	安里2-4-11	[B][ク][WiFi][カード][W][p] 国際通り沿い
エスペラール泊	29	39	1週間S253 W330～(別途水道光熱費)			862-5990	泊3-5-2	[B][ク][WiFi][カード][W][p] ペット可の部屋有
インリンク	60	200	マンスリー 個室286～			866-3507	辻2-7-6	[ク][i] 旭橋駅歩10分
(那覇市の民宿・ゲストハウスなど)						(098)	(那覇市)	
柏青荘	9	25	—	—	T45 T55	866-5757	松尾2-12-7-3F	[b][コ][WiFi][PayPay][p] 美栄橋駅歩7分
民宿 月桃(げっとう)	13	30	—	—	個室25～	予約はメールで	松尾1-16-24	[b][コ][WiFi][p] minsyukugetto32@hotmail.com
民宿 たつや旅館	5	8	S65～ T122～	サービス	S45～ T82～ ドミ25～	860-7422	辻1-9-21	[B][ク][WiFi][p] 旭橋駅歩10分
沖縄家庭料理の宿なかはら	4	8	要問合せ	56～	—	887-7073	首里山川1-69-3	[ク][i][P] 首里見学に便利
ビジネスホテル三和荘	14	35	—	—	S43.2 T75.6	867-8689	壺屋1-7-9	[B][ク][WiFi][p] 国際通り近く
ビジネスホテルオンワード神原	16	25	—	—	S30 T55	867-7823	壺屋1-18-32	[B][ク][WiFi]([p]1日500円)
民宿 グリーンハウス	11	30	—	—	S18～T30	868-9449	西2-9-1	[コ][WiFi][P] 旭橋駅歩5～7分
民宿 なは	9	20	40	30	25	867-8627	西2-24-1	[b][ク][p] 旭橋駅歩10分
ビジネスホテルうえず荘	14	14	52	44	39	887-0323	松川3-17-17	[ク][i]([P]4台) 長期滞在に便利
沖縄国際ユースホステル	40	200	—	+11～	44～	857-0073	奥武山51	[b][ク][i][カード][P] 奥武山公園内
グランドキャビンホテル那覇小禄	150	150	—	52～	42～	851-4990	宇栄原1-27-1	[ク][WiFi][p] 赤嶺駅歩3分
マイプレイス	26	88	素泊 20～(個18室女性ドミ2室、ミックスドミ6室)			080-8569-2887	泊3-1-8	[b][ク][WiFi][カード][募] レジャー割引有
おきなわトレンドナビ	68	68	素泊 2泊ドミ30～ 2泊個室42～			861-7222	泊3-13-8	[コ][WiFi][p] 全室個室
アーマン宿かりハウス	7	26	素泊 ドミ15			863-6986	泉崎1-3-18	[く][WiFi][p] 国際通り近く
ゲストハウス いしがんとう	9	14	素泊 ドミ10～ 個室15～			862-0357	前島3-12-1	[く][WiFi] 泊港、美栄橋駅近く
グレイス那覇	19	37	素泊 個室S28～ T46～			863-2752	松尾1-19-29TMビル2F	[ク][WiFi][カード] 県庁前駅歩7.8分
1泊800円～の安宿リトルアジア	23	60	素泊 1名25、2名以上時1名20(ドミ12)			862-3446	壺屋1-7-1-2F	[ク][WiFi][募] 屋上にBar有
ナハビーチハウス	58	58	素泊 2泊ドミ28～ 個室2泊42～			988-1421	若狭1-20-1	[ク][WiFi][p] 全室個室
(那覇市の国民宿舎・公共宿泊施設など)						(098)	(那覇市)	
沖縄船員会館	62	166	—	—	40	868-2775	前島3-25-50	[B][ク][WiFi][カード]([P]先着順) 泊港すぐ
(糸満市)						(098)	(糸満市)	
みん宿ヤポネシア	4	9	66	55	49.5	997-2136	大度309-42	[コ][WiFi][P] 地元野菜の料理
南海ホテル糸満	22	56	—	—	S28 T56	992-3218	糸満1981-1	[B][ク][WiFi][カード][PayPay][d払い][W]([P]要予約)
民宿 糸満ガリガリーおおしろ	4	10	93.5	66	55	852-4353	小波蔵147-1	[ク][WiFi][P] 併設の喫茶店でモーニング
ペンション喫茶 南の楽園	5	15	+20	+7	35～	090-9788-1810	小波蔵145-1	[b][ク][WiFi][P] コテージ棟有
(南城市)						(098)	(南城市)	
民宿 おおじま	6	10	—	応相談	30	948-2232	玉城奥武16	[く][WiFi][P] 奥武島[停]歩1分
民宿 海野	6	18	60	42	35	090-9788-1810	知念海野149	[b][ク][WiFi][P] 近隣無料送迎
(島尻郡八重瀬町)						(098)	(八重瀬町)	
海ぬ風(うみぬかじ)	5	24	65～	45～	40～	090-9835-7269	新城1019	[b][ク][WiFi][カード][P]([送]有料) 露天風呂
(浦添市)						(098)	(浦添市)	
ホテルキング	13	16	—	—	S35、T60	877-3436	屋富祖4-6-3	[B][ク][WiFi][カード][PayPay][P] 眺め良し
(中頭郡西原町)						(098)	(西原町)	
レンタルマンション喜寿	15	30	素泊1泊 R55 1週間R350			944-1903	上原1-25-7	[B][ク][i][カード][P] マンスリー有
(宜野湾市)						(098)	(宜野湾市)	
エンズマリーナイン マーシー	28	98	—	T132～	T112～	943-3535	大山6-8-6	[B][ク][WiFi][カード][PayPay][W][P]

ひとくちmemo 【ツアーだけで行ける神秘の地ガンガラーの谷】「おきなわワールド」に隣接するこの場所は、ツアーでしか入れない。数十万年前の鍾乳洞が崩れて出来た自然豊かな谷間を専門ガイドの案内で歩く。天まで伸びるような巨木ウフシュガジュマルに誰もが息を呑む。 ☎098-948-4192(前日までに予約)南城市玉城字前川202 所要時間約80分 大人1名2,500円、中学生以上1,500円、飲物・保険料含む。

★宿泊料金は税込表示1名の料金。Sはシングル料金、Tはツインルーム2人分料金、Wはダブルルーム2人分料金を掲載。
★和は和室、洋は洋室、個は個室、Rはルームチャージ、ドミはドミトリー、棟は一棟貸しを表しています。

名称	室数	定員	税込宿泊料金(単位/百円) 2食付	朝食付	素泊	電話	住所	特徴・備考
(宜野湾市のつづき)						(098)	(宜野湾市)	
エンズマリーナイン マキシコンドホテルズ	12	60	—	—	T90~	975-7771	真志喜3-7-21	各室洗濯乾燥機有
ホテルノア	18	24	—	S72~T62~	—	897-6633	宇地泊764	ダ寒
ウィークリーハーバービューマンション宜野湾港	27	1室1~2	素泊 S7泊8日T378~(水道光熱費等込)			897-0707	大謝名245-4	浴室乾燥機有
(中頭郡北谷町)						(098)	(北谷町)	
ホテル サンセットアメリカン	29	32	—	—	S35~ T70~	936-9691	宮城2-46	海まで歩10秒
シーサイドホテルザ・ビーチ	29	80	—	—	S57~ T72~	926-2674	宮城3-134	
ホテル サンセットテラス	28	98	—	—	W60~ T60~	926-5533	宮城3-223	海まで歩1分
ホテル サンセットマリーノ	16	19	—	—	S35~ T60~	936-2991	港14-14	海まで歩30秒
Hamby Resort	42	100	素泊 S32~ W50~ マンスリー380~			926-2266	北谷1-6-4	ビーチ歩3分
ラバンミハレジデンスホテル	29	208	素泊 R220~ (6名まで)			989-8903	美浜2-1-13	コンドミニアム
ペンションエルソルタウン沖縄	4	23	—	—	R150~	927-8029	美浜2-7-3F	アメリカンヴィレッジ歩5分
ラ・ジェント・ホテル沖縄北谷	139	438	—	T143~ドミ44~	T110~ドミ27~	926-0210	美浜25-3	豊富な朝食ビュッフェ
(中頭郡北中城村)						(098)	(北中城村)	
ホテルサザンヴィレッジ沖縄	77	142	—	変動あり	変動あり	935-3030	安谷屋1359-1	
(沖縄市)						(098)	(沖縄市)	
民宿 みどり荘	11	18	—	—	30 40	937-3779	胡屋1-8-3	個室有
OKINAWA CITY HOTEL	27	80	—	—	T60~ T80~	923-2225	胡屋1-8-12	沖縄アリーナ車5分
ホテルニューセンチュリー	68	100	レストラン	レストラン	T66~ T110~	933-5599	胡屋2-1-43	中之町停歩1分
サンライズ観光ホテル	29	43	要問合せ	要問合せ	39.8~	933-0171	胡屋2-1-46	呉屋中心で便利
クラウンホテル アネックス	29	70	—	—	S68~ T120~	933-2777	胡屋7-5-12	
ホテルコザ	81	157	—	—	T69.38~	932-0053	上地2-1-29	(P台数制限有)
クラウンホテル	37	100	レストラン	S79~ T142~	S68~ T120~	933-2551	上地4-1-51	大浴場有
トリップショットホテルズ コザ	5	16	—	—	T95~	070-5819-6669	中央2-6-47	
デイゴホテル	54	130	レストラン	+12	S60~ T104~	937-1212	中央3-4-2	呉屋停歩5分
よしだホテル	19	39	—	—	S45~ T70~	933-3635	園田3-4-23	(P要予約) Web割有
(中頭郡読谷村)						(098)	(読谷村)	
ゲストハウス 武蔵	1	4	—	—	35~	958-7634	宇座175-B	ダ
ローヤルホテル&レストラン	22	42	—	—	T100~	956-2743	楚辺1315	ジム、サウナ有
〃 (コンドミニアム)	30	96	—	—	T100~	〃		
うたごえの宿ペンションまーみなー	5	16	77	55	44	090-2513-9188	瀬名波1036	車椅子可、ライブ有
Edi Blue (エディブルー)	1	3	—	—	T110~	090-6858-2255	長浜285-1	
(うるま市)						(098)	(うるま市)	
潮騒ホテル	20	35	—	50	—	964-2248	石川白浜1-11-15	連泊割有
民宿 やすま	20	55	60	47	40	964-2841	石川曙2-3-1	公民館前停歩3分
ホテル ハーバー	12	22	—	S60 W90	S50 W70	973-3720	平良川94	ビジネスに最適
春日観光ホテル	43	100	応相談	S71 T127.6	S66 T110	973-1121	赤道179-1	
(国頭郡恩納村)						(098)	(恩納村)	
みゆきハマバルリゾート	60	300	50~	45~	40~	967-7722	安富祖1314	ダ
ペンション サーフサイドB&B	6	22	—	60.9~71.4	52.5~63	966-8663	恩納294-1	ペット可(3,000円~)
南恩納トロピカル	2	8	—	S50~ T90~	—	966-8091	恩納6486-3	朝食は自家製パン
ザ・ベリドットスマートホテルタンチャワード	22	100	T145~	T115~	—	927-1100	谷茶1092-1	ビーチ5分
〃 別館	4	22	T145~	T115~	—	〃	谷茶107-2	ビーチ10秒

沖縄

ひとくちmemo 【斎場御嶽（せーふぁうたき）】沖縄本島南部にある世界遺産史跡。宗教的儀式を行う御嶽の中でも、琉球王国にとって最も格式高い場所。宗教儀礼を司るのはすべて女性であったため、当時は国王といえども奥の聖域に立ち入ることはできなかった。駐車場は御嶽入口から360m離れた（徒歩10分）南城市地域物産会館にあり、そこで入場チケットも購入する（大人300円、小中学生150円）。（南城市）

★備考欄の記号…🅱→全室バス（またはシャワー）・トイレ付／🅰→一部（またはシャワー）・トイレ付部屋有／🄲→全室無料クーラー付／🄼→一部クーラー付部屋有、有料方式など／🅒→コインクーラー付／🅟→扇風機有／🆆→全室WiFi／🅘→一部WiFi使用可／🄷→クレジットカード利用可／🅟→PayPay利用可／🄳→d払い利用可／Ⓦ→全室温水洗浄便座完備／🅿→無料駐車場有／🅿→有料 駐車場有／送→送迎有（予約時要確認）／🄳→ダイビングサービス併設／募→アルバイト、ヘルパー募集有／🄑→バス停名

名称	室数	定員	税込宿泊料金（単位/百円）			電話	住所	特徴・備考
			2食付	朝食付	素泊			
Ken民宿	7	20	—	—	30〜	989-8654	前兼久159-3	🄲🅟🅿
オーシャンリゾートPMC	16	60	—	+12	R90〜(1〜5名)	965-6164	前兼久167	🅱🄲Ⓦ🄷🅟🄳🅆🅿🄳募
ペンション ムーンヴィラ	10	30	—	—	T90〜	965-7761	前兼久1006-2	🅱🄲Ⓦ🄷🅆🅿
ヴィラとーら	1棟	15	素泊 1棟400〜（15名まで）			967-8845(受付)	名嘉真1765-73	🅱🄲Ⓦ🄷🅿 ザ・プールリゾート沖縄で予約
ビーチリゾートホテル カラカウア	40	112	素泊 23〜（2名利用時1名料金）			967-7233	名嘉真2386	🅱🄲Ⓦ🄷🅆🅿 ビーチ歩5分
しまんちゅクラブ	78	348	応相談	T78〜	T66〜	967-8281	名嘉真2288-162	🅱🄲Ⓦ🅿 ビーチ歩5分
ペンション ウィークエンド	6	15	—	50〜	40〜	967-8959	名嘉真2288-315	🅱🄲Ⓦ🅿 ビーチ歩5分
ペンション 研修館	5棟	50	素泊 1棟 150〜650			967-8661	名嘉真2288-363	🅱🄲🅿 生活必需品有
真栄田岬ダイバーズハウス	2	12	—	—	20	989-7959	山田357-2	🄲🅟🅿🄳 ダイバー以外も可
（国頭郡金武町）						**(098)**	**（金武町）**	
オーシャンヒルズ長楽ステイ	1	2	—	—	T79〜	866-7377	金武4348-15	🅱🄲Ⓦ🅆🅿 1Fはレストラン
かりゆしコンドミニアムリゾート金武								
ヤカシーサイド	18	1室3	素泊 2名66〜			866-7377	屋嘉2420	🅱🄲Ⓦ🆆🅿(18台) 長期滞在可
（国頭郡宜野座村）						**(098)**	**（宜野座村）**	
B&Bタンデム	5	10	—	S66 T110		968-5336	松田629-269	🅱🄲Ⓦ🄷🅟🅆🅿(送)応相談
農家民宿 田元（タムトゥー）	1棟	6	—	—	30〜	090-5920-8369	漢那112	🅱🄲🅿 昔ながらの古民家
マリンコテージ カルカデ	1棟	10	素泊 1泊300 2泊目から1泊280(10名まで)			090-7587-5962	宜野座663-9	🅱🄲🅆🅿 宜野湾IC車7分
貸別荘 海燕	1棟	8	素泊 オンシーズン380(7名まで)オフシーズン150(2名)			090-7587-5962	宜野座663-10	🅱🄲🄷🅆🅿 詳しくはHPまで
（名護市）						**(0980)**	**（名護市）**	
KARIYUSHI LCH. RESORT on The Beach	117	307	—	T80〜 W100〜	—	54-9900	喜瀬1996	🅱🄲Ⓦ🄷🅆🅿 かりゆしビーチ目の前
民宿 喜瀬	4	12	55	45	35	53-2881	喜瀬115-4	🅱🄲🅿 喜瀬橋近し
海人の宿	6	18	—	T82〜	T72〜	098-941-9287	済井出276	🅱🄲🅿 屋我地島の海岸に建つ
コンドミニアムホテル名護リゾートリエッタ中山	40	368	—	—	R200〜	51-1511	為又1220-25-5	🅱🄲Ⓦ🄷🅆🅿 沖縄フルーツランド内
アジアンゲストハウスボーダー	5	15	素泊 S30〜 ドミ18〜			58-1811	呉我135	🄲Ⓦ🅿 海30秒、BBQ可
グリーンリッチホテル沖縄名護	155	224	—	S87〜 T117〜	S75〜 T105〜	51-0111	城2-645	🅱🄲Ⓦ🄷🅆🅿 展望大浴場有
ホテルルートイン名護	147	210	—	サービス	S66〜 T117〜	54-8511	東江5-11-3	🅱🄲Ⓦ🅿(先着順) 大浴場有
白浜ホテル	8	13	—	80〜	55〜	52-3132	宮里1-27-7	🅱🄲🄷🅿 アメリカ世風情がある
ホテルゆがふいんおきなわ	60	144	1名50〜（2名1室利用／朝食付）			53-0031	宮里453-1	🅱🄲Ⓦ🄷🅿 北部観光に最適
〃 あがり館	61	227	1名65〜（2名1室利用／朝食付）			〃	〃	🅱🄲Ⓦ🄷🅆🅿 ビーチ歩5分
名護パークサイドコンドミニアムTKステイ	7	28	—	—	T80〜	098-967-7112	宮里586-7	🅱🄲Ⓦ🅿 名護中心地で便利
スーパーホテル沖縄・名護	84	195	—	サービス	S63.6〜 T92.2〜	50-9000	宮里1018	🅱🄲Ⓦ🅆🅿 海洋深層水大浴場有
ホテル 山田荘	52	100	—	+5	S55〜 T82〜	52-2272	大東1-9-6	🅱🄲Ⓦ🄷🅿 名護十字路徒歩1分
名護ビジネスホテル	35	37	—	+5	S50 T100	54-5557	大東1-12-6	🅱🄲🄷🅿
ホテル デルフィーノ名護	60	75	—	サービス	S60.5 T113.5	51-1717	大南1-5-14	🅱🄲🄷🅆🅿
ホテル うらわ	15	30	—	—	S41 T66	53-0701	大南2-1-33	🅱🄲🅿 隣にコインランドリー有
（国頭郡本部町）						**(0980)**	**（本部町）**	
美ら海オンザビーチMOTOBU	19	76	41〜（3連泊4名利用時1名料金）			47-2277	崎本部2573-1	🅱🄲Ⓦ🄷🅟🅆🅿 天然ビーチ
オンザビーチLUE（プチホテル）	12	40	要予約+7.7	S54〜 T79.6〜		47-3535	崎本部2626-1	🅱🄲Ⓦ🄷🅟🅿募
〃 （コンドミニアム）	12	40	要予約+7.7	1室129〜(5名迄)		47-3535	崎本部2626-1	🅱🄲Ⓦ🄷🅟🅿 キッチン付
もとぶいこいの宿 やまちゃん	4棟	1棟4〜8	—	—	T93〜	098-967-7112	豊原502-1	🅱🄲Ⓦ🅆🅿 美ら海水族館まで車5分
民宿 はまさき荘	14	50	60.5	45	40	47-2842	健堅1104	🅰🄲Ⓦ🅿 瀬底大橋が目の前
本部グリーンパークホテル	82	180	T154〜	T99〜	T77〜	48-3211	古島404	🅱🄲Ⓦ🄷🅆🅿 広大な敷地
ちっちゃなお宿 風の丘	4	15	—	—	60〜	47-5330	野原659-1	🅱🄲Ⓦ🅆🅿 美ら海水族館10分
民宿 うみべ	8	20	66	55	49.5	48-3210	浜元186-2	🅰🄲🅟🅿 目の前が海

ひとくちmemo 【ビオスの丘】沖縄本島中部、うるま市にあるテーマパーク。大龍池（うぶたちぐむい）という川（細長い池）が園内にあり、エコな湖水鑑賞舟でのジャングルクルーズやカヌーで池のほとりに咲き誇る蘭や様々な生き物を自然観察するのが一番人気。その他、植物や動物いっぱいの広い園内を水牛車で回ったり、親子で楽しめる体験メニューもいっぱい。オフシーズンでも沖縄の自然の魅力を楽しめる。

★お申し込み時「全国安い宿情報を見た」と言ってね！

★宿泊料金は税込表示1名の料金。Sはシングル料金、Tはツインルーム2人分料金、Wはダブルルーム2人分料金を掲載。
★和は和室、洋は洋室、個は個室、ドミはドミトリー、棟は一棟貸しを表しています。

名　称	室数	定員	税込宿泊料金(単位/百円) 2食付	朝食付	素泊	電話	住所	特徴・備考
(国頭郡本部町のつづき)						**(0980)**	**(本部町)**	
フクギテラス	3棟	12	—	—	1棟200〜	48-2911	備瀬458	[ク][WiFi][カード][W][P] キッチン付
民宿 岬	10	20	60	46	40	48-3253	備瀬567	[ク][i][P] 別館有
(国頭郡今帰仁村)						**(0980)**	**(今帰仁村)**	
沖縄フリーダム	3	15	素泊 2名100〜(1室5名まで1名増+20)			56-3766	今泊1724-1	[B][ク][W][P] 全室キッチン付
nunen(ぬ〜ね〜ん)	1棟	5	素泊 1泊150〜170			090-6866-5873	今泊3194	[B][ク][カード][▷][d払][P] 沖縄伝統家屋
SUP&STAY cohana今帰仁	1棟	8	素泊 1棟200〜(4名まで)1名増毎に+30			090-9732-9597	玉城738	[B][ク][WiFi][W][P] SUPツアー有
民宿 まるや	8	23	52〜	40〜	34〜	56-2618	仲宗根315	[ク][WiFi][カード][P] ファミリー部屋有
リゾートホテル ブエナビスタ今帰仁	46	127	—	—	S70〜 T70〜	56-2779	平敷306	[B][ク][WiFi][カード][P] 水族館車10分
コテージスターハウス今帰仁	9	32	—	—	T100〜	43-5517	天底748-3	[B][ク][WiFi][カード][W][P] トレーラーハウス
(国頭郡国頭村)						**(0980)**	**(国頭村)**	
民宿 海山木(みやぎ)	6	20	60〜	—	45〜	41-8383	奥480	[B][ク][WiFi][P] 食事が充実
YANBARU HOSTEL	20	112	素泊 ドミ38〜 個室T115〜			41-2787	辺土名1429	[B][ク][WiFi][カード][P][募] ドミ、マンスリー有
民宿 やんばるくいな荘	9	18	74〜	57〜	48〜	41-5506	辺土名1278-6	[B][ク][WiFi][P] 老人福祉センター前[停]すぐ
民宿 安波(あは)	5	10	45〜	—	35〜	41-7255	安波322	[B][ク][P]
アダ・ガーデンホテル沖縄	28	60	80〜	55〜	45〜	41-7070	安田1285-95	[B][ク][WiFi][W][カード][P] 全て天然水使用
Guest house へちま	4	10	—	—	48〜	080-5609-0747	鏡地303	[コ][WiFi][P][W] リピーター割有
ペンション与那覇岳(ペンション)	3	11	—	—	35〜	090-3794-5919	奥間2040-101	[ク][P]([送]応相談) 食事は応相談
〃 (ログハウス)	5棟	20	—	—	1棟165〜	〃	〃	[B][ク][P]([送]応相談) お庭でBBQ可

ひとくちmemo 【座間味島】沖縄本島那覇泊港から高速船で約50分、国立公園ケラマ諸島の中でも人気の高いダイビング・マリンスポーツの島。渡嘉敷と同じく、那覇から日帰りもできるが、夏シーズン中は船を早めに予約しておかないと満席で乗れないことも多い。ダイビングはもちろん、シュノーケリングツアーでも高確率でウミガメに出会えたり、世界が恋するケラマブルーの海を堪能できる。冬は本格的なホエールウォッチングを。

★備考欄の記号…[B]→全室バス(またはシャワー)・トイレ付／[b]→一部バス(またはシャワー)・トイレ付部屋有／[ク]→全室無料クーラー付／[く]→一部クーラー付部屋有、有料方式など／[コ]→コインクーラー付／[扇]→扇風機有／[WiFi]→全室WiFi／[i]→一部WiFi使用可／[カード]→クレジットカード利用可／[PayPay]→PayPay利用可／[d払]→d払い利用可／[W]→全室温水洗浄便座完備／[P]→無料駐車場有／[Ｐ]→有料 駐車場有／[送]→送迎有(予約時要確認)／[ダ]→ダイビングサービス併設／[募]→アルバイト、ヘルパー募集有

名称	室数	定員	税込宿泊料金(単位/百円) 2食付	朝食付	素泊	電話	住所	特徴・備考
(沖縄本島のリゾートホテル)								
アンサ沖縄リゾート	123	256	T132～	T99～	T66～	098-963-0123	うるま市石川山城1468	[B][ク][WiFi][カード][W][P] 屋外プール有
ホテルアラクージュ オキナワ	120	368	朝食付 70～(2名利用時1名料金)			098-943-5300	浦添市港川512-55	[B][ク][WiFi][カード][W][Ｐ] インフィニティプール有
ザ・サザンリンクスリゾートホテル	52	104	—	T120～	—	098-998-7001	島尻郡八重瀬名城697	[B][ク][WiFi][カード][PayPay][W][P] 大浴場有

本島周辺の島々

名称	室数	定員	2食付	朝食付	素泊	電話	住所	特徴・備考
(渡嘉敷島／ケラマ諸島)						(098)	(島尻郡渡嘉敷村)	
ログハウスシーフレンド	7	18	79.2～	60.5～	—	987-2836	阿波連155	[b][ク][WiFi][カード][PayPay][d払][W][送][ダ][募]
民宿 シーフレンド	9	25	73.7～	55～	—	〃	〃	[ク][i][カード][PayPay][d払][送][ダ][募]
ペンションリーフINN国吉	11	40	77～	—	—	987-2206	阿波連178	[B][ク][WiFi][カード][PayPay][送][募]
民宿 かりゆし	10	14	60.5	49.5	38.5	〃	渡嘉敷1779-10	[ク][送][募] 港歩1分
ホテルサンフラワー	9	26	—	+7.7	55～	987-2840	阿波連172	[B][ク][WiFi][カード][W][送][募] ビーチ目の前
民宿 けらま荘	11	33	—	38.5～	27.5～	987-2125	阿波連93	[b][ク][i][カード][送][ダ][募]
ビーチフロント	10	30	—	—	60～	080-5432-2959	阿波連170-3	[b][ク][WiFi][カード][PayPay][d払][送][ダ][募]
民宿 平田	9	26	68～	53～	48～	987-2451	阿波連146	[ク][送][ダ][募] ビーチ歩1分
ゆうなぎ荘	7	16	60	45	39	987-2931	阿波連31	[ク][i][送] 自然観察ツアー有
トカシキゲストハウス	2棟	12	1棟6名迄 220～(キッチン付)			987-2696	阿波連冨里登原572	[B][ク][WiFi][カード][送] 詳しくはHPまで
ケラマバックパッカーズ	5	22	—	—	26～	070-5277-4522	渡嘉敷40	[ク][WiFi][カード][PayPay][d払][送] 外国人多い
旅館 村元	13	25	55～	40～	30～	987-2212	渡嘉敷345	[ク][WiFi]([送]要予約) DVD、漫画貸出有
島あしび	4	8	68～	56～	50～	090-4306-8050	渡嘉敷212	[ク][WiFi][PayPay][送][ダ][募] 海人の宿
(座間味島／ケラマ諸島)						(098)	(島尻郡座間味村)	
ダイブイン浜	12	30	73.7～	55～	48.4～	987-2013	座間味97	[ク][WiFi][カード][PayPay][送][ダ][募] 港近い
古民家てぃーら	1棟	5	素泊 1棟貸150(2名以下、オフシーズン100)			987-3255	座間味55	[B][ク][WiFi][送] 無人島渡し、つり
エンズマリーナイン座間味コンドミニアム	7	28	朝食付 60～(4名利用時1名料金)			996-3380	座間味435	[B][ク][WiFi][送] 機能、備品充実
ペンション高月	9	20	要問合せ	+8	60～	987-2247	座間味878	[B][ク][WiFi][PayPay][W]([送]港まで)[ダ][募]
レストハウスあさぎ	10	35	82.5～	66～	60～	896-4135	座間味108	[B][ク][WiFi][PayPay][d払] レンタカー有
民宿 みやむら	15	35	—	—	50 60	987-2005	座間味105	[b][ク][WiFi][ダ] レストランバー有
サマーハウス 遊遊	11	36	71.5～	52.8～	44～	987-3055	座間味130	[ク][WiFi][送] コロナ対策リフォーム済
ペンション 星砂	10	25	朝食付 和室55～ 洋室70～			987-2253	座間味88	[b][ク][WiFi][カード][PayPay][募]([送]応相談)
民宿 中村屋	8	15	—	—	55	987-2147	座間味99	[ク][WiFi][PayPay] 港すぐ
ぶるーまりん	7	15	79.2～	53.9～	46.2～	987-2331	座間味146	[ク][WiFi][カード][PayPay][送]([ダ]水中ビデオプレゼント)
コンドミニアムかにく	8	24	素泊 55～(3名利用時1名料金)			987-2334	座間味1908-1	[B][ク][WiFi][カード][PayPay] レンタカー、バイク有

ひとくちmemo 【渡嘉敷島の魅力】沖縄本島那覇、泊港から高速船でわずか35分で慶良間諸島国立公園の渡嘉敷島に行ける。最大の特徴は、ほとんどの民宿、ホテルが美しい阿波連ビーチ、とかしくビーチに沿って徒歩圏にあること。こういう立地のところは沖縄全体でも数少ない。日帰りでもマリンスポーツやダイビングを楽しめるが、ぜひ泊まって早朝誰もいないビーチを散歩したり、夕陽タイムをすごしたりしてみたい。

★宿泊料金は税込表示1名の料金。Sはシングル料金、Tはツインルーム2人分料金、Wはダブルルーム2人分料金を掲載。
★和は和室、洋は洋室、個は個室、ドミはドミトリー、棟は一棟貸しを表しています。

《沖縄》…★お申し込み時「全国安い宿情報を見た」と言ってね！

沖縄

名　称	室数	定員	税込宿泊料金（単位/百円）			電話	住所	特徴・備考
			2食付	朝食付	素泊			
（座間味島のつづき／ケラマ諸島）						(098)	(島尻郡座間味村)	
民宿 座間味荘	7	25	—	—	30〜	987-2240	座間味149	座間味島で一番古い宿
海の宿 みなみ	4	12	—	—	55	987-2282	座間味82-4	
民宿 みすまるの家	4	14	79.2〜	59.4〜	49.5〜	987-2394	座間味87	（応相談）麦茶サービス有
民宿 浜田	3	9	—	—	42〜	987-2738	座間味434-12	T.V.、冷蔵庫有
ゲストハウス いよん家(いよんち)	9	20	—	+9	個室50〜	070-5492-5052	座間味123	SUP、沖釣り、ボート有
ザマミインターナショナルゲストハウス		18	素泊ドミ(男女別)30〜　個室70〜(2名まで)			987-3626	座間味126	外国人多い
コテージふうなが	1棟	6	素泊1棟貸切275(6名まで)			070-5400-5230	座間味75	オール電化のログハウス
民宿 やどかり	6	17	85.8	66	58.3	987-2231	阿真142	（要予約）
ペンション はまゆう	5	17	82.5〜	66〜	55〜	896-4060	阿真32-1	阿真ビーチ歩3分
くじらの里コテージ	6棟	60	素泊1棟214.2			987-3259	阿真633	海近く
コテージ 海の茶屋	1棟	8	—	—	1棟300	896-4416	阿真168	（送予要約）自炊設備有
民宿 艪便村(ろびんそん)	6	22	—	—	46.2	987-2676	阿真144	阿真ビーチ前
ペンションパティオハウススリーフ	9	23	—	70〜	60〜	987-2429	阿真10	ビーチまで歩2分
民宿 大川	6	16	—	48〜	40〜	080-6485-0574	阿佐22	釣り、ボート、スノーケル有
ホームステイ クチャ	3	9	+20	+7	35〜	996-4781	阿佐23	食事はアレルギー、ヴィーガン対応可
（阿嘉島／ケラマ諸島）						(098)	(島尻郡座間味村)	
Lagoon315	4	8	—	—	50〜	987-2850	阿嘉315	港歩5分
民宿 辰登城(たつのじょう)	10	29	69.3〜	—	—	987-3557	阿嘉11	商店、レンタサイクル有
民宿 すまいる	8	29	82.5			987-2818	阿嘉45	港歩2分
民宿 宝生(ほうせい)	7	24	82.5〜	60.5〜	52.8〜	987-2339	阿嘉58	（送港まで）ダ
民宿 富里(トゥーラトゥ)	8	25	66〜85〜			987-2117	阿嘉140	
民宿 あかじま	10	20	77			987-2214	阿嘉56	ダ
民宿 川道	8	25	77〜		45〜	987-2710	阿嘉73	（送要確認）ダ
民宿 さくばる	10	30	75〜		45〜	987-2858	阿真54	（送要確認）港歩5分
民宿 春海	8	23	75〜		50〜	987-2081	阿嘉130	レンタサイクル有
あーまんはうす	6	12	77〜		—(3食81)	090-9787-5357	阿嘉108	海の見えるテラス有
民宿 ナーレーラー	6	12	79.8〜		48	987-2399	阿嘉105	（送応相談）港歩5分
サンサンビューむとうち	5	13	80〜		60〜	080-1546-8763	阿嘉105	（送要予約）港歩5分
民宿 テツ	2	6	75〜			090-9782-7077	阿嘉2	ニシハマビーチ近く
（慶留間島／ケラマ諸島）						(098)	(島尻郡座間味村)	
ペンションゲルマ	12	30	82.5〜			987-2976	慶留間60	ダ 港車8分
（久米島）						(098)	(島尻郡久米島町)	
民宿 久米島(別館)	20	40	69.3〜	57.2〜	49.5〜	985-5333	大田530	各室洗濯機付
民宿 ふくぎ荘	7	15	—	—	42〜	985-8622	謝名堂548-10	レンタサイクル、バイク有
リゾートハウスみなみ	8	18	—	68.2〜	59.4〜	985-8021	謝名堂548-14	
シーサイドハウスジュゴン	11	35	—	50〜	40〜	985-7631	謝名堂548-16	イーフビーチ近く
民宿 黒潮	6	15	60.5	41.8	33	985-7355	謝名堂548-24	
民宿 永(えい)	7	20	—	—	30	985-8142	謝名堂548-28	（送応相談）
民宿 あみもと	13	35	72〜	44〜	33〜	985-8856	奥武115	奥武島入口歩3分
民宿 あさと	10	35	68〜	55〜	49〜	985-2102	大田532	全室に洗濯機有
ビーチハウス宮城	8	20	60	45	35	985-8827	比嘉160-80	イーフビーチ歩1分
ドミトリー球美(2F個室)	7	15	89.5	71.5	55	090-4986-8899	比嘉160-49	食事要予約
（1Fドミ）					25			男女別室のドミトリー
民泊まったりん人(ちゅ)	2	7	素泊58(1〜2名)以降1名につき+28			080-9854-7596	銭田182	BBQ設備有
島ぬ家(やー)おかえり	1棟	4	素泊1棟110〜			080-3908-7101	比嘉160-53	清掃料要別途

ひとくちmemo

【久米島の魅力】那覇空港から飛行機で35分（夏期は羽田直行便もあり）。泊港から船で170〜240分。砂だけが細長く続く島「はての浜」が有名。グラスボートで海の中を眺めながら、浜に渡って海遊びしたり、通年楽しめる。また城跡など名所・景勝地・見所が数多い。海洋深層水を利用した特産品「海ぶどう」、沖縄一の生産量の車エビ、もずく、惣慶もやし、久米島赤鶏などおいしいものもいろいろ。

★備考欄の記号…[B]→全室バス(またはシャワー)・トイレ付／[△B]→一部バス(またはシャワー)・トイレ付部屋有／[ク]→全室無料クーラー付／[△ク]→一部クーラー付部屋有、有料方式など／[コ]→コインクーラー付／[扇]→扇風機有／[WiFi]→全室WiFi／[i]→一部WiFi使用可／[カード]→クレジットカード利用可／[PayPay]→PayPay利用可／[d払]→d払い利用可／[W]→全室温水洗浄便座完備／[P]→無料駐車場有／[P]→有料 駐車場有／[送]→送迎有(予約時要確認)／[ダ]→ダイビングサービス併設／[募]→アルバイト、ヘルパー募集有

名　称	室数	定員	税込宿泊料金(単位/百円)			電　話	住　所	特徴・備考
			2食付	朝食付	素　泊			
民宿 南西荘	14	40	50～	42～	35～	985-2151	仲泊511-1	[B][ク][WiFi]([送]応相談) 長期応相談
ホテルガーデンヒルズ	45	80	—	+7.5	S60～ T76～	985-2117	兼城10-1	[B][ク][WiFi] 空港まで車10分
(渡名喜島)						(098)	(島尻郡渡名喜村)	
民宿あがり浜(ばま)	4	4	70	55	—	989-2888	1821	[△B][ク]([送]応相談)
民宿むらなか	6	12	70	55	45	989-2626	1866	[△B][ク] 港徒歩3分
(粟国島)						(098)	(島尻郡粟国村)	
伊佐 民宿(新館)	4	8	66	—	—	988-2048	浜149	[B][ク] 港歩5分
民宿 寿	4	8	70	55	45	988-2407	浜407	[ク][WiFi]([送]要予約) 港歩5分
民宿 風月	7	15	80～	67～	60～	090-3797-1627	浜414	[B][ク][WiFi][募] 港歩3分
民宿 あぐに	8	20	75	60	55	988-2200	東991-1	[B][ク][送][募] 冷蔵庫有
民宿 宝玉	6	9	65～	55～	45～	988-2367	東513	[△B][ク][i] 港歩10分
そてつ王国 ひさみペンション	9	18	55	—	40	988-2188	東235	[ク][送] 食堂併設、そてつ酒有
(南大東島)						(09802)	(島尻郡南大東村)	
プチホテルサザンクロス	21	22	—	+7(要予約)	S39.6	2-2792	在所94-1	[ク][WiFi][送] 連泊割有、レンタカー有
ホテルよしざと	29	58	T146～	T132～	T108～	2-251	在所249	[△B][ク][WiFi][送] レンタカー、サイクル有
民宿 よしざと	21	42	57	50	44	〃	〃	[ク][WiFi][送] 繁華街近い
月桃ムーンビーチ	6	24	—	—	35	2-2017	新東493	[ク][WiFi][カード][送] レンタカー、サイクル有
〃　別館	13	26	—	—	50	〃	在所269	[ク][WiFi][カード][送] 2022年6月オープン
(北大東島)						(09802)	(島尻郡北大東村)	
民宿二六荘	23	30	—	—	45～	3-4046	港37	[ク][送] 西港近く
〃 (別館)	5	11	—	—	50～	〃	〃	[ク][送] 西港近く
(伊平屋島)						(0980)	(島尻郡伊平屋村)	
松金ホテル	17	50	—	62～ 57～	55～ 50～	46-2282	我喜屋2135-27	[B][ク][WiFi][カード][W][送] 港車2分
伊平屋観光ホテル	14	40	66～	60.5～	48.5～	46-2123	前泊455	[ク][WiFi][カード][PayPay][d払] 港歩2、3分
内間荘	15	50	45～70	40～65	30～55	46-2503	前泊259-1	[B][ク][WiFi][送] 港車5分
みらい荘	9	36	60.5～	—	—	46-2700	島尻724-1	[B][ク][WiFi][PayPay][d払][送] 目の前が海
(伊是名島)						(0980)	(島尻郡伊是名村)	
いずみ荘	25	80	77	65	56	45-2028	仲田1167	[△B][ク][WiFi][送] 島内観光有(有料)
なか川館	8	22	77	65	56	45-2100	仲田743-4	[B][ク][WiFi][送] 無料星空ウオッチングツアー
民宿 前川	13	30	66	55	44	45-2037	仲田255	[ク][WiFi][送] 港歩3分
民宿 美島	12	30	85	70	65	50-7111	仲田177-8	[B][ク][WiFi][W] 仲田港目の前
(伊江島)						(0980)	(国頭郡伊江村)	
伊江島さんご荘	3	10	—	—	35	090-3074-7820	川平246	[ク][送] 港歩5分
伊江島ゲストハウス	9	18	自炊可	自炊可	和室20 洋室25	090-7461-8726	川平193-6	[ク][WiFi][送] 自転車無料レンタル有
民宿 上間	8	30	60.5～	44～	38.5～	49-3040	川平501	[ク][WiFi] 港200m
ペンション まちたまんやー	3棟	15	—	—	1棟280～	090-6866-2280	東江前1178	[B][ク][WiFi][W] 広い敷地でBBQ
土の宿	3	15	自炊可	自炊可	25	49-3048	東江前1178	[ク]([送]応相談) バリアフリー
かりゆし民宿	13	30	—	38.5	33	49-3045	川平345	[ク][WiFi]([送]応相談) ネコいます
民宿 ぎぼ	8	20	※55～	※38.5～	※33～	49-2229	川平351	[ク][WiFi]([送]応相談) ※2名以上利用時
民宿 みなみ	11	11	—	—	38.5	49-2910	川平350	[WiFi][ク] 港歩5分
民宿 渚	7	7	—	—	38.5	49-3868	川平351-8	[ク][WiFi] 港歩5分
ホワイトハウス	9	17	—	48 60	43 55	49-3473	川平489-1	[△B][ク][WiFi][カード] 清潔第一

★お申し込み時「全国安い宿情報を見た」と言ってね！

ひとくちmemo 【南大東島の魅力】断崖絶壁なので船の乗り降りはクレーンで行うすごい島。なんと港でマグロを釣ってる。大東寿司、大東そば、ラム酒コルコルなどの名物のほか、禁断の魚インガンダルマ(販売禁止)が食べられたらラッキー。岩をくり抜いて作った海軍棒プールは、シュノーケリングで大物魚ウヨウヨ、巨大ウツボも見られました。鍾乳洞「星野洞」の設備が充実していて驚く。興味尽きない島だけど飛行機代高し。

★宿泊料金は税込表示1名の料金。Sはシングル料金、Tはツインルーム2人分料金、Wはダブルルーム2人分料金を掲載。
★個は個室、ドミはドミトリー、棟は一棟貸し、和は和室、洋は洋室を表しています。

名称	室数	定員	税込宿泊料金(単位/百円)			電話	住所	特徴・備考
			2食付	朝食付	素泊			
(伊江島のつづき)						(0980)	(国頭郡伊江村)	
民宿 マルコポーロ	14	25	—	49.5	44	49-5242	川平244-2	🚗SP カ+ 港近く
ロッジ江の島	12	30	85〜	55〜	50〜	50-6110	川平57	🅱🚗SP(送応相談)夕食は島料理
カーサ・ビエント	5	20	自炊可	自炊可	45〜	49-2202	東江上549	🚗SP送 城山の景色抜群
(古宇利島)※本島と橋でつながっている						(0980)	(国頭郡今帰仁村)	
ゲストハウスぶどうの樹	2	10	—	—	30〜	090-4470-3785	古宇利756	🚗SP 沖縄古民家宿、BBQ可
民宿 しらさ	1	3	80	—	50	090-3790-4162	古宇利176	🚗 食堂併設
Resort Villa古宇利島 Aqua blue	1棟	6	素泊 50〜(5名利用時1名料金)			050-3690-1484	古宇利1484-4	🅱🚗SPカ+ドルWP BBQプラン有
(瀬底島)※本島と橋でつながっている						(0980)	(国頭郡本部町)	
旅館 もすらのたまご	11	19	—	軽食サービス S46.2〜 T77		090-68618982	瀬底2267-1	🚗Wカ+ドル送P 個室
E-horizon Resort コンドミニアム瀬底	48	54	素泊 S45〜 T68〜			43-5229	瀬底2268-1	🅱🚗SPWP 共用キッチン有
FOUR ROOMS	4	8	138.5	64〜	48〜	47-3404	瀬底4588-1	🚗SPP ジャグジー有
瀬底やどかり	5	22	—	—	S40〜 T60〜	090-2750-4195	瀬底4846	🅱🚗SPP 展望風呂有
(水納島)						(0980)	(国頭郡本部町)	
コーラルリーフインミンナ	6	30	60	45	40	47-5688	瀬底6223	🚗送 港歩5分
民宿 大城	9	25	60	40	—	47-3646	瀬底6220	🅰🚗送 港歩5分
(津堅島)						(098)	(うるま市)	
神谷荘	9	45	80	—	45	978-3027	勝連津堅1472	🚗i カ+テ送募
(平安座島)※本島と橋でつながっている						(098)	(うるま市)	
観光ビジネスホテル平安	21	40	レストラン	—	S55 T90	977-8230	与那城平安座2421-1	🅰🚗SPカ+P
ホテルへんざ	28	56	70	50	40	977-8412	与那城平安座8197	🅱🚗iPP 海中道路すぐ
(久高島)						(098)	(南城市)	
久高島宿泊交流館	8	36	素泊 41〜(5名利用時1名料金)			835-8919	知念久高249-1	🚗i 港歩8分

名称	室数	定員	税込宿泊料金(単位/百円)		電話	住所	特徴・備考
			朝食付	素泊			

宮古諸島

名称	室数	定員	朝食付	素泊	電話	住所	特徴・備考
(宮古島のホテル)					(0980)	(宮古島市)	
HOTEL385	38	78	T120〜	—	79-0998	平良西里561	🅱🚗SPカ+WP 中心街で便利
HOTEL LOCUS	100	232	S120〜	T100〜	79-0240	平良下里338-40	🅱🚗SPカ+WP募 オーシャンビュー
ホテルオアシティ共和	27	70	—	S62 T112	79-0555	平良下里571-11	🅱🚗(室数に限り有)カ+WP
ホテルライジングサン宮古島	108	190	S80〜 T140〜	S68〜 T116〜	79-0077	平良久貝1063	🅱🚗SPWP 利便性良し
ホテル八城	14	16	—	55〜	72-1950	平良西里1-16	🅱🚗SPW P 先着順
ホテルフィオマーレ	57	114	S81〜 T119.8〜	S71〜 T98〜	73-2288	平良松原649-1	🅱🚗SPカ+W 空港車で7分
マリンロッジ・マレア(リーフヴィレッジ)	17	76	55〜	—	76-3850	下地与那覇847-3	🅰🚗SPカ+PP ダ

沖縄

ひとくち memo 【伊江島の魅力】沖縄本島を北に走ると、とんがり帽子の山が特徴的な島。本部港から大型(船内売店もある)のフェリーで約30分。目印のタッチュー(城山)は中腹まで車で行くだけでも眺めがよく、頂上まで歩けばさらに絶景。琉球時代から作られている特産の小麦で作ったお菓子「ケックン」は大人気。また、サトウキビから作るラム酒「イエラム」はぜひとも味わってみたい。島限定販売のラムもあり

★備考欄の記号…**B**→全室バス（またはシャワー）・トイレ付／**b**→一部バス（またはシャワー）・トイレ付部屋有／**ク**→全室無料クーラー付／**c**→一部クーラー付部屋有、有料方式など／**コ**→コインランドリー付／**扇**→扇風機有／**WiFi**→全室WiFi／**WiFi**→一部WiFi使用可／**カド**→クレジットカード利用可／**P**→PayPay利用可／**d払**→d払い利用可／**W**→全室温水洗浄便座完備／**P**→無料駐車場有／**P**→有料駐車場有／**送**→送迎有（予約時要確認）／**ダ**→ダイビングサービス併設／**募**→アルバイト、ヘルパー募集有／**停**→バス停名

名称	室数	定員	税込宿泊料金(単位/百円)			電話	住所	特徴・備考
			2食付	朝食付	素泊	(0980)	(宮古島市)	
(宮古島のゲストハウス・民宿・ペンションなど)								
ゲストハウス ゆくい	7	16	70	—	—	72-5355	平良狩俣1349	ク i カド P 狩俣停歩3分
民宿 みなくる荘	9	18	—	—	40	73-1431	平良下里1562-2	コ WiFi 送相談 港歩5分
ゲストハウス・フェーヌカジ	6	16	—	—	個室38.5~	070-5409-9607	平良下里133	ク WiFi P要予約 館内禁煙
カーサディブラボー	4	7	—	—	T100~	73-5224	平良久貝1002-1	B ク WiFi P P
ゲストハウスHanahana	11	26	—	—	個室30~	72-8757	平良久貝50-1	B ク P 送 伊良部大橋車1分
民宿 島人	4	9	—	—	45	79-8256	平良久貝453-17	B ク WiFi カド WP 屋上展望室有
オレンジボックス	8	25	—	—	33~39	73-7373	平良荷川取103	ク WiFi カド P P 空港車15分
ゲストハウス あったかや	9	27	—	サービス	和37.4,洋44	74-2324	平良荷川取352-35	コ WiFi P ダ 完全個室タイプ
琉球ゲストハウス つるみ荘	8	22	—	—	ドミ22,個室33	090-4470-3805	平良西里35	ク 送(有料) P シュノーケリングツアー
平和旅館	14	30	45	40	35	72-2106	平良西里1-3	ク P 送相談 長期割有
菊栄旅館	9	15	—	—	20	72-0663	平良西里13-6	ク P 食堂併設
七福荘	9	18	—	—	55~	72-3316	平良西里274-1	ク WiFi 港歩10分
アザミ7	3	7	—	—	45~	080-7008-6427	平良西里849-7	B ク WiFi W 空港近く
民宿スカイ	9	30	—	—	T66~	73-0011	平良東仲宗根824	B ク WiFi 空港車7分
ゲストハウス BIG JOY INN 2000	2	16	男女ドミトリー 1泊1ベッド22~			090-3796-4336	平良東仲宗根827	ク WiFi P レンタカー・バイクセット割
民宿 いくちゃん	1棟	8	—	—	35~60	090-7293-9766	城辺保良847-11	B ク P 吉野、新城海岸近く
農家民宿 ざらつき	1棟	8	素泊 45~（2名以上から）			090-1946-3972	城辺下里添1002-4	B ク WiFi P 自宅のように過ごせる
民宿 グリーン荘	5	10	62.7	50.6	42.9	76-2409	下地川満32-1	ク WiFi カド P d払 (送有料)予約
ペンション湧泉家	14	48	60.5	応相談	44	76-3300	下地川満126	c ク WiFi カド P 送
ゲストハウス宮古島	4	12	—	—	個室33~	76-2330	下地与那覇233	ク WiFi P (送有料) レンタサイクル有
農家民宿 つかやま荘	3	15	85	75	55	76-2330	下地与那覇149	c ク P 郷土料理が自慢
宿 タテッチャー	10	24	—	—	35~	73-7700	平良下里1325-3	c ク WiFi P 空港車10分
食・宿 寿々(ひさびさ~)	3	8	85~	68~	60~	76-3668	上野野原796-1	ク WiFi P d払 P 全室バルコニー付
(宮古島のウィークリー・マンスリーマンション)						(0980)	(宮古島市)	
ピースリーイン宮古島	28	56	ウィークリー-385（光熱費込）・マンスリー-798~（実費）			080-9240-5723	平良西里311	B ク i P システムキッチン
ウィークリー広公路	15	20	S65 T90（ウィークリー・マンスリー要問合せ）			090-6859-5576	平良西里817	B ク WiFi カド P WP レンタカー付プラン有
宮古島皆愛マンション	20	80	ウィークリー-T560~・マンスリー-T1800~			74-2112	下地与那覇1388-5	B ク WiFi WP 全室バリアフリー
(来間島)※宮古島と橋でつながっている						(0980)	(宮古島市)	
HOTELハイビスカス	4	12	+10(要予約)	サービス	混ドミ25,個35~	090-7962-6449	下地来間89	コ WiFi カド 送 ビーチ歩5分
(池間島)※宮古島と橋でつながっている						(0980)	(宮古島市)	
民宿 勝連荘	6	18	リニューアル中につき要問合せ			090-9780-9472	平良前里44	ク WiFi カド P 空港車30分
池間の宿 凸凹家	3	11	朝食付62~（web予約3,4名利用時の1名）			74-4777	平良前里68-1	B ク WiFi WP ペットと泊まれる部屋有
(伊良部島)※宮古島と橋でつながっている						(0980)	(宮古島市)	
カテラ荘	10	35	—	—	40	78-3654	伊良部25	c ク WiFi 渡口の浜歩3分
ホテルサウスアイランド	21	40	レストラン	S60~ T110~	S55~ T100~	78-3895	伊良部1493-1	B ク WiFi カド d払 P 募
つきうみ荘	1棟	9	素泊 1棟350（9名まで）			090-6492-6969	伊良部158	B ク WiFi WP 鶏の卵採卵可
民宿 まるよし	8	25	—	48	40	78-5567	伊良部国仲86-12	B ク P 食堂併設
ゲストハウス オーシャン伊良部島	2	8	—	—	30~	090-7862-0479	伊良部前里添554-1	ク WiFi P (送有料)
(下地島)※伊良部島と橋でつながっている						(0980)	(宮古島市)	
下地島コーラルホテル	42	42	レストラン	サービス	60.5~	78-6787	伊良部国仲925-1	B ク WiFi WP
〃 コテージ棟	3	12	レストラン	サービス	1棟4名214.5~	〃	〃	B ク WiFi WP
ホテルてぃだの郷	12	40	T115~	T90~	T80~	78-5567	伊良部長浜1647-3	B ク カド d払 P 送応相談

ひとくち memo 【宮古島の魅力】那覇から飛行機で45分（羽田直行便もあり）。無料の橋で日本一の長さ（3,540m）の伊良部大橋が開通し、みやこ下地島空港にLCCも就航しているので注目度急上昇。東洋一美しいといわれる与那覇前浜を始め、池間大橋、来間大橋あたりの海の色も感動必至。7月頃のマンゴーシーズンには特産のマンゴーが市場にたくさん出るので、現地で思いっきり食べてみよう。

★宿泊料金は税込表示1名の料金。Sはシングル料金、Tはツインルーム2人分料金、Wはダブルルーム2人分料金を掲載。
★和は和室、洋は洋室、個は個室、ドミはドミトリー、棟は一棟貸しを表しています。

名　称	室数	定員	税込宿泊料金（単位／百円） 2食付	朝食付	素泊	電話	住所	特徴・備考
（大神島）						（0980）	（宮古島市）	
おぷゆう食堂	2	4	食堂	朝食付 40（2人60）		72-5350	平良大神126-2	🅿 食堂併設、島尻港より船15分
（多良間島）						（0980）	（宮古郡多良間村）	
ゲストハウスはまさき	6	10	—	—	35〜	79-2239	塩川271	レンタカー、レンタサイクル有
ペンションあだん	12	30	55	49.5	38.5	79-2088	塩川528	空港車5分
ゆがぷうランド［コテージ］	3棟	12	55	49.5	38.5		塩川703-1	自炊可、食事は「ペンションあだん」
夢パティオたらま［コテージ］	15	44	S66 T121	S60.5 T110	S55 T99	79-2988	塩川18	空港車10分
cocoハウス	8	16	S55 T100	S45 T80	S40 T70	79-2133	塩川153	食事が充実
cocoランド	10	10	S55	S45	S40		塩川175	レンタカー併設
たらまんたINN	5	12	素泊1泊S65〜 W50〜（冷凍食品付）			090-8294-0121	仲筋139	島食材の弁当屋併設

名　称	室数	定員	税込宿泊料金（単位／百円） 朝食付	素泊	電話	住所	特徴・備考

八重山諸島

名　称	室数	定員	朝食付	素泊	電話	住所	特徴・備考
（石垣島、離島ターミナル徒歩圏のホテル）					（0980）	（石垣市）	
ホテルパティーナ石垣島	23	50	サービス	S85〜 T120〜	87-7400	八島町1-8-5	繁華街近く
石垣島ホテル ククル	45	100	S65〜 T80〜	—	82-3380	美崎町8-1	ビール飲み放題
ホテルエメラルドアイル石垣島	39	91	S65〜 T106〜	—	82-2111	美崎町7-14	
ホテルピースランド石垣島	51	114	サービス	S80〜 T110〜	82-0248	美崎町11-1	離島ターミナル歩5分
藤原観光ホテル	5	12	—	30	82-3922	美崎町10-16	離島ターミナル歩5分
ベッセルホテル石垣島	126	198	サービス	S70〜 T115〜	88-0101	浜崎町1-2-7	
スーパーホテル石垣島	41	41	サービス	56〜	83-9000	石垣36	ダブル利用+20
ホテルアビアンパナ石垣島	64	130	W121〜	—	87-7628	石垣40	繁華街に便利
ホテル海邦石垣島	40	95	+10	30〜150	87-6103	石垣488-1	閑静な立地
The BREAKFAST HOTEL MARCHE石垣島	55	149	S60〜 T80〜	—	0120-996-941	大川217	離島の起点に
ホテルハッピーホリデー石垣島	22	60	素泊S48.4〜 T69.3〜（軽食サービス）		87-0417	登野城16	W（要予約）
The BREAKFAST HOTEL PORTO石垣島	119	266	S62〜 T87〜	—	0120-996-941	登野城86	
ホテルサンドリバー石垣島	14	56	軽食サービス	S55〜 T85〜	87-9010	登野城86	ドリンクバー有
ベッセルホテル石垣島	126	198	+15	S70〜 T115〜	88-1045	浜崎町3-2-12	先着順
東横イン石垣島	154	270	サービス	S75〜 T120〜	88-1045	浜崎町3-2-12	先着順
ルートイングランティア石垣島	191	405	+11	S70〜 T120〜	88-6160	新栄町21	大浴場有
先嶋ビジネスホテル	58	63	サービス	60	83-8939	八島町1-6-5	
アパホテル石垣島	103	164	+22	S60.5〜 T88〜	82-2000	八島町1-2-3	
ホテルチューリップ石垣島	70	120	S76〜 T114〜	—	83-8060	八島町1-3-5	チェックアウト11時
ホテル十日三日（トゥカミーカ）	33	70	—	W50〜 T100〜	87-9674	八島町1-8-1	離島ターミナル歩7分
（石垣島郊外のホテル）					（0980）	（石垣市）	
ホテル リゾートイン石垣島	19	76	—	S58〜 T68〜	87-7525	真栄里491-2	キッチン付
コンフォートホテル石垣島	81	182	サービス	T100〜	82-7611	真栄里340	
wi-manオアシティ共和	27	37	—	S61〜 T82〜	87-9885	真栄里572	ウィークリー、マンスリー可
石垣島サン・グリーン	10	28	—	T74〜	84-5000	桃里196-37	星空観察に最適
ホテルロイヤルマリンパレス	80	350	朝食付71.5〜（4名1室1名料金）		84-3102	新川2459-1	広いお部屋でゆっくり

ひとくちmemo 【八重山諸島の魅力】沖縄の魅力が詰まった最南の島々・八重山諸島。JAL、ANAの他、LCCも本土から飛び人気爆発中。それぞれが特徴的な離島、竹富島、小浜島、黒島、西表島、波照間島、鳩間島、与那国島、由布島に高速船、フェリー、飛行機、水牛車（由布島）で気軽に渡ることができ、多彩な島旅を楽しめる。離島の良さは泊まってこそなので、日帰りよりも泊まって楽しんでみよう。

★備考欄の記号… B→全室バス(またはシャワー)・トイレ付／B→一部バス(またはシャワー)・トイレ付部屋有／❄→全室無料クーラー付／❄→一部クーラー付部屋有、有料方式など／❄→コインクーラー付／❄→扇風機／WiFi→全室WiFi／i→一部WiFi使用可／カド→クレジットカード利用可／P→PayPay利用可／d払→d払い利用可／W→全室温水洗浄便座完備／P→無料駐車場有／P→有料駐車場有／送→送迎有(予約時要確認)／ダ→ダイビングサービス併設／裏→アルバイト、ヘルパー募集有／停→バス停名

名称	室数	定員	税込宿泊料金(単位/百円)			電話	住所	特徴・備考
			2食付	朝食付	素泊			
（石垣港離島ターミナル周辺の民宿・ペンションなど）						(0980)	(石垣市)	
ゲストハウスちゅらククル石垣	44	48	素泊 BOX20～ S30～ グループ60～			87-5558	新川23-1F	ブックライブラリー有
石垣島宿 はればれ	3	10	—	—	48～	87-5968	新川38-4	自転車有料貸出
民宿 青ぞら荘	9	20	—	—	40	82-7190	新川34	便利な立地
ゲストハウス美ら宿 石垣島	30	30	素泊 カプセル24～ 個室36～			84-2611	大川204 2F	女性に人気
民宿 八重山荘	13	30	—	—	37～	82-3231	大川 34	(カド一部)
ペンション御嵩(みたけ)荘	10	20	—	—	35	82-4993	大川229	離島ターミナル歩5分
民宿 きよふく	11	20	—	—	25～	83-1171	大川268	離島ターミナル歩7分
民宿 楽天屋	10	25	—	—	30～	83-8713	大川291	要予約
ペンションやいま日和	16	25	—	—	45～50	88-5578	美崎町10-7	要予約
南国荘	8	16	—	—	25	82-2218	石垣8-3	離島ターミナル歩5分
ペンション ニュー浜乃荘	22	40	—	—	25～	82-4641	浜崎町2-4-11	共用簡易キッチン
島宿 月桃屋	7	15	素泊 S～39 T～64 ドミ～30			83-9725	浜崎町2-3-24	連泊割有
民宿 とのしろ	8	25	(キッチン使用可)		25	090-9788-0548	登野城13-2	離島ターミナル歩4分
民宿 まつや	12	24	—	—	40	82-3455	登野城2-34	離島ターミナル歩3分
民宿 さくま	3	13	—	—	20～40	82-8595	登野城26	離島ターミナル歩7分
民宿 こはもと	10	30	—	38.5	33	82-2369	登野城441-1	個室も有
民宿 たまき荘	10	15	—	—	30	82-2332	登野城483	離島ターミナル歩10分
石垣島ホテルアダン	26	60	+24	+11	S45～ T50～	82-7558	登野城1191-8	食事のボリューム
民宿 パークサイドトモ	11	33	(キッチン使用可)		25	88-8388	新栄町6-4	素泊のみの宿
新栄荘	12	30	—	—	30～	82-5524	新栄町16-12	離島ターミナル歩10分
民宿 チューリップ荘	15	40	55～	—	35～	82-8047	新栄町70-9	T.V.、冷蔵庫付
（石垣島郊外の民宿・ペンションなど）						(0980)	(石垣市)	
民宿 花城	6	14	78	※68	45	88-2568	桴海米原644-38	※朝食、夕食が選べる
ペンション スリーハート	3	6	—	65～	55～	83-1509	新川1577-3	(送応相談)
オーシャンビューゆい	3	12	素泊40～(4～5名利用時1名金)			88-6220	新川2095-8	
ペンション KATSU	16	36	サービス	—	S66 T110	83-3595	新川舟蔵2464-1	T.V.、冷蔵庫付
民宿 しまかぜ	3	7	—	—	30	87-7530	真栄里204-9	自転車無料貸出
民宿 ザーバル	5	10	—	—	33	86-7620	宮良24-25	バスキナヨオ入口前
石垣島の素泊り宿 サントール	8	12	—	—	28～	080-5140-3886	宮良1053-12	マングローブ林近く
白保の宿 青い海	3	12	—	—	25～	090-4470-2797	白保268-109	空港車5分
民宿 マエザト	12	20	—	—	40	86-8065	白保68	商店、食堂併設
白保フレンドハウス	6	20	—	—	ドミ23 個室68	86-8439	白保757-1	(送)有料 学割、中長期間有
上や (Jo-ya)	10	26	—	※57.2～	※44～	88-2717	川平920-1	※4名利用時1名
大浜荘	20	50	55	44	33	88-2347	川平844	民具体験有
川平公園茶屋宿所	7	21	66	55	—	88-2210	川平934-37	川平公園内
宿まりんはうす	4	7	—	—	S38 T70	88-2822	川平915-3	「まりんすぐくん」メニュー割引有
島宿 イリワ	4	20	—	—	ドミ22～ 個室44～	88-2563	川平599	川平湾近く
Lulaliya (るらりや)	9	19	—	+10	S40～ T100～	87-0059	川平921-1	川平湾歩3分
民宿 たいらファミリー	3	15	65	—	35	89-2588	伊原間97	海人の宿、体験ツアー有
月桃の宿あかいし	7	20	70～	—	—	89-2922	伊原間370	赤瓦の木造の宿
石垣島北部の宿 海すずめ	5	15	95～	65～	50～	090-5945-8536	野底1086-14	星空保護区にある
（石垣島のウィークリー・マンスリーマンション）						(0980)	(石垣市)	
カンセイホーム「島の家」	30	50	マンスリーS900～(光熱費別)			88-8491	石垣市内5ヶ所	ペット可の部屋有
（石垣島の貸別荘・コンドミニアム）						(0980)	(石垣市)	
サン・マーぺーの宿	1棟	8	素泊 1棟126～			84-5000	桃里196-38	観光の拠点に最適

ひとくちmemo 【石垣島の魅力】八重山諸島の中心の島。ユーグレナ石垣港離島ターミナルから各離島に気軽に渡れるほか、石垣島内のネイチャーツアーもおすすめ。マングローブや多様な生物観察ができる。吹通川や宮良川のカヌーツアーや、ヤエヤマボタル観察(春限定)や星空観察など感動的なナイトツアーもぜひ楽しんでみたい。ダイビングや石垣島出発のボートシュノーケリングツアーも多数あり。

★宿泊料金は税込表示1名の料金。Sはシングル料金、Tはツインルーム2人分料金、Wはダブルルーム2人分料金を掲載。
★和は和室、洋は洋室、個は個室、ドミはドミトリー、棟は一棟貸しを表しています。

名称	室数	定員	税込宿泊料金(単位/百円)			電話	住所	特徴・備考
			2食付	朝食付	素泊			
(石垣島の貸別荘・コンドミニアムのつづき)						(0980)	(石垣市)	
ヒルズヤマバレ	1棟	5	45~(4名利用時1名料金)			090-1463-1277	川平1216-336	(カード事前決済のみ) WP
農家民宿 光星	1棟	9	素泊 52.8~(5名以上)			84-4551	川平大嵩1218-391	アガラサー、きびジュース作り体験有
コーラルリゾート石垣島	2棟	6	素泊1名40~			090-5489-0272	伊原間2-504	(カード事前決済のみ)
コンドミニアム名蔵ヴィレッジ	21	84	—	+7	R100~	87-8287	名蔵1356-108	ペット対応ルーム有
(竹富島)						(0980)	(八重山郡竹富町)	
ユースホステル高那	6	15	夕食のみ+12	+8	45(会員価格)	85-2151	竹富499	茶屋併設
民宿 小浜荘	8	16	68~	53~	45~	85-2131	竹富316	食事充実
民宿 新田荘	9	18	68	52	45	85-2201	竹富347	自家菜園の無農薬野菜の料理
ゲストハウスたけとみ	7	24	—	75~		85-2334	竹富378	全室ミニキッチン有
民宿 内盛荘	8	24	個室91~76~	63~	56~	85-2255	竹富490	個室使用は2食付のみ
民宿 大浜荘	8	20	65~		45~	85-2226	竹富501	パーラー併設
民宿 マキ荘	5	15	—		40	85-2236	竹富476	民芸喫茶併設
民宿 泉屋	6	16			50~	090-5943-5165	竹富377	女性客紅型で撮影可
竹富島ゲストハウス&ジュテーム	5	12	素泊 ドミ38、個室56~			85-2555	竹富321-1	連泊割引有
(小浜島)						(0980)	(八重山郡竹富町)	
民宿 宮良	5	10	—	77	—	85-3553	小浜36-1	チェックアウト9時
民宿 だいく家	6	17	—	77~	66~	85-3352	小浜73	休憩所有
小浜の宿 panapana	5	15	—	70~	60~	85-3239	小浜1496(細崎)	(送要確認)目の前ビーチ
(黒島)						(0980)	(八重山郡竹富町)	
民宿 くろしま	11	20	70	55	45	85-4280	黒島1948	仲本海岸近く
民宿 あーちゃん	9	18	70~	—	45~	85-4936	黒島83	浴槽有
民宿 のどか	8	20	65	50	40	85-4804	黒島1797-3	宿泊者自転車無料貸出
民宿 みやよし荘	10	25	60	55	40	85-4152	黒島1830	3000冊の漫画有
しま 南来(なんくる)	6	16	70	58	50	85-4304	黒島412	西の浜近く
民宿 なかた荘	7	10	70~	55~	50~	84-6811	黒島31	(送黒島港)宮里海岸近く
(西表島・西部地区)						(0980)	(八重山郡竹富町)	
民宿 さわやか荘	12	27	75~	62~	55~	85-6752	上原10-448(住吉)	(送送りのみ)
民宿 パイン館	15	40	72~82~	58~68~	49~59~	080-6481-6408	上原10-171(住吉)	夏期パインサービス有
ペンション星の砂	11	41	—	—	60~	85-6448	上原289(星砂)	オーシャンビュー
GUEST HOUSE nesou	3	7	素泊 S55~T70~120			予約はメールで	上原339-14(中野)	raita0830@gmail.com

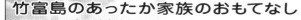

ひとくち memo 【竹富島の魅力】石垣島からなんと船で10分ほどで行けてしまう。絵本に出てきそうな白砂の道、サンゴ石でできた低い石垣、伝統建造物として保存地区になっている赤瓦の家々など、ほかの地域ではなくなってしまった沖縄の原風景が残る。ゆえに、八重山旅行者はほぼ全員一度は行くため、季節によっては混雑。泊まる人は割合的に少ないので、ぜひ泊まって海に沈む夕陽や静かな集落の雰囲気など感じてみたい。

沖縄

★備考欄の記号…🛁→全室バス（またはシャワー）・トイレ付／🛀→一部バス（またはシャワー）・トイレ付部屋有／❄→全室無料クーラー付／♪→一部クーラー付部屋有、有料方式など／❒→コインクーラー付／🌀→扇風機有／📶→全室WiFi／ⓘ→一部WiFi使用可／💳→クレジットカード利用可／🅿→PayPay利用可／d払→d払い利用可／W→全室温水洗浄便座完備／Ｐ→無料駐車場有／Ｐ→有料駐車場有／送→送迎有（予約時要確認）／🤿→ダイビングサービス併設／募→アルバイト、ヘルパー募集有

名　称	室数	定員	税込宿泊料金（単位/百円）			電話	住所	特徴・備考
			2食付	朝食付	素泊			
民宿 八重（スーパー八重）	3	6	素泊 30（3泊から）			85-6619	上原330-2（中野）	🌀送 スーパー併設
villa 西表 本館・西華	20	60	2食付69〜 前日当日割引 直客限定			85-6653	上原661	🛁🌀📶送 施設使用料1泊300円
民宿 カンピラ荘	15	30	—	42、52	35、45	85-6508	上原545	🛀🌀ⓘ💳 上原港歩2分
うえはら館	16	35		75〜	—	090-2512-6516	上原559	🛁🌀💳 カフェ併設
ゲストハウスアルファルーム	8	9			35		上原550-1	🛁🌀📶 予約はHPより
マリンペンションたいら	11	20			35〜	0120-564-504	上原564	🌀送応相談 三線・民謡が聴ける
民宿 きよみ荘	9	18	73〜	57〜	50〜	85-6251	上原571-6	🛁🌀ⓘ💳 上原港歩5分
民宿 まるま荘	9	18	77	応相談	55	85-6156	上原527	🌀📶 上原港そば
馬のいる癒しの宿モンスーン	8	21		65		85-6019	上原984-50（船浦）	♪🌀💳🅿送上原港 ツアー有
民宿 マリウド	8	32	65	55	45	85-6578	上原984-14（船浦）	🌀📶💳送募 ツアー有
いるもて荘	11	35	素泊 ドミ44〜 S52.8〜			85-6255	上原870-95（船浦）	🛁🌀💳📶送募 食事は要予約
宿 mamaya	4	8	+30	+10	60〜	85-6718	上原47-1（住吉）	🛁🌀ⓘ💳🅿 星砂浜歩10分
ホテルWBC	4	16		+10	55〜	85-6974	上原868（浦内）	🛁🌀📶🅿 浦内川ほとり
西表ココナッツビレッジ	11	33	70〜	50〜	40〜	85-6045	上原397-1（中野）	🛁🌀ⓘ送 海が目の前
シーサイドハウス中野	2	7	—		S35〜T70〜	85-6282	上原339-2（中野）	🛁🌀📶💳🅿 ペット可、一軒家
あけぼの館	7	15	素泊 38、夕食付55〜			85-6151	上原397-4（中野）	❒🌀送上原港 海が目の前
アコークロー西表	2	4			S51.7〜T81.4〜	85-6372	上原324-100（中野）	🛁🌀📶送 コンドミニアム
イルンティフタデムラ	9棟	54	素泊 50〜（季節、人数により異なる）			84-8484	西表973-3（干立）	🛁🌀📶送 1棟貸しコテージ
星砂荘	9	15	素泊 S20、T35、Tr45			080-8568-5689	西表657（祖納）	🌀📶 食堂、スーパー、ビーチ歩30秒
金城旅館	7	15	70	55	50	85-6351	西表1499（白浜）	🌀📶 島料理充実
白浜海人の家	6	40	—	サービス	50〜	85-6119	西表1499-57（白浜）	🛁🌀📶💳 海が目の前

沖縄

★宿泊料金は税込表示1名の料金。Sはシングル料金、Tはツインルーム2人分料金、Wはダブルルーム2人分料金を掲載。
★和は和室、洋は洋室、個は個室、ドミはドミトリー、棟は一棟貸しを表しています。

名称	室数	定員	税込宿泊料金(単位/百円)			電話	住所	特徴・備考
			2食付	朝食付	素泊			
(西表島・西部地区のつづき)						(0980)	(八重山郡竹富町)	
民宿 かまどま	6	22	70	55	45	85-6165	西表2463(船浮)	船で行く集落内 ※
民宿 ふなうき荘	9	25	80	—	50	85-7155	西表2458(船浮)	2020年改装済 ※
(西表島・東部地区)						(0980)	(八重山郡竹富町)	
民宿 やまねこ	9	25	(キッチン使用自由)		20	090-9578-1827	南風見201-216(大原)	大部屋有
民宿 池田屋	7	15	75〜	51〜	41〜	85-5255	南風見201-116(大原)	
民宿 なみ荘	7	17	—	+5	50	85-5257	南風見201-60(大原)	浴槽は男女別
ペンション なかまがわ	4	8	—	—	62〜68	85-5407	南風見仲29-37(大原)	仲間川近く
竹盛旅館	9	20	88〜	応相談	応相談	85-5357	南風見仲36-5(大原)	レンタカー有
エコヴィレッジ西表	15	44	S110〜 T160〜	S70〜 T120〜	—	85-5115	高那280-36	プール有
(鳩間島)						(0980)	(八重山郡竹富町)	
民宿 いだふに	6	13	70	—	—	85-6374	鳩間26	全室個室
素泊宿 寄合	4	8	—	—	35	090-1518-4070	鳩間31	みつるおじいのファン多し
素泊り あやぐ	5	8	—	—	40	85-6627	鳩間39	宮古民謡歌手の宿、港すぐ
民宿 まるだい	4	15	3食付 60			85-6557	鳩間42	鳩間港歩5分
ペンションマイトウゼ	9	18	2食付 55、3食付 60			85-6166	鳩間46-2	鳩間港歩5分
宿屋 あだなし	9	20	—	—	40〜	85-6780	鳩間51	マリンサービス、食堂併設
民宿 海風	5	9	3食付 80、シュノーケルツアー付 140			090-8836-1778	鳩間529	食堂併設
(波照間島)						(0980)	(八重山郡竹富町)	
けだもと荘	7	15	—	—	30	85-8249	波照間3114	宿泊者レンタサイクル無料
星空荘	5	10	—	—	40	85-8130	波照間85	集落の真ん中
ハウス美波	9	26	キッチン付		36〜	090-8437-3132	波照間3138	
宿 いしの	7	12	—	—	50	85-8469	波照間622	ダイバー以外も大歓迎
照島荘	5	10	68	—	—	090-4518-4921	波照間5245	ゆったりできる宿
ゆったい	4	12	—	—	35〜	090-3796-0420	波照間3141-1	予約はSMSのみ
ラグーン	6	10	—	—	47〜	〃	波照間2938	予約はSMSのみ
勝連荘	5	12	—	—	30	85-8154	波照間3029	
素泊まり民宿 やどかり	5	12	—	—	35	85-8525	波照間723	一人旅大歓迎
うるま家	5	10	70	—	—	85-8437	波照間121	アットホームな宿
民宿 あがた村	6	8	68	—	—	85-8622	波照間5375	体験型民宿
民宿 まんや	4	12	70	55	—	090-8669-9485	波照間122	
ゲストハウスNami	8	16	—	—	35	85-8203	波照間5251	
(与那国島)						(0980)	(八重山郡与那町)	
ふじみ旅館	10	25	79	69	50	87-2143	祖納71-1	便利な立地
ペンションディーパ	4	16	—	—	S60 T100	080-8395-2520	祖納1083-1	キッチン、冷蔵庫付
ゲストハウスFiesta	4	14	素泊 ドミ30、個室S50、T80			87-2339	祖納1080	DXルーム有
民宿さんぺい荘	8	18	軽食サービス		35	87-3377	祖納4753-1	展望良好
ぐまぬ入船	7	14	軽食サービス		55〜	87-2311	祖納197	共有キッチン
旅の宿 かぶう	6	9	88〜	—	—	87-2419	祖納14	食事は地元の食材
民宿 よしまる荘	13	43	77〜	要問合せ	66〜	87-2658	久部良3984-3	
民宿 みねむら	8	10	—	—	S40 T70	87-3636	久部良4022	朝にパン・ドリンクサービスあり
民宿 てぃだん(太陽)	7	16	—	—	38,55	87-2550	久部良4022-21	居酒屋併設(要予約)
ペンションサザンスマイル	5	9	—	—	S66 T110	87-3760	久部良4022-39	久部良漁港近く
ホテル・民宿はいどなん	23	58	—	—	35〜	87-2651	久部良4022-235	久部良港、ナーマ浜目の前
民宿 里家	6	10	78	60	50	090-5294-4445	比川3093	Dr.コトーのセットの近く

※船浮は船でしか行けない集落です。

ひとくちmemo 【日本最西端与那国島の魅力】石垣島からRAC(琉球エアコミューター)のプロペラ機で35分。この飛行機、低空飛行で宝石のような八重山の島々と七色の海の絶景を堪能でき、ほぼ遊覧飛行状態。島には、広大な牧場があちこちにあり、多数の馬が草を食み道路を闊歩している独特な雰囲気にテンションがあがる。断崖の上から見降ろすビーチやダイビング、シュノーケリングで行く海底遺跡など魅力が尽きない。

そもそも安い宿なのに**さらに**安くなるなんて！

お得な宿の情報あります

「全国安い宿情報2025年版」をご利用の読者様への特典として、
宿泊お値引き券による宿泊料金の値引きサービスを実施致します‼
188ページ掲載のお値引き対応店のみで利用可。
使い方次第では、総額で最大**4,000円分**もお得に！※

※…8枚全てを500円お値引き対応店にて利用した場合。
【宿泊お値引き券（8枚綴り）は本誌189ページ】

【値引内容】・本誌189ページの**宿泊お値引き券1枚で1泊1名様分の宿泊料金が値引き**されます。
〈例〉2名様が1泊ご宿泊の場合、2名様分が値引きされるには、宿泊お値引き券は2枚必要です。
〈例〉1名様が3泊ご宿泊の場合、3泊分が値引きされるには、宿泊お値引き券は3枚必要です。

【対象施設】次ページ（本誌188ページ）に掲載のお値引き対応店のみでご利用可能です。

【値引金額】お値引き対応店により異なりますので次ページ（本誌188ページ）をご参照ください。
※宿泊お値引き券は同一のものをご使用頂きます。

【利用方法】❶ご予約時、宿泊お値引き券を利用する旨を宿泊施設側に申告し、値引き金額（宿泊料金）
を確認してください。
❷ご宿泊時（精算時）、宿泊お値引き券を切り取り、宿泊施設側へ提出してください。

【有効期限】2025年6月30日迄　※除外日あり（除外日は各宿泊施設にお問い合わせください）

【注意事項】・**お値引き対応店以外では、値引きサービスは受けられません。**
・ご予約時、宿泊お値引き券利用の申告がない場合、そしてご宿泊時、宿泊お値引き券の提
出（提示）がない場合、値引きサービスは受けられません。インターネット等、本誌以外
からのご予約や他の値引きサービスとの併用もできません。
・宿泊お値引き券は**1泊1名様につき1枚のみ**のご利用となります。
例えば、500円値引きの宿泊施設に1名様が1泊ご宿泊の場合、4枚提出しても2000
円値引きにはなりません。
・クレジットカードでのお支払いの場合、値引き対象とならない場合がありますので、事前
に必ずご確認ください。
・**ご宿泊やこの値引きサービスにおいて、お客様と宿泊施設とが両者同意のもと、両者の
責任において実施するものとします。**

お値引き対応店

除外日については、各宿にお問い合わせください

〈略称説明：Y.H.→ユースホステル
Y.G.H.→ユースゲストハウス
B.H.→ビジネスホテル　P.→ペンション〉

▼500円値引きの宿泊施設（宿泊お値引き券1枚で1泊1名様分の宿泊料金から500円値引きされます）

都道府県	エリア	掲載ページ	宿泊施設名	宿泊料金	都道府県	エリア	掲載ページ	宿泊施設名	宿泊料金
北海道	室蘭	34	B.H.ミリオン	素泊￥4,400～	長野	辰野	89	古民家民宿おおたき※2	2食付￥9,900
宮城	仙台	47	ホテルメイフラワー仙台	素泊￥5,500～	岐阜	美濃加茂	100	ウィークリー翔可児	素泊￥2,800～
栃木	日光	63	ウッズマンズビレッジ	素泊￥6,600～	岐阜	南飛騨	102	赤かぶ民宿＆Y.H.※3	2食付￥7,800～
神奈川	箱根	80	「旅人の宿」箱根レイクヴィラ※1	素泊￥8,000～	三重	二見浦	113	民宿潮騒	2食付￥7,000～
山梨	鳴沢村	84	なるさわ荘	2食付￥6,900	鳥取	鳥取市	138	ホテルナショナル	素泊￥5,100～

※1「旅人の宿」箱根レイクヴィラ…リピーター限定(適用条件有／要問)　　※3 赤かぶ民宿＆Y.H.…一般料金の2食付のみ適用
※2 古民家民宿おおたき…2食付のみ適用

▼300円値引きの宿泊施設（宿泊お値引き券1枚で1泊1名様分の宿泊料金から300円値引きされます）

都道府県	エリア	掲載ページ	宿泊施設名	宿泊料金	都道府県	エリア	掲載ページ	宿泊施設名	宿泊料金
北海道	網走	29	網走流氷の丘ゲストハウス	2食付￥5,400～	新潟	阿賀野市	93	ホテルグリーン安田	2食付￥8,300
宮城	宮城蔵王	48	鎌倉温泉	2食付￥6,500～	三重	伊勢志摩	115	伊勢志摩Y.H.※4	2食付￥6,215～
栃木	湯西川温泉	62	湯西川館本館	2食付￥8,700～	和歌山	和歌山市	125	B.H.みやま	素泊￥3,300～
栃木	日光	63	民宿しんこう苑	2食付￥7,700	和歌山	有田	125	民宿ヤマギワ＆有田オレンジY.H.	2食付￥8,800～
神奈川	箱根	80	「旅人の宿」箱根レイクヴィラ※1	素泊￥8,000～					

※1「旅人の宿」箱根レイクヴィラ…リピーター限定(適用条件有／要問)　　※4 伊勢志摩Y.H.…一般・Y.H.会員料金どちらでも2食付のみ適用

▼100円値引きの宿泊施設（宿泊お値引き券1枚で1泊1名様分の宿泊料金から100円値引きされます）

都道府県	エリア	掲載ページ	宿泊施設名	宿泊料金	都道府県	エリア	掲載ページ	宿泊施設名	宿泊料金
北海道	中札内	32	エゾリス君の宿カンタベリー	2食付￥5,700～	神奈川	箱根	80	「旅人の宿」箱根レイクヴィラ※1	素泊￥8,000～
北海道	函館	36	駅前P.パピィーテール	素泊￥2,980～	長野	女神湖	90	民宿すずらん荘	2食付￥8,800～
山形	酒田	50	酒田ステーションホテル	素泊￥4,100	三重	伊勢志摩	115	伊勢志摩Y.H.※4	朝食付￥4,565～
福島	いわき	53	吉野谷鉱泉	素泊￥4,620	兵庫	山陰浜坂	131	ログハウスとうじの宿	素泊￥3,250～
福島	猪苗代	54	やまき屋	2食付￥7,000～					

※1「旅人の宿」箱根レイクヴィラ…事前振込の為、宿泊時に宿泊お値引き券と引き換えにキャッシュバック
※4 伊勢志摩Y.H.…一般・Y.H.会員料金どちらでも朝食付のみ適用

切り取る　→　予約する　→　持っていく

全国安い宿情報2025年版
宿泊お値引き券
本券1枚で、
お値引き対応店(本誌188ページに掲載)にて
1泊1名様分の宿泊料金が値引きされます
【有効期限】 ※除外日有
2025年6月30日迄

全国安い宿情報2025年版
宿泊お値引き券
本券1枚で、
お値引き対応店(本誌188ページに掲載)にて
1泊1名様分の宿泊料金が値引きされます
【有効期限】 ※除外日有
2025年6月30日迄

全国安い宿情報2025年版
宿泊お値引き券
本券1枚で、
お値引き対応店(本誌188ページに掲載)にて
1泊1名様分の宿泊料金が値引きされます
【有効期限】 ※除外日有
2025年6月30日迄

全国安い宿情報2025年版
宿泊お値引き券
本券1枚で、
お値引き対応店(本誌188ページに掲載)にて
1泊1名様分の宿泊料金が値引きされます
【有効期限】 ※除外日有
2025年6月30日迄

全国安い宿情報2025年版
宿泊お値引き券
本券1枚で、
お値引き対応店(本誌188ページに掲載)にて
1泊1名様分の宿泊料金が値引きされます
【有効期限】 ※除外日有
2025年6月30日迄

全国安い宿情報2025年版
宿泊お値引き券
本券1枚で、
お値引き対応店(本誌188ページに掲載)にて
1泊1名様分の宿泊料金が値引きされます
【有効期限】 ※除外日有
2025年6月30日迄

全国安い宿情報2025年版
宿泊お値引き券
本券1枚で、
お値引き対応店(本誌188ページに掲載)にて
1泊1名様分の宿泊料金が値引きされます
【有効期限】 ※除外日有
2025年6月30日迄

全国安い宿情報2025年版
宿泊お値引き券
本券1枚で、
お値引き対応店(本誌188ページに掲載)にて
1泊1名様分の宿泊料金が値引きされます
【有効期限】 ※除外日有
2025年6月30日迄

〈キリトリ〉

「全国安い宿情報2025年版」187ページに説明してあります【値引き内容】、【対象施設】、【利用方法】、【有効期限】、【注意事項】をよくお読み下さい。ご説明の内容に同意の方のみご利用頂けます。お値引き金額は、お値引き対応店により異なります(188ページ掲載)。お値引き対応店以外では、値引きサービスは受けられません。宿泊やお値引きサービスにおいて、お客様と宿泊施設とが両者同意のもと、両者の責任において実施するものとします。両者同意でない場合は、無効とさせて頂きます。

【宿泊お値引き券発行】
オフィスベリーマッチ「全国安い宿情報」編集部

「全国安い宿情報2025年版」187ページに説明してあります【値引き内容】、【対象施設】、【利用方法】、【有効期限】、【注意事項】をよくお読み下さい。ご説明の内容に同意の方のみご利用頂けます。お値引き金額は、お値引き対応店により異なります(188ページ掲載)。お値引き対応店以外では、値引きサービスは受けられません。宿泊やお値引きサービスにおいて、お客様と宿泊施設とが両者同意のもと、両者の責任において実施するものとします。両者同意でない場合は、無効とさせて頂きます。

【宿泊お値引き券発行】
オフィスベリーマッチ「全国安い宿情報」編集部

「全国安い宿情報2025年版」187ページに説明してあります【値引き内容】、【対象施設】、【利用方法】、【有効期限】、【注意事項】をよくお読み下さい。ご説明の内容に同意の方のみご利用頂けます。お値引き金額は、お値引き対応店により異なります(188ページ掲載)。お値引き対応店以外では、値引きサービスは受けられません。宿泊やお値引きサービスにおいて、お客様と宿泊施設とが両者同意のもと、両者の責任において実施するものとします。両者同意でない場合は、無効とさせて頂きます。

【宿泊お値引き券発行】
オフィスベリーマッチ「全国安い宿情報」編集部

「全国安い宿情報2025年版」187ページに説明してあります【値引き内容】、【対象施設】、【利用方法】、【有効期限】、【注意事項】をよくお読み下さい。ご説明の内容に同意の方のみご利用頂けます。お値引き金額は、お値引き対応店により異なります(188ページ掲載)。お値引き対応店以外では、値引きサービスは受けられません。宿泊やお値引きサービスにおいて、お客様と宿泊施設とが両者同意のもと、両者の責任において実施するものとします。両者同意でない場合は、無効とさせて頂きます。

【宿泊お値引き券発行】
オフィスベリーマッチ「全国安い宿情報」編集部

「全国安い宿情報2025年版」187ページに説明してあります【値引き内容】、【対象施設】、【利用方法】、【有効期限】、【注意事項】をよくお読み下さい。ご説明の内容に同意の方のみご利用頂けます。お値引き金額は、お値引き対応店により異なります(188ページ掲載)。お値引き対応店以外では、値引きサービスは受けられません。宿泊やお値引きサービスにおいて、お客様と宿泊施設とが両者同意のもと、両者の責任において実施するものとします。両者同意でない場合は、無効とさせて頂きます。

【宿泊お値引き券発行】
オフィスベリーマッチ「全国安い宿情報」編集部

「全国安い宿情報2025年版」187ページに説明してあります【値引き内容】、【対象施設】、【利用方法】、【有効期限】、【注意事項】をよくお読み下さい。ご説明の内容に同意の方のみご利用頂けます。お値引き金額は、お値引き対応店により異なります(188ページ掲載)。お値引き対応店以外では、値引きサービスは受けられません。宿泊やお値引きサービスにおいて、お客様と宿泊施設とが両者同意のもと、両者の責任において実施するものとします。両者同意でない場合は、無効とさせて頂きます。

【宿泊お値引き券発行】
オフィスベリーマッチ「全国安い宿情報」編集部

「全国安い宿情報2025年版」187ページに説明してあります【値引き内容】、【対象施設】、【利用方法】、【有効期限】、【注意事項】をよくお読み下さい。ご説明の内容に同意の方のみご利用頂けます。お値引き金額は、お値引き対応店により異なります(188ページ掲載)。お値引き対応店以外では、値引きサービスは受けられません。宿泊やお値引きサービスにおいて、お客様と宿泊施設とが両者同意のもと、両者の責任において実施するものとします。両者同意でない場合は、無効とさせて頂きます。

【宿泊お値引き券発行】
オフィスベリーマッチ「全国安い宿情報」編集部

「全国安い宿情報2025年版」187ページに説明してあります【値引き内容】、【対象施設】、【利用方法】、【有効期限】、【注意事項】をよくお読み下さい。ご説明の内容に同意の方のみご利用頂けます。お値引き金額は、お値引き対応店により異なります(188ページ掲載)。お値引き対応店以外では、値引きサービスは受けられません。宿泊やお値引きサービスにおいて、お客様と宿泊施設とが両者同意のもと、両者の責任において実施するものとします。両者同意でない場合は、無効とさせて頂きます。

【宿泊お値引き券発行】
オフィスベリーマッチ「全国安い宿情報」編集部

旅先で　自宅で

ボードゲーム・カードゲームであそぼう!

紅白サイコロ大運動会

定価**2,750**円
（直販特価2,200円）

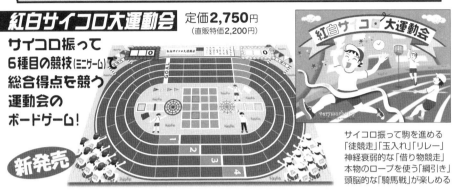

サイコロ振って
6種目の競技（ミニゲーム）で
総合得点を競う
運動会の
ボードゲーム!

新発売

サイコロ振って駒を進める
「徒競走」「玉入れ」「リレー」
神経衰弱的な「借り物競走」
本物のロープを使う「綱引き」
頭脳的な「騎馬戦」が楽しめる

現実（リアル）に迫れ! マス目野球エキサイト超スーパー

1球ごとの心理戦。
理に適った打球判定。
1試合まるごと
本格野球が目の前に!

定価**3,980**円
（直販特価3,000円）

パットパット -PUTTPUTT-

定価**2,000**円
（直販特価1,500円）

かんたんだけど
むずかしい?!
パターゴルフカードゲーム

超シンプル
&時短but,
攻略難!

芝目を
読み切り
カップインを
目指せ!

現実（リアル）に迫れ! マス目サッカータクティクス

リアルな頭脳サッカーのゲーム展開と
対戦型ボードゲームの醍醐味が融合!

※スタジアムは本製品に含まれません

将棋+サッカー
+ボードゲーム
=リアルな戦術サッカー

定価**2,700**円（直販特価2,200円）

ベーカリーズ・マッチ

お手軽・カンタン
絵柄合わせカードゲーム

お客様カード

自分の手札

お客様のリクエストにマッチさせて
どんどんパンを売りまくれ!!

1つでは✕

定価**2,160**円（直販特価1,500円）

---

c'mon 宿情報、リクエスト、旅日記募集!

「○○の宿が安くて良かった〜」、「安いのにこんなサービスがあった!」等の情報(本誌に掲載してない宿の場合は電話番号もあると助かります)や「○○周辺の宿の情報が知りたい!」、「○○な宿の特集をして〜!」等のリクエスト、又、「○○の旅は面白かった〜」等の旅日記(宿にかかわらず)やひとくちメモなどありましたら、編集部までお知らせ下さい。旅日記に関しては写真もお送り頂けたら更にGOOD。旅ネタ大募集です。内容によってはカラーページでの掲載のチャンスも。

☆編集の都合により、いただいた原稿全文は掲載できない場合もあります。

c'mon 広告主・販売店募集!

全国一般書店やインターネット書店にて販売している「全国安い宿情報」では、宣伝広告を募集しています。「何かで宣伝を打ちたいなぁという宿泊施設、お店、会社等にお勧めです。又、「全国安い宿情報」の販売店も募集。ご希望される方は、ご一報下さい。

http://verymuch.org/

| 送り先 | オフィス ベリーマッチ | 〒194-0211 東京都町田市相原町148-1 プレジャーガーデン橋本303 TEL. 042-775-6232　FAX. 042-775-6233　E-mail info@verymuch.org |

〜編集後記〜

　物価高が止まりません。益々あらゆるものの価格が上がり、おまけに円安ということで、より訪日外国人観光客も多くなり、行楽地には外国人が多いわ宿泊代は上がるわ。…なので、外国人対応ができるお店や宿泊施設の景気は良いのかも知れませんが、経費も値上がりしているので、収支としてはそんなに変わらない…のかな?

　国内的には景気の良さを実感できてる人は少ないので、海外旅行に行っていた人が国内に切り替えるのは国内景気には良いですが、多くの国内旅行組は、より近場にしたり、日帰りにして宿泊はしないという人も多いよう。旅行自体が贅沢になっているようです。だからこその本誌ではあるので、「旅行のハードルがどんなに上がっても行きたいんだ」という旅行好きな方の味方でありたいです。

　旅行の傾向も年々多種多様に…。一般的な行楽地へ、というよりマニアックな趣味の追及としての旅行がどんどん増えています。「旅行×推し活」的に映画やアニメの舞台となっている聖地巡りであったり、ライブツアーの追っかけであったり…。今回特集で紹介した「歴まちカード」などのコレクション収集の旅もそう。全国には有名行楽地以外でも旅行者の心を満たしてくれるスポットがまだまだ沢山ありそうです。　〈沖田司〉

全国安い宿情報

2025年版〈通刊第28号〉

定　価	本体800円+税
発 行 日	令和6年7月5日

編集・広告取扱	オフィス ベリーマッチ 〒194-0211　東京都町田市相原町148-1 プレジャーガーデン橋本303 TEL.042-775-6232　FAX.042-775-6233 http://verymuch.org/　info@verymuch.org
発 売 元	株式会社 林檎プロモーション 〒408-0036　山梨県北杜市長坂町中丸4466 TEL.0551-32-2663　FAX.0551-32-6808
印刷製本	シナノ印刷株式会社

ISBN978-4-906878-89-5 C0076 ￥800E